Kohlhammer

Siegfried Kreuzer, Dieter Vieweger
Friedhelm Hartenstein, Jutta Hausmann
Wilhelm Pratscher

Proseminar I
Altes Testament

Ein Arbeitsbuch

Zweite, überarbeitete und erweiterte Auflage

Verlag W. Kohlhammer

Zweite, überarbeitete und erweiterte Auflage 2005

Alle Rechte vorbehalten
© 1999 W. Kohlhammer GmbH Stuttgart
Umschlag: Data Images GmbH
Reproduktionsvorlage: Andrea Siebert, Neuendettelsau
Gesamtherstellung:
W. Kohlhammer Druckerei GmbH + Co. KG, Stuttgart
Printed in Germany

ISBN 3-17-019063-6

Vorwort

Das Arbeitsbuch Proseminar wurde erfreulich gut aufgenommen. Sowohl die Darstellung der grundlegenden exegetischen Methoden wie auch der ergänzenden Fragestellungen und der alternativen Zugänge hat sich offensichtlich bei den Lehrenden wie bei den Studierenden bewährt.

Für die neue Auflage wurde der Text neu bearbeitet und wurden die Literaturangaben aktualisiert; die Gliederung ist gleich geblieben, im ersten Teil praktisch auch die Seitenzahl. Da das Buch vielfach auch bei Lehramtsstudierenden verwendet wird, wurde an einigen Stellen die Übersetzung hebräischer und griechischer Wörter hinzugefügt, sofern der Sinn nicht ohnehin aus dem Zusammenhang klar ist.

Gerne haben wir die Anregung aufgegriffen, bei den ergänzenden Beiträgen die Ikonographie für das Alte Testament selbstständig zu behandeln (neben dem Beitrag zur christlichen Archäologie im neutestamentlich-kirchengeschichtlichen Band 2). Wir danken Herrn Kollegen Prof. Dr. Friedhelm Hartenstein für diesen neuen Beitrag.

Möge das Arbeitsbuch auch in der neuen Auflage einen guten Zugang zur exegetischen Arbeit vermitteln und zum Interesse an den Texten und der Welt des Alten Testaments beitragen.

Aus dem Vorwort zur ersten Auflage

Theologie hat es zu einem wesentlichen Teil mit Texten aus der Geschichte zu tun. Dies gilt insbesondere für die Texte des Alten und des Neuen Testament, auf die sich Theologie und Kirche von Anfang an als Quelle und Norm bezogen haben und beziehen. Das gilt aber auch für die Kirchengeschichte, die sich mit den vielfältigen geschichtlichen Erscheinungsformen von Kirche und Christentum befasst. Sowohl die Texte des Alten und des Neuen Testaments wie auch die vielfältigen Quellen der Kirchengeschichte bedürfen einer Interpretation, die ihren historischen Entstehungszusammenhang wie auch ihre Funktion und Aussage sorgfältig prüft und sachgerecht darstellt.

Im *Studium* der Theologie werden die für diese Aufgabe im Lauf der Zeit entwickelten wissenschaftlichen Methoden vor allem im Rahmen der exegetischen und des kirchengeschichtlichen Proseminars vermittelt und eingeübt. Bei allen Unterschieden zwischen den Fächern besteht doch das gemeinsame Ziel, die Situation und die Aussage historischer Texte zu erforschen bzw. auf Grund dieser Erforschung der Quellen die geschichtliche Lebenswelt zu rekonstruieren.

Im *Proseminar* ist ein Kanon von Fragestellungen und Arbeitsweisen zu vermitteln, der sich im Lauf der Forschungsgeschichte herausgebildet und als sachgemäß erwiesen hat. Diese Fragestellungen und Arbeitsweisen werden in der Regel unter dem Begriff der historisch-kritischen Methode (bzw. Methoden) zusammengefasst. Der Kanon dieser Methoden ist nicht abgeschlossen, sondern offen und entwicklungsfähig, so wie er sich auch bisher entwickelt hat. Neue Fragestellungen und Methoden können hinzukommen, traditionelle können sich verändern oder an Gewicht verlieren.

Das wesentliche Anliegen ist es, die Quellen und die in ihnen erörterten und hinter ihnen stehenden Sachverhalte adäquat zu verstehen und darzustellen.

Neben die *klassischen exegetischen* und kirchengeschichtlichen Fragestellungen und Arbeitsweisen treten *ergänzende* und *alternative Methoden*. Ergänzende Methoden sind solche, die ebenfalls historisch arbeiten, aber in anderen Fachgebieten. Solche Fachgebiete sind etwa die Archäologie oder die Soziologie und die Sprachwissenschaft. Mit ihren Erkenntnissen und Fragestellungen ergänzen und bereichern sie das Verständnis der Texte und der geschichtlichen Entwicklungen. Dagegen verstehen sich jene Methoden und Zugänge, die vor allem die aktuelle Relevanz oder das zeitlose Verstehen betonen, als Alternativen zur angeblich „distanzierten" und scheinbar wenig relevanten historischen Forschung. Solche „engagierten" Alternativen sind gegenwärtig besonders die sozialgeschichtliche, die feministische oder die tiefenpsychologische Exegese oder auch bestimmte Formen literaturwissenschaftlicher Betrachtung. Genaueres Zusehen (siehe dazu die entsprechenden Beiträge) zeigt allerdings, dass die Grenzen zwischen „alternativ" und „ergänzend" durchaus fließend sind.

In einem Proseminar sind zunächst die klassischen Fragestellungen und Arbeitsweisen zu vermitteln und einzuüben. Schon dafür würde man sich in der Regel mehr Zeit wünschen. Dennoch sollen ergänzende Arbeitsweisen und erst recht aktuelle, kritische Anfragen berücksichtigt werden. In der Lehrveranstaltung kann dies etwa so geschehen, dass jeweils ein exemplarischer Beitrag referiert und diskutiert wird. In gewisser Analogie dazu werden in diesem Arbeitsbuch zunächst die grundlegenden Arbeitsweisen jeder Disziplin dargestellt. In der Rubrik „Ergänzende Beiträge" werden weitere Methoden und Zugänge behandelt. Dabei geht es – anders als in den Stammteilen – nicht um Arbeitsanleitung, sondern um eine Vorstellung und Diskussion der spezifischen Anliegen und Möglichkeiten oder auch Probleme des betreffenden Ansatzes.

Das Buch versteht sich als Arbeitsbuch. Diesem Anliegen dienen die Beschreibungen des praktischen Vorgehens, die Beispiele, die Lektürehinweise, die Arbeitsaufgaben und auch die graphische Gestaltung. Ein Arbeitsbuch für wissenschaftliche Methodik hat aber auch die fachlichen Grundlagen und Zusammenhänge sowie die forschungsgeschichtlichen Hintergründe darzustellen. Wie weit die Verbindung bzw. der Weg zwischen beidem gelungen ist, mögen die Benutzerinnen und Benutzer beurteilen.

Schließlich ist zu danken: Den Kolleginnen und Kollegen für das Engagement und die Abstimmung untereinander. Herrn Lektor Jürgen Schneider und Frau Beatrix Reinhard sowie Frau Andrea Siebert vom Verlag Kohlhammer für die förderliche Betreuung. Vor allem aber den Studierenden und den wissenschaftlichen Mitarbeiterinnen und Mitarbeitern, die das Buch bzw. einzelne Beiträge kritisch gelesen, konstruktive Vorschläge gemacht und für die technische Umsetzung gesorgt haben.

Für die Autorinnen und Autoren
Siegfried Kreuzer

Inhalt

Vorwort 5

I. Exegese des Alten Testaments 13

1.   Aufgabe und Geschichte der Exegese
    (Siegfried Kreuzer) 13
1.1.   Aufgabe der Exegese 13
1.1.1. Verschiedene Zugänge zum Alten Testament 13
1.1.2. Exegese als historische und kritische Aufgabe 15
1.1.3. Zusammenhang und Reihenfolge der exegetischen Schritte 16
       Schematischer Überblick zur Textentstehung 17
1.2.   Geschichte der Exegese 18
1.2.1. Vom Alten Testament bis zum Ausgang der Antike 18
1.2.2. Vom Mittelalter bis zur Reformation 20
1.2.3. Die Entstehung der historisch kritischen Exegese 23

2.   Textkritik
    (Siegfried Kreuzer) 26
2.1.   Zur Geschichte der Textkritik 27
2.2.   Phasen der Textgeschichte 28
2.2.1. Die ältesten erreichbaren Formen des Textes 28
2.2.1.1. Die frühen Masoreten 30
2.2.1.2. Die (eigentlichen) Masoreten 31
2.2.1.3. Der Samaritanische Pentateuch 34
2.2.2. Die Übersetzungen 34
2.2.2.1. Die Septuaginta 34
2.2.2.2. Revisionen der Septuaginta und weitere griechische Übersetzungen .. 37
       Die Hexapla des Origenes und weitere Revisionen 39
2.2.2.3. Übersetzungen aus der Septuaginta 41
2.2.2.4. Die aramäischen Targume 41
2.2.2.5. Die Peschitta 43
2.3.   Ursachen von Textveränderungen 43
2.4.   Regeln zur Durchführung der Textkritik 45
2.5.   Beispiele zur Durchführung der Textkritik 47

3.   Sprachliche Beschreibung
    (Siegfried Kreuzer) 49
3.1.   Zur Aufgabe und ihrer Begründung 49
3.2.   Praktische Durchführung 51
3.3.   Zum Verhältnis von sprachlicher Beschreibung und Literarkritik 54

4.	Literarkritik	
	(Dieter Vieweger)	56
4.1.	Zur Geschichte der literarkritischen Arbeit	57
4.2.	Die literarkritische Methode	59
4.2.1.	Die Abgrenzung eines Textabschnitts	59
4.2.2.	Die Einheitlichkeit oder Uneinheitlichkeit eines Textes (Kohärenzprüfung)	61
4.2.3.	Der Charakter der sog. kleinen Einheiten und deren relative Chronologie	63
4.2.4.	Zugehörigkeit (von selbständigen Teilen) eines Textes zu größeren literarischen Schichten	65
4.3.	Zur Durchführung der Literarkritik und der folgenden exegetischen Schritte	66
5.	Formkritik und Formgeschichte	
	(Dieter Vieweger)	67
5.1.	Zur Geschichte der formkritischen und formgeschichtlichen Arbeit ...	68
5.2.	Die formkritische und formgeschichtliche Methodik	70
5.2.1.	Die Form einer literarischen Einheit	70
5.2.2.	Formeln und geprägte Wendungen	71
5.2.3.	Gattungsbestimmung und „Sitz im Leben"	74
5.2.3.1.	Gattungsbestimmung	74
5.2.3.2.	„Sitz im Leben"	77
5.2.4.	Gattungsgeschichte	79
6.	Überlieferungskritik und Überlieferungsgeschichte	
	(Dieter Vieweger)	80
6.1.	Zur Geschichte der überlieferungskritischen und überlieferungsgeschichtlichen Arbeit	80
6.2.	Die überlieferungskritische und überlieferungsgeschichtliche Methodik	81
6.2.1.	Überlieferungskritik	81
6.2.1.1.	Hinweise auf eine mündliche Überlieferungsstufe bei Mehrfachüberlieferungen von Texten	82
6.2.1.2.	Hinweise auf eine mündliche Überlieferungsstufe auf Grund gattungstypischer oder inhaltlicher Spezifika	84
6.2.2.	Überlieferungsgeschichte	86
7.	Traditionskritik und Traditionsgeschichte	
	(Dieter Vieweger)	88
7.1.	Zur Terminologie	88
7.2.	Zur traditionskritischen und traditionsgeschichtlichen Methodik	89
7.2.1.	Traditionskritik	89
7.2.1.1.	Der Nachweis von Traditionen	89
7.2.1.2.	Das Bedeutungsumfeld einer Tradition	91
7.2.1.3.	Motivkritik	92
7.2.2.	Traditionsgeschichte	93

8.	Redaktionskritik *(Siegfried Kreuzer)*	96
8.1.	Zur Forschungsgeschichte	96
8.2.	Zur Durchführung der Redaktionskritik	100
8.2.1.	Der Übergang von der Mündlichkeit zur Schriftlichkeit	101
8.2.2.	Entstehungshintergrund und Funktion des Textes	102
8.2.3.	Zeitliche Einordnung / Historischer Ort	102
9.	Einzelexegese und Gesamtinterpretation *(Siegfried Kreuzer)*	104
9.1.	Zur Durchführung der Einzelexegese	104
9.2.	Zur Durchführung der Gesamtinterpretation	106
9.3.	Zu Ort und Bedeutung eines Textes im Ganzen des Alten Testament	108
9.4.	Ausblick: Zur Biblischen Theologie und zur hermeneutischen Vermittlung	108
	Zum Verständnis von Biblischer Theologie	109
	Zur biblisch-theologischen und hermeneutischen Reflexion	110

Literaturverzeichnis ... 113

Quellen ... 113
Hilfsmittel I: Wörterbücher, Grammatiken, Konkordanzen ... 114
Hilfsmittel II: Bibliographien ... 115
Zur Auslegungsgeschichte ... 115
Weitere Sekundärliteratur ... 116

II. Ergänzende Beiträge ... 124

1.	Biblische Archäologie *(Dieter Vieweger)*	124
1.1.	Zur Geschichte und Aufgabe der Biblischen Archäologie	124
1.2.	Exegese und Biblische Archäologie	126
1.3.	Zur Landeskunde Palästinas	129
1.3.1.	Die Bezeichnung Palästinas	129
1.3.2.	Zur Topographie des Landes	131
1.4.	Kartenmaterial zur Landeskunde und zur archäologischen Geographie	133
1.5.	Methoden archäologischer Arbeit	135
1.5.1.	Die Oberflächenforschung (Survey)	135
1.5.2.	Archäologische Grabungen	136
1.6.	Glossar archäologischer Grundbegriffe	138
1.7.	Die palästinische Chronologie	139
1.8.	*Ausgewählte Literatur* für einen ersten Zugang zur Biblischen Archäologie und palästinischen Landeskunde	140
1.8.1.	Bibliographien	140
1.8.2.	Einführungen in die Biblische Archäologie	140
1.8.3.	Zur Methodik der (Biblischen) Archäologie	140

1.8.4.	Lexika und Gesamtdarstellungen	141
1.8.5.	Zeitschriften	141
1.8.6.	Textsammlungen	142
1.8.7.	Reiseführer	142

Anhang: Chronologie Palästinas ... 143

2.	Soziologische und sozialgeschichtliche Auslegung *(Siegfried Kreuzer)*	147
2.1.	Grundprobleme und Grundtypen der Soziologie	147
2.2.	Beispiele sozialgeschichtlicher und soziologischer Forschung am Alten Testament	155
2.2.1.	Bund und Bauernkrieg in der Frühzeit Israels	155
2.2.1.1.	Aufnahme und Weiterführungen aus Max Weber, Das antike Judentum	158
2.2.2.	Gemeinschaft und Gesellschaft im alten Israel	159
2.2.3.	Zur Rolle der Propheten	160
2.2.4.	Brautpreis oder Brautgeld?	165
2.3.	Zur Methodik	166
2.3.1.	Die Quellen und ihre Bewertung	166
2.3.2.	Die soziologischen Modelle und Bewertungen	168
2.3.3.	Der Ertrag der Arbeit	168
2.4.	Thesen zur Bedeutung der sozialgeschichtlichen und soziologischen Forschung in der Bibelwissenschaft	168
	Literatur	169
3.	Ikonographie *(Friedhelm Hartenstein)*	173
3.1.	Zur Erforschung von Bildzeugnissen	173
3.2.	Zur Methodik der Interpretation altorientalischer Bilder	174
3.2.1.	Die Denkmäler	175
3.2.2.	Merkmale und Eigenarten altorientalischer Ikonographie	177
3.2.3.	Methodische Gesichtspunkte der Bildinterpretation	179
3.3.	Ikonographie und Altes Testament – einige Perspektiven	181
	Literaturauswahl	184
4.	Feministische Exegese *(Jutta Hausmann)*	187
4.1.	Problemstellung	187
4.2.	Hermeneutische Ansätze	189
4.3.	Zur Methodik	191
4.4.	Abschließende Überlegungen	194
	Literatur	195
5.	Tiefenpsychologie und Textauslegung *(Wilhelm Pratscher)*	197
5.1.	Zur Geschichte	197

Inhalt

5.2.	Ausgewählte Beispiele	200
5.3.	Bedeutung und Grenzen	203
	Literatur	206

III. Zur Anfertigung einer schriftlichen Arbeit ... 209

1.	Vorüberlegungen und erste Schritte	209
1.1.	Zur Vorbereitung und Planung	209
1.2.	Sammlung und Erfassung des Materials	209
2.	Zur formalen Gestaltung	210
2.1.	Die Rahmenteile der Arbeit	210
	Literaturverzeichnis	211
2.2.	Die Hauptteile der Arbeit	212
2.2.1.	Einleitung	212
2.2.2.	Zitate und Anmerkungen	213
2.2.3.	Abkürzungen, fremdsprachliche Zeichen	214
2.2.4.	Umfang und Gesamtgestaltung	215

IV. Register (Personen: 216 / Sachen 218 / Texte 226) ... 216

Abbildungen

Abb. 1 (S. 29) Silberröllchen mit Segensspruch aus Ketef Hinnom
Abb. 2 (S. 32) Papyrus Rahlfs 967 = P. Köln Theol. 16, 22r
Abb. 3 (S. 38) Fragment aus der Zwölfprophetenrolle von Naḥal Ḥever
Abb. 4 (S. 132) Topographische Landkarte Palästinas
Abb. 5 (S. 132) Palästina, Oberflächenprofil von West nach Ost
Abb. 6 (S. 134) Die palästinischen Haupthandelswege
Abb. 7 (S. 136) Zur Entstehung eines Tells
Abb. 8 (S. 174) Börker-Klähn, Jutta, Altvorderasiatische Bildstelen und vergleichbare Felsreliefs, BagF 4/1-2, Mainz 1982, Bd. 2, Abb. 219 (Ausschnitt).
Abb. 9a–b (S. 175) Kühne, Helmut (Hg.), Das Rollsiegel in Syrien. Zur Steinschneidekunst in Syrien zwischen 3300 und 330 vor Christus, Ausstellungskatalog, Tübingen 1980, 20, Abb. 7.
Abb. 10 (S. 175) Keel, Othmar, Corpus der Stempelsiegel-Amulette aus Palästina/Israel. Von den Anfängen bis zur Perserzeit. Einleitung, OBO.SA 10, Freiburg/Schweiz, Göttingen 1995, 28, Abb. 11.
Abb. 11 (S. 178) Schäfer, Heinrich, Von ägyptischer Kunst. Eine Grundlage, hg. von E. Brunner-Traut, Wiesbaden 41963, 251, Abb. 262.
Abb. 12 (S. 178) Hornung, Erik, Der ägyptische Mythos von der Himmelskuh. Eine Ätiologie des Unvollkommenen, OBO 46, Freiburg/Schweiz, Göttingen 1982, 82, Abb. 4.

Abb. 13 (S. 180) Born, Hermann / Seidl, Ursula, Schutzwaffen aus Assyrien und Urartu. Sammlung Axel Guttmann IV, Mainz 1995, 31, Abb. 32.
Abb. 14 (S. 181) Black, Jeremy / Green, Anthony, Gods, Demons and Symbols of Ancient Mesopotamia. An Illustrated Dictionary, London 1992, 170, Abb. 144 (ergänzt).
Abb. 15 (S. 183) Frankfort, Henri, The Art and Architecture of the Ancient Orient, London 1956, 160, Abb. 76 (Ausschnitt).
Abb. 16 (S. 183) Moscati, Sabatino, Die Phöniker. Von 1200 vor Christus bis zum Untergang Karthagos, Kindlers Kulturgeschichte, Zürich 1966, 487, Abb. 35.

Proseminar II. Neues Testament und Kirchengeschichte

Vorwort 5

I. Exegese des Neuen Testaments
   (Martin Meiser) 15

II. Kirchengeschichte
    (Uwe Kühneweg) 127

III. Ergänzende Beiträge

Christliche Archäologie und kirchliche Kunst
(Rudolf Leeb) 227

Linguistik und Textauslegung
(Petra von Gemünden) 260

Sozialgeschichtliche Auslegung
(Thomas Schmeller) 276

IV. Zur Anfertigung einer schriftlichen Arbeit 287

V. Register 297

I. Exegese des Alten Testaments
(Siegfried Kreuzer / Dieter Vieweger)

1. Aufgabe und Geschichte der Exegese

Wie alle Geisteswissenschaften hat es auch die Theologie zu einem wesentlichen Teil mit Texten aus der Geschichte zu tun. Somit stellt sich die Aufgabe, diese Texte sachgemäß und methodisch nachvollziehbar zu erschließen und zu interpretieren. Diese Aufgabe stellt sich für die Theologie um so mehr, als Theologie und Kirche von Anfang an auf ihre geschichtlichen Ursprünge und grundlegenden biblischen Traditionen bezogen waren und es bleibend sind.

Die Sammlung der Schriften des Alten und dann auch des Neuen Testaments geschah wegen ihrer über die Entstehungssituation hinausgehenden Bedeutung. Mit der Erhebung dieser Schriften zu einem für die Gemeinschaft, d.h. für die jüdische Gemeinde bzw. die christliche Kirche, verbindlichen Kanon fand diese Grundgegebenheit ihren markanten Ausdruck. Mit der Kanonisierung ihrer heiligen Schriften drückten die jüdische bzw. die christliche Glaubensgemeinschaft die bleibende Abhängigkeit von und Verbindung mit ihren Ursprüngen aus.

Diese besondere Rolle der biblischen Texte begründet jedoch keine besonderen Methoden der Auslegung, sondern „nur" die besondere Intensität des Bemühens um diese Texte in der Theologie und in weiterer Folge auch die hermeneutische Aufgabe, d.h. die Frage nach der Bedeutung dieser Texte in der Gegenwart.[1]

1.1. Aufgabe der Exegese

1.1.1. Verschiedene Zugänge zum Alten Testament

Das Alte Testament wird, so wie die biblischen Texte insgesamt, in sehr verschiedener Weise und mit verschiedenen Fragestellungen gelesen. Im Großen und Ganzen lassen sich zwei Formen unterscheiden (aber nicht völlig voneinander trennen): Einerseits Zugänge und Fragestellungen, bei denen es um Erklärung (explicatio) des Textes geht, und andererseits Zugänge, die vor allem auf Aktualisierung und Anwendung (applicatio) zielen.

So ist es zunächst durchaus möglich und in gewisser Hinsicht unumgänglich, die alttestamentlichen Texte zwecks Erforschung der hebräischen Sprache und ihrer Lebenswelt zu lesen.[2] Informationen über die hebräische Sprache, über Landeskunde, Verkehrswege und die Tier- und Pflanzenwelt Palästinas, aber auch über die Le-

---

[1] Zum Folgenden vgl. auch die entsprechenden Ausführungen für das Neue Testament in Band II.
[2] Schon die Lektüre des hebräischen Textes und erst recht jede Übersetzung setzen solche Kenntnisse voraus.

bensweise der Menschen sind als „unabsichtliche Überlieferung"[3] im Alten Testament enthalten und waren den Schreibern und ersten Lesern der alttestamentlichen Texte selbstverständlich geläufig. Für heutige Leser und Leserinnen ist es notwendig, diese Voraussetzungen – angefangen von der Wortkunde[4] – und Hintergrundinformationen[5] zu erarbeiten bzw. zur Kenntnis zu nehmen. Auch die Entstehung der alttestamentlichen Schriften[6] und die Geschichte Israels[7] sind z.T. aus unabsichtlichen, z.T. aus absichtlichen Quellen bzw. Informationen zu erschließen, und beides ist seinerseits nötig, um die Schriften des Alten Testament sachgemäß zu verstehen. Zur Erforschung dieser Bereiche sind natürlich alle sich bietenden Quellen heranzuziehen, d.h. die alttestamentlichen Texte, aber auch die Texte aus der Umwelt[8] und archäologische Quellen.[9]

Die Absicht, aus der heraus die alttestamentlichen Schriften verfasst, ausgewählt, überliefert und kanonisiert wurden, war es, die Begegnung Israels mit seinem Gott und die damit verbundenen Erfahrungen und Reflexionen in den verschiedenen Lebensbereichen festzuhalten und als bleibend relevant weiter zu vermitteln.[10] Dementsprechend sehen sich die jüdische und die christliche Glaubensgemeinschaft diesen Texten als Quelle und als Norm für Glaube und Leben bleibend verpflichtet, und dementsprechend wurden und werden diese Texte immer wieder als unmittelbare Anrede gehört, bedacht und weitergegeben. Dieser Erwartung aktueller Anrede und Inspiration und von Impulsen zur Lebensgestaltung dienen die verschiedenen Formen von Predigt und Verkündigung, von individueller und gemeinschaftlicher Bibellese und -meditation, aber auch neue Zugänge wie Bibliodrama oder tiefenpsychologische und verschiedene befreiungspolitische (sozialgeschichtliche oder feministische) An-

---

[3] Vgl. die Unterscheidung zwischen absichtlichen und unabsichtlichen Quellen im Zusammenhang historischer Forschung. Dazu: Seiffert, Wissenschaftstheorie, Bd. 2: Geisteswissenschaftliche Methoden: Phänomenologie. Hermeneutik und historische Methode, Dialektik, 1997[10], „B II. Das Material der Geschichtswissenschaft".

[4] Siehe dazu die bekannten *Wörterbücher*: Gesenius / Buhl, Hebräisches und Aramäisches Handwörterbuch über das Alte Testament; Köhler / Baumgartner, Lexicon in Veteris Testamenti Libros, (KBL); Baumgartner / Stamm, u.a., Hebräisches und Aramäisches Lexikon zum Alten Testament, (KBL[3] = HALAT); Gesenius / Donner, Hebräisches und Aramäisches Handwörterbuch über das Alte Testament (GD[18]).

[5] Siehe dazu u.a. Noth, Die Welt des Alten Testaments; Knauf, Die Umwelt des Alten Testaments.

[6] Zur *Einleitungswissenschaft* siehe u.a.: Schmidt, Einführung in das Alte Testament; Smend, Die Entstehung des Alten Testaments; Kaiser, Grundriß der Einleitung in die kanonischen und deuterokanonischen Schriften des Alten Testaments; Zenger, Einleitung.

[7] Zur *Geschichte Israels* siehe u.a.: Gunneweg, Geschichte Israels; Herrmann, Geschichte Israels; Donner, Geschichte Israels; Kinet, Geschichte Israels.
Als eigener, wichtiger Bereich der Geschichte Israels ist die *Religionsgeschichte Israels* zu nennen. Siehe u.a.: Fohrer, Geschichte der israelitischen Religion; Ringgren, Israelitische Religion; Albertz, Religionsgeschichte Israels in alttestamentlicher Zeit; Zwickel, Religionsgeschichte.

[8] Siehe u.a.: Galling (Hg.), Textbuch zur Geschichte Israels (TGI); Donner / Röllig, Kanaanäische und Aramäische Inschriften (KAI); Beyerlin (Hg.), Religionsgeschichtliches Textbuch zum Alten Testament; Kaiser (Hg.), Texte aus der Umwelt des Alten Testaments (TUAT); Hallo/Younger (Hg.), The Context of Scripture.

[9] Siehe dazu u. II.1., „Biblische Archäologie"

[10] Dieses Anliegen der bleibenden und unmittelbaren Relevanz wird sehr schön deutlich in dem schon im Alten Testament belegten und bis heute beim Passahfest gesprochenen Exodusbekenntnis, wo über allen geschichtlichen Abstand hinweg gesagt wird: „*Wir* waren Knechte in Ägypten, und *wir* riefen zu Jhwh, und er führte *uns* aus Ägypten" (Dtn 6,20–25; 26,5–10).

Aufgabe und Geschichte der Exegese

sätze der Auslegung; nicht zuletzt die Aufnahme biblischer Themen in Musik, bildender Kunst und in der Literatur.[11]

1.1.2. Exegese als historische und kritische Aufgabe

Die aus diesen so genannten „unmittelbaren", d.h. meistens: situativ-existentiellen Formen des Umgangs mit den biblischen Texten entstehenden Einsichten und Impulse und ihre Rezeption und Anwendung werden vielfältig sein; je nach Situation, Zeit und Umständen und je nach Interessen, Kenntnissen und Persönlichkeit des Lesers und der Leserin. Das hat – in einer gewissen Bandbreite und sofern der Text nicht verdreht oder nur zum Vehikel anderer Ideen missbraucht wird – durchaus seine Berechtigung und Bedeutung. Aber dort, wo es um gemeinschaftliches Glauben und Handeln geht, oder auch schlicht um intellektuelle Redlichkeit, ob man sich zu Recht auf „die Bibel" beruft oder nicht, dort muss ein gemeinsames Verstehen der biblischen Texte gesucht werden, und dort ergibt sich die Notwendigkeit historischer Exegese, d.h. die Frage nach der ursprünglichen Aussage und Absicht eines Textes. – Aus dieser Notwendigkeit, den historischen Sinn und damit das ursprüngliche Anliegen der Texte zu erforschen, wurden die exegetischen Methoden und Arbeitsschritte entwickelt, die im Folgenden dargestellt werden.

Bevor wir uns den einzelnen Fragestellungen und methodischen Schritten der Exegese zuwenden, sei noch auf ein mögliches Missverständnis hingewiesen: In Analogie zu den scheinbar objektiven Naturwissenschaften werden häufig von der Exegese (und auch von anderen Geisteswissenschaften) „sichere" und objektive Aussagen erwartet. Und nicht selten werden dann exegetische Aussagen, weil es eben verschiedene Möglichkeiten der Interpretation gab und gibt, als angeblich beliebig hingestellt und abgetan. Beides ist unberechtigt: Abgesehen davon, dass auch naturwissenschaftliche Erkenntnisse und ihre Interpretation keineswegs immer so eindeutig sind, wie es gerne behauptet wird, ist menschliches Leben und menschliche Kommunikation nicht einfach definierbar und „berechenbar". In einem Text sind nie alle Faktoren, die zu seiner Entstehung führten, erkennbar (und auch nicht enthalten). Darüber hinaus spielen im Kommunikationsvorgang sowohl auf Seiten des Autors („Senders") wie auf Seiten des Lesers („Empfänger") zusätzliche persönliche und situative Aspekte eine Rolle. Kommunikation und damit auch Exegese bleibt immer ein *Annäherungsprozess*, der zudem nicht nur geradlinig fortschreitet, sondern neue Perspektiven erhalten kann: Durch neue Funde kann ein Text bzw. sein Autor / seine Autorin plötzlich in einem neuen Licht erscheinen, oder der Exeget /die Exegetin kann zu neuen Fragestellungen kommen.

In der Exegese als diesem fortschreitenden Erkenntnisprozess gibt es daher nicht die letztgültige und völlig eindeutige Interpretation. Es gibt aber sehr wohl die Abgren-

---

[11] Siehe z.B.: Das Buch Gottes. Elf Zugänge zur Bibel. Ein Votum des Theologischen Ausschusses der Arnoldshainer Konferenz, 1992; Fabry u.a., Bibel und Bibelauslegung, 1993; Hubmann, Bibelauslegung im Wandel, 2001.
Für eine Darstellung und Würdigung verschiedener Zugänge siehe jetzt auch: Die Interpretion der Bibel in der Kirche (Dokument der Päpstlichen Bibelkommission vom 23.4. 1993); in: Interpretation.

zung von Falschem. Es kann nicht Beliebiges aus einem Text herausgeholt oder in einen Text hineingelegt werden.[12] Es gibt eindeutig Falsches und es gibt wahrscheinlich Falsches. Auch diese „negativen" Erkenntnisse und Aussagen (wissenschaftstheoretisch gesprochen: diese Falsifikationen) haben ihren wissenschaftlichen Wert und ermöglichen es andererseits, den Bereich des (wahrscheinlich) Richtigen und den Grad der Wahrscheinlichkeit anzugeben. – Wesentliches Anliegen der Exegese ist in diesem Zusammenhang, die Aussage eines Textes herauszustellen und dem Text und den dahinterstehenden Menschen gerecht zu werden. Der dabei immer verbleibende (Interpretations-)Spielraum[13] ist kein Freibrief für Willkür, aber ein Freiraum für eine echte Begegnung.

Exegese wird so zu einem *Prozess der Annäherung an den Text*, der im gemeinsamen wissenschaftlichen Diskurs mit nachvollziehbaren Argumenten geschieht. In diesem Sinn ist das Wort „kritisch" in „historisch-kritische Exegese" nicht nur ein Relikt oder ein schmückendes Beiwort aus der Zeit der Entstehung der historisch-kritischen Methode im 17. und 18. Jh., sondern eine bleibende Herausforderung zum kritischen, d.h. sorgfältig wahrnehmenden, prüfenden und abwägenden Umgang mit den Texten und der bisherigen Auslegung, aber auch mit den eigenen Voraussetzungen und Vorverständnissen. Bei dieser kritischen Prüfung sind die eigenen Erkenntnisse und Vorverständnisse mit einzubeziehen. Insofern schließt kritische Exegese Bereitschaft zur Selbstkritik mit ein. – Historisch-kritische Exegese ist dabei kein abgeschlossener Methodenkanon, sondern durchaus offen für neue Fragestellungen und neue methodische Vorgehensweisen. Wesentlich ist die Offenheit für kritischen, wissenschaftlichen Diskurs.

1.1.3. Zusammenhang und Reihenfolge der exegetischen Schritte

Die biblischen Texte berichten von bestimmten Ereignissen oder erörtern bestimmte Themen. Diese Ereignisse oder Themen sind uns aber nicht unmittelbar zugänglich, sondern dazwischen liegt zunächst fast immer eine mehr oder weniger lange Zeit der mündlichen Überlieferung, und nach der „Erstverschriftung" folgt dann die Zeit der schriftlichen Weitergabe und Bearbeitung. Dieser Überlieferungsprozess ist durch verschiedene Faktoren geprägt. Was ein Autor sagen will und kann, ist nicht nur bestimmt von seiner Absicht, sondern auch beeinflusst von bestimmten Vorstellungsgehalten und Ausdrucksformen, die ihm und seinen Hörern oder Lesern bekannt sind, sowie von der jeweiligen geschichtlichen Situation. Um einen Text möglichst gut zu verstehen, wird es wichtig sein, diese Zusammenhänge und Hintergründe möglichst gut zu erkennen.

Der Vorgang der Textentstehung und die dabei wirksamen Faktoren können folgendermaßen veranschaulicht werden:

---

[12] Zu solchen Grenzen der Textinterpretation und des Textgebrauchs siehe auch Eco, Streit der Interpretationen.
[13] Auf diesen prinzipiell bestehenden (Interpretations-)Spielraum bzw. die (in verschiedenem Ausmaß) immer gegebene „Bandbreite" des Verstehens macht die Rezeptionsästhetik zu Recht aufmerksam.

Schematischer Überblick zur Textentstehung

Beeinflussung des Textes ⇨ durch geprägte Vorstellungen ⇨ und Ausdrucksformen ⇨	*Ereignis oder Thema* ⇩ ⇩ ⇩ mündliche Überlieferung ⇩ ⇩ ⇩ *(Erst)Verschriftung* ⇩ ⇩ ⇩ Schriftliche Weitergabe und Bearbeitung(en) ⇩ ⇩ ⇩ *Kanonischer Text* *„Endgestalt"* *älteste erreichbare* *Textform* ⇩ ⇩ ⇩ ⇩ Weitergabe des Textes Textgeschichte	Beeinflussung des Textes durch die ⇦ geschichtliche Situation und die ⇦ Aussageabsicht der Autoren ⇦ und Tradenten

Gegenüber diesem primär entstehungsgeschichtlichen, „diachronen" Zugang zu einem Text wurde in neuerer Zeit aus theologischen und methodischen Gründen die Bedeutung der (kanonischen) Endgestalt des Textes herausgestellt, der daher „synchron" auszulegen sei. Diese Forderung hat insofern ihr Recht, als es in der Tat die Endgestalt der Texte ist, die als verbindlich in den Kanon aufgenommen wurde. Und es ist auch richtig, dass mit der Endgestalt die sicherste Grundlage für die Interpretation gegeben ist, während alle Vorstufen rekonstruiert und damit weniger sicher sind. Allerdings muss auch die kanonische Endgestalt der Texte erst aus den erhaltenen Handschriften rekonstruiert werden. Vor allem aber will kaum ein biblischer Text nur ein Text an sich sein, sondern ist auf Ereignisse oder Themen in bestimmten geschichtlichen Situationen bezogen. Nicht zuletzt zeigt die „Endgestalt" der Texte Spuren ihrer Entstehung und ihrer Geschichte. Die Texte ernst zu nehmen, schließt darum ein, diesen Spuren der Entstehungsgeschichte nachzugehen; es bedeutet aber auch, den „Endtext" nicht nur als Sprungbrett für weitere Analysen zu verwenden, sondern zur Endgestalt als der wesentlichen Größe zurückzukehren und diese auszulegen.

Um dieses Gewicht der Endgestalt des Textes anzudeuten, ist im obigen Schema die kanonische bzw. die Endgestalt des Textes nicht nur als Linie, sondern als eine Fläche dargestellt. Allerdings werden die Erkenntnisse zur Entstehungsgeschichte und zu den den Text prägenden Zusammenhängen eine wichtige Hilfe sein, die geschichtliche Tiefendimension und das besondere Profil des Textes zu erfassen. Anders gesagt: Der Text soll durch die exegetische Arbeit als eine lebendige und individuelle „Landschaft" wahrgenommen werden.[14]

Die einzelnen methodischen Schritte haben sich ungefähr in der *Reihenfolge*, wie sie hier im Buch dargestellt werden – allerdings nicht nur hintereinander, sondern z.T. nebeneinander – entwickelt, und sie hängen auch sachlich zusammen: Auszugehen ist von den vorfindlichen hebräischen Texten. Die *Textkritik* (Kap. 2) sammelt und prüft die vorhandenen Textzeugen und versucht, die älteste erreichbare Textgestalt zu eruieren. – Die *Sprachliche Beschreibung* (Kap. 3) stellt die sprachliche Form und die Aussageweise des Textes dar. Die *Literarkritik* (Kap. 4) zieht daraus Folgerungen für die Einheitlichkeit und fragt nach der literarischen Entstehungsgeschichte des Textes. – Der Inhalt der Texte wurde häufig vorher schon mündlich überliefert. Ausgehend von einer sorgfältigen und differenzierten Analyse der Form des Textes bzw. seiner Teile (*Formkritik und Formgeschichte*, Kap. 5) versucht die *Überlieferungskritik und Überlieferungsgeschichte* (Kap. 6), den Vorgang und den Ort (Lebensbereich, „Sitz im Leben") der mündlichen Überlieferung darzustellen. Dafür und für die weitere Frage nach dem inhaltlichen Profil des Textes sind die Traditionen, d.h. die den Text prägenden Vorstellungen zu untersuchen (*Traditionskritik und Traditionsgeschichte*, Kap. 7). – Den analytischen Arbeitsschritten folgt die Synthese, in der der Weg von der mündlichen Überlieferung und der Erstverschriftung über verschiedene schriftliche Bearbeitungen bis hin zur Endgestalt des Textes (*Redaktionskritik*, Kap. 8) dargestellt wird. Die auf diesem Weg gewonnenen Erkenntnisse haben ihren eigenen Wert. Sie sollen aber vor allem die „Tiefendimension" des auszulegenden Textes deutlich machen. – Die so vertieft verstandene Aussage des Textes wird dann in der *Einzelexegese und Gesamtexegese* (Kap. 9) nachgezeichnet und auf die Hauptaussage zusammengefasst und eventuell in den größeren alttestamentlichen oder gesamtbiblischen Zusammenhang gestellt.

1.2. Geschichte der Exegese[15]

1.2.1. Vom Alten Testament bis zum Ausgang der Antike

Auslegung von Texten bzw. von überkommenen Traditionen gibt es schon im Alten Testament selbst. So werden z.B. die Worte des Propheten Hosea gegen das Nordreich Israel in Hos 1 in V. 7 auf das Südreich Juda hin aktualisiert und als Mahnung und Verheißung neu zu Gehör gebracht. In Dtn 1–3 werden die Ereignisse vom Gottesberg und der Wüstenwanderung rekapituliert und unter der Perspektive der Ausschließlichkeit der Gottesverehrung und der Verpflichtung auf seinen Willen darge-

---

[14] Der Blick auf die Entstehungsgeschichte und -zusammenhänge ist nicht nur wichtig für das Verstehen des Textes, sondern kann auch zu einer wertvollen Hilfe für eine sachgemäße Aktualisierung werden. D.h. die Exegese führt oft auch zu wichtigen fachdidaktischen oder homiletischen Impulsen.

[15] Für die folgende Darstellung vgl. Diestel, Das Alte Testament in der christlichen Kirche; Kraus, Geschichte der historisch-kritischen Erforschung des Alten Testaments; Ackroyd u.a. (Hg.), The Cambridge History of the Bible I–III; Rogerson, Bibelwissenschaft; Reventlow, Epochen der Bibelauslegung. Bd. 1–3; Görg, Christentum und Altes Testament; Saebø, History.

Aufgabe und Geschichte der Exegese

stellt. Durch die Zuschreibung der Psalmen an bestimmte Personen (meist David) und die Hinzufügung von Situationsangaben werden die Psalmen nicht nur „verortet", sondern es werden für die Leser auch Beispiele für Bitte, Bekenntnis und Dank in verschiedenen Situationen gegeben. Diese *Aktualisierungen* und *Lesehinweise* werden zunächst dem Text eingefügt oder angefügt.

Mit der zunehmenden Verbindlichkeit bzw. „Kanonisierung"[16] wird die Aktualisierung nicht mehr in den Text hineingetragen, sondern selbständig neben diesen gestellt. Beispiele dafür sind etwa die Chronik, in der die Geschichte von der Schöpfung bis zum babylonischen Exil (vgl. Gen 1 bis 2 Kön 25) neu ausgelegt[17] und zur Beantwortung aktueller Fragen dargestellt wird, oder Dan 9, wo nach der „wahren" Bedeutung der 70 Jahre im Jeremiabuch gefragt wird, oder auch die Pescharim, d.h. die Kommentare (z.B. 1QpHab) aus Qumran, und nicht zuletzt die Midraschim (von darasch = suchen, fragen, nämlich nach der Bedeutung; z.B. 4QMidrEsch) deren Anfänge jetzt ebenfalls bereits in Qumran belegt sind (4QMidrEsch). All diesen verschiedenen Auslegungen gemeinsam ist die Voraussetzung, dass die heiligen Schriften des Kanons nicht nur von Vergangenem, sondern von Gegenwärtigem und Zukünftigem reden. Daher wird die Auslegung (explicatio) immer zugleich auch und sogar vor allem zur Anwendung (applicatio) für die Gegenwart. Diese Voraussetzung teilen auch die neutestamentlichen Autoren bei ihrer Auslegung des Alten Testaments.

Eine für diese aktualisierende Auslegung wichtige Betrachtungsweise ist die *Typologie*. Die typologische Auslegung[18] fragt nach den „typischen" Gemeinsamkeiten der alten und der neuen Situation, wobei der Typos meist vom Antitypos übertroffen wird. Typologische Auslegung findet sich schon im Alten Testament, etwa wenn in Hos 2 die neue Heilszeit als eine neuerliche Hinausführung in die Wüste, ein neuerliches Reden Gottes zu Israel und eine neue Hineinführung in das Land beschrieben wird, oder wenn Deuterojesaja einen neuen Exodus jetzt nicht aus Ägypten, sondern aus dem babylonischen Exil, und jetzt nicht in Hast und Eile und durch die Wüste, sondern als großartigen Zug entlang an Wasserströmen ankündigt (Jes 43,14–21; 52,12). Das Gewicht liegt hier deutlich auf der applicatio für die Gegenwart. Die typologische Gegenüberstellung belässt aber die Vergangenheit bzw. die entsprechenden Texte in ihrem eigenen geschichtlichen Horizont und ihrem eigenen Recht.[19]

Anders verhält es sich mit der *allegorischen Auslegung*. Sie wurde besonders dort angewandt, wo man in scheinbar banalen oder gar anstößigen Texten höhere Bedeutung und tiefsinnigere Aussagen erwartete.[20] Allegorische Auslegung wurde bereits

---

[16] Zur Entwicklung des Kanons: Smend, Bibelkanon.
[17] Vgl. Willi, Die Chronik als Auslegung.
[18] Grundlegend ist die Darstellung von Goppelt, Typos.
[19] Die typologische Auslegung hat dort, wo es um die aktuelle Bedeutung der Texte geht, auch heute ihre Bedeutung und Berechtigung. Bei den Bemühungen um die Wiedergewinnung des Alten Testaments nach dem Zweiten Weltkrieg wurden Recht und Grenzen der Typologie ausführlich diskutiert, vgl. die Beiträge in Westermann (Hg.), Probleme alttestamentlicher Hermeneutik. In neuerer Zeit wird zwar der Begriff vermieden, die Sache ist aber unter Begriffen wie „Situationsanalogie" oder „Strukturanalogie" de facto vorhanden und ein wichtiges Element der homiletischen Theorien; vgl. Herrmann, Situationsanalogie; Preuß, Das Alte Testament in christlicher Predigt, 120–140 („Strukturanalogie") und 190ff („Konkretisierungsmodelle").
[20] Für die geistesgeschichtlichen Hintergründe und die verschiedenen Ausprägungen allegorischer Auslegung siehe Sellin, Allegorese.

im Hellenismus entwickelt, wo man die z.T. doch recht anstößigen Göttergeschichten der griechischen Mythologie durch allegorische Auslegung auf eine höhere Ebene hob. Im hellenistischen Judentum wurden z.B. die schwer erklärbaren Unterscheidungen von rein und unrein (Lev 11; Dtn 14) allegorisierend ethisch interpretiert: Z.B. wurden die gespaltenen Klauen der reinen Tiere als Hinweis darauf gedeutet, dass man immer zwischen gut und böse unterscheiden müsse. Dass von den Wassertieren jene mit Flossen und Schuppen rein sind, wurde als Mahnung interpretiert, sich nicht von der Strömung mitreißen zu lassen, sondern sich selbständig zu bewegen. (Aristeasbrief 142ff; Philo, de spec. leg. IV, 104ff; de agr. 131). Im Neuen Testament findet sich allegorische Auslegung in der Gegenüberstellung der beiden Frauen Abrahams als Hinweis auf die zwei Bundesschlüsse (Gal 4, 24–26; dort auch das Wort ἀλληγορεῖν), in der Gleichsetzung des Felsens, aus dem Mose Wasser schlug, mit Christus (1 Kor 10,4b; wobei die alttestamentliche Bezeichnung Gottes als Fels, Ps 18,2.32.47 u.ö., mitwirkte)[21] und an wenigen anderen Stellen.

Eine wichtige *Voraussetzung* dieser frühjüdischen und frühchristlichen Auslegungsweisen war, dass es der *eine* Gott ist, der in der Geschichte handelt und der sich in den heiligen Schriften offenbart. Daher wurden für Argumentationen häufig Belegstellen aus allen drei Teilen des alttestamentlichen Kanons herangezogen. Auch die jüdischen Auslegungsregeln[22] wie „Qal wachomär" (Schluss vom Einfachen, Leichten auf das Schwerere) oder die Regel von „Einschluss und Ausschluss" haben neben allgemeinen Regeln der Logik diese Voraussetzung.

Die Methoden der Schriftauslegung waren nicht isoliert, sondern standen in Verbindung mit den in der *klassischen Rhetorik* entwickelten Regeln. Auch dort gab es neben der bereits erwähnten Allegorese die am Wortsinn und am konkreten Zusammenhang orientierte Textauslegung mit ihren entsprechenden Regeln, z.B. dass ein Text in seinem Kontext auszulegen sei.

Sowohl in der jüdischen wie in der christlichen Tradition finden sich sorgfältige *philologische Arbeit* (→Textgeschichte) und Bemühen um den Wortsinn der Texte bis hin zur Erhellung der biblischen Realien[23] einerseits und ethisch oder dogmatisch aktualisierende und weithin allegorisierende Auslegung andererseits nebeneinander.

1.2.2. Vom Mittelalter bis zur Reformation

Schon bei Augustin und dann besonders im Mittelalter wurde das Nebeneinander von wörtlicher und allegorischer Bedeutung eines Textes in verschiedener Weise zur Lehre von einem mehrfachen Schriftsinn ausgebaut.[24] So wird beim dreifachen Schriftsinn in Entsprechung zur Beschreibung des Menschen als Leib, Seele und Geist (vgl. 1 Thess 5,23) zwischen historia (sensus literalis), tropologia (sensus moralis) und allegoria (sensus mysticus) unterschieden. Am bekanntesten wurde die

---

[21] Der Gedanke des mitgehenden Felsens findet sich schon in der jüdischen Auslegung, neu ist nur die Identifikation mit Christus.
[22] Die sog. middot (= Regeln), vor allem für halachische (=ethische) Schriftauslegung; zunächst 7 (Hillel d.Ä. zugeschrieben), dann 13 (R. Jischmael zugeschrieben), schließlich auf bis zu 32 Regeln entfaltet; vgl. auch Stemberger, Hermeneutik.
[23] Z.B. das für die Identifikation biblischer Ortslagen bis heute wichtige Onomastikon des Eusebius.
[24] Siehe dazu: Brinkmann, Mittelalterliche Hermeneutik, besonders 243–259.

Lehre vom *vierfachen Schriftsinn*, wobei neben bzw. über den wörtlichen Sinn ein dreifacher allegorischer Sinn gestellt wurde. Der lateinische Merkvers lautet: *„Littera gesta docet, quid credas allegoria, moralis quid agas, quo tendas anagogia"* und findet sich bei Nikolaus von Lyra in der Postille zum Galaterbrief. Formuliert hatte ihn bereits Augustinus de Dacia 1260 (dort als vierter Satz: *„quid speres anagogia"*) in seinem theologischen Kompendium Rotulus pugillaris. Die Unterscheidung in einen drei- oder vierfachen Schriftsinn ist kein prinzipieller Unterschied. Die Lehre von einem mehrfachen Schriftsinn war Gemeingut ab dem frühen Mittelalter. Mit dieser Methodik gelang es weithin, die kirchliche Lehre in den Texten wiederzufinden oder Gegensätze und Anstöße zu überbrücken. Dies umso mehr, indem es als Indiz für die Notwendigkeit allegorischer Betrachtung galt, wenn ein biblischer Text dem christlichen Glauben und der Liebe zu widersprechen schien.

Zu erwähnen ist, dass im Mittelalter auch im Judentum eine ähnliche Regel für einen mehrfachen Schriftsinn entwickelt wurde. Die verschiedenen Sinnebenen wurden mit dem Merkwort PaRDeS zusammengefasst, d.h.: 1) P^{e}shat = Wortsinn; 2) Rämäz = haggadisch/lehrhafter Sinn; 3) D^{e}rash = halachisch/ethischer Sinn; 4) Sod = geheimer, kabbalistischer Sinn).[25]

Diese Methoden sind seit den Konflikten und den hermeneutischen Erkenntnissen der Reformationszeit nicht mehr als unmittelbar legitime Auslegungsmethoden verwendbar. Man kann sich aber doch positiv klarmachen, dass mit dem allegorischen, moralischen und anagogischen Sinn nach der Bedeutung der biblischen Texte für die Grunddimensionen christlichen Glaubens, nämlich Glaube, Liebe und Hoffnung (1Kor 13,13; 1Thess 1,3), gefragt wird. Unter dem Vorzeichen der Unterscheidung von *explicatio* und *applicatio* erfährt die allegorische Auslegung in jüngster Zeit eine gewisse Ehrenrettung und eine Empfehlung als Lesehilfe und Leseanregung.[26] Allerdings sind die Spekulationen und auch Irrwege der allegorischen Auslegung eine bleibende Warnung vor sachfremden Eintragungen in die Texte.

Sowohl im christlichen als besonders im jüdischen Bereich gab es immer auch die Arbeit an der *Sprache* und am *Wortsinn* der biblischen Texte. Zu nennen sind besonders (Abraham ben Meir) Ibn Ezra (ca. 1089–1164) auf jüdischer und Nikolaus v. Lyra (ca.1265–1349) auf christlicher Seite. Neue Impulse zur Schriftauslegung ergaben sich durch die kirchlichen Reformbewegungen und dann besonders durch den Humanismus mit seiner Hinwendung zu den antiken Quellen, die auch zu einer verstärkten Arbeit an den biblischen Texten führte.[27] Durch den Buchdruck wurden nunmehr auch die Texte in der Ursprache leichter zugänglich.

Zu einem prinzipiellen Durchbruch und „Fortschritt der Auslegungskunst"[28] kam es durch Martin Luther. Luther hatte die grundlegenden *reformatorischen Einsichten aus exegetischer Arbeit* gewonnen und hatte sich schon dabei immer mehr von der Allegorese abgewandt und sich auf den klaren wörtlichen Sinn konzentriert. Die intensive Arbeit an den biblischen Texten erwies sich als inspirierend und fruchtbar für

---

[25] Maier, Hermeneutik, 135.
[26] Vgl. Körtner, Zurück zum vierfachen Schriftsinn? Tiefenpsychologie und geistliche Exegese, ders., Der inspirierte Leser.
[27] So war Johannes Reuchlins „De rudimentis hebraicis" von 1506 die erste Hebräischgrammatik eines Christen.
[28] Vgl. Holl, Fortschritt.

die theologische Erkenntnis.[29] Im Konflikt mit den kirchlichen Autoritäten sah er sich dann immer mehr zur *alleinigen* Berufung auf den *wörtlichen Sinn* des biblischen Textes genötigt. Nur auf der Basis des konkreten Wortsinnes der Texte konnten strittige Probleme diskutiert und entschieden werden. – Diese Erfahrung der zweifachen Wirkung wurde später mit den Begriffen der *auctoritas causativa* (die Glauben und Kirche hervorrufende Bedeutung der Heiligen Schrift) und der *auctoritas normativa* (die Glaube und Kirche normierende Bedeutung) systematisiert.

Mit der Berufung allein auf den wörtlichen Sinn und allein auf die Bibel waren aber die Fragen noch nicht geklärt. Der *exegetische Diskurs* bis hin zum Streit um das richtige Verständnis erwies sich erst recht als bleibende Aufgabe.

Die Auslegung bleibt ein *Vorgang der Annäherung* des Auslegers an die Schrift.[30] Mit dem Anspruch, daß die Heilige Schrift aus sich selbst zu verstehen ist (vgl. den wichtigen Grundsatz: *„scriptura sacra sui ipsius interpres"*), wird das Eigenrecht der Urkunde gegenüber anderen Autoritäten, aber auch gegenüber den Vorverständnissen des Auslegers hervorgehoben. Die bekannte Formulierung von der Klarheit der Schrift (*claritas scripturae*) meint, dass das, worauf es in theologischer Hinsicht ankommt, nämlich das Gottesverhältnis, das seine Mitte in Jesus Christus hat, klar ist. Insofern gehören das *„sola scriptura"* und das *„solus Christus"* zusammen. Das Wissen um diese prinzipielle Klarheit hat die Reformatoren keineswegs abgehalten, sondern im Gegenteil motiviert, sich mit großer Intensität den Problemen der Sprachen und der Realien zu widmen, wie u.a. die vielen exegetischen Werke Luthers und Calvins zeigen.

Die reformatorischen Erkenntnisse zur Schriftauslegung wirkten auch dort, wo man sie ablehnte, und führten zu neuen Editionen der biblischen Texte und zu exegetischer Arbeit. In der evangelischen Theologie wurden die Einsichten systematisch reflektiert und verarbeitet.[31] Ihre Konservierung in der altprotestantischen Orthodoxie führte allerdings auch zur Erstarrung. Da nun nicht mehr die Tradition oder das kirchliche Lehramt als weitere Säulen neben der Bibel standen, wurde versucht, die Bibel als einzige Säule besonders zu stärken. Dies geschah vor allem durch einen Ausbau der Inspirationslehre von der Personal- und Realinspiration bis hin zur Verbalinspiration. Dazu wurden allerdings manchmal Behauptungen aufgestellt, die schon damals (16./17. Jh.) nicht mehr haltbar waren, wie etwa, dass die Punktation der hebräischen Texte schon am Sinai mitgegeben worden sei.

---

[29] Vgl. dazu das Selbstzeugnis über die Entdeckung des Geschenkcharakters der „Gerechtigkeit Gottes" in der Vorrede zum ersten Band der lateinischen Schriften Luthers (1545), wo noch die Begeisterung über die Entdeckung zu spüren ist (WA 54, 185f; deutsch siehe u.a. in: Bornkamm / Ebeling, Martin Luther, 22–24).
Zur Sache s. u.a. Brecht, Luthers Verhältnis zur Bibel.
[30] Vgl. dazu „der unvermeidliche Zirkel aller Auslegung", Holl, Fortschritt, 565.567f.
[31] Hierfür ist besonders das große Werk von Matthias Flacius (1520–1575), Clavis scripturae sacrae (1575), zu nennen, das neben dogmatischen Reflexionen zur Schriftlehre auch beachtliche Anleitungen und Anregungen zur literarischen und sachlichen Erschließung der Texte enthält, u.a. ein biblisch-theologisches Wörterbuch, eine Darstellung der frühen altkirchlichen Exegese und eine Anleitung zur stilistischen Würdigung der Bibel unter besonderer Berücksichtigung der hebräischen Denkformen.

1.2.3. Die Entstehung der historisch-kritischen Exegese

Es ist nicht erstaunlich, dass solche Positionen, die zudem verschiedentlich mit bestimmten Machtansprüchen verbunden waren, auf Widerstand stießen und bald zu Fall kamen. Auf dem Hintergrund der Wahrung bestimmter bürgerlicher Freiheiten von kirchlicher und politischer Einflussnahme erschien 1670 Baruch Spinozas „Tractatus Theologico-politicus", in dem viele kritische Einsichten früherer Bibelwissenschaft einschließlich der jüdischen aufgenommen waren.[32] Unter dem Vorzeichen der beginnenden Aufklärung wurde der reformatorische Grundsatz, dass die Schrift aus sich selbst zu interpretieren sei, aufgenommen und zugleich ganz der Vernunft unterworfen. Der Text ist ohne weitere Voraussetzung nur nach den Regeln der Vernunft auszulegen. Die Vernunft hat das Sichere und Wahre – und letztlich auch die Offenbarung – aufzuweisen, oder es ist sonst eben nicht vorhanden. Für die konkrete exegetische Arbeit an der hebräischen Bibel nannte Spinoza drei Arbeitsbereiche, (1) die genaue Erforschung und Kenntnis der hebräischen Sprache, (2) die Einbettung der Aussagen eines biblischen Buches in seinen historischen Hintergrund und (3) die Beobachtung des Zusammenwachsens der biblischen Traditionen zu einem biblischem Buch und bis hin zum ganzen Kanon.

Damit lag das Konzept der historisch-kritischen Exegese vor. Ziel war die vorurteilsfreie und auch äußerlich freie Untersuchung der Texte im Horizont ihrer historischen Entstehung. Mit dem Beiwort „kritisch" ging es um den doppelten Impetus der Freiheit von überkommenen ebenso wie gegenwärtigen Anschauungen und Autoritäten.[33] Unter den hier ausgesprochenen Voraussetzungen brach sich in der Folgezeit eine enorme exegetische Arbeitsleistung ihre Bahn. Die Normen zur Beurteilung waren aber im Wesentlichen die Plausibilitätskategorien der Aufklärung, und die hermeneutische Umsetzung verstand Theologie weithin nur als „Moral".[34]

Nicht nur der Aufklärung, auch dem Pietismus ging es um den von orthodoxen Dogmen und Formen unverstellten Zugang zur Bibel und um den Ausgleich mit neuen Erkenntnissen der Zeit. Das „sola scriptura" der Reformation sollte wieder freigelegt und weitergeführt werden. Das besondere Anliegen war hier die persönliche Begegnung mit dem Gotteswort im individuellen und im gemeinschaftlichen Bereich. Unter dem Vorzeichen der Wertschätzung der Heiligen Schrift als Gottes Offenbarung kam es zwar zu manchen Abgrenzungen und Konflikten mit der kritischen und rationalistischen Exegese, aber auch zu beachtlichen bibelwissenschaftlichen Leistungen, etwa in der Textgeschichte und Textkritik, wo bis heute gültige Regeln aufgestellt wurden,[35] und in der theologischen Exegese und biblischen Begriffsgeschichte. Gerade das Ernstnehmen der biblischen Texte führte auch zur Wahrnehmung der Unterschiede und forderte Erklärungen.

Trotz anderer Voraussetzungen kam es auch in der katholischen Theologie zu beachtlichen exegetischen Leistungen. Sie lagen im Bereich der Textgeschichte (z.B.

---

[32] Greschat, Bibelkritik und Politik. Anmerkungen zu Spinozas Theologisch-Politischem Traktat.
[33] Vgl. dazu auch den Titel des Werkes von Johann Salomo Semler (1725–91) „Abhandlung von freier Untersuchung des Kanons" (1771–1775).
[34] Siehe dazu exemplarisch und wirkungsvoll Immanuel Kant (1724–1804), z.B.: „Die Religion innerhalb der Grenzen der bloßen Vernunft" (1793) und „Streit der Fakultäten" (1797).
[35] Auf Johann Albrecht Bengel (1687–1752) geht zurück die Regel „Proclivi lectioni praestat ardua" (der einfachen Lesart steht die schwierigere an Bedeutung voran; → Textkritik).

Complutensische Polyglotte, s. S. 27), aber auch im Bereich der historisch-kritischen Exegese. So ging es etwa Richard Simon (1638–1712) darum, durch die kritische Erhellung und Darstellung der Entstehung der biblischen Schriften für die aufgeklärten Zeitgenossen unnötige Anstöße zu beseitigen und ihnen den Zugang zur Bibel zu ermöglichen; z.T. allerdings auch darum, das protestantische Schriftprinzip anzugreifen.[36]

Schließlich ist noch die tiefsinnige, von der äußeren Gestalt seiner Schriften her nicht ganz einfach zugängliche Position von Johann Georg Hamann (1730–1788) zu nennen. Er zeigte sprachphilosophisch, dass die von der Aufklärung behauptete voraussetzungslose Wahrnehmung und Kritik[37] nicht möglich ist, weil der Mensch schon immer durch Sprache geprägt ist und das Denken sprachliche Kategorien voraussetzt, die geschichtlich bedingt sind.[38] Anders als die Orthodoxie, die nur die göttliche Seite der Heiligen Schrift herausstellte und anders als die Aufklärung, die ihre Freiheit zur Kritik durch ihren eigentlichen Standpunkt in der Vernunft hatte, betonte Hamann in Anwendung des Gedankens der Inkarnation die menschliche Seite der Bibel.[39] So konnte er das reformatorische „sola scriptura" *und* die volle Hinwendung zur menschlichen Seite, d.h. zur freien Erforschung der geschichtlichen Entstehung und Bedingtheiten der biblischen Schriften miteinander verbinden.

Durch diese Entwicklungen waren so genannte biblische und so genannte dogmatische Theologie zunehmend auseinander getreten, und es stellte sich die Frage nach ihrem Verhältnis zueinander, aber auch nach ihrem jeweiligen Wahrheitsanspruch. Nach verschiedenen Vorläufern, die u.a. den Vorzug der biblischen Theologie herausgestellt hatten, gab Johann Philipp Gabler (1753–1826) in Altdorf (bei Nürnberg) mit seiner „Oratio de justo discrimine theologiae biblicae et dogmaticae regundisque recte utriusque finibus" (1787) die „richtige" Verhältnisbestimmung, die in der Tat in weiterer Folge maßgeblich wurde. Gabler unterschied zwischen der reinen und der wahren biblischen Theologie. Die „wahre biblische Theologie" hat die Aufgabe der Erforschung der biblischen Aussagen, während die „reine biblische Theologie" die historisch erforschten Aussagen durch philosophische Reflexion reinigt und der Dogmatik weitervermittelt.[40] – Auch hier wird ganz im Sinn der Aufklärung die vernünftige Philosophie zum Maßstab; mit der „richtigen" Unterscheidung („de justo discrimine") wird aber zugleich der Freiraum für die exegetische Erforschung und die offene, unvoreingenommene Wahrnehmung der biblischen Texte und ihrer jeweiligen Aussagen abgesteckt.

Mit den hier dargestellten Entwicklungen sind – bei allen Modifikationen im Einzelnen – wesentliche Möglichkeiten und Grundpositionen, besonders für das Verhältnis

---

[36] Vgl. Untergaßmair, Richard Simon.
[37] Z.B. Kant, Kritik der reinen Vernunft, 1781.
[38] „Metakritik über den Purismum der reinen Vernunft" (1784). Vgl. Bayer, Vernunft ist Sprache. Hamanns Metakritik Kants, 2002.
[39] Eindrucksvoll im Vergleich mit den Lumpen, die Ebed-Melech fürsorglich um das Seil gewickelt hatte und die doch für Jeremia zur Rettung aus der Zisterne dienten (Jer 38,11–13), im Text „Gott ein Schriftsteller". – Nadler, Johann Georg Hamann, Sämtliche Werke, Bd. 1, 5f; Seils, Wirklichkeit und Wort bei Johann Georg Hamann, 24f. – Hamanns Gedanken wirkten u.a. auf Johann Gottfried Herder (1744–1803), besonders in dessen Schrift „Vom Geist der Ebräischen Poesie" (1782–1783).
[40] Siehe dazu Zimmerli, Biblische Theologie, 427.

Aufgabe und Geschichte der Exegese 25

von Bibelwissenschaft und Theologie insgesamt, aufgezeigt. Die weiteren Entwicklungen der exegetischen Fragestellungen und Methoden entsprechen in etwa dem sachlichen Zusammenhang der Arbeitsschritte, wie er in den folgenden Kapiteln dargestellt ist. Dort finden sich auch die Hinweise auf die entsprechende Forschungsgeschichte.

2. Textkritik

Die Schriften des Alten Testaments sind uns nicht im Original erhalten, sondern nur in Abschriften, die um mehrere Jahrhunderte und selbst bei den jüngsten Schriften zumindest einige Jahrzehnte jünger sind. Beim Abschreiben der Texte kam es zu Veränderungen. Diese zeigen sich für uns in Abweichungen zwischen den verschiedenen Handschriften. Die wichtigsten Textvarianten sind im kritischen Apparat der wissenschaftlichen Textausgaben verzeichnet. Dazu einige Beispiele (sie werden am Ende dieses Kapitels in 2.5. ausführlich diskutiert):

- In Gen 22,13 sieht Abraham איל אחר, d.h. einen anderen Widder, nach anderen Handschriften aber איל אחד, d.h. einen Widder. Hier handelt es sich wohl um eine Buchstabenverwechslung ד / ר. Welcher Text ist der ursprüngliche?
- In Gen 18,3 beim Besuch der drei Männer bzw. Gottes bei Abraham spricht dieser zu den vorbeikommenden Männern: „Herr, wenn ich Gnade gefunden habe in deinen Augen, so kehre doch bei deinem Knecht ein." Es gibt aber auch Handschriften, in denen diese Anrede im Plural steht: „Meine Herren, wenn ich Gnade gefunden habe in euren Augen, so kehrt doch bei mir ein". Hier handelt es sich wohl nicht um einen Abschreibfehler, sondern hier spiegelt sich die Ambivalenz des Textes: Handelt es sich um den Besuch dreier Wesen oder des einen Gottes Jhwh[1]? Welche Textform ist die ursprüngliche? Warum entstand die Abweichung?
- In Ps 13,3 klagt der Beter: „Wie lange soll ich ... Kummer haben in meiner Seele יומם?" Einige griechische Handschriften haben dagegen noch zusätzlich „καὶ νυκτός". Offensichtlich wurde hier יומם nicht im Sinn von „täglich" verstanden, sondern als „bei Tag". Das wurde – durchaus im Sinn der Klage des Beters – ergänzt zu dem bekannten Doppelbegriff „Tag und Nacht" Auch bei dieser Variante handelt es sich nicht einfach um einen Abschreib- oder Übersetzungsfehler, sondern um eine Verstehens- und Interpretationsfrage.

Die Beispiele zeigen: Bei der auf den ersten Blick scheinbar trockenen Textgeschichte und Textkritik geht es keineswegs nur um Abschreibfehler, sondern die Varianten sind weithin verbunden mit spannenden Fragen der Textauslegung bzw. der Auslegungsgeschichte.

Aus den Beobachtungen an der Textüberlieferung ergibt sich die Aufgabe der Textkritik:

> *Aufgabe der Textkritik ist es, die Textüberlieferung zu prüfen, die älteste erreichbare Textgestalt herauszufinden und die Entstehung der Varianten zu erklären.*
> Um diese Aufgabe durchzuführen, müssen Sie 1) einen Überblick über die wichtigsten Etappen der Textgeschichte haben, 2) den texkritischen Apparat entschlüsseln können, 3) die möglichen Ursachen von Textveränderungen kennen, und 4) die Regeln der Textkritik anwenden können.[2]

---

[1] Die unvokalisierte Schreibung des Tetragramms lässt offen, ob man den Gottesnamen in historischem Sinn als „Jahwe" ausspricht, oder eine Ersatzlesung, z.B. 'adonai (Herr), verwendet.
[2] Für die folgende Darstellung vgl. besonders: Würthwein, Text des Alten Testaments; Ackroyd / Evans (Hg.), The Cambridge History of the Bible; Brock / Schäfer, Bibelübersetzungen I und II; McCarter, Textual Criticism; Mulder (Hg.), Text; Tov, Text; Kreuzer, Text.

Textkritik 27

2.1. Zur Geschichte der Textkritik

Die heutige Kenntnis der Textgeschichte ist das Ergebnis einer gewaltigen Forschungsleistung. Die wissenschaftlichen Bemühungen um den biblischen Text in der Neuzeit wurden insbesondere veranlaßt und ermöglicht durch die humanistische Arbeit mit den alten Sprachen und durch die reformatorische Berufung auf den Wortlaut und den wörtlichen Sinn des biblischen Textes. Die Bemühungen in den Kirchen der Reformation hatten ihre – z.T. älteren – Parallelen auch im katholischen Bereich. Man kann von einer ersten, philologischen Epoche der neuzeitlichen Bibelwissenschaft sprechen, die solche Leistungen hervorbrachte wie die von Kardinal Ximenes veranlaßte Complutensische Polyglotte (Alcala = Complutum bei Madrid 1514–1517) oder die umfangreiche Polyglotte des Bischofs Brian Walton (London 1654–1657; 6 Bände, 9 Sprachen). Aber auch die großen Variantensammlungen von Benjamin Kennicott und Giovanni B. de Rossi [**KR**][3] im 17. Jh. sind hier zu nennen.

Für den hebräischen Text ging es zunächst darum, hinter die ältesten Drucke[4] aus der Zeit um 1500 zurückzukommen. Das Mittel hierfür war die Vergleichung (Kollation) der mittelalterlichen (hebräischen) Bibelhandschriften (**Ms** bzw. **Mss**), die in der Regel im Besitz der Synagogen und jüdischer Gelehrter waren. Dabei war insofern eine enge Grenze gesetzt, als unbrauchbar gewordene Bibelhandschriften wegen ihrer Heiligkeit in der Regel vernichtet worden waren, um sie Missbrauch oder sekundärer Verwendung zu entziehen. Erst durch den Erwerb der Handschriften und Fragmente aus der Geniza (Archiv) der Synagoge von Altkairo (𝕮 / **Gnz**) ab ca. 1860 und besonders um 1890 wurde es zumindest für einzelne Textbereiche möglich, hinter das Hochmittelalter zurückzukommen. U.a. zeigte sich, dass die später allein herrschende tiberiensische Punktation ältere, einfachere Vorläufer hatte, und zwar sowohl in Mesopotamien als auch in Palästina. Auf der Basis des gesammelten Materials wurden textkritische Regeln entwickelt und wurden auch die Ursachen für Textverderbnisse systematisch erfaßt (s.u.).

Auch um 1900 war man noch auf den Vergleich der vielen *Handschriften des Mittelalters* angewiesen. Ältere und sogar vollständige Bibelhandschriften hatte man jedoch für die griechische Überlieferung (𝕲 bzw. Septuaginta = LXX) zur Verfügung. Daraus ergab sich einerseits eine große Freiheit zu Konjekturen (= freien Vermutungen)[5], und andererseits wurde in Zweifelsfällen häufig der griechische Text bevorzugt[6].

Diese Situation änderte sich durch die Benutzbarkeit des *Codex Leningradensis* (L; in BHQ: **M**^{L}), der aus dem Jahr 1008 stammt und den Paul Kahle der dritten Auflage der Biblia Hebraica von Rudolf Kittel (BHK^3, 1937) zugrunde legen konnte, und andererseits durch die Qumranfunde (**Q**)[7], die nach Entdeckung der Höhlen von Qumran (1947) sukzessive zugänglich wurden. Die Qumranfunde bestätigten die hohe Qualität der im Codex Leningradensis überlieferten masoretischen Textform (**MT** bzw. 𝔐 / **M**). Sie bestätigten aber auch Varianten der LXX und des samaritanischen Pentateuch. Daraus ergibt sich, dass für die Zeit des 3. bis 1. Jh. v.Chr. nicht

---

[3] Im Folgenden werden die Siglen der Biblia Hebraica Quinta (BHQ) jeweils nach Schrägstrich neben den Siglen der Biblia Hebraica Stuttgartensia (BHS) oder separat in [ ] angeführt.
[4] Von diesen sind vor allem zu nennen die Ausgabe Brescia 1494, die Luther und Melanchthon verwendeten, und die Rabbinerbibel des Felix Pratensis, gedruckt bei Daniel Bomberg in Venedig, 1516/17, deren 2., von Jakob ben Chajjim bearbeitete Auflage von 1524/25 als sog. Bombergiana (𝕭) weite Verbreitung und für lange Zeit maßgebende Bedeutung erlangte.
[5] So weithin in den beiden ersten Ausgaben der Biblia Hebraica von Rudolph Kittel (BHK^{1+2}) und den damaligen Kommentaren. Zu Konjekturen s.u. 2.4.
[6] So weithin in der Zürcher Bibel von 1931/1942.
[7] In BHQ (Biblia Hebraica Quinta) werden die Handschriften aus Qumran mit ihrem jeweiligen Namen bezeichnet, z.B. 4QRuth.

nur ein Text„typ", sondern das Nebeneinander verschiedener Haupttypen des Textes anzunehmen ist. – Das bedeutet für die Textkritik, dass nicht immer der – wahrscheinlich – älteste Text erreicht werden kann, sondern dass die Textkritik manchmal in die Feststellung zweier, etwa gleich berechtigter Lesarten mündet.

Die mit der Textkritik erreichbare Zeit ist zugleich etwa die Zeit der (sukzessiven) Kanonisierung, d.h. der zunehmenden Verbindlichkeit der atl. Schriften.[8] Diese reicht vom vierten Jahrhundert für den Pentateuch bis in die Zeit des 1.Jh. v.Chr. (mit abschließenden Diskussionen um dem Rand des dritten Teiles des Kanons 1. Jh. n.Chr.). Insofern kann (mit Vorbehalt)[9] als Ziel der Textkritik auch die Erreichung der (bzw. einer) kanonischen Gestalt des Textes genannt werden.

2.2. Phasen der Textgeschichte

2.2.1. Die ältesten erreichbaren Formen des Textes

Die älteste textgeschichtlich erreichbare Phase ist jetzt durch die Funde von Qumran und aus der judäischen Wüste auf das 2. und 1. Jh. v.Chr. zurückgeschoben.[10] Dabei sind in der Regel drei Haupttypen und dazu Nebenformen zu erkennen. Diese Haupttypen entsprechen in etwa dem späteren masoretischen Text (MT bzw. 𝔐 / **M**), dem samaritanischen Text (𝔐 / **Smr**) und der (hebräischen Vorlage der) Septuaginta (𝔊 / G). Inhaltliche Differenzen beziehen sich meist auf einzelne Wörter oder Sätze. Größere Unterschiede finden sich vor allem in den Büchern Richter, Samuel und Könige und im Buch Jeremia.[11] Die frühere Kanonisierung des Pentateuch spiegelt sich auch in dessen festerem Textbestand. Allerdings zeigen die Zahlenangaben divergierende Gesamtsysteme der Chronologie,[12] die erst im 2. Jh. v.Chr. so fixiert wurden. Auch die Ersetzung des anstößigen Namenselements *ba'al* durch *'el* (2 Sam 5,16 // 1 Chr 14,7) oder *boschät* (2 Sam 2,8 // 1 Chr 8,34 u.ö.) in den Büchern Samuel und Könige gehört wahrscheinlich in diese oder noch frühere Zeit. Zahlenmäßig überwiegen Differenzen in der Schreibung, insbesondere im mehr oder weniger starken Gebrauch von matres lectionis für die Vokale. – Ein Blick auf die im AT vorhandenen Doppelüberlieferungen (Ps 18 // 2 Sam 22; Ps 14 // 53; Ps 70 // 40,14–18;

---

[8] Wichtige Zeugnisse für diesen Prozeß sind die Gültigkeit des Pentateuch bei den Samaritanern, der Hymnus auf die Väter in Ben Sira = Jesus Sirach 44ff. (um 190 v.Chr.), die Benützung des Jeremiabuches als heilige Schrift in Dan 9,2 (um 164 v.Chr.), die Nennung aller drei Teile des Kanons in 4QMMT und im Prolog der griechischen Übersetzung des Ben Sira (um 130 v.Chr.), die Existenz von Manuskripten aller Schriften des hebr. AT (bisher außer dem Buch Ester, das aber wahrscheinlich auch bekannt war) in Qumran, die Zitierung der atl. Schriften im NT und die Benennung der Kanonteile in Luk 24,27.44, die Diskussionen im Lehrhaus von Jamnia am Ende des 1. Jhs n.Chr., die Erwähnung der Heiligen Schriften bei Josephus (Contra Ap. I,8), in 4 Esra 14,18–48 und im babylonischen Talmud (Baba Bathra 14b).

[9] U.a. deswegen, weil es durchaus denkbar ist, dass in Zukunft einmal „vorkanonische" Texte gefunden werden (vgl. die in Ketef Hinnom bei Jerusalem gefundenen Silberplättchen mit dem sog. aaronitischen Segen von Num 6; siehe Abb. 1) und andererseits, weil „kanonisch" nicht nur auf einen bestimmten Wortlaut, sondern auch auf die Sache des Textes zu beziehen ist.

[10] Für eine Zusammenstellung der in Qumran gefundenen biblischen Texte siehe Gleßmer, Liste, und jetzt den Registerband von DJD (Discoveries in the Judaean Desert) XXXIX, 2002.

[11] Bei Jeremia ist LXX um ca. 1/8 kürzer als MT. Größere Differenzen gibt es auch in Jos 8/9, in 1. Sam 17 und 1. Kön 3 u.a.

[12] Kreuzer, Priorität.

Textkritik 29

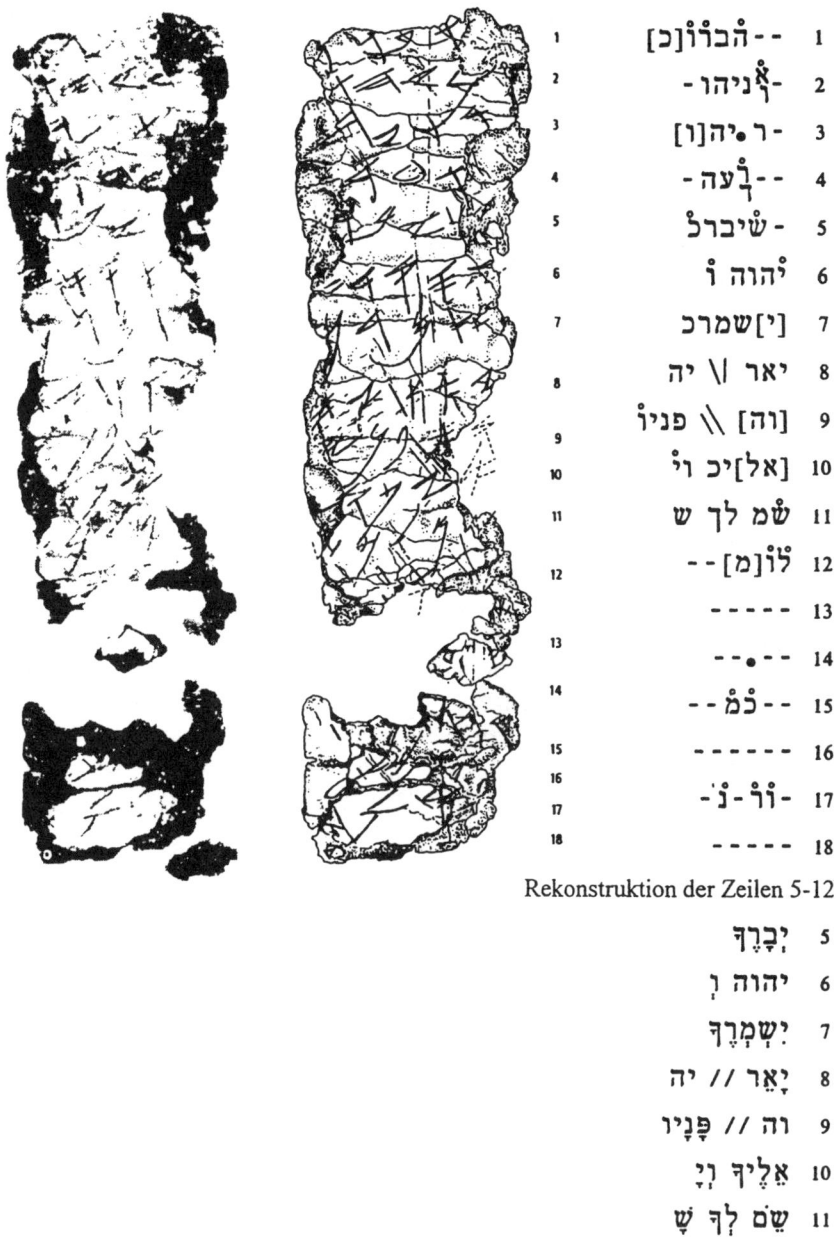

Abb. 1: Eines der beiden Silberröllchen (II.) aus Ketef Hinnom mit dem Text von Num 6,24–26. Abbildung mit Erlaubnis des Israel Museum, Jerusalem. Transliteration der Zeilen 5–12 nach G. Barkay, „The Priestly Benediction on the Ketef Hinnom Plaques", Cathedra 52 (1989) 37–76 (Hebr.); vgl. ders., Ketef Hinnom, 2003.

2 Kön 18–20 // Jes 36–39; 2 Kön 24,18–25,21 // Jer 52) kann das Nebeneinander und die Eigenart dieser Texttypen veranschaulichen.[13]

Der hebräische Text war damals und noch für lange Zeit ein nur mit den hebräischen Konsonantenzeichen geschriebener Text, aber er war dennoch nicht einfach eine Folge von Konsonanten, sondern insofern immer ein „vokalisierter" Text, als er gelesen und vorgelesen wurde und als solcher immer einen bestimmten Sinn hatte. Natürlich gab es verschiedene Möglichkeiten, den Text zu lesen und zu verstehen, etwa verschiedene Stammformen der Verben (z.B. Jer 7,3ᵃ⁻ᵃ), aber es herrschte keine Beliebigkeit, sondern es gab verschiedene Traditionen des Textverständnisses. Der Sachverhalt eines in diesem Sinn „vokalisierten" Textes zeigt sich auch im manchmal weitgehenden Gebrauch von matres lectionis (z.B. in der Jesaja-Rolle 1QJesᵃ, im Samaritanus und in sog. Vulgärtexten).

Schon um die Wende vom 2. zum 1. Jh. v.Chr. wird eine gewisse Hervorhebung des Vorläufers des späteren masoretischen Textes (protomasoretischer Text) erkennbar. Die Verbreitung dieser Textform ging wahrscheinlich vom Tempel in Jerusalem aus. Die zunehmende Dominanz dieser Textform zeigt sich an den jüngeren Qumran-Bibelhandschriften und sie spiegelt sich darin, dass gegen Endes des 1.Jh. v.Chr. begonnen wurde, die Septuaginta (s.u.) auf diesen Text hin zu revidieren.[14] Nach der Zerstörung des Tempels (70 n.Chr.) wurde die Heilige Schrift (und ihre Auslegung) zur wichtigsten Grundlage des jüdischen Lebens. Dadurch wurde es noch wichtiger, sie in möglichst verlässlicher und einheitlicher Gestalt zu haben. Diese Bemühungen um einen verlässlichen Standardtext setzten schon früher ein, geschahen dann wahrscheinlich insbesondere im Lehrhaus in Jamnia am Mittelmeer, dem damaligen Zentrum des Judentums. Bei diesen frühen „textkritischen" Bemühungen wurden etwa Aktualisierungen und Erweiterungen (z.B. semantische und grammatische Einflüsse aus dem Aramäischen) der sog. Vulgärtexte getilgt. Damit lag ein sehr guter Text vor, der sich spätestens am Anfang des 2. Jh.s als Standardtext durchgesetzt hatte, wie die Funde aus der Bar-Kochba-Zeit zeigen (Wadi Murabbaʿat).

2.2.1.1. Die frühen Masoreten

- Vergleichen Sie die im Folgenden genannten Sigla mit der Liste der „Sigla et Compendia Apparatuum" [Sigla, Symbols and Abbreviations] in den Prolegomena [Allgemeine Einleitung] der Biblia Hebraica und lesen Sie die Beispiele im hebräischen Text nach.

Von Rabbi Akiba wird der Satz überliefert: „*Die Masora ist ein Zaun um die Thora*" (Pirqe Abot 3,14). Es ist nicht ganz klar, ob Masora = Überlieferung hier die inhaltliche Seite (z.B. Auslegung der Gebote) oder primär die Überlieferung des Textbestandes meint. Jedenfalls bezeichnet man die Bemühungen um die Sicherung des Textbestandes als die Arbeit der Mas(s)oreten. Die Bemühungen dieser frühen Masoreten (manchmal auch Sopherim, Schreiber genannt) sind gelegentlich in zeitgenössischen Texten erwähnt und sind noch in den Bibelhandschriften erkennbar.

Zu nennen sind die puncta extraordinaria, mit denen Bedenken gegenüber dem vorhandenen aber – wegen seiner kanonischen Geltung – unveränderlichen Text ausgedrückt wurden; das

---

[13] Und ist zugleich ein weiterer Hinweis auf ihre Existenz!
[14] Kreuzer, Vielfalt.

Nun inversum (Num 10,35.36; Ps 107,21–26.40), das vermutlich Bedenken gegenüber der Stellung der Verse ausdrückt; die Sebirin (**Seb**), mit denen bei ungewöhnlichen Formen am Rand auf die Normalform oder die zu erwartende Form hingewiesen wird, und schließlich die Tiqqune sopherim und die Itture sopherim. Die 18 Tiqqune sopherim (**Tiq soph** = Verbesserungen der Schreiber) sind Korrekturen eines aus dogmatischen oder anderen Gründen anstößigen Textes (Gen 18,22: „vor jemandem stehen" bedeutet ihm dienen, daher steht nicht Gott vor Abraham, sondern umgekehrt; Num 11,15; 12,12; 1 Sam 3,13; 2 Sam 16,12; Jer 2,11; Hes 8,17; Hos 4,7; Ps 106,20 u.a). Möglicherweise sind das aber keine Neuerungen der Sopherim, sondern eine Zusammenstellung schon älterer Textvarianten.[15] Ähnliches gilt für die im babylonischen Talmud erwähnten 16 Itture sopherim, Weglassungen der Schreiber, die sowohl Wörter, die zwar geschrieben sind, aber nicht gelesen werden sollen (K^{e}tib w^{e}lo q^{e}re; 2 Kön 5,18; Jer 32,11; 51,3; Hes 48,16; Ru 3,12), als auch beim Lesen vorzunehmende Einfügungen (Q^{e}re w^{e}lo k^{e}tib; 2 Sam 8,3; 16,23; Jer 31,38 u.a.) umfassen.
Auch die ca. 1300 Belege von Ketib (**K** / **M**^{ket}) und Qere (**Q**)/ **M**^{qere}) stellen nicht nur Korrekturvorschläge der Masoreten dar, sondern bewahren vielfach ältere, alternative Lesarten. Schon die Qumrantexte zeigen eine Einteilung nach Sinnabschnitten, sog. Paraschen, wobei es aber Differenzen zwischen den Handschriften gibt. Auch hier bemühte man sich um Vereinheitlichung. Allerdings klagt noch Maimonides (1135–1204) über Differenzen. Bei den Paraschen werden offene (petucha) und geschlossene (setuma) unterschieden, je nachdem ob sie nur einen kleinen freien Raum innerhalb einer Zeile oder einen größeren bis zum Ende der Zeile bilden.[16] Später wurden sie zusätzlich oder nur mit den entsprechenden Buchstaben (פ; ס) vermerkt.[17] Außerdem gab es für den dreijährigen palästinischen bzw. den einjährigen babylonischen Lesezyklus eine Einteilung des Pentateuch in ca. 452 Sedarim (ס; sedär = Ordnung, Reihenfolge), bzw. 54 oder 53 Paraschen (Wochenabschnitte; פרש).
Die Kapiteleinteilung wurde um 1200 von Stephan Langton von Canterbury in die Vulgata eingeführt und von dort in die hebräischen Ausgaben übernommen. Sie hat jedoch ältere Vorläufer. So ist schon im Papyruskodex P 967 von ca. 200 n.Chr. eine Kapitelzählung und -nummerierung im griechischen Septuagintatext des Danielbuches belegt (Abb. 2). Die Satz- bzw. Verseinteilung war ebenfalls schon früh bekannt (vgl. Sof Pasuq), die Nummerierung entstand aber erst im 16. Jh. und wurde aus der christlichen Tradition übernommen.

2.2.1.2. Die (eigentlichen) Masoreten

Die erwähnten Arbeiten gehen zum Teil bereits in die Arbeit der späteren oder eigentlichen Masoreten über und finden bei diesen ihren Abschluss. Die hauptsächliche Leistung dieser Zeit (ca. 500 bis 1000 n.Chr.) ist die Festlegung der Vokalisation durch Punktationssysteme. Das babylonische (= östliche, „*orientales*"; **Or**), System entwickelte sich aus supralinear verwendeten Vokalbuchstaben. Die ältere einfache Form (**E**) wurde im 8. Jh. zu einer komplizierteren Form (**K**) weiterentwickelt, die später die jeminitische Tradition beeinflusste.

Das ältere palästinische (= westliche „*occidentales*"; **Occ**) System der Vokalisation wurde ab dem 8. Jh. weiterentwickelt zum bzw. dann ersetzt durch das tiberiensische System. Die Anstöße für die Weiterentwicklung und Verfeinerung waren wahrscheinlich im Osten (**Or**)

---

15 Zipor, Tiqqune Sop^{e}rim.
16 Siehe besonders: Oesch, Petucha und Setuma.
17 Dadurch kann jetzt פ auch mitten in einer Zeile stehen.

Abb. 2: Papyrus Rahlfs 967 = P. Köln 16, Blatt 22recto = Seite 151 des Kodex: Ende von Dan 4 und Anfang von Dan 7 (in diesem Papyrus folgen Dan 7 und 8 unmittelbar auf Dan 4, danach erst Dan 5f.9–12). Der Papyrus stammt von ca. 200 n.Chr. und ist somit ein vorhexaplarischer Textzeuge von LXX Daniel. Das Blatt zeigt nicht nur Kapiteltrennung, sondern sogar Kapitelnummerierung (hier Δ = 4) und zwar als subscriptio des jeweiligen Kapitels, wie auch die Bezeichnung des Buches (ΔΑΝΙΕΛ) am Ende steht. Publikation: Der Septuaginta Text des Buches Daniel, Kap. 5–12, zusammen mit Susanna, Bel et Draco sowie Esther 1,1a–2,15 nach dem Kölner Teil des Papyrus 967, ed. Angelo Geissen, Bonn 1968. Farbabbildungen auf: http://www.uni-koeln.de/phil-fak/ifa/NRWakademie/papyrologie/PTheol1.html.

wie im Westen (**Occ**) von den Karäern ausgegangen, für deren ausschließliche Berufung auf die Heilige Schrift (gegenüber der Tradition) eine exakte Textgestalt besonders wichtig war. Zwischen 780 und 930 wirkten in Tiberias vor allem die Familien Ben Ascher und Ben Naphtali. Sie schufen ein detailliertes und vollständiges *System für die Vokalisation und die Akzentuation des Textes*, das sich im Lauf des Mittelalters durchsetzte und dann bis zu den Textfunden des 19. und 20. Jh.s das einzige bekannte war. Von der Arbeit der letzten Glieder der Familie Ben Ascher, Mosche ben Ascher und Aaron ben Mosche ben Ascher sind *Musterkodizes*, der Codex Cairensis [M^C] und der Aleppokodex [M^A], erhalten.
Die Tradition der Ben Naphtali (**Naft**) unterschied sich nur in Kleinigkeiten, etwa der häufigeren Metegsetzung, die dann auch die Ben Ascher Texte beeinflusste und so den spätmittelalterlichen *textus receptus* prägte, der schließlich in die ersten Drucke Eingang fand. Zur Durchsetzung des Ben Ascher Textes trug auch die Autorität des Maimonides bei, der den Aleppokodex zum normativen Text erklärte.
Größere Unterschiede scheinen zu anderen Masoretenfamilien bestanden zu haben. Allerdings gibt es von deren Texten nur einzelne Fragmente aus der Kairoer Geniza. Insbesondere aber scheint der 1105 in Italien geschriebene Codex Reuchlinianus auf diese Traditionen zurückzugehen. Er bietet ein selbständiges und in manchem noch sorgfältigeres System und scheint manche urtümlicheren Besonderheiten zu bewahren.[18]

Neben der Vokalisation und der Akzentuation wurde von den Masoreten auch ihr Wissen um Einzelheiten und Besonderheiten der Textüberlieferung schriftlich festgehalten. Dies ist die sog. Masora. Die Masora parva (**Mp**) steht am seitlichen Rand des Textes. Sie enthält viele Hinweise auf Besonderheiten des Textes, auf seltene Schreibungen, auf die Häufigkeit von Besonderheiten und nicht zuletzt auf die Belege für (Ketib und) Qere. Die Masora magna (**Mm**) steht über und unter dem Text. Sie listet jene Besonderheiten, die in der Mp gemeint sind, explizit, d.h. mit Textzitat und Stellenangabe, auf. Am Ende der Handschriften steht die Masora finalis [**Mf**]. In ihr wird das masoretische Material alphabetisch geordnet dargeboten. Die bekannteste diesbezügliche Sammlung[19] ist die Schrift 'Ochla we'Ochla (**Okhl**), die von Jakob ben Chajjm für seine Rabbinerbibel verwendet wurde. Der Name leitet sich von dem ersten der dort zusammengestellten Wortpaare, nämlich Ochla einmal ohne und einmal mit we, her.
Die Masora parva wurde in BHK³ genau nach dem Codex Leningradensis wiedergegeben. In BHS wurde sie normalisiert, d.h. an den gemeinten Parallelstellen wurde ein eventuell fehlender Hinweis ergänzt. In einem eigenen Apparat unterhalb des Textes wird auf die jeweilige Nummer der Masora magna hingewiesen. Diese wurde von G.E. Weill separat ediert.[20]

Der wichtigste Textzeuge für den Masoretischen Text ist nach wie vor der Codex Leningradensis (**L** / M^L), der wie für BHK³ (ab 1937) die Grundlage der BHS bildete und auch der BHQ (ab 2004) bildet. Mit seiner Entstehung im Jahre 1008/09 ist er nach wie vor die älteste vollständige Handschrift des Alten Testaments.[21]

---

[18] Meyer, Codex Reuchlinianus. Der Codex ist in BHS nur für die Targume verwendet ($𝔗^f$).
[19] Eine Zusammenstellung der zu seiner Zeit bekannten masoretischen Sammlungen publizierte Ginsburg, Massorah.
[20] Weill, Massorah Gedolah. Zur Erklärung der Masora siehe jetzt Kelley u.a., Die Masora.
[21] Neben der älteren Faksimileausgabe von 1970 siehe jetzt die auf neuen Photographien beruhende Ausgabe, Grand Rapids und Leiden 1998.

Der um etwa 100 Jahre ältere Aleppokodex[22] ist leider unvollständig. Er war ursprünglich in Kairo in Gebrauch und kam dann nach Aleppo. Nach den anlässlich der Gründung des Staates Israel 1948 in den arabischen Ländern ausgebrochenen Unruhen war er zunächst verschollen. Ab etwa 1960 wurde sein Vorhandensein in Jerusalem bekannt gemacht. Leider fehlt nun fast der ganze Pentateuch (erhalten ab Dtn 32) und auch der Schluss. Teile des Pentateuch sind jedoch in früheren Photographien erhalten. Der Aleppokodex bildet die Textgrundlage der Hebrew University Bible (HUB). Allerdings sind bisher nur die Bände mit Jesaja, Jeremia und Ezechiel erschienen. In Anbetracht der dichten masoretischen Tradition jener Zeit sind die Unterschiede zwischen Aleppokodex und Codex Leningradensis nur minimal.

Eine weitere sehr alte Handschrift ist der Kairoer Prophetenkodex (**C** / **M**^{C}) aus dem Jahre 895. Er umfaßt allerdings nur die Prophetenbücher. Für eine Beschreibung dieser und weiterer alter, hebräischer Handschriften siehe jetzt die „Allgemeine Einleitung" in der BHQ.

2.2.1.3. Der Samaritanische Pentateuch

Der bei den Samaritanern ebenfalls in kanonischer Geltung stehende Pentateuch ist neben dem Masoretischen Text ein wertvoller, selbständiger Textzeuge, allerdings eben nur für den Pentateuch. 𑁋 / **Smr**[23] geht zum Teil mit dem MT, zum Teil mit LXX und wird zum Teil von Qumrantexten gestützt. Er repräsentiert somit neben MT und LXX einen der drei Grundtypen des hebräischen Textes der vormasoretischen Zeit. Bei seiner Verwendung sind allerdings einige Besonderheiten zu berücksichtigen: Er enthält an einigen Stellen Korrekturen zugunsten der samaritanischen Gemeinde (Einfügung des Auftrags zur Errichtung eines Heiligtums auf dem Garizim nach Ex 20,17 und Beziehung des erwählten heiligen Ortes im Deuteronomium [Dtn 12 u.ö.] auf den Garizim). Vor allem aber hat **Smr** eine sehr weit gehende Pleneschreibung und zeigt popularisierende Eigenheiten analog den vormasoretischen Vulgärtexten des „masoretischen" Texttyps. Abgesehen von diesen Besonderheiten repräsentiert **Smr** jedoch einen guten hebräischen Text und einen eigenständigen, ebenfalls weit zurückreichenden Texttyp.

Allerdings besteht auch beim Samaritanus ein großer Abstand zwischen der Entstehungszeit des Texttyps und den ältesten Handschriften, von denen nur wenige vor dem 13. Jh. entstanden sind. Selbst die berühmte Abischaʿ-Rolle der samaritanischen Gemeinde von Sichem / Nablus ist in keinem ihrer verschiedenen Teile älter als aus dem 11. Jh. Die Standardausgabe des Samaritanus ist noch immer jene von August Freiherr v. Gall, Der hebräische Pentateuch der Samaritaner, 5 Bände, 1914–1918, Nachdruck 1966, auch wenn seitdem neue Handschriften, u.a. die Abischaʿ-Rolle, zugänglich wurden.[24]

2.2.2. Die Übersetzungen

2.2.2.1. Die Septuaginta[25]

In der Zeit nach dem babylonischen Exil wuchs der Anteil der Juden, die nicht im Mutterland, sondern in der Diaspora lebten. Insbesondere das Judentum in Ägypten

---

22   Faksimileausgabe Goshen-Gottstein, Aleppo Codex [**M**^{A}].
23   Vgl. Anm. 8.
24   Hg. von Castro, Sefer Abischaʿ; vgl. ders., Kryptogramm, und Robertson, Review (mit Photo der Kolumnen 19–21 und 107f). Zum Samaritanus insgesamt Waltke, Samaritan Pentateuch.
25   Außer der in Anm. 1 genannten Literatur siehe hierzu auch Hanhart, Septuaginta.

nahm an Zahl zu und gelangte in der Ptolemäerzeit zu großer Bedeutung.[26] Dabei geriet der Gebrauch des Hebräischen allmählich ganz in den Hintergrund und vollzog sich jüdisches Leben – bis hin zum Synagogengottesdienst – in griechischer Sprache. Dadurch wurde eine Übersetzung der Heiligen Schriften in die griechische Sprache notwendig. Diese Übersetzung ist die Septuaginta (𝕲 / G), so genannt nach der im Aristeasbrief genannten Zahl von 70 (bzw. 72) Übersetzern (daher: LXX). Die LXX ist nach dem masoretischen Text der für die Textkritik wichtigste Textzeuge. Erwähnt werden soll aber doch auch ihre große Bedeutung für die Kultur- und Geistesgeschichte. Sie half ganz wesentlich dazu, dass das Judentum in der hellenistischen Welt seine Identität bewahren und seine Überzeugungen nach außen hin vermitteln konnte. – Durch die LXX konnten die Menschen der Antike die jüdische Religion, insbesondere den jüdischen Monotheismus kennen lernen. Nimmt man noch die Wirkung auf und durch das Neue Testament hinzu, so ist die LXX sicher eines der bedeutendsten Dokumente der Antike.

Unter diesem Aspekt der geistesgeschichtlichen und kulturellen Bedeutung beschreibt der Aristeasbrief[27] die Übersetzung der LXX: Eines Tages habe Demetrius von Phaleron, der Vorsteher der berühmten Alexandrinischen Bibliothek seinen König Ptolemäus (Ptolemäus II. Philadelphos, 285–247 v.Chr.) darauf hingewiesen, dass auch das jüdische „Gesetz" wegen seiner großen Bedeutung in die Bibliothek aufgenommen werden solle. Allerdings müsse es dazu ins Griechische übersetzt werden. Der König geht darauf ein und schickt eine Delegation nach Jerusalem zum Hohenpriester Eleazar, der in den Plan einwilligt und eine Delegation von 72 Übersetzern – mit kostbaren Thorarollen – nach Alexandrien schickt. Nach einem ‚Symposion', bei dem die Gäste Proben ihrer Weisheit geben, werden sie auf die bei Alexandrien gelegene Insel Pharos geführt, wo sie in 72 Tagen ihr Werk vollenden. Interessanterweise wird der Text, auf den sich die Übersetzer einigen, vom heidnischen Bibliothekar Demetrius aufgezeichnet. Die fertige Übersetzung wird aber zunächst der jüdischen Gemeinde vorgetragen, die sie als gut und richtig anerkennt und im Sinn der Kanonsformel von Dtn 4,2 und 13,1 als unveränderlich feststellt. Erst dann wird sie auch dem König vorgetragen, der den Geist des Gesetzgebers bewundert und die Übersetzerdelegation mit reichen Geschenken nach Hause entlässt.

Der Aristeasbrief spricht genau genommen (wahrscheinlich) nur von der Thora im Sinn des Pentateuch. Da der Brief nicht von einem Zeitgenossen geschrieben wurde, sondern erst um ca. 125 v.Chr., verteidigt der Brief mit dieser Entstehungsgeschichte die längst bekannte und anerkannte Septuaginta gegen Kritik in der Hasmonäerzeit.[28] Er tut dies sogar mit Hinweis auf Fehler im hebräischen(!) Text, der als „recht ungenau und mit Abweichungen vom ursprünglichen Text" (c.30–31) bezeichnet wird. Auf diesem Hintergrund sind die aus Jerusalem mitgebrachten Thorarollen und die Autorisierung des Projekts durch den Jerusalemer Hohenpriester wichtig, ebenso die Approbation von innen durch die Gemeinde und von außen durch den König.

Die Überlieferung des Aristeasbriefes wurde später erweitert. Während Josephus am Ende des 1. Jh. n.Chr. ihr ziemlich genau folgt, ist sie bei Philo von Alexandrien (ca. 25 v.Chr. bis 40 n.Chr.) legendarisch ausgebaut: Die Übersetzer hätten jeder für sich gearbeitet und nach-

---

26 Gehrke, Umfeld.
27 Textausgabe mit Erläuterungen: Meisner, Aristeasbrief.
28 Vgl. Müller, Aristeasbrief.

her festgestellt, dass sie einen wortwörtlich identischen Text angefertigt hatten. Dieses Wunder ist natürlich nur durch göttliche Inspiration möglich, woduch die Septuaginta als ebenso inspiriert anzusehen ist, wie der hebräische Text. Hier zeigt sich eine ungeheure Wertschätzung der Septuaginta, wohl aber auch eine gewisse Notwendigkeit, sie gegen inzwischen laut gewordene Kritik zu verteidigen.

Die Bezeichnung „Septuaginta" wurde über den Pentateuch hinaus auf das ganze griechische Alte Testament ausgedehnt, womit LXX in diesem weiteren Sinn zu verstehen ist. Die hohe Wertschätzung der LXX wurde auch im Christentum übernommen. Die Erzählung des Aristeasbriefes und ihre legendarische Entfaltung findet sich auch bei den Kirchenvätern.

Der ursprüngliche Anlass für die Übersetzung der Thora und der weiteren atl. Schriften war aber nicht der ptolemäische König, sondern die erwähnten inneren Notwendigkeiten in der jüdischen Gemeinde. Allerdings hat der Aristeasbrief zwar nicht die Einzelheiten, aber die kulturpolitische Situation unter den ersten Ptolemäern gut dargestellt: Die Schriften in der Bibliothek von Alexandrien repräsentierten das kulturelle Erbe verschiedener Völker; z.B. verfasste der ägyptische Priester Manetho seine Geschichte Ägyptens in griechischer Sprache, um sie so bekannt zu machen. Insofern ist es durchaus wahrscheinlich, dass man sich auch von jüdischer Seite bemühte, die eigene Tradition bekannt zu machen und d.h. an die Bibliothek zu bringen.[29]

Die zeitliche Ansetzung in die Mitte des 3. Jh. v.Chr. dürfte zutreffen, und zwar für den Pentateuch, während die weiteren Teile des AT sukzessive und von verschiedenen Übersetzern übersetzt wurden (einige Schriften (Psalmen?) vielleicht auch in Palästina). Im griechischen Prolog zu Ben Sira werden alle drei Teile des Kanons genannt, womit die LXX eine gewisse Zeit vor 132 v.Chr. – im Wesentlichen – vollständig gewesen sein muss.

In der Forschung seit langem umstritten ist die Frage, ob die Überlieferung der LXX auf einen „Urtext" zurückgeht (so Paul de Lagarde, 1827–1891)[30] oder die Vereinheitlichung ursprünglich individueller Übersetzungen und Textformen darstellt (so vor allem Paul Kahle, 1875–1964)[31]. Kahle verwies für seine Theorie u.a. auf die Erwähnung früherer griechischer Übersetzungen in Aristeasbrief 30, gab aber andererseits zu, dass die verschiedenen Schriften des AT wahrscheinlich meist nur jeweils *eine* Erstübersetzung und insofern einen „Urtext" hatten. Diese Erstübersetzungen erfuhren Veränderungen und Revisionen (nicht zuletzt in Richtung des hebräischen Textes). Die Theorien von de Lagarde und Kahle sind jeweils Idealtypen, die heuristischen Wert hatten (und auch die Editionen der LXX beeinflussten), die aber von der Textüberlieferung her zu modifizieren sind.

Zur Eigenart der Septuaginta: Die Übersetzung des AT erstreckte sich nicht nur über einen längeren Zeitraum, sondern geschah bei den verschiedenen Büchern in verschiedener Weise und mit verschieden guter hebräischer Textgrundlage.[32] Die sprachlichen Kenntnisse der Übersetzer waren vom spätbiblischen bzw. beginnenden Mittel-Hebräisch und vom Aramäischen geprägt. Das zeigt sich daran, dass ihnen manche Wörter kaum mehr bekannt waren, und daran, dass manche Begriffe in ara-

---

[29] Kreuzer, Entstehung.
[30] U.a. in: Mittheilungen I, 1883 und Septuagintastudien, 1891.
[31] U.a. in: Die Septuaginta. Prinzipielle Erwägungen.
[32] Für Einzelheiten siehe die Einleitungen in den Kommentaren und in der Göttinger Septuaginta-Ausgabe; künftig auch in Septuaginta-deutsch.
Unterschiede im Textbestand gibt es vor allem in Sam-Kön; Jer (LXX-Text ca. 1/8 kürzer) Hes (LXX etwas kürzer); LXX-Chronik steht oft den „synopt. Parallelen" in MT-Sam-Kön näher als MT-Chronik.

maisierter Form wiedergegeben wurden, z.B. πάσχα [Pascha] von aram. פסחא statt hebr. פסח [päsach], μάννα [Manna] von aram. מנא statt hebr. מן [man].

Das der Übersetzung zu Grunde liegende Verständnis des atl. Textes ist mit beeinflusst von den damaligen exegetischen Traditionen. Darum finden sich manche Übereinstimmungen zwischen LXX und Auslegungstraditionen, wie sie in den Targumen oder rabbinischen Quellen bezeugt sind.

Der zuerst übersetzte Pentateuch diente offensichtlich bei der weiteren Arbeit als „Wörterbuch". Die Wahl wichtiger theologischer Begriffe prägte damit auch die weiteren Teile des Kanons. Mit dem Verständnis des Kanons als einer zusammengehörigen und einheitlichen Größe hängt es schließlich auch zusammen, dass Texte aus dem näheren oder weiteren Kontext für die Interpretation und Übersetzung herangezogen wurden.

2.2.2.2. Revisionen der Septuaginta und weitere griechische Übersetzungen

In der Hexapla, dem großen textkritischen Werk des Origenes (s.u.), führte Origenes nicht nur die LXX, sondern auch drei weitere griechische Übersetzungen (οι γ') auf. Es sind dies die Übersetzungen von Aquila (α'), Symmachus (σ') und Theodotion (θ').

Aquila (α') schuf seine Übersetzung um 125 n.Chr. und war geprägt vom Schriftverständnis des Rabbi Akiba, für den jede Kleinigkeit, und das heißt auch, jeder Buchstabe von Relevanz war. Er versuchte daher, möglichst eng an der äußeren Gestalt des hebräischen Textes zu bleiben. Allerdings ergaben sich dabei trotz der scheinbaren äußeren Ähnlichkeit oder etymologischen Nähe oft beträchtliche Sinnverschiebungen.[33] Aquila machte auch Korrekturen des dogmatischen Gründen, indem er Begriffe der LXX, die bei den Christen wichtig geworden waren, ersetzte, z.B. übersetzte er משיח (Gesalbter) nicht mit χριστός, sondern mit ἠλειμμένος.

Die Übersetzung des Symmachus (σ') ist einerseits ebenfalls sehr genau, enthält aber andererseits – im Bemühen um ein gutes Griechisch – viele Freiheiten und sinngemäße Wiedergaben des hebräischen Textes. Diese Übersetzung entstand wahrscheinlich um 170 n.Chr. Über die Person des Symmachus gibt es widersprüchliche Nachrichten. Nach Epiphanius war er ein Samaritaner, der (jüdischer) Proselyt wurde, nach Eusebius und Hieronymus (der die Übersetzung sehr schätzte) war er Ebionit (also Christ), während ihn Barthélemy[34] mit סומכוס [Sumakus], einem im bab. Talmud Eruvim erwähnten Schüler des Rabbi Meir, identifizieren will.

Der dritte dieser drei Übersetzer ist Theodotion (θ'). Nach traditioneller Sicht wird seine Übersetzung – im Anschluß an eine Nachricht bei Epiphanius – gegen Ende des 2. Jh.s angesetzt, doch erwähnt ihn Irenäus vor Aquila. Mit der traditionellen Sicht war das Problem verbunden, dass sich „theodotianische" Lesarten auch bereits in älteren Texten (Neues Testament, Barnabasbrief, Clemensbrief, Hermas) finden. Man vermutete daher, dass Theodotion eine ältere, einst weit verbreitete, jetzt nur mehr in Zitaten erhaltene Übersetzung revidierte.

---

33 Z.B. wenn er die nota acc. mit συν übersetzt, als ob es die Präposition את (mit, bei) wäre, oder wenn er bei בראשית in Gen 1,1 die Verbindung mit ראש bzw. κεφαλή festhalten will und mit κεφάλαιον übersetzt, was aber nicht „am Anfang", sondern „in der Hauptsache" bedeutet.
34 Barthélemy, Symmaque.

Abb. 3: Fragment aus der Zwölfprophetenrolle von Naḥal Ḥever (Sach 8,19-9,4), an dem sich die Hauptmerkmale der Kaige-Rezension erkennen lassen: (1) Übernahme der altüberlieferten LXX, (2) Rezension nach der hebräischen Vorlage, (3) das Tetragramm in althebräischer Schrift für den Namen Gottes.
Rechte Kolumne, Zeile 3-7 (Sach 9,1–2a): λημμα λογου JHWH εν [ ] και δαμασκου (= LXX) καταπα[υσις... (hebraisierende Korrektur für מְנֻחָתוֹ, das in der älteren LXX als מִנְחָתוֹ (= τυσί αὐτοῦ) verstanden war) οτι τω JHWH οφθα[λμος αν]θρωπων (hebraisierende Korrektur für den Ausdruck ליהוה עין אדם, der in der älteren LXX sinngemäß, aber frei mit κύριος ἐφορᾷ ἀνθρώπους übersetzt war) και πασων [ ] ισραηλ και γε (konsequent gebrauchte Wiedergabe der Partikel וגם (LXX καί), nach der die Rezension von Barthélemy den Namen, „groupe καίγε", erhielt) εμαθ (Übernahme der Transkription der älteren LXX). [nach Hanhart, Septuaginta, 216].

Textkritik

Eine neue Situation ergab sich mit der Entdeckung der καιγε-Rezension: Bei der Untersuchung der Umgebung von Qumran wurde 1953 in Naḥal Ḥever eine Lederrolle mit dem griechischen Text der Kleinen Propheten gefunden, die paläographisch auf spätestens 50 n.Chr. zu datieren ist.[35] Es stellte sich heraus, dass sie einen Text enthält, der eine frühe Revision des LXX-Textes darstellt. Weil darin – nach einer bestimmten hermeneutischen Regel – גם [auch] immer mit καίγε [und auch] wiedergegeben wird, wird diese Übersetzung als kaige-Übersetzung bezeichnet. Weiter stellte sich heraus, dass eine Reihe von LXX-Lesarten, besonders in Sam-Kön und Richter, der kaige-Rezension nahestanden und dass die bei Origenes Theodotion zugeschriebene Spalte der Hexapla ebenfalls dieser Textform nahe steht. Man spricht daher von der kaige-Theodotion-Revision.[36] Die Annahme einer eigenen (Proto-)Theodotion-Übersetzung ist damit praktisch hinfällig, und auch Aquila und Symmachus sind keine völlig neuen Übersetzungen, sondern setzten auf je ihre Art die in der kaige-Rezension greifbare Arbeit fort. Die kaige-Rezension – nach ihrem Entstehungsgebiet auch palästinische Rezension genannt –, die wahrscheinlich schon im 1. Jh. v.Chr. entstand, stellt praktisch eine Revision der älteren LXX in Richtung auf den sich ebenfalls in dieser Zeit herausbildenden (protomasoretischen) hebräischen Standardtext dar. Wahrscheinlich gingen ihr Ansätze in Form einzelner Korrekturen und Randnotizen zu einzelnen Büchern des AT voraus und existierten daneben andere vergleichbare Revisionen, wie vereinzelte Textfunde zeigen.[37]

Somit gab es um die Zeitenwende eine größere Zahl von Revisionen der griechischen Übersetzung, die einerseits aus dem Ungenügen der alten, der veränderten hebräischen Textbasis nicht mehr voll entsprechenden Septuaginta und andererseits aus der Berücksichtigung neuer Auslegungsmethoden erwuchsen. Ab wann und wie weit diese Bemühungen über Palästina hinauswirkten, ist noch kaum erforscht. Mit der Trennung zwischen Christentum und Judentum wurde die LXX für die Juden zusätzlich dadurch problematisch, dass die Christen ihre Ansichten von dort her begründen konnten (z.B. die Jungfrauengeburt aus Jes 7,14 LXX).

Die Hexapla des Origenes und weitere Revisionen

In Anbetracht des Nebeneinanders verschiedener Textformen der griechischen Bibel schuf der auch in anderen Zusammenhängen bedeutende alexandrinische Theologe Origenes (ca. 185–254 n.Chr.) um 230 eine mehrspaltige, synoptische Ausgabe des alttestamentlichen Textes. Nach seinen eigenen Aussagen sollte das Werk den christlichen Theologen eine Textbasis für die Diskussionen mit den Juden, die sich auf den Urtext beriefen, bieten. Es hatte und hat aber viel weiter reichende Bedeutung. Origenes bot in 6 Spalten: 1) den hebräischen Text, 2) den hebräischen Text in griechischer Umschrift, 3) Aquila, 4) Symmachus, 5) Septuaginta, 6) Theodotion (und zu einzelnen Büchern, etwa Psalmen, noch weitere Textformen).

Das hinter der Anordnung stehende Prinzip ist nicht ganz klar. Klar ist aber der Zweck, nämlich durch Vergleich mit dem hebräischen Text und mit den anderen

---
35 Siehe die Abb. 3.
36 Die von Barthélemy, Les d'avanciers d'Aquila, vorgeschlagene Identifikation des Theodotion mit Jonathan ben Uzziel aus dem 1. Jh. n.Chr. bleibt jedoch fraglich.
37 Z.B. Papyrus Chester-Beatty 947 und 4Q LXX Num; s. dazu: Skehan, 4Q LXX Num.

griechischen Übersetzungen einen möglichst verläßlichen und d.h. faktisch dem hebräischen entsprechenden griechischen Text herzustellen.[38] Zur Kennzeichnung verwendete Origenes die zu seiner Zeit in der alexandrinischen Philologie üblichen textkritischen Zeichen des Aristarch (217–145 v.Chr.), nämlich Obelos (-:) (**ob / obel**], Metobelos (/.) und Asteriskos (✶) (**ast /ast**). Wörter, die LXX über MT hinaus hatte, wurden durch Obelos (-:) und Metobelos (/.) „eingeklammert", Wörter des MT, die in der LXX fehlten, wurden aus anderen Übersetzungen in die LXX-Spalte eingefügt und durch Asteriskos (✶) und Metobelos (/.) gekennzeichnet. Darüber hinaus hat Origenes den LXX-Text auch geändert, ohne dies immer kenntlich zu machen. Diese 5. Spalte ist die hexaplarische Rezension der LXX (𝕲^O).

Das riesige, ca. 50 Bände umfassende Werk wurde in Cäsarea am Meer in Palästina aufbewahrt. Wahrscheinlich als „verkürzte" Ausgabe der Hexapla, oder vielleicht als Vorarbeit, existierte auch eine Tetrapla, die nur die Spalten mit dem griechischen Text enthielt.
Beide Werke wurden wahrscheinlich nur auszugsweise abgeschrieben. Die Hexapla ist nur in Fragmenten und Zitaten erhalten. Die bedeutendsten Fragmente der Hexapla sind die 1895 von Mercati entdeckten Mailänder bzw. Mercati-Fragmente. Häufig abgeschrieben wurde dagegen die 5. Spalte mit dem von Origenes revidierten LXX-Text, und zwar häufig einschließlich der textkritischen Zeichen. Dieser fand bald weite Verbreitung und wurde zum Standardtext.
Die ältesten Textzeugen für die hexaplarische LXX stammen aus dem 4./5. Jh. In ihnen sind z.T. die aristarchischen Zeichen mit enthalten. Ein weiterer wichtiger Textzeuge ist die sehr wortgetreue Übersetzung ins Syrische des Bischofs Paul von Tella, die dieser 616/617 anfertigte und in die er sogar die aristarchischen Zeichen übernahm. Sie wird als Syrohexplaris (**Syh**) bezeichnet.
Die bis dahin bekannten Fragmente sind bei F. Field, Origenis Hexaplorum quae supersunt sive veterum interpretum graecorum in totum Vetus Testamentum fragmenta, Oxford 1867/1874, zusammengestellt. Diese und inzwischen entdeckte weitere Fragmente[39] sind im Apparat der ‚Göttinger Septuaginta' vermerkt.

Hieronymus berichtet um 400 von zwei weiteren Rezensionen, der des Lukian und der des Hesychius. Lukian war Presbyter in Antiochien und starb 312 als Märtyrer. Die lukianische Rezension bzw. der sog. antiochenische Text (𝕲^L / **G**^{L}) hat unterschiedliche – in den Geschichtsbüchern eine der ursprünglichen Septuaginta nahe stehende, nicht von der kaige-Rezension erfasste – Textbasis und bemüht sich um gutes Griechisch. Während der lukianische Text in Kirchenväterzitaten und Minuskelhandschriften belegt ist,[40] ist der hesychianische Text nicht näher bekannt.

Die Geschichte der griechischen Übersetzungen kann – etwas vereinfacht – insgesamt gesehen werden als Geschichte der sprachlichen Verbesserung und der Revision hin auf den masoretischen Text, wobei bestimmte exegetisch-methodische Bedürfnisse mit eine Rolle spielten.

---

[38] Origenes setzte damit praktisch die oben erwähnten früheren Bemühungen fort.
[39] Siehe Tov, Text, 122f. und Anm. 102.
[40] Siehe dazu Fernandez Marcos, Einführung.

2.2.2.3. Übersetzungen aus der Septuaginta

Mit dem Vordringen des Christentums und später auch mit dem Rückgang der Verbreitung des Griechischen wurden weitere Übersetzungen notwendig. Diese („Tochter")übersetzungen sind zwar für die Erforschung der LXX und ihrer Geschichte interessant, für die Textkritik haben aber die koptische (𝔎, bestehend aus dem südlichen, sahidischen (**Sa**) und dem unterägyptischen, bohairischen (**Bo**) Zweig), die äthiopische (𝔄), die arabische (𝔄), die armenische (**Arm**), die gotische u.a. Übersetzungen praktisch keine Relevanz. Von Bedeutung für die Textkritik sind die altlateinische Übersetzung und die Vulgata (zur syrischen Übersetzung s.u. 2.2.2.5).

Die altlateinische Übersetzung (Vetus Latina; 𝔏 / **La**) geht etwa ins 3. Jh. zurück und wird in zwei bis drei regionalen Ausprägungen greifbar: Itala für Italien, Afra für Nordafrika, eventuell Gallica für Gallien. Auf Grund ihres Alters kann die Vetus Latina ein Zeuge für die Geschichte des griechischen Textes sein, insbesondere wo sie nicht mit 𝔊^O übereinstimmt.

Etwas anders liegen die Verhältnisse bei der Vulgata (𝔙 / **V**). Bei ihr handelt es sich praktisch um eine Revision der Vetus Latina auf der Grundlage der Septuaginta und des hebräischen Textes. Hieronymus (ca. 345–420) bemühte sich bei seiner Übersetzungs- bzw. Revisionsarbeit in Palästina um Kontakt mit Rabbinen. Die Vulgata kann daher dort, wo sie nicht mit LXX übereinstimmt, ein Zeuge für den hebräischen Text sein. Allerdings ein Zeuge für den hebräischen Text und das Textverständnis der Zeit um 400 n.Chr.

Die Übersetzung des Hieronymus konkurrierte längere Zeit mit der Vetus Latina und erhielt dann im Lauf der Jahrhunderte (besonders durch Erlässe und die Schreiberschulen zur Zeit Karls des Großen) die große Verbreitung und Bedeutung, die schließlich im 16. Jh. zu ihrem Namen „Vulgata" führte. Auch sie war natürlich mit textlichen Varianten verbreitet und wurde verschiedentlich überarbeitet. Nicht uninteressant ist, dass erst nach der dogmatischen Fixierung der Bedeutung und Inspiriertheit der Vulgata auf dem Konzil von Trient (1545 – 1563) die Herstellung eines dieser Theorie entsprechenden einheitlichen Textes in Angriff genommen wurde (an der Universität Löwen erstellt).

2.2.2.4. Die aramäischen Targume

So wie in Ägypten stellte sich auch in der babylonischen Diaspora – und schließlich auch in Palästina – das Problem der zurückgehenden Kenntnis des Hebräischen. Hier setzte sich in der nachexilischen Zeit das Aramäische zunehmend durch. Der älteste Beleg für eine Übersetzung ist wahrscheinlich Neh 8,8: „... man las aus dem Buch des Gesetzes ... und gab dazu Erklärungen, so dass die Leute das Vorgelesene verstehen konnten". Solche Übersetzungen in das Aramäische waren insbesondere für den Synagogengottesdienst wichtig. Sie wurden offensichtlich relativ frei gestaltet und umfassten auch erklärende und interpretierende Bemerkungen.

Die hier zu besprechenden Targume bzw. Targumim (𝔗 / **T**) haben ihren Hintergrund aber nicht nur in der Synagoge, sondern wahrscheinlich auch im Lehrhausbetrieb. Die derzeit ältesten bekannten Targume stammen aus Qumran, wobei es sich um Fragmente zu Leviticus und Hiob handelt (4QtgLev; 4QtgJob; 11QtgJob). Damit sind Targume spätestens für das 1. Jh. v.Chr., wahrscheinlicher schon für das 2. Jh. v.Chr., belegt. Am Anfang der Targumtradition stand offensichtlich eine größere Freiheit, während dann zunehmend eine Angleichung an den hebräischen, d.h. maso-

retischen Text erfolgte. Die Targume zu den verschiedenen alttestamentlichen Büchern sind verschieden gearbeitet, so wie sie auch untereinander verschieden sind.
Zum *Pentateuch* ist zunächst Targum Onkelos ($\mathfrak{T}^O$ / T^O) zu nennen. Der Name beruht auf einer – ziemlich sicher falschen – Gleichsetzung mit dem Übersetzer Aquila. Die Gemeinsamkeit besteht in der großen Treue zur hebräischen Vorlage, d.h. zum masoretischen Text, besonders in den erzählenden Passagen, während in poetischen Teilen größere Freiheiten und Ergänzungen zu beobachten sind. Je nachdem, ob mehr Gewicht auf die enthaltenen Traditionen oder auf die Endgestalt des Textes gelegt wird, wird es in das 1. bis 3., spätestens 5. Jh. nach Christus datiert. Das Targum Onkelos stammt wahrscheinlich aus Palästina, wurde aber dann in Babylon redigiert und dort zur offiziellen Version. Von dort gelangte es dann auch wieder nach Palästina, wo es die anderen Targume beeinflusste und allmählich verdrängte. Der Text von Targum Onkelos ist auch in Fragmenten aus der Kairoer Geniza bezeugt.
Wahrscheinlich auf ähnliche und alte palästinische[41] Tradition geht Targum Pseudo-Jonathan ($\mathfrak{T}^J$ / T^J)zurück. Die Bezeichnung entstand auf Grund der falschen Auflösung der Abkürzung י״ת, die eigentlich für Targum Jeruschalmi (I) steht. Dieses Targum folgt zwar Vers für Vers dem zugrunde liegenden Text, enthält aber außer der eigentlichen Übersetzung sehr viel haggadische und halachische Erweiterungen und steht somit der Mischna nahe. Die Erweiterungen entstammen einer weiten Zeitspanne, von der Makkabäerzeit bis zur frühislamischen Zeit.
Ebenfalls aus Palästina stammt das Fragmententargum bzw. Targum Jeruschalmi II ($\mathfrak{T}^{JII}$ / T^F). Es ist keine durchgehende Übersetzung, sondern unvollständig (fragmentarisch). Das Fragmententargum bewahrt Traditionen, die nicht in den anderen Targumen enthalten waren und sonst verloren gegangen wären. Die erhaltenen Handschriften weichen z.T. weit voneinander ab, so dass man fast von einer Mehrzahl von Fragmententargumen sprechen könnte.
Zu den (Vorderen und Hinteren) *Prophetenbüchern* ist Targum Jonathan (in BHS unter $\mathfrak{T}^f$ nach dem Codex Reuchlinianus zitiert) zu nennen. Es entstand ähnlich wie Targum Onkelos in Palästina, wurde in Babylon (wo es bereits um 300 n.Chr. nachgewiesen ist) redigiert und erhielt dann allgemeine Bedeutung. (Ob und wie weit einzelne Teile bzw. Stoffe, z.B. die messianische Interpretation bestimmter Stellen, bis in vorchristliche Zeit zurückgehen, ist umstritten). Reste anderer alter Targume zu den Propheten sind nur in Form mittelalterlicher Zitate erhalten. Auf diese wird durch die Formel *targ(um) jᵉrusch(almi)* hingewiesen, sodass man von einem Targum Jeruschalmi zu den Propheten sprechen kann.
Die Targume zu den Schriften sind in sich und untereinander ebenfalls verschieden. Wie 11QtgJob und einzelne Übereinstimmungen mit frühen exegetischen Traditionen zeigen, gehen manche Teile ebenfalls bis in vorchristliche Zeit zurück. Insgesamt aber sind sie etwas jünger als die Pentateuch- und Prophetentargume und z.T. von dort beeinflusst.
Auch bei den Samaritanern gibt es eine Übersetzung ins Aramäische und damit eine Targumtradition. Das samaritanische Targum [T^{Smr}] bezieht sich natürlich nur auf den Pentateuch. Die einzelnen Handschriften divergieren beträchtlich und repräsentieren damit zugleich das typische Frühstadium der Targumbildung.

---

[41] Dagegen liegt nach Glessmer, Targume, trotz vieler inhaltlicher Berührungen eine eigene, über lange Zeit gewachsene Tradition vor.

Textkritik 43

Der textkritische Wert der Targume ergibt sich aus ihrem Charakter, d.h. es sind die eigentliche Übersetzung und die interpretierenden Erweiterungen zu unterscheiden. In der Regel sind die Targume Zeugen für den zu ihrer Zeit bekannten masoretischen Text. Nur manchmal stimmen sie mit nicht-masoretischen Textformen überein (bei Hiob und Psalmen mit LXX und Peschitta).

2.2.2.5. Die Peschitta / die syrische Übersetzung

Die Peschitta ist die Übersetzung in die syrische Sprache (𐎓 / S), die eigentlich eine regionale Weiterentwicklung des Aramäischen ist. Der Name Peschitta bedeutet „die Einfache" (Übersetzung), im Unterschied zur (stark griechisch geprägten) Syrohexaplaris (s.o.). Entstehung und Bewertung der Peschitta sind noch immer umstritten. So läßt sich die Frage, ob die Übersetzung jüdischen oder christlichen Ursprungs ist, bisher nicht entscheiden. Die hebräische Textgrundlage entspricht weithin dem masoretischen Text, in manchen Büchern steht sie aber der LXX näher, wobei unentschieden ist, ob es sich um Einfluss der LXX oder deren vormasoretischer hebräischer Textgrundlage handelt. Während man die einfacheren und kürzeren Varianten in der Peschitta bisher als Revision auf der Basis des hebräischen Textes betrachtete, werden sie neuerdings als die älteste Textform verstanden.[42] Die Peschitta wäre damit eine sehr getreue und genaue Übersetzung, die erst allmählich durch paraphrasierende und exegesierende Bemerkungen erweitert wurde. Der textkritische Wert der Peschitta kann nicht generell angegeben werden.[43]

2.3. Ursachen von Textveränderungen

Die bei der Überlieferung des Textes eingetretenen Textveränderungen lassen sich in bestimmte Kategorien und zu typischen Fehlerquellen zusammenfassen. Viele Änderungen sind unabsichtliche Abschreibfehler. Allerdings passierten auch diese Fehler meistens nicht einfach zufällig, sondern sind auch bedingt vom Inhalt, etwa davon, was ein Abschreiber auf Grund seiner Vorkenntnisse oder von Paralleltexten her erwartet. Für die Veränderungen lassen sich verschiedene typische Ursachen und Fehlerquellen erkennen:[44]

📖

1. Eine sehr häufige Quelle von Lese- und Schreibfehlern ist die Verwechslung ähnlicher Buchstaben, insbesondere: ד/ר (z.B.: Gen 22,13 MT: איל אחר = ein anderer Widder; Mss, Smr u.a.: איל אחד = ein Widder; häufig auch bei עבד/עבר, z.B. Jes 23,10; Jer 2,20; 7,29; 15,14); ב/כ (z.B.: Jes 28,20 MT: כהתכנס / 1QJes^a: בהתכנס); נ/כ (z.B. Am 7,14 MT: בוקר / Konjektur: נוקד vgl. Am 1,1:); ה/ח (z.B. Spr 9,1 MT: חצבה „ausgehauen" / 𐎓 entspr.: הצבה „hat errichtet"); י/ו (z.B. Spr 13,20 Ketib: וחכם „und sei weise" / Qere: יחכם „er wird weise"). Hierher gehören auch die

---
42 Koster, Peschitta Revisited.
43 BHQ gibt die syrischen Varianten nicht mehr in Umschrift, sondern in syrischer Schrift wieder.
44 Für die folgenden und weitere Beispiele vgl. Würthwein, Text, 103–109; Tov, Text, 193–236.

Ligaturen ס/נו (z.B. Jos 5,1 Ketib עד עברנו „bis wir hinüber gezogen waren" / Qere: עד עברם „bis zu ihrem Hinüberziehen") und ש/עז (z.B. Neh 7,7 עזריה „Asarja" / Esra 2,2 שריה „Seraja").
Dabei ist nicht nur an die Quadratschrift zu denken, sondern auch an die althebräische Schrift. Dort sind vor allem '/t, ṣ/y (z.B. Ex 14,2: MT: (pi) haḥirot; 𝔊* entspr. haḥaṣerot = die Gehöfte), **n/p** ähnlich.[45]
2. Phonetische Ähnlichkeit: Besonders innerhalb der Gutturale und der Labiale.
3. Buchstabenvertauschung: Z.B. 1 Kön 7,45 Ketib: הכלים האהל „die Gefäße des Zeltes" / Qere: הכלים האלה „diese Gefäße".
4. Unklare Abstände können zu anderer Worttrennung oder Wortverbindung führen. Gegenüber MT ארמי אבד אבי [ein umherirrender Aramäer war mein Vater] in Dtn 26,5 liest die Septuaginta Συρίαν ἀπέβαλεν ὁ πατήρ μου [Mein Vater verließ Syrien] was offensichtlich auf eine andere Worttrennung in der Vorlage der Septuaginta zurückgeht: ארמ יאבד אבי.[46] Eine falsche Wortverbindung steht vermutlich hinter Am 6,12: „Können Pferde auf Felsen galoppieren? Kann man pflügen בבקרים [mit Rindern]?" – Es ist üblich, mit Rindern zu pflügen (z.B. 1 Kön 19,19f), aber der Kontext verlangt eine negative Antwort, daher: Konjektur: בבקר ים „... Kann man mit einem Rind das Meer pflügen?"
5. Eine häufige Fehlerquelle ist das Abirren des Auges (aberratio oculi) oder „Danebenschauen" (parablepsis) beim Hin- und Herschauen des Abschreibers zwischen Vorlage und Abschrift. Wenn Sätze oder Satzteile mit denselben Buchstaben oder Silben enden (Homoioteleuton) oder beginnen (Homoioarkton), kommt es leicht zu einer Auslassung (Haplographie) oder Verdoppelung (Dittographie).
Haplographie (Einfachschreibung). Ein recht klares Beispiel ist Jer 31,38: הנה ימים [באים נאם יהוה. Die Auslassung (zugleich ein Beispiel für die Ähnlichkeit ב/נ) ist durch das „Qere (wᵉlo Ketib)", durch die Versionen und durch den sonst üblichen Wortlaut dieser Formel gesichert (ähnlich Ri 20,13). Wahrscheinlich ist sie auch bei der umfangreichen Auslassung in Ri 16,13f MT / 𝔊 oder in Jes 4,5f MT / 1QJes^a (durch יומם in beiden Versen). Dagegen ist an manchen Stellen schwer zu entscheiden, ob es sich bei der längeren Form um die ursprüngliche Lesart oder um eine erklärende oder erleichternde Ergänzung handelt.
Dittographie (Doppelschreibung). Auch hier reichen die Möglichkeiten von einzelnen Buchstaben und Wörtern, z.B. Jes 31,6 MT / 1QJes^a שובו לאשר [ולאשר] העמיקו, bis hin zu umfangreicheren Passagen wie etwa in Lev 20,10; Ez 16,6; 2 Kön 7,13 oder 11,17 (MT / 𝔊* und 2.Chr 23,16). Viele dieser Varianten wurden auch schon von den Masoreten vermerkt und als „Ketib wᵉlo Qere" behandelt.
6. Ein weiterer Faktor ist schließlich das Eindringen von erklärenden, verdeutlichenden oder auch korrigierenden Bemerkungen und Zusätzen (Glossen) in den Text. So wird etwa in Jos 6,26 MT gegenüber (der Vorlage von) 𝔊 festgehalten, dass „diese Stadt" Jericho ist und in Jos 2,15 MT wird erklärt, dass das Haus der Rahab an und sogar in der Stadtmauer lag. In Ex 22,19 verdeutlicht **Smr** das Verbot des Opfers „für Götter" durch den Zusatz „andere" (Götter). Ebenfalls in **Smr** wird

---

[45] Siehe dazu die Schrifttafeln in Hebräischlehrbüchern und Grammatiken.
[46] Diese Lesart muss relativ früh, noch in althebräischer Schrift oder vor Entstehung der Finalbuchstaben (Mem finalis!) in der Quadratschrift, entstanden sein. Diese Lesung („verlassen" statt „umherirren") harmoniert besser mit der Abraham- bzw. der Jakobgeschichte. Dagegen ist MT die *lectio difficilior*. („Aram" wird in der Septuaginta regelmäßig mit „Syrien" wiedergegeben.)

der ursprünglich im Blick auf ein Rind formulierte Rechtssatz Ex 21,18 erweitert: „Wenn ein Rind [oder irgendein Tier] einen Mann oder eine Frau tötet ..." Schließlich finden sich manche präzisierenden oder eigentlich korrigierenden Bemerkungen und Zusätze, so etwa wenn in Jos 11,19 gegenüber (der Vorlage von) 𝔊 „es gab keine Stadt, die Frieden machte mit den Israeliten" mit Rücksicht auf Jos 9 vermerkt wird „außer den Hewitern, den Bewohnern von Gibeon".

Hier schließen sich die vielen Ergänzungen, Erklärungen und nicht zuletzt die Beeinflussungen durch Paralleltexte an, die dann das Kennzeichen der sog. Vulgärtexte sind. Dass die Phänomene als solche zum Vorgang der Textüberlieferung gehören, zeigen die oben erwähnten Parallelüberlieferungen innerhalb des Alten Testaments. Andererseits zeigt der Vergleich, dass uns im MT und in (der Vorlage der) 𝔊 hochwertige Textzeugen zur Verfügung stehen.

2.4. Regeln zur Durchführung der Textkritik

Aus diesen Beobachtungen und aus den Erkenntnissen zur Textgeschichte ergeben sich bestimmte Regeln für die Durchführung der Textkritik. Es ist sinnvoll, diese Regeln bei jedem textkritischen Problem der Reihe nach durchzugehen (vgl. unten 2.5. Beispiele). Dabei kann man zwischen „Äußerer Textkritik" als dem Sichten und Gewichten der Handschriften und „Innerer Textkritik" als dem Anwenden bestimmten Erfahrungsregeln unterscheiden.

1. **Äußere Textkritik**: In einem ersten Arbeitsschritt ist der Handschriftenbefund zu sichten und zu gewichten. Das Hilfsmittel dafür ist der textkritische Apparat der Biblia Hebraica. Allerdings sollen zumindest die Varianten der LXX[47] und – bei einem Pentateuchtext – **Smr**[48] im Kontext zur Kenntnis genommen werden, um sie richtig bewerten zu können. Die Belege für eine Textform können nicht einfach gezählt, sondern sie müssen gewichtet werden: *Manuscripta ponderantur, non numerantur*. Voneinander abhängige Textzeugen (z.B. LXX und Tochterübersetzung der LXX) haben dabei natürlich nur einfaches Gewicht. Bedeutung und Gewicht der Textzeugen ergibt sich aus der Textgeschichte. Zu beachten ist, dass es Unterschiede in der Textüberlieferung und -bezeugung der verschiedenen biblischen Bücher gibt. In den größeren Kommentaren gibt es dazu in der Regel einen Abschnitt zur Textüberlieferung. Mit dieser Prüfung des Textbestandes geht die sprachliche Prüfung einher. Das bedeutet, dass der Sinn des Textes und der Varianten in einem ersten Anlauf zu erfassen ist und lexikalische oder grammatische Probleme zu überprüfen sind, soweit das noch nicht bei der Übersetzung geschehen ist und soweit das hier schon möglich ist.
2. **Innere Textkritik**: Die Beobachtungen an der Textgeschichte und die Erfahrungen aus der textkritischen Arbeit zeigen, dass Texte in der Regel durch Erklärungen und Zusätze anwachsen und dass schwirige oder anstößige

---

[47] Neben der Handausgabe von Alfred Rahlfs ist – soweit vorhanden – die sog. Göttinger Septuaginta heranzuziehen.
[48] Neben der nach wie vor unverzichtbaren Ausgabe von v. Gall, Der hebräische Pentateuch der Samaritaner, kann auf die Ausgabe von Sadaqa, The Jewish and Samaritan Version of the Pentateuch, hingewiesen werden.

Stellen eher erleichtert und geglättet werden. Daraus ergeben sich die beiden Erfahrungsregeln:

a) *„Lectio difficilior lectio probabilior"*, die schwierigere Lesart ist die wahrscheinlichere; oder: *„proclivi lectioni praestat ardua"*,[49] gegenüber der „geneigteren", d.h. einfacheren, verdient die schwierigere den Vorzug. Natürlich gilt diese Regel für sachliche Schwierigkeiten und nicht für sinnstörende Abschreibversehen.

b) *„Lectio brevior lectio potior"*, die kürzere Lesart ist die wahrscheinlichere Lesart. Diese Regel gilt vor allem für Wörter, Satzteile und Sätze, die als erklärende, ausgleichende oder korrigierende Zusätze verstanden werden können.[50] Eine Ausnahme bilden Kürzungen, die sich deutlich als Haplographie erklären lassen (s.o.) oder für die sich andere klare Gründe im Konzept des Abschreibers oder Autors[51] erkennen lassen.

3. Als zusammenfassende und ü b e r g r e i f e n d e R e g e l kann formuliert werden: Es ist die möglichst ursprüngliche, d.h. die älteste, mit Hilfe des Handschriftenbefundes erreichbare Textgestalt zu suchen und die Entstehung der Varianten zu erklären. Dabei kann als Kontrollüberlegung gelten, dass jene Textform die ursprüngliche sein wird, aus der sich die Entstehung der Varianten am besten erklären lässt.

Konjekturen: Eine Konjektur ist eine Vermutung, wie der Text ursprünglich gelautet haben könnte. Zum Mittel einer Konjektur zu greifen, ist dann berechtigt, wenn dem überlieferten Text kein (guter, d.h. zum Zusammenhang und zur Eigenart des Textes passender) Sinn abzugewinnen ist und auch schon die alten Übersetzungen offensichtlich den Text nicht verstanden oder ebenfalls Vermutungen anstellten. Die Konjektur soll mit der Annahme eines möglichst geringen Maßes an Textverderbnis auskommen und sich möglichst eng an den vorhandenen (Konsonanten)text anlehnen. Als Gründe für die Textverderbnis kommen die oben genannten Ursachen in Frage. Die gemachte Konjektur ist dann wie eine Variante zu behandeln, d.h. die Entstehung der anderen Textformen aus ihr ist zu erklären.

Konjekturen wurden um 1900 sehr freizügig und meist zu rasch angewendet. Sehr viele haben sich als unnötig erwiesen. Insbesondere die Fortschritte in der Orientalistik zeigten, dass viele sonst nicht bekannte Wörter tatsächlich existierten. Andererseits erwiesen die Textfunde des 20. Jh's, vor allem die Qumranfunde, die sorgfältige Überlieferung des hebräischen Textes, sodass an erster Stelle immer das Bemühen um einen möglichen Sinn des überlieferten Textes zu stehen hat. Allerdings ist die manchmal zu findende völlige Ablehnung von Konjekturen textgeschichtlich nicht zu rechtfertigen und wurden einzelne Konjekturen durch Textfunde bestätigt.[52]

Abschließend sind noch zwei Hinweise zu geben: 1. In sehr vielen Fällen erweist sich

---

[49] Erstmals formuliert bei Johann Albrecht Bengel im Prodromus zu seinem Gnomon Novi Testamenti, 1725.
[50] Jedoch nicht für so minimale Längenunterschiede wie Singular- oder Pluralform eines Wortes, die ja auch eine andere Ursache haben.
[51] Trotz der generell bestehenden Tendenz zum Wachstum eines Textes durch Ergänzungen und Erklärungen sind Fälle von Kürzung, Straffung oder Vereinfachung (besonders beim Übersetzen) nicht auszuschließen.
[52] Z.B. Jes 17,6; 33,8; 43,8 durch 1QJes^a; siehe Tov, Text, 293.

die masoretische Textform als die beste und wahrscheinlich ursprünglichste. Diese statistische Beobachtung darf aber nicht als Präjudiz für den Einzelfall verwendet werden, sondern jeder Beleg ist möglichst unvoreingenommen zu prüfen und zu entscheiden. 2. Viele textkritische Probleme sind nicht die Folge zufälliger Abschreibfehler oder Textverderbnisse, sondern eine Nachwirkung literarkritischer und redaktionsgeschichtlicher Gegebenheiten, d.h. der Entstehungsgeschichte des Textes. Manche textkritischen Probleme leiten daher zu diesen weiteren Arbeitsschritten über, und manche Entscheidungen können erst von dort her geklärt werden.

2.5. Beispiele zur Durchführung der Textkritik

- **Gen 18,3:** וַיֹּאמַר אֲדֹנָי אִם־נָא מָצָאתִי חֵן בְּעֵינֶיךָ אַל־נָא תַעֲבֹר מֵעַל עַבְדֶּךָ׃ „Er sagte: Herr, wenn ich Gnade gefunden habe in deinen Augen, so kehre doch bei deinem Knecht ein". Dieser Text steht am Anfang der Geschichte vom Besuch der drei Männer bzw. Jhwh's bei Abraham. **Smr** liest die Anrede im Plural: בעיניכם ... תצבברו ... עבדכם, außerdem kann vom Konsonantenbestand her ebensogut אֲדֹנַי gelesen werden, somit: „Meine Herren, wenn ich Gnade gefunden habe in euren Augen, so kehrt doch bei eurem Knecht ein."
Äußere Kritik: **Smr** ist ein gewichtiger Textzeuge, der in seiner Bedeutung MT nahekommt. Auf der anderen Seite wird MT von 𝔊 gestützt. Beides ist jedoch inhaltlich näher zu prüfen. *Innere Kritik*: Die Regel der lectio brevior ist hier nicht anzuwenden, weil es sich nur um verschiedene Suffixe handelt. Die Regel der lectio difficilior ist etwas ambivalent, weil man den Plural als Angleichung an den Kontext verstehen könnte, während die singularische Formulierung demgegenüber schwieriger ist. Gewichtiger erscheint jedoch, dass die pluralische Formulierung aus theologischen Gründen schwierig ist, weil sie dem Monotheismus widerspricht. Die Spannung zwischen der Erzählung vom Besuch der drei Männer bzw. göttlichen Wesen und dem Reden und Handeln des einen Gottes durchzieht das ganze Kapitel. Somit stellt die pluralische Form von **Smr** die ursprüngliche Lesart dar, was auch zur ansonsten durchgehenden pluralischen Formulierung in V. 2–8 paßt. Die singularische Formulierung ist als Anpassung an den Monotheismus und die Einzigkeit Jhwh's zu verstehen, was auch dadurch gerechtfertigt ist, dass im Gespräch von V. 10–15 und später wieder Jhwh im Singular spricht. Eine Anpassung in umgekehrter Richtung – von dem einen Gott Jhwh hin zu drei göttlichen Wesen – ist in der in Frage kommenden nachexilischen Zeit undenkbar. (Insofern ist auch LXX von MT abhängig und hat hier kein eigenes Gewicht.) Über diese allgemeinen Überlegungen hinaus läßt sich m.E. noch ein weiteres Argument für die Änderung des V. 3 anführen: Die Anrede אדני wurde in der spätnachexilischen Zeit eo ipso auf den höchsten und einzigen Herrn hin verstanden (z.B. Ps 8; 136) und signalisierte als Ersatzlesung für Jhwh den heiligen Gottesnamen. So konnte man אדני dann nur mehr im Singular verstehen.
- **Gen 22,13:** Die Lesung איל אחד ist in vielen hebräischen Handschriften, in **Smr** und in den Übersetzungen bestens bezeugt. Trotz der Bedeutung von **L** spricht die *äußere Kritik* eher gegen איל אחר. *Innere Kritik*: Versteht man איל אחר im Sinn von „ein anderer Widder", dann ist diese Lesart im Kontext nicht sinnvoll (es

kommt nur der eine Widder vor). Die Lesart „ein Widder" ist demgegenüber eine Vereinfachung (auch wenn die Betonung „(nur) ein Widder" sonst keinen Grund in der Erzählung hat) und somit sehr wahrscheinlich sekundär. Insofern würde איל אחר als lectio difficilior erscheinen. Allerdings macht die Aussage „ein anderer Widder" ebenfalls keinen rechten Sinn in der Erzählung. Daher ist nach der Verstehensmöglichkeit für איל אחר zu fragen. Statt אַחַר könnte auch אַחַר vokalisiert werden. Der Satz heißt dann: „Abraham ... sah einen Widder, hinten (im Gebüsch)". Dieses Verständnis ist möglich, wenn auch lexikalisch und syntaktisch ungewöhnlich. Diese wahrscheinlich ursprüngliche Lesart wäre dann wegen ihrer lexikalischen und syntaktischen Seltenheit bzw. Schwierigkeit zu „ein Widder" vereinfacht worden. Diese Vereinfachung könnte durch Buchstabenverwechslung ד / ר oder durch Korrektur einer vermeintlichen Buchstabenverwechslung entstanden sein.

- **Ps 13,3:** עַד־אָנָה אָשִׁית עֵצוֹת בְּנַפְשִׁי יָגוֹן בִּלְבָבִי יוֹמָם׃. „Wie lange soll ich Sorge tragen in meinem Herzen, Kummer in meiner Seele täglich?" BHS vermerkt bei 3b: 𝔊^AL + καὶ νυκτός; d.h. Kodex Alexandrinus und die Lukianische Rezension der LXX lesen entsprechend ולילה, also „bei Tag und bei Nacht". Zur *äußeren Kritik* ist festzustellen, dass die Bezeugung uneinheitlich angegeben ist: BHK³ nennt nicht A und L, sondern A und andere „al" und die Syrohexaplaris „S^h" (=Syh), während die Septuagintaausgabe von Rahlfs nur A vermerkt. Die genauere Überprüfung in der Göttinger Septuaginta ergibt, dass BHS richtig ist, dass aber in der Tat noch einige Handschriften der Tradition A und L dazugehören. Die Variante der LXX ist gut bezeugt und hat als Abweichung von MT größeres Gewicht als die mit MT übereinstimmenden LXX-Handschriften. MT und 𝔊 bzw. deren hebräische Vorlage sind fast gleich gewichtig. Beide Textformen ergeben einen guten Sinn, allerdings bietet MT eine gewisse Schwierigkeit, weil יומם nach Ausweis der Wörterbücher den Tag im Gegensatz zur Nacht bedeutet, es aber kaum der Sinn des Textes sein kann, dass der Beter nur bei Tag und nicht auch bei Nacht unter der Gottesferne leidet. Man muß das Wort also betont verstehen „den ganzen Tag" oder „tagtäglich". Hiermit kommen wir bereits zur *inneren Kritik*: Wegen des semantischen Problems ist MT die lectio difficilior, der gegenüber 𝔊 (oder bereits deren hebräische Vorlage) den Text zur üblichen Formel „bei Tag und bei Nacht" (z.B. Ps 1,2; 22,3a.b; 32,4; 42,4.9a.b u.ö.) ergänzt hätte. Auch die Regel der lectio brevior spricht für MT. Es ergibt sich also, dass MT die ursprüngliche Lesart bietet und die abweichende Lesart durch Anpassung an die übliche Formel und zur Unterstreichung der andauernden Not des Beters entstand. Die umgekehrte Entwicklung, d.h. Auslassung des ולילה und Reduktion auf יומם ist dagegen kaum denkbar.

3. Sprachliche Beschreibung

3.1. Zur Aufgabe und ihrer Begründung

Die (Arbeits-)[1]Übersetzung war bereits eine erste wichtige Annäherung an den Text und nötigte zu ersten Festlegungen bezüglich Inhalt, Struktur und Verständnis des Textes. Die sprachliche Beschreibung vertieft in methodisch reflektierter und kontrollierter Weise die Wahrnehmung der sprachlichen Gestalt des Textes.
Sprachliche Beobachtungen wurden auch in der älteren Exegese bzw. in den traditionellen exegetischen Methoden angestellt. Literarkritik, Formkritik und Traditionskritik sind ohne sorgfältige Beobachtungen an der konkreten Sprachgestalt eines Textes nicht möglich. Wenn in neuerer Zeit die sprachliche Beschreibung als selbständiger Arbeitsschritt durchgeführt wird, so entspricht dies der Integration literaturwissenschaftlicher Fragestellungen. Der wesentliche Gewinn ist die systematische und reflektierte Sammlung, Darstellung und Auswertung der Beobachtungen.

Aufgabe der sprachlichen Beschreibung ist es, die syntaktischen und semantischen Gegebenheiten und Besonderheiten eines Textes auf der Wort-, Satz- und Textebene herauszuarbeiten sowie seinen Verlauf bzw. Gedankengang darzustellen. Durch diese Beobachtungen werden zugleich die weiteren exegetischen Arbeitsschritte vorbereitet.

Die internen Zusammenhänge eines abgegrenzten Textes sowie der Text als literarisches Produkt sind Gegenstand der Untersuchung. Diese muss aber auch offen sein für jene Signale, die über den Text hinausweisen, etwa auf größere literarische Zusammenhänge und besonders auf die kommunikative Situation und Funktion des Textes.
Ein wesentliches Anliegen der Linguistik ist die möglichst „objektive" Beschreibung und Analyse.[2] Diese Verobjektivierung ist besonders in formaler Hinsicht möglich. In der Entwicklung der Linguistik wurde außerdem zunächst der Satz als Grundeinheit eines Textes betont. Von da her kommt der Satzebene und der Analyse der for-

---

[1] Die am Anfang der exegetischen Arbeit stehende vorläufige Übersetzung wird oft als Arbeitsübersetzung bezeichnet. Diese Arbeitsübersetzung begleitet die weitere Exegese und muss an Hand der verschiedenen Erkenntnisse verbessert werden. Der Proseminararbeit vorangestellt wird aber dann die endgültige Übersetzung.

[2] Bei W. Richter, dessen Buch „Exegese als Literaturwissenschaft" (1971) als erster und wirkungsvollster Entwurf zur Integration der Literaturwissenschaft in die Exegese gelten kann, ist die erste Überschrift in der Einführung „Intuition und Versachlichung" (S. 9), und die letzte am Ende der theoretischen Grundlegung lautet „Sicherheit und Nachprüfbarkeit" (S. 47).

malen Seite ein besonderes Gewicht zu,[3] ohne dass die formale Seite von der inhaltlichen ganz getrennt werden kann.[4]
Im Kommunikationsvorgang greifen Form und Inhalt ineinander, und auch die verschiedenen syntaktischen Ebenen hängen eng zusammen: Die Sätze bestehen aus den Wörtern mit ihren verschiedenen Bedeutungen und grammatischen Formen, deren Bedeutung umgekehrt vom Ganzen des Satzes bestimmt wird. Ein ähnliches Wechselverhältnis besteht zwischen den einzelnen Sätzen und dem Ganzen des Textes. – Für die Durchführung der Analyse sind die Beobachtungsebenen jedoch so weit wie möglich zu unterscheiden und notgedrungen der Reihe nach zu betrachten. Dabei können und werden allerdings spätere Beobachtungen zu einer Vertiefung oder Korrektur früherer Ergebnisse führen.

Ein besonderes Anliegen der Literaturwissenschaft ist die Erfassung der Struktur des Textes. Diese ist vor allem bestimmt durch die Struktur der Sätze und ihr Verhältnis zueinander. So ist es sinnvoll, zunächst die Ausdrucksformen auf der Satzebene (Satzsyntax) und auf der Wortebene (Semantik und Grammatik im engeren Sinn) zu analysieren und von da zur Erfassung der Gesamtstruktur des Textes (Textsyntax) fortzuschreiten.
Diese Reihenfolge ist auch insofern möglich, als durch die vorausgehende Übersetzung des Textes eine gewisse Vertrautheit nicht nur mit grammatischen und syntaktischen Fragen, sondern auch mit dem Inhalt des Textes bereits besteht.

Die Frage des Umfanges dieser sprachlichen Analysen hängt eng zusammen mit dem prinzipiellen Anspruch, der für diese Untersuchungen gegenüber den weiteren Arbeitsschritten erhoben wird. Es gibt Untersuchungen, die die Texte in enormer, kaum mehr überschaubarer Breite analysieren, bei denen das interpretatorische Ergebnis aber doch sehr schmal bleibt und in keinem Verhältnis zum analytischen Aufwand steht.[5] Zumindest für eine Prosemi-

---

[3] Viele Ansätze der Linguistik waren zunächst vor allem strukturell bestimmt. Das berechtigte Anliegen war – und ist – die möglichst objektivierbare Erfassung des Textes. Aber auch scheinbar rein formal-strukturale Analysen schließen inhaltliche Voraussetzungen mit ein und bedürfen andererseits der Interpretation, um sinnvoll zu sein. Dementsprechend führte die Entwicklung des Textbegriffs in der Linguistik „von der Textsyntax und Textgrammatik über die Textsemantik (Text als Sinnzusammenhang …) hin zur sog. Textpragmatik …, die den (intendierten wie wirklichen) Wirkungs- und Handlungszusammenhang des Textes zu analysieren versucht" (Preuß, Linguistik, S. 11f). Die Analyse der rhetorischen Mittel und Wirkungen wird besonders im angloamerikanischen „rhetorical criticism" betont; vgl. Howard, Rhetorical Criticism. Siehe auch „Linguistik und Textauslegung" in Bd. II.

[4] Das Bemühen um sichere und nachprüfbare Beschreibung bezieht sich auf Form *und* Inhalt, auch wenn beide zu unterscheiden sind und auch wenn häufig der Schwerpunkt auf die formale Analyse gelegt wird. „Literaturwissenschaft ist … als deskriptive Wissenschaft verstanden. Ihre Aufgabe ist es, das gesamte alttestamentliche literarische Material zu beschreiben und zu ordnen, und zwar nach seinen formalen und inhaltlichen Strukturen. Literaturwissenschaft ist also nicht einseitige Analyse der Inhalte oder Formen; sie darf sich keiner der beiden Fragestellungen entziehen. Sie verwendet den formalen und inhaltlichen Gesichtspunkt als methodische Hilfe zur Erkenntnis des einen und ganzen Werkes". Richter, Exegese, 28.

[5] Hier zeigt sich bei größeren Arbeiten oft die methodische Schwierigkeit der Verbindung von Linguistik und Hermeneutik. Arbeiten, bei denen umfangreiche Analysen zu bescheidenen (und manchmal längst bekannten) Ergebnissen führen, werden zu Recht kritisiert. Manche Arbeiten sind von der Terminologie her oder auch wegen ihres Umfangs nur schwer zugänglich. Die Probleme werden durch die Verwendung von EDV nicht geringer. So berechtigt das Anliegen einer Objektivierung der Interpretation ist, so sind Texte doch nicht einfach „berechenbar".

Sprachliche Beschreibung 51

nararbeit sollte das Ziel des besseren Erfassens und Verstehens eines biblischen Textes nicht aus den Augen verloren werden.[6]

Dem entsprechen weithin auch die Entwicklungen in der Linguistik, wo ebenfalls über die nur strukturelle Erfassung der Texte hinausgegangen wird und die weiteren Bezüge der Textbildung und Textverwertung, d.h. die geschichtliche und soziale Situation der Sprecher bzw. Verfasser und der Hörer bzw. Leser einbezogen werden. Der Vorrang der textinternen Beobachtungen hat aber die wichtige Funktion, die Textinterpretation vor Eintragungen von außen zu schützen.

3.2. Praktische Durchführung

Aus den bisherigen Überlegungen ergibt sich folgende praktische Vorgangsweise:

1. Analyse der Ausdrucksformen[7]

a) *Auf der Satzebene:* Welche Satzarten kommen vor (Nominalsatz, Verbalsatz, invertierter Verbalsatz, Infinitivsatz)[8]? Wie ist das Verhältnis der Sätze zueinander (Hauptsätze – Nebensätze; Relativ-, Kausal-, Konzessiv-, Finalsätze etc)

---

[6] Auch in der Forschung erweisen sich in der Regel jene Arbeiten als fruchtbarer, die die sprachliche Beschreibung mit den sog. traditionellen Arbeitsschritten verbinden.

[7] Als Hilfsmittel können zunächst die *Hebräischlehrbücher* herangezogen werden, z.B.: Jenni, Lehrbuch der hebräischen Sprache, 1981²; Schneider, Grammatik des Biblischen Hebräisch, 1993⁸; Bartelmus, Einführung in das biblische Hebräisch, 1994. In weiterer Folge ist aber auch eine der größeren wissenschaftlichen *Grammatiken* zu konsultieren: Gesenius / Kautzsch, Hebräische Grammatik, 1909²⁸ = 1977 (auch wichtig als Grammatik, auf die in Wörterbüchern und Kommentaren verwiesen wird, „GK § …"); Bauer / Leander, Historische Grammatik, 1922; Meyer, Hebräische Grammatik I–IV (1966–1972) 1992; Joüon / Muraoka, Grammar of Biblical Hebrew 1991 = ²1993. Zur *Syntax* siehe auch Brockelmann, Hebräische Syntax, 1956 [=2004²] und Waltke / O'Connor, Introduction to Biblical Hebrew Syntax, 1989 u.ö. (Hinweis: Grammatiken werden nicht mit Seitenzahl, sondern nach Paragraphen zitiert).

[8] Die Definition der Satzarten erfolgt in den Lehrbüchern verschieden. Auf jeden Fall ist ein Satz, der nur aus Nomina besteht, ein Nominalsatz, und ein Satz, der mit einem finiten Verb beginnt, ein Verbalsatz. Für den Fall der Voranstellung eines anderen Elementes gibt es verschiedene Definitionen: Häufig spricht man von einem invertierten Verbalsatz (Jenni, 6.3.1.6) . Die Interpretation als zusammengesetzter Nominalsatz „rettet" die Theorie von der Spitzenstellung des Verbums, indem sie das Ganze als Nominalsatz betrachtet, der aus einem Nomen und einem Verbalsatz besteht (Meyer, § 92.4.b; Schneider § 44, in Anlehnung an die arabischen Nationalgrammatiker und an die Grammatik von Gesenius-Kautzsch 22.–24. Aufl.; damit wird jeder Satz, der nicht mit einem Verbum beginnt, zu einem Nominalsatz). Ohne diese Absicht wird die Bezeichnung zusammengesetzter Nominalsatz für Sätze verwendet, in denen ein nominales Element vorangestellt ist, das dann durch pronominalen Bezug oder anderen Rückbezug aufgenommen wird (GK § 143; Jenni, 9.3.5); Andere bezeichnen das vorangestellte Element als *casus pendens,* vor allem, wenn nach dem Verb mit einem Suffix darauf Bezug genommen wird (Stähli, Hebräisch, 1984, 63; Groß, Pendenskonstruktion; Joüon / Muraoka, Grammar, § 156). In neuerer Zeit wird auch die allgemeinere Bezeichnung „Vorfeld im hebräischen Verbalsatz" verwendet (Groß, Vorfeld). Sie lässt offen, ob dieses Vorfeld mit einem oder mehreren Elementen besetzt ist.
Diese verschiedenen Definitionen sind hier nicht zu diskutieren. Richtig ist, dass ein invertierter Verbalsatz eine andere Funktion hat als ein Verbalsatz mit der normalen Folge von Prädikat und Subjekt, und andererseits ist ein reiner Nominalsatz von einem sog. Nominalsatz mit Verbum zu unterscheiden. Der gemeinsame Nenner ist jedenfalls der, dass durch die Umkehrung der Reihenfolge bzw. die Voranstellung anderer Elemente vor das Prädikat der normale Erzählfluss unterbrochen ist und eine Diskontinuität signalisiert wird. In der Proseminararbeit ist anzugeben, nach welcher Grammatik die Definition vorgenommen wird.

und wie ist das Verhältnis ausgedrückt (syndetisch – asyndetisch, durch welche Wörter oder Partikeln / Konjunktionen)? Wo gibt es Erzählung, Beschreibung, direkte Rede?
b) *Auf der Wortebene:* Sind für den Text Nomina oder Verben charakteristisch? In welchen „Tempora" oder Modi kommen die Verben vor? Welche weiteren Wortarten (Konjunktionen, Präpositionen, Pronomina) werden verwendet? Gibt es Schwerpunkte in der Verteilung? In semantischer Hinsicht kann gefragt werden, welchen Lebensbereichen wichtige Begriffe entstammen. Ist das auch das Thema des Textes, oder handelt es sich um übertragenen oder verfremdeten Sprachgebrauch (als Hinweis auf Metapher, Vergleich, Fabel, Ironie etc.)?
c) *Auf der Lautebene:* Hier können gegebenenfalls Besonderheiten wie Assonanz, Alliteration und Reim vermerkt werden.
d) *Besondere Ausdrucksformen:* Charakteristische Wortverbindungen (sog. „Formeln" z.B. Exodusformel, Wortereignisformel, Botenspruchformel) und Wortpaare; Parallelismus membrorum in seinen verschiedenen Typen, Tricola, Chiasmus, Strophenbau (meist durch Kehrverse zu erkennen: Am 1f; Jes 9,7–10,4; 5,25; Ps 42 + 43); Akrostichon (z.B. Ps 37; 119; Klgl 1–4). Bei poetischen Texten können sich erste Beobachtungen zur Metrik ergeben. – Die Frage ist dann vor allem bei der Formkritik (s.u.) zu erörtern und zu vertiefen.
e) Eventuell nötige *Sacherklärungen* oder Erörterung *spezieller semantischer Probleme:* Manche Begriffe sind unklar oder mehrdeutig. Die Probleme zeigen sich in der Regel bereits bei der Übersetzung und bei der Textkritik. Diese Fragen können hier aufgegriffen, und die dort getroffenen Entscheidungen können hier begründet werden.[9]

Die genannten Fragestellungen erweisen sich bei verschiedenen Texten als verschieden ergiebig. Insgesamt sollen sie einer möglichst sorgfältigen Erfassung des Textes dienen und Beobachtungen für die weiteren exegetischen Schritte liefern. Diese Beobachtungen sind zunächst vorläufig und können durch die weiteren Arbeitsschritte bestätigt, vertieft oder auch relativiert werden.
Die Analyse der Ausdrucksformen kann in verschiedenem Umfang durchgeführt und z.B. in Listen und Tabellen zusammengestellt werden.[10] Wichtiger als umfangreiche Listen ist jedoch die aus den Beobachtungen abgeleitete Interpretation, d.h. der Ertrag für das Verständnis des Textes.

Für den Rahmen einer Proseminararbeit wird hier vorausgesetzt, dass eine grundlegende und durchgehende Wahrnehmung der sprachlichen Ausdrucksformen bereits bei der Übersetzung des Textes erfolgte. Die oben genannten Fragestellungen sind nicht als mechanisch durchzuexerzierendes Schema gedacht, sondern als Frageraster, das dazu helfen soll, die spezifischen Eigenheiten des Textes zu erfassen.

---

[9] Eine häufig vorgeschlagene Alternative ist es, die Sacherklärungen bei der Einzelexegese unterzubringen. Allerdings muss die Bedeutung unklarer Begriffe schon für die Übersetzung und die verschiedenen exegetischen Schritte zumindest vorgeklärt sein.
[10] Siehe dafür das Beispiel bei Fohrer, Exegese, § 12, sowie bei Schweizer, Biblische Texte, 37.

Sprachliche Beschreibung 53

📖
Als Beispiel und Hilfe für die Analyse kann folgende Tabelle verwendet werden:[11]

Text	Satz / Syntax Satzart	Wort / Grammatik Verben / Nomina / anderes	Pragmatik Funktion / Besonderheiten
Ex 24,1.1 [1aα1]	i.V.S.	Perf. / Mose	Redeeinleitung; Subjekt vorausgesetzt
1.2 [1aα2.aβ]	V.S./Imp.satz	Imp. / weitere Personen + Gesamtzahl	Rede/Aufforderung Jhwh spricht von sich in 3. Pers.; Ortsangabe vorausgesetzt
1.3 [1b]	V.S./Imp.satz	Perf. cons.	Forts. d. Rede / „von ferne"
2.1 [2aα]	V.S./Imp.satz	Perf. cons. / Mose	Forts. d. Rede / Anweisung nur für Mose
2.2 [2aβ]	i.V.S.	Prohib. / sie	Forts. d. Rede / Gegensatz Mose – „sie"
usw.			

Das Beispiel zeigt, dass die Frage nach der Pragmatik, d.h. nach der Funktion der verschiedenen Teile des Textes, wesentlich ist, um die syntaktischen und grammatischen Beobachtungen fruchtbar zu machen, und gewissermaßen das Bindeglied zu den weiteren Arbeitsschritten darstellt. Es empfiehlt sich, die wichtigsten Beobachtungen auch in einigen zusammenfassenden Sätzen zu formulieren. Die hier über den Text gewonnenen Erkenntnisse bilden eine wesentliche Grundlage, auf die bei den weiteren Arbeitsschritten Bezug genommen werden kann.

2. Gliederung des Textes mit kurzer Angabe des Inhalts

Die *Gliederung* kann je nach Art des Textes auf einer Ebene erfolgen oder – vor allem bei längeren Texten mit verschiedenen Szenen oder Themen – durch eine Abstufung in Grob- und Feingliederung. Diese Abstufung kann durch verschiedene Einrückung verdeutlicht werden. Ebenso kann auch ein besonderes Element in einem sonst ebenmäßigen Text gekennzeichnet werden, z.B. ein Spruch im Rahmen einer Erzählung.

Neben den bei der Analyse der Ausdrucksformen, insbesondere der Textpragmatik, gewonnenen Beobachtungen sind folgende Gliederungssignale zu beachten:
a) *Signale für den Textanfang:* Überschriften, neue Orts- oder Zeitangaben; typische Wendungen wie „nach diesen Ereignissen geschah es, ..." oder „höret das Wort Jhwh's ...";

---

[11] Die Bezeichnung der Sätze kann man entweder wie sonst üblich in Anlehnung an die masoretische Versteilung durch die trennenden Akzente nach a und b und α und β (ggf. auch noch 1 und 2) durchführen, oder indem man die die syntaktischen Einheiten (Sätze) durchnummerieren. Letzteres entspricht zwar besser dem linguistischen Ansatz, führt aber zu Unklarheiten, weil die Zahl der Sätze pro Vers unterschiedlich ist. Für die Bezugnahme in der weiteren Arbeit empfiehlt es sich, bei der klassischen Einteilung zu bleiben oder sie – wie im Beispiel – zumindest mit anzuführen. Verwendete Abkürzungen: V.S. = Verbalsatz; i.V.S. = invertierter Vebalsatz; Imp.Satz = Imperativsatz; Perf. = Perfekt; Perf.cons. = Perfekt consekutiv; Imp. = Imperativ; Prohib. = Prohibitiv. Zur Frage der Terminologie siehe die Grammatiken und oben Anm. 8.

b) *Signale für den Verlauf:* Z.B. „als sie das hörten ..."; „während sie gingen, sagte er ..."; „er antwortete".
c) *Signale für das Textende:* Wendungen wie „danach kehrten sie nach Hause zurück"; sog. „Unterschriften", z.B. Gen 2,4a; Neh 13,31b; abschließende Bewertungen oder Feststellungen, z.B. Gen 1,5.8.13 ...; Dtn 34,10–12; Gen 1,31; Ri 21,25 (siehe aber auch 17,6!); 1Kön 14,20b.30, Pred 12,9–11.12–14; Todes- und Begräbnisvermerke (Dtn 34,5ff; 1Kön 14,31; 15,8); Signal für das Ende ist es auch, wenn der durch die Überschrift angegebene Erzählbogen zum Ziel kommt oder wenn eine neue Einheit beginnt (sofern nicht bloß ein Einschub vorliegt).

Da es zumindest in den Erzählbüchern meist um größere Zusammenhänge geht, sind die Gliederungssignale in Relation zum analysierten Text zu bewerten. Eine Formel wie „nach diesen Ereignissen geschah es, dass ..." signalisiert nicht nur eine neue Einheit, sondern auch Verbindung zum Vorhergehenden. Die regelmäßige Wiederkehr der ganz ähnlich formulierten Abschlussnotizen über die israelitischen und judäischen Könige signalisiert nicht nur jeweils ein Ende, sondern zugleich den größeren Zusammenhang. Solche gleichmäßig wiederkehrenden „Schluss"-Formulierungen können geradezu konstitutiv sein für einen größeren Zusammenhang, vgl. außer den erwähnten Königsnotizen die wiederkehrenden Bemerkungen über die Zeit der Richter (Ri 2,12ff; 3,7ff.12ff; 4,1ff; 6,1ff u.ö.), die Tagesnotizen (Gen 1,1.5.8 ...) und Bewertungen (Gen 1,4.12.18.21 ... 31) in der Schöpfungsgeschichte, den Psalm 42 und 43 verbindenden Refrain (Ps 42,6.12; 43,5). Auch Orts- und Zeitwechsel sind relativ und können Szenen einer Erzählung (Gen 24; Jer 36) oder Teile eines Erzählzyklus (Gen 25.27–28/29–31/ 32–33/34–38) anzeigen.

Ein wichtiges Gliederungssignal ist die *Beachtung der Sprechrichtungen*: Wer spricht zu wem? Wo wechselt der Sprecher oder der Adressat? Dabei geht es nicht nur um die konkret benannten, d.h. expliziten, sondern auch um die vorausgesetzten und impliziten Sprecher und Adressaten. D.h. welche Personen oder Gruppen reden oder agieren miteinander, aber auch: Wo spricht der Erzähler, wer ist als Erzähler bzw. Sprecher vorausgesetzt, welche Hörer bzw. Leser werden angesprochen? – Die Beobachtungen dienen hier zunächst der Erfassung des Textverlaufs und der Gliederung. In weiterer Folge liefern sie wichtige Hinweise für die Interpretation.

3.3. Zum Verhältnis von sprachlicher Beschreibung und Literarkritik

Die sprachliche Beschreibung ist vom Grundanliegen der Linguistik her synchron und d.h. in der Regel auch: auf die Gesamt- und damit die Endgestalt eines Textes hin orientiert. Diese Orientierung an der Endgestalt führt zu Problemen bei Texten, die offensichtlich zusammengesetzt sind und die diachron, d.h. über einen gewissen Zeitraum hinweg entstanden. Aus diesem Grund stellte W. Richter der Analyse der „Form" die traditionelle Literarkritik voran. „Für die Analyse der Form muß eine literarische Größe gegeben sein, die zum Gegenstand dieser Analyse werden kann. Wenn das Werk in seinem ursprünglichen Umfang vorliegt, ist dieses der Gegenstand, und die Formanalyse kann unmittelbar erfolgen. Ob dies der Fall ist, weist die Literarkritik auf. Somit muß der Analyse der Form die Literarkritik vorausgehen. Wenn ein Text oder Werk eine Literargeschichte aufweist und man seine Form analysiert, ohne zuvor seine Literargeschichte mit Hilfe der Literarkritik untersucht zu haben, dann beschreibt man nur seinen letzten Bearbeitungsstand. Da indes jede einzelne

Sprachliche Beschreibung

Bearbeitung zum Gegenstand einer Formanalyse gemacht werden muß, kann die Formanalyse nur nach der Literarkritik erfolgen."[12]
An dieser Sicht ist richtig, dass man auch (literarkritisch gewonnene) Teileinheiten eines Textes separat sprachlich analysieren kann. Jedoch wird der „letzte Bearbeitungsstand" eines Textes heute wesentlich positiver eingeschätzt. Immerhin ist die sog. „Endgestalt" die Basis aller weiteren Analysen und bei den biblischen Texten zugleich in der Regel auch die kanonisch gewordene Form des Textes.
Zudem entspricht der Einsatz beim vorliegenden „Endtext" auch dem prinzipiellen Anspruch der Linguistik, denn auch jene Argumente, die zur literarkritischen Aufteilung eines Textes führen (siehe dazu „4. Literarkritik"), basieren auf sprachlichen Beobachtungen und Analysen. Darum wird hier die sprachliche Beschreibung der Literarkritik vorgeordnet. Allerdings ist es wichtig, die sprachliche Beschreibung dafür offen zu halten, dass ein Text gegebenenfalls inkohärent ist und diachron entstanden sein kann (siehe dazu die Literarkritik).

Analysieren Sie einen Text Ihrer Wahl nach der oben dargestellten Vorgangsweise.

---

[12] Richter, Exegese, 72.

4. Literarkritik

In den folgenden Kapiteln (Literarkritik und → Form-, Überlieferungs-, Traditions- sowie Redaktionskritik/-geschichte) werden methodische Schritte vorgestellt, die eng zusammengehören. Sie verfolgen das Ziel, auf der Grundlage klarer Regeln den alttestamentlichen Text möglichst unbeeinflusst vom jeweiligen theologischen Vorverständnis oder von eigenen Vorlieben in seiner ursprünglichen Aussageabsicht wahrzunehmen und durch alle Stufen seines Werdens bis hin zur heute vorliegenden schriftlichen Einheit kennen zu lernen. Die einzelnen methodischen Schritte werden hier zur Verdeutlichung ihrer jeweils eigenen Fragestellung in eine bestimmte Reihenfolge gebracht und je selbständig dargestellt. Bei der exegetischen Erarbeitung eines Textes lassen sie sich jedoch nicht immer unabhängig voneinander bearbeiten.

Das für die Exegese eines Textes typische Ineinandergreifen von verschiedenen Fragestellungen (z.B. von literarkritischen und redaktionsgeschichtlichen Aufgaben) kann innerhalb einer Proseminararbeit durch Verweise deutlich gemacht werden. Der Leser/die Leserin wird so bei der Darstellung eines früheren methodischen Schrittes schon auf wichtige Erkenntnisse hingewiesen, die erst an späterer Stelle begründet oder ausführlich dargelegt werden können. Bei einzelnen Texten kann sich eine Umstellung der methodischen Schritte (oder ihrer Teilfragen) nahe legen. Dies sollte allerdings in einer Fußnote kurz begründet werden.

Die Literarkritik beherrschte lange Zeit die exegetische Forschung im Bereich des Alten Testamentes. Auf der Grundlage der sprachlichen Durchdringung (→ sprachliche Analyse) des ältesten uns erreichbaren Textes (→ Textkritik) wendet sie sich der vorliegenden Textgestalt und (wenn vorhanden) seinen literarischen Vorstufen zu.

In der Literarkritik wird zunächst der Anfang und das Ende des ältesten uns erreichbaren schriftlichen Bestandes eines Textes ermittelt (*„Abgrenzung"*). Dann soll der vorliegende Abschnitt auf seine literarische Integrität geprüft werden (*„Einheitlichkeit"*). Dabei ist zu klären, ob der heute vorliegende Text als ein einheitliches schriftstellerisches Produkt anzusehen ist oder aus verschiedenen literarischen Bestandteilen zusammengefügt wurde (z.B. aus einer literarischen Grundschicht und einzelnen Ergänzungen oder auch aus mehreren ehemals selbständigen Quellen). Die literarisch abgegrenzten Textabschnitte werden schließlich klassifiziert und auf ihre mögliche Zuordnung zu umfassenderen literarischen Schichten, wie Bearbeitungsstufen, Redaktionsschichten oder Quellen, überprüft (→ vgl. Redaktionsgeschichte).

Die Zielstellung der literarkritischen Methode entspricht der Eigenart altorientalischer Literatur und ihrer Entstehung. Man gab überlieferte Texte nicht nur weiter, sondern ergänzte und interpretierte sie in späteren Zeiten unter dem Eindruck der je eigenen zeit- und kulturgeschichtlichen Umstände. Einzelne Quellen oder Überlieferungsblöcke vergleichbarer Thematik wurden zusammengearbeitet, ohne jedoch die logische Stringenz ihrer Details zum bestimmenden Prinzip zu erheben. Vielmehr fügten die antiken Bearbeiter ihre Anmerkungen (z.B. in Form von Glossen oder umfangreicheren Ergänzungen) dem bereits Überlieferten hinzu oder verbanden ihnen vorliegende Überlieferungen zum gleichen Thema miteinander. Sie respektierten das ihnen Überlieferte als gegebene Wahrheit, stellten dieser aber die auf ihre Zeit und Situation bezogene Neuinterpretation zur Seite. Sie schrieben dabei auch im Namen angesehener Personen, mit denen sie ihre Äußerungen legitimieren wollten, in deren Sinne sie zu schreiben meinten oder die sie durch diese Schriftstücke zu ehren gedachten. Schließlich wurden in einigen Fällen Texte bei der Herstellung von literarischen Sammlungen in Zusammenhänge einbezogen, für die sie ursprünglich nicht konzipiert waren.

Derartige Beobachtungen zum Umgang mit Texten im alttestamentlichen Kontext können leicht an ausgewählten Beispielen nachvollzogen werden. Folgende Hinweise sollen einige der oben angegebenen Möglichkeiten verdeutlichen.

- Vergleichen Sie die beiden Dekalogfassungen in Ex 20,1–17 und Dtn 5,6–21. Stellen Sie die charakteristischen Unterschiede (bes. im vierten und im neunten/zehnten Gebot) fest.[1]
- Listen Sie wesentliche Unterschiede zwischen dem ersten (Gen 1,1–2,4a) und dem zweiten Schöpfungsbericht (Gen 2,4b–3,24) auf.
- Beschäftigen Sie sich mit einigen Dubletten im Psalmenbuch: z.B. Ps 14 und 53; Ps 70 und 40,14–18; Ps 108 und 57,8–12 sowie 60,7–14; Ps 18 und 2 Sam 22. Sie können daran erkennen, wie lange die einzelnen Dichtungen veränderbar blieben und demzufolge auch in Variationen überliefert werden konnten.
- In der jüdischen Tradition wurde die Bezeichnung לְדָוִד in den Psalmenüberschriften als Verfasserangabe gedeutet (vgl. Am 6,5). Überprüfen Sie daraufhin aber in einigen der sog. Davids-Psalmen (Ps 5; 26; 63 und 69) die inhaltlichen Aussagen, die im Gegensatz zur historischen Situation Davids den salomonischen Tempelbau schon voraussetzen.

An diesen Beispielen können Sie ermessen, wie notwendig literarkritische Fragestellungen zum Verstehen alttestamentlicher Texte sind. Die exegetische Arbeit soll diese Problemstellungen allerdings nicht nur herausstellen, sondern auch erklären und theologisch einordnen.

Ein kurzer Blick in die Geschichte der Entstehung dieses methodischen Schrittes zeigt, aus welcher Fragestellung die Literarkritik erwuchs und mit welcher Absicht sie in die exegetische Arbeit einbezogen wurde.

4.1. Zur Geschichte der literarkritischen Arbeit

Schon seit früher Zeit musste sich die jüdische und christliche Schriftauslegung mit verschiedenen Auffassungen über die Entstehung der Bücher des Alten Testaments auseinandersetzen. Besonders problematisch war dabei die Frage nach der Verfasserschaft des Pentateuch. Weil Mose die Hauptperson vieler Erzählungen war, sah man ihn allgemein als Verfasser an. Diese Überzeugung teilten auch die neutestamentlichen Schriftsteller (Mt 8,4; Lk 16,29 u.a.). Aber konnte Mose alle Bücher des Pentateuch bis hin zum letzten Kapitel des Deuteronomium, das seinen eigenen Tod beschreibt, niedergeschrieben haben? Philo von Alexandrien (*De vita Mosis III 39*) und Josephus Flavius (*Antiquitates IV 8,48*) deuten Dtn 34,5–12 tatsächlich als prophetische Voraussage Moses über seinen eigenen Tod. Der babylonische Talmud (*Baba Batra 14b*) schrieb demgegenüber die letzten Verse des Pentateuch Josua, dem Nachfolger Moses, zu.

---
[1] Weiterführendes bei Schmidt, Gebote, bes. 12–35.

Vom jüdischen Gelehrten A. Ibn Esra (12. Jahrhundert) sind uns aus Kommentaren zur Genesis und zum Deuteronomium erste vorsichtige Andeutungen bekannt, die die Verfasserschaft des Mose für den Pentateuch generell in Zweifel ziehen.[2] Der Philosoph B. de Spinoza griff im *Tractatus theologico-politicus* von 1670[3] diese und weitere Beobachtungen auf und forderte, die natürliche Vernunft zum Wegweiser der Erforschung des Alten Testaments zu erheben.[4]

Den Fragen nach der Verfasserschaft und der Entstehung des Pentateuch versuchte man allerdings erst seit dem 18. Jahrhundert mit literarkritischen Fragestellungen im modernen Sinne nahezukommen. Der Gelehrte J.G. Eichhorn (Einleitung in das Alte Testament)[5] sammelte diese kritischen Überlegungen und verhalf ihnen in der wissenschaftlichen Diskussion zur notwendigen Aufmerksamkeit. Bereits 1711 hatte der Hildesheimer Pfarrer H.B. Witter[6] auf zwei verschiedene Quellen innerhalb der Schöpfungserzählungen geschlossen. Die differierenden Gottesbezeichnungen JHWH und Elohim veranlaßten ihn zu dieser These.[7] J. Astruc[8] begründete aufgrund ähnlicher Überlegungen dann 1753 die Ältere Urkundenhypothese, die davon ausgeht, dass der Wechsel der Gottesnamen auf die beiden Hauptquellen des Pentateuch zurückzuführen sei.[9] Die um 1800 entwickelte Fragmentenhypothese (A. Geddes und J.S. Vater) nimmt stärker die Eigenart der Bücher Ex bis Dtn und damit die in ihrer Abfolge weniger planmäßig erscheinenden Gesetzestexte in den Blick und leitet daher die Herkunft des Pentateuch aus zwei Traditionskreisen[10] ab, denen jeweils verschiedenartige Fragmente zuzuordnen wären. Die Ergänzungshypothese (W.L.M. de Wette; J.J. Stähelin und H. Ewald) versuchte die Vorzüge der beiden vorangegangenen Theorien für die Texterklärung miteinander zu verbinden. Danach seien der elohistischen Grundschrift eine jüngere jehovistische Schicht[11] bzw. Ergänzungen hinzugefügt worden. Ein Redaktor oder der Jehovist[12] selbst habe dabei die beiden Textsammlungen zusammengearbeitet.

Jede dieser Theorien bietet Überlegungen an, die bestimmte Textbeobachtungen besonders gut, andere nur teilweise erklären. So erscheint es zwangsläufig, dass die in diesen Theorien angebotenen Grundmuster auch in weiteren Überlegungen immer wieder eine Rolle spielten.

---

2   Abraham Ibn Esra (gest. 1167) machte u.a. auf nachmosaische Bemerkungen aufmerksam, wie z.B. in Gen 12,6 („und die Kanaanäer waren damals im Lande"), wo er die Differenz zwischen der Zeit des Erzählers und der Wirksamkeit Moses erkannte. Weitere kritische Anmerkungen finden sich zu Gen 22,14; Dtn 1,1; 3,11 und 31,9.
3   Gebhardt (Hg.), Philosophische Bibliothek 93, Hamburg [5]1955.
4   Vgl. Semler (Abhandlung von freier Untersuchung des Canons 1771–1775 [4 Bände], und *Apparatus ad liberalem Veteris Testamenti interpretationem* 1773), der eine von Dogma und Tradition freie literarische Untersuchung der alttestamentlichen Literatur forderte.
5   1780–83 [3 Bände], [4]1823. Er fügte die vielfältigen alttestamentlichen Einzelerkenntnisse seiner Zeit mit ordnender Hand enzyklopädisch zusammen.
6   *Jura Israelitarum in Palaestinam terram Chananeam commentatione in Genesin perpetua demonstrata*.
7   Natürlich war auch schon den Rabbinen der unterschiedliche Gebrauch der Gottesnamen im Pentateuch aufgefallen.
8   Conjectures sur les mémoires originaux dont il paroit que Moyse s'est servi pour composer le livre de la Genèse, 1753.
9   J. Astruc nahm in der Genesis neben der elohistischen und der jehovistischen Quelle noch weitere zehn Fragmente an, die Mose zusammengestellt und ein späterer zu *einer* Erzählung verbunden habe. – Sein Bestreben war darauf gerichtet, die mosaische Verfasserschaft des Pentateuch zu beweisen. Die elohistische Quelle wurde später von K.D. Ilgen in zwei eigenständige Quellen aufgeteilt.
10 In einem Traditionskreis wird der Gottesname JHWH, im anderen Elohim verwendet.
11 „Jehovistisch" bezeichnet dabei wegen der damals noch üblichen Lesung des Tetragramms JHWH als „Jehova" in etwa jene Texte, die später dem Jahwisten zugerechnet wurden.
12 Das meinten F. Bleek und W.L.M de Wette.

Literarkritik 59

Die Neuere Urkundenhypothese[13] (K.H. Graf, A. Kuenen, J. Wellhausen) kehrte zur Grundannahme von Quellen zurück. Ihr Alter bestimmte man in der Reihenfolge Jahwist (J), Elohist (E) (beide zusammengefügt vom Jehowisten JE), deuteronomische Quelle (D) und Priesterschrift (P). In den verschiedensten Ausprägungen konnte diese Theorie für lange Zeit allgemeine Akzeptanz erringen. Angesichts sich mehrender Probleme, die innerhalb der Urkundenhypothese zu keinem Konsens führten, entstanden in den letzten Jahrzehnten wichtige neue Lösungsvorschläge. Diese in Auseinandersetzung mit der neueren Urkundenhypothese vorgelegten Thesen, die auch wieder Elemente der Ergänzungs- und Fragmentenhypothese in die Diskussion bringen, sind insbesondere mit den Namen H.H. Schmid, R. Rendtorff, E. Blum und H.-C. Schmitt verbunden.[14]

4.2. Die literarkritische Methode

4.2.1. Die Abgrenzung eines Textabschnitts

Es ist keineswegs selbstverständlich, dass die biblischen Kapiteleinteilungen oder die Abschnitte von Perikopenreihen zuverlässige Aussagen über den Beginn und das Ende einer literarischen Einheit beinhalten.

Ein gutes Beispiel für die unsachgemäße Trennung zwischen selbstständigen Einheiten bieten die Schöpfungserzählungen in Gen 1ff. Hier wird vom ersten (jüngeren) Schöpfungsbericht im ersten Kapitel des Alten Testaments der siebente Schöpfungstag (2,1–4a) durch die Kapiteleinteilung abgetrennt. Korrekt hätte das zweite Kapitel folglich erst mit Gen 2,4b beginnen müssen, wo in einem zweiten (älteren) Schöpfungsbericht sachlich und theologisch eigenständige Aussagen über das Schöpfungswerk Gottes und über den Garten Eden gemacht werden.

Die uns vertraute Kapiteleinteilung geht nach älteren Vorläufern auf das Jahr 1205 zurück. Sie wurde damals von St. Langton von Canterbury in der Vulgata eingeführt. Unsere Verszählung entstammt dem 16. Jahrhundert.[15] Eine wesentlich ältere Unterteilung des Alten Testaments in Sinnabschnitte verdanken wir der jüdischen Tradition durch deren Einteilung in Paraschen und Sedarim (→ Textkritik 2.2.1.1.). Schließlich liefert der textkritische Apparat der BHS (wie in Jos 8,30[a])[16] vereinzelte Hinweise auf die mögliche Abgrenzung von Textabschnitten.

Bei der Entscheidung über die Abgrenzung alttestamentlicher Abschnitte kann man sich keineswegs auf die genannten, traditionellen Lösungen verlassen. Vielmehr ist stets zu diskutieren, welche inhaltlichen, stilistischen, metrischen o.ä. Gesichtspunkte für oder gegen die vorgeschlagene Abgrenzung eines Textes sprechen:

---

13 Zunächst angeregt von H. Hupfeld und E. Riehm.
14 Schmid, Jahwist; Rendtorff, Pentateuch; Schmitt, Josephsgeschichte; Blum, Vätergeschichte; ders., Pentateuch.
15 Die Verszählung wurde 1563 zuerst in einer Psalterausgabe eingeführt und 1571 auf das gesamte Alte Testament ausgeweitet.
16 Die LXX behandelt den deuteronomistischen Text Jos 8,30–35 als Einheit, den sie (aus sachlichen und geographischen Erwägungen) nach 9,2 stellt.

Hier sind die bei der → sprachlichen Beschreibung (3.2.2.) gewonnenen Beobachtungen aufzunehmen und weiterzuführen. Geeignete Fragen sind:
- Wo beginnt ein Handlungszusammenhang, eine Argumentation, eine neue Thematik?
- Bietet der Text Hinweise auf weiterführende Handlungsvorgänge oder Argumentationen oder basiert er auf anderswo dargelegten Voraussetzungen (Vorstellen von Personen u.ä.)?
- Besitzt der Text typische Einleitungs-[17] oder Schlußformeln?[18]
- Welche Hinweise gibt das Metrum (in poetisch geformten Texten) auf eine sachgemäße Abgrenzung?[19]

Wichtige Erkenntnisse zum Umfang einer Einheit können sich auch aus der Form eines Textes ergeben (→ Formgeschichte). Stets sollte aber auch die Stellung der abzugrenzenden Einheit in ihrem weiteren Umfeld betrachtet werden. Einschübe oder sekundäre Erweiterungen können den unmittelbar fortlaufenden Handlungs- oder Argumentationszusammenhang unterbrechen, das vorliegende Metrum stören o.ä. In diesen Fällen ist nach einer adäquaten Fortsetzung des Handlungs- oder Argumentationszusammenhanges zu suchen.

📖

- Der bekannte Text Jes 53 beginnt eigentlich mit 52,13ff. Wie würden Sie diese Entscheidung begründen?
- Jos 8,30–35 wurde oben als eigenständige literarische Einheit charakterisiert. Welche Argumente können Sie dafür anführen? Achten Sie besonders auf stilistisch-sprachliche, inhaltlich-theologische und geographische Aspekte.

Folgendes Vorgehen hat sich bewährt:

1. Überprüfen Sie die Abgrenzung des Textes nach vorn und hinten. Werten Sie zunächst die entsprechenden Hinweise im masoretischen Text und im kritischen Apparat der BHS aus.
2. Benennen Sie (soweit dies möglich ist) die inhaltlichen, formalen, stilistischen, formgeschichtlichen und metrischen Merkmale, die den Text im vorgegebenen Umfang oder an einem anderen sachgemäßeren Ort abgrenzen.
3. Wenden Sie sich nun dem Makrokontext zu. Lässt sich eine unmittelbare Verbindung zu einem vorangehenden oder nachfolgenden Text im literarischen Umfeld feststellen?
4. Als eine Art „Gegenprobe" zur eigenen Entscheidung sollten Sie die Abgrenzung der unmittelbar angrenzenden Textabschnitte vornehmen und deren Plausibilität prüfen.

---

[17] Bei prophetischen Worten z.B.: כֹּה אָמַר יְהוָה; in erzählenden Texten z.B.: וַיְהִי אַחַר הַדְּבָרִים הָאֵלֶּה.
[18] Z.B. in prophetischen Worten נְאֻם יְהוָה.
[19] Vgl. die klare rhythmische und thematische Zäsur zwischen der „Parodie einer Priestertora" Am 4,4f. (J. Begrich) und dem nachfolgenden Kehrverslied in 4,6–12*.

4.2.2. Die Einheitlichkeit oder Uneinheitlichkeit eines Textes (Kohärenzprüfung)

Alttestamentliche Texte blicken, wie oben bereits erwähnt, oft auf eine komplizierte Geschichte von Wachstum und Überlieferung zurück. Daher ist es notwendig, jeden zu exegesierenden Abschnitt auf seine Einheitlichkeit bzw. Uneinheitlichkeit hin zu überprüfen. Dabei ist zu entscheiden, ob der vorliegende Text als *einheitliches*, in *einem* Zuge entstandenes literarisches Produkt *eines* Verfassers (oder *einer* Verfassergruppe) gelten kann, d.h., ob der Text *kohärent/integer* ist, oder nicht.

In der Literarkritik wurde ein umfangreiches Repertoire von Kriterien entwickelt, mit dem diese Frage geklärt werden kann. Natürlich führen nicht alle Fragestellungen bei jedem Text zum Erfolg. Vielmehr muß der Umfang und die Reihenfolge der analytischen Schritte der jeweiligen Eigenart des Textes Rechnung tragen.

Der folgende Katalog von Kriterien sollte im Allgemeinen in dieser Reihenfolge angewandt werden:
– Doppelungen und Wiederholungen,
– Spannungen und Widersprüche,
– Wortwahl und Stil,
– Argumentation.

D o p p e l u n g e n   u n d   W i e d e r h o l u n g e n können oft innerhalb von parallelen oder sinnverwandten Texten gefunden werden. Sie begegnen in selbstständigen Einheiten oder in fortlaufenden Erzählstrukturen mit vergleichbaren Aussageabsichten (z.B. Saul wird innerhalb von 1 Sam 9,1–11,15 dreimal auf verschiedene Weise König und später in 1 Sam 13,7b–15; 15 zweimal von Gott verworfen). Manchmal sind Wiederholungen von Sätzen oder Wortgruppen auch in größeren Zusammenhängen nachweisbar.

📖

- Die Rettung am Meer (Ex 13,17–14,31) beinhaltet z.T. widersprüchliche Mitteilungen. Vergleichen Sie zunächst Ex 13,17 mit 14,5. Die Darstellung des Wunders (ausgelöst durch den Ostwind bzw. durch das Spalten des Meeres) folgt verschiedenen Überlegungen. Versuchen Sie, alle Doppelungen des Textes sinnvoll den erkennbaren widersprüchlichen Darstellungen zuzuordnen, sodass eigenständige, in sich selbst sinnvolle Quellen entstehen. Vergleichen und diskutieren Sie Ihr Ergebnis mit Lösungsvorschlägen aus der Kommentarliteratur.

Alle Doppelungen und Wiederholungen in Perikopen bzw. in größeren Zusammenhängen erfordern eine literarkritische Entscheidung. Natürlich sind sie nicht immer im Sinne der Uneinheitlichkeit eines Textes zu interpretieren. Wiederholungen können auch ein bewusstes Stilmittel darstellen.

Amos 1,3–2,5 wird z.B. aus ursprünglich vier, heute insgesamt sieben ähnlich gestalteten Strophen gebildet,[20] die in der Israelstrophe 2,6–16 ihren Höhepunkt finden. Auch die nahezu gleichbleibenden Einleitungs- und Schlußsätze zu den israelitischen und judäischen Monarchen in den Königsbüchern (1 Kön 14,19f.21f.29–31; 15,1–3.7f.9–11 u.a.) bedürfen einer sinnvollen Erklärung. Da sie als Rahmen den einzelnen Mitteilungen beigegeben wur-

---

[20] Nicht alle dieser Strophen sind völlig gleich aufgebaut: Vgl. Schmidt, Redaktion, und dessen literarkritische Schlussfolgerungen aus diesem Sachverhalt.

den und eine Art Ordnungskriterium in den Königsbüchern darstellen, sollte man sie unter redaktionsgeschichtlichen Fragestellungen interpretieren (→ Redaktionsgeschichte).
Einen Grenzfall bei der literarkritischen Betrachtung bilden z.B. die beiden Träume des Josef in Gen 37,3–11. Diese und weitere Doppelungen in der Josefsgeschichte werden möglicherweise nicht als Argumente für quellenkritische Differenzierungen, sondern als bewusste Stilmittel verwendet werden können.[21]

Achtung: Die früher häufig verwendeten Begriffe „echt" und „unecht" zur Unterscheidung von älteren und jüngeren (meist kommentierenden oder redaktionellen) Textabschnitten sollten wegen der damit immanent verbundenen Wertung vermieden werden. Selbstverständlich besitzen auch jüngere Teile alttestamentlicher Perikopen einen beachtenswerten theologischen Gehalt.

S p a n n u n g e n u n d W i d e r s p r ü c h e sind in gleicher Weise wichtige Indikatoren für die Beurteilung literarkritischer Fragestellungen. Sie können zur Beurteilungen großer Sachzusammenhänge (z.B. Proto-/Deutero-/Trito-Jesajabuch), aber auch zur Klärung des Verhältnisses einzelner Mitteilungen in einem zusammenhängenden Textbereich (z.B. Sintflutbericht) herangezogen werden. Widersprüche können auch im Umfeld von Lexemen, z.B. bei Personen- und Ortsnamen, auftreten und so als Indikatoren für einen uneinheitlichen Textzusammenhang fungieren (vgl. die verschiedenen Benennungen für Moses Schwiegervater z.B. in Ex 2,16.18; 3,1). Es ist wichtig, die herausgearbeiteten Spannungen und Widersprüche stets daraufhin zu prüfen, ob sie unvereinbar gegeneinander stehen.

Die Abgrenzung des exilischen Deuterojesajabuches (Jes 40–55) vom (Proto-)Jesajabuch aus dem 8. Jahrhundert v. Chr. (Jes 1–39) können Sie zunächst anhand von drei wichtigen Beobachtungen nachvollziehen:

1. In Jes 6 ist der Tempel in Jerusalem noch intakt.
2. Die Judäer befinden sich in ihrem Lande (Jes 5,25ff.; 7,1ff.).
3. Die gegenwärtige Weltmacht heißt Assur (Jes 10,5ff.)

1. Jes 51,3 und 52,9 sprechen von der Situation nach der Zerstörung Jerusalems (inklusive des Tempels) im Jahr 587/6 v.Chr.
2. Die Adressaten befinden sich noch im babylonischen Exil (Jes 43,14ff.).
3. Die gegenwärtige Weltmacht heißt Babylon (Jes 47).

📖
- Stellen Sie in der Sintfluterzählung (Gen 6,5–9,17) die unterschiedlichen Angaben u.a. zur Anzahl der in der Arche befindlichen Tiere (6,19f.//7,2f.), zur Dauer des Regens (7,4//7,24) und zur Ursache der Strafmaßnahme (6,5f.//6,11–13) gegenüber. Welche ursprünglich selbstständigen Erzählteile können Sie daraus rekonstruieren?

W o r t w a h l u n d S t i l können Hinweise auf eine einheitliche bzw. uneinheitliche Textgestaltung geben. Dabei sollte mit Hilfe der (→) sprachlichen Analyse die syntaktische Gestaltung des Abschnitts (Satzbau und Satztyp) genau überprüft und auf ihre grammatikalische Logik durchgesehen werden. Außerdem sind mögliche Brüche und sprachliche Unebenheiten zu kennzeichnen. Stilistisch sollte auf den möglichen Wechsel zwischen prosaischer und poetischer Sprache und gegebenenfalls

---

[21] Vgl. dazu z.B. Donner, Josephsgeschichte; anders aber Seebass, Joseph-Erzählung, 64ff.

Literarkritik

auf die Metrik geachtet werden. In der Regel sind für einen einheitlichen Text ein gleichartiger Wortgebrauch und eine zielstrebige Gedankenführung vorauszusetzen.

- Das Jonabuch beinhaltet in 2,3–10 ein Psalmlied. Stellen Sie sprachliche und inhaltliche Charakteristika zusammen, die die urspünglich Eigenständigkeit dieses Liedes gegenüber der Jona-Erzählung belegen.

Die theologische, religionsgeschichtliche oder historische Basis der A r g u m e n - t a t i o n einzelner Äußerungen bzw. ganzer Einheiten kann diese gegenüber ihrem Umfeld als eigenständig ausweisen. Neben der notwendigen literarkritischen Beurteilung werden diese Hinweise noch in der Überlieferungs-, Traditions- oder Redaktionsgeschichte diskutiert.

Folgendes Vorgehen hat sich bewährt:

1. Gliedern Sie den Text hinsichtlich seiner einzelnen Elemente, bei erzählenden Passagen besonders unter Beachtung der Handlungsträger (→ sprachliche Analyse). Sie können die Handlungsebene(n), den/die Spannungsbogen/Spannungsbögen oder die Argumentationslinie(n) des Textes auch graphisch darstellen. Achten Sie dabei auf die Eigenart metrisch geformter Texte.
2. Klären Sie, ob der vorliegende Text literarkritisch einheitlich ist. Wurde er von einem Verfasser (oder einer Verfassergruppe) in einem Zuge niedergeschrieben? Wurde der Text aus ursprünglich selbstständigen Teilen zusammengefügt? Lassen sich Zusätze und Kommentare feststellen?
3. Stellen Sie alle wichtigen Hinweise, die auf die Einheitlichkeit/Uneinheitlichkeit des Textes hinweisen könnten, zusammen. Dabei sollten Sie alle Doppelungen und Wiederholungen, Spannungen und Widersprüche sowie die wesentlichen Merkmale der Wortwahl, des Stils und der Argumentationsebenen auflisten.
4. Überprüfen Sie nun die eben zusammengetragenen Argumente eingehend auf ihre Bedeutung hinsichtlich der Vereinbarkeit/Unvereinbarkeit ihres Auftretens in einer genuinen literarischen Niederschrift eines Verfassers (einer Verfassergruppe).

4.2.3. Der Charakter der sog. kleinen Einheiten und deren relative Chronologie

Der zu exegesierende Text kann nach diesen Untersuchungen begründet als literarische Einheit oder aber als gewachsene Größe bezeichnet werden. Sollten unvereinbare Differenzen in seiner Textstruktur nachgewiesen worden sein, dann ist der vorliegende Text in seine Bestandteile aufzugliedern. Anhand von übereinstimmenden Themen, Motiven oder Intentionen, gemeinsamen lexikalischen Begriffen, grammatischen, syntaktischen Eigenheiten o.ä. werden nun die jeweils zusammengehörenden literarischen Bestandteile („kleine Einheiten") zusammengestellt. Der Charakter der kleinen Einheiten bzw. ihrer Kombinationen kann im allgemeinen mit Hilfe der folgenden fünf Kategorien bestimmt werden[22]:

---

[22] So mit Fohrer u.a., Exegese, 53–56.

1. einfache Einheit: sinnvoller, in sich stimmiger Text ohne trennende Störungen und Wiederholungen;
2. Fragment: einfache Einheit, die durch redaktionelle oder andere Bearbeitungen nur unvollständig überliefert wurde;
3. Erweiterung: Textabschnitt, der nur als Erweiterung/Kommentar zu einer anderen, selbstständigen Einheit sinnvoll ist;
4. erweiterte Einheit: Zusammenstellung einer einfachen Einheit (1) bzw. eines Fragmentes (2) mit einer Erweiterung (3);
5. zusammengesetzte Einheit: Kombination zweier oder mehrerer selbstständiger Einheiten: einfache, erweiterte Einheiten oder Fragmente in jeglicher Zusammenstellung.

An diese Klassifizierung schließt sich die Frage nach der relativen Chronologie der kleinen Einheiten an. Dabei werden die einzelnen Textabschnitte so kombiniert, dass eine sinnvolle, logische Abfolge ihrer Entstehung beschrieben werden kann. Das folgende Beispiel soll eine mögliche Darstellungsweise im Konzept illustrieren:

Amos 3,1f.
Die literarkritische Trennung zwischen 1aα.2 und 1aβ.b erfolgt aufgrund sprachlicher Differenzen (s. bes. die Redeeinleitungen!), die einen unvereinbaren logischen Bruch herbeiführen. Sie kann anhand der Gegenüberstellung leicht nachvollzogen werden.

Einfache Einheit (Am 3,1aα.2)
שִׁמְעוּ אֶת־הַדָּבָר הַזֶּה
רַק אֶתְכֶם יָדַעְתִּי מִכֹּל מִשְׁפְּחוֹת
הָאֲדָמָה עַל־כֵּן אֶפְקֹד
עֲלֵיכֶם אֵת כָּל־עֲוֹנֹתֵיכֶם

Erweiterung (3,1aβ.b)
דְּבַר יְהוָה עֲלֵיכֶם בְּנֵי יִשְׂרָאֵל
עַל כָּל־הַמִּשְׁפָּחָה אֲשֶׁר הֶעֱלֵיתִי
מֵאֶרֶץ מִצְרַיִם לֵאמֹר

Redaktion
+ אֲשֶׁר

erweiterte Einheit (Amos 3,1aα.aβ.b.2)
שִׁמְעוּ אֶת־הַדָּבָר הַזֶּה
אֲשֶׁר
דְּבַר יְהוָה עֲלֵיכֶם בְּנֵי יִשְׂרָאֵל עַל כָּל־הַמִּשְׁפָּחָה אֲשֶׁר הֶעֱלֵיתִי מֵאֶרֶץ מִצְרַיִם לֵאמֹר
רַק אֶתְכֶם יָדַעְתִּי מִכֹּל מִשְׁפְּחוֹת הָאֲדָמָה עַל־כֵּן אֶפְקֹד עֲלֵיכֶם אֵת כָּל־עֲוֹנֹתֵיכֶם

Folgendes Vorgehen hat sich bewährt:

1. Prüfen Sie, ob der zu untersuchende Text *kohärent/integer* oder in kleine Einheiten zerlegbar ist.
2. Spezifizieren Sie die ggf. vorhandenen kleinen Einheiten anhand der oben aufgelisteten Merkmale als: einfache Einheit – Fragment – Erweiterung – erweiterte Einheit – zusammengesetzte Einheit.
3. Bestimmen Sie die relative Chronologie, d.h. die logische zeitliche Zuordnung dieser Einheiten zueinander.
4. Beschreiben Sie das Wachstum des Gesamttextes und überprüfen Sie an der Stringenz dieser Darlegung Ihre Entscheidung.

4.2.4. Zugehörigkeit (von selbstständigen Teilen) eines Textes zu größeren literarischen Schichten

Schließlich sollen die literarisch eigenständigen Einheiten eines Textes oder (bei dessen literarischer Integrität) der Gesamttext auf ihre/seine mögliche Zugehörigkeit zu umfassenderen literarischen Schichten, wie Bearbeitungs- und Redaktionsstufen, Quellenschichten oder Überlieferungsblöcken überprüft werden. Bei Pentateuchtexten liegt natürlich die Frage nach der Zuordnung zu den Quellenschichten J, E, D oder P nahe; bei Abschnitten aus dem deuteronomistischen Geschichtswerk wird die mögliche Zuordnung zu Quellentexten oder zu (deuteronomistischen) Redaktionsschichten zu klären sein. In prophetischen Büchern sollte geprüft werden, ob eine Grundschicht die jeweilige prophetische Verkündigung wiedergibt, ob Schülergruppen zur Verkündigung des Propheten Stellung nehmen oder redaktionelle (z.B. deuteronomistische) Bearbeitungen vorliegen.

Der Nachweis der Zugehörigkeit einer literarischen Einheit zu einer größeren literarischen Schicht soll sich auf eine möglichst umfassende Argumentation stützen. Daher ist sowohl auf eine inhaltliche, thematische, formale, und stets auch auf sprachlich-stilistische sowie theologische Kongruenz der zuzuordnenden literarischen Größen zu achten. Die notwendigen Informationen über den Charakter einer Pentateuchquelle oder einer Redaktionsschicht finden sich in den einschlägigen Einleitungen in das Alten Testament. Dort sind stets auch Literaturverweise für die sachliche Weiterarbeit und für konkrete Rückfragen bei speziellen Problemstellungen verzeichnet.

Sollten einzelne Abschnitte des Textes einer größeren literarischen Schicht zuzuordnen sein, ergeben sich daraus schon an dieser Stelle wertvolle Informationen über die Verfasserschaft und die zeitliche Ansetzung dieser Einheiten. Damit können für die spätere Bestimmung von Autoren und Redaktoren, von Abfassungszeiten und theologischen Zielsetzungen (→ Redaktionsgeschichte) wesentliche Argumente bereitgestellt werden.

Folgendes Vorgehen hat sich bewährt:

1. Untersuchen Sie die literarisch eigenständigen Einheiten eines Textes oder (bei dessen literarischer Kohärenz) den Gesamttext bezüglich ihrer/seiner möglichen Zugehörigkeit zu umfassenderen literarischen Schichten. Dazu sichten Sie bitte alle im Laufe der bisherigen Arbeit herausgearbeiteten charakteristischen Merkmale eines Textes.
2. Vergleichen Sie mit Hilfe der in der Einleitungsliteratur aufgezeichneten theologischen und literarischen Charakteristika von übergreifenden Werken oder Bearbeitungsschichten, wie z.B. Quellenschichten oder Redaktionen, die Merkmale des analysierten Textes und halten Sie die Übereinstimmungen fest.

Bemerkung zur Methode: Es ist umstritten, ob die Frage nach größeren literarischen Zusammenhängen bereits in der Literarkritik gestellt werden kann.[23] Vorschnelle Zuweisungen von Texten/Textteilen zu größeren literarischen Werken können in der Tat die exegetische

---

23 So Fohrer u.a., Exegese, 47f.

Weiterarbeit verfälschen. Sollten Sie mit Ihrer Zuweisung unsicher sein, so empfiehlt es sich, die beabsichtigte Entscheidung vorerst aufzuschieben.

4.3. Zur Durchführung der Literarkritik und der folgenden exegetischen Schritte

Es wäre unrealistisch zu meinen, dass jeder Text *eindeutig* in seine ursprünglichen Bestandteile zerlegt und sein Wachstum in allen Schritten *zweifelsfrei* nachvollzogen werden kann. Die exegetische Arbeit besitzt selbstverständlich an vielen Stellen „Werkstattcharakter". Ihre Stärke ist die argumentative theologische Diskussion zwischen widerstreitenden Meinungen.

Daher sei für die Erstellung einer Proseminararbeit empfohlen, zunächst die *eigene* theologische Arbeit am Text mit den dazugehörigen Hilfsmitteln (Wörterbuch, Grammatik, Konkordanz) in allen exegetischen Schritten *selbstständig* durchzuführen. In einem zweiten Arbeitsschritt sollte dann die jeweilige Argumentation aus der Kommentarliteratur zur Kenntnis genommen und den eigenen Erkenntnissen gegenübergestellt werden. Danach beginnt die unvermeidliche Auseinandersetzung der eigenen mit der in den Kommentaren und Arbeitsbüchern vorgefundenen Argumentation (in speziellen, kontroversen Fragen sollten sachbezogene Aufsätze und Monographien zu Rate gezogen werden). Die literarkritischen Entscheidungen sind schließlich anhand der jeweils überzeugendsten Argumentation im Gesamtkontext aller exegetischen Fragestellungen zu treffen.

Die Vielschichtigkeit theologischer Argumentation soll auf diese Weise weniger als „beliebig", verwirrend oder unüberschaubar, sondern eher als anregend, die eigenen Überlegungen bereichernd, aber auch korrigierend erlebt werden. Grundsätzlich ist diese schöpferische Phase des argumentativen Streitgesprächs mit den in der Literatur aufgezeichneten Überzeugungen zur literarkritischen Deutung des hebräischen Textes eine nicht zu unterschätzende Chance, zu einer *eigenen* theologischen Position zu finden.

5. Formkritik und Formgeschichte

In der Literarkritik wurden vorwiegend analytische Ziele verfolgt. Das Interesse war auf den schriftlichen Text und seine (möglichen) literarischen Vorstufen ausgerichtet. An diese Überlegungen knüpft die formkritische und formgeschichtliche Arbeit an. Sie vereint dabei analytische (form*kritische*) und synthetische (form*geschichtliche*) Fragestellungen.[1]

> Die Formkritik/Formgeschichte richtet ihr Augenmerk auf jede einzelne Phase der Textentstehung. Sie beschreibt die im Wort-, Satz- und Gesamtbereich eines Textes vorhandenen sprachlichen Phänomene eines konkreten Textes und jeder seiner Vorstufen („*Form*") sowie die Geschichte der dort vorzufindenden „*geprägten Wendungen*" und „*Formeln*".
> Von großer Bedeutung ist das Herausarbeiten der jeweils zugrunde liegenden „*Gattung*" und die Bestimmung des „*Sitzes im Leben*" sowie die Darstellung der jeweiligen „*Geschichte einer Gattung*".
> Von Form*kritik* sollte man vor allem im Zuge der analytischen Rückfrage auf die Anfänge der Textentstehung und deren soziokulturellen Ursprung sprechen; von Form*geschichte* hingegen bei der Erklärung des Entstehens vorliegender sprachlicher Formen und Gattungen.[2]

Die inhaltliche Füllung des methodischen Schrittes „Formkritik und Formgeschichte" ist umstritten und wird daher in den Methodenbüchern unterschiedlich dargestellt. Zum Teil werden unter dieser Überschrift nur zwei der hier aufgeführten Aufgabenbereiche beschrieben: die Bestimmung der Gattung und des „Sitzes im Leben" (siehe 5.2.3.) sowie die Erörterung der Gattungsgeschichte (siehe 5.2.4.). Diese Begriffsbeschreibung ist aber zu eng und u.U. missverständlich. In Anlehnung an W. Richter wird hier deshalb der Begriff Formgeschichte bewusst weiter gefasst.[3]

Im Folgenden liegt der Schwerpunkt der Erörterungen – wie es die Grundsätze dieses Methodenbuches verlangen – auf den „klassischen" Schritten der Formgeschichte. Spezielle Entwicklungen der gegenwärtigen Diskussion werden im zweiten Band dieses Lehrbuchs separat, parallel zur alt- und neutestamentlichen Exegese im Umfeld der Textlinguistik (→ 2. Linguistik und Textauslegung/P. von Gemünden, II, S. 260–275) besprochen. Mit Hilfe der Textlinguistik werden Texte zunächst in ihrer Jetztgestalt unter strukturanalytischen, semantischen und pragmatischen Gesichtspunkten analysiert (synchrone Fragestellung), wie Umberto Eco konstatiert: „Zwischen der geheimnisvollen Geschichte der Hervorbringung eines Textes und der unkontrollierbaren Abdrift seiner zukünftigen Interpretation ist der Text *als Text* eine beruhigende Gegenwart, ein Parameter, an den man sich halten kann."[4]

---

[1] Analytische Untersuchungen fragen nach dem Ursprung, den Anfängen der Textentstehung zurück; synthetische Fragestellungen erklären die Entstehung der vorliegenden Charakteristika sprachlicher Formen und Gattungen im geschichtlichen Ablauf.
[2] Anders Koch, Formgeschichte, 49.66.72.95, der die Bezeichnung Formgeschichte als Oberbegriff für alle exegetischen Methoden benutzt.
[3] Vgl. Richter, Exegese, sowie ders., Formgeschichte und Sprachwissenschaft.
[4] U. Eco, Die Grenzen der Interpretation, München/Wien 1992, 167f.

Die Fragestellungen lassen sich in folgende vier Schwerpunkte unterteilen:

Analytische (form*kritische*) Arbeitsschritte:	Synthetische (form*geschichtliche*) Arbeitsschritte:
1. Die Frage nach der „Form" einer literarischen Einheit nimmt die Ergebnisse der → sprachlichen Beschreibung auf (neben dem Endtext werden jetzt alle in der Literarkritik herausgearbeiteten Entwicklungsstufen des Textes bearbeitet) (→ 5.2.1. Die Form einer literarischen Einheit).	2. Der Nachweis von „Formeln" und „geprägten Wendungen" sowie die Erarbeitung von deren je eigener Geschichte (→ 5.2.2. Formeln und geprägte Wendungen).
3. Die Frage nach dem soziokulturellen Kontext, d.h. den prägenden überindividuellen Konventionen, in denen sowohl die mündlichen wie die schriftlichen Überlieferungen geformt wurden („Gattung"/"geprägte Einheit"), sowie die Beschreibung des Umfeldes, in dem eine Gattung ihren genuinen Anwendungsbereich („Sitz im Leben") fand (→ 5.2.3. Gattungsbestimmung und „Sitz im Leben").	4. Die Erörterung der Geschichte einer Gattung von ihrer Entstehung bis zu deren Außer-Gebrauch-Kommen, wobei die jeweilige literarische Einheit durch Gattungsvergleiche einer bestimmten Phase der Gattungsgeschichte zugeordnet werden soll (→ 5.2.4. Gattungsgeschichte).

5.1. Zur Geschichte der formkritischen und formgeschichtlichen Arbeit

Die programmatische Einbeziehung der Formgeschichte in die methodische Diskussion der Exegese geht auf H. Gunkel (1862–1932) zurück. Er gilt als Begründer der bibelwissenschaftlichen Gattungsforschung.[5]
Man kann das Anliegen der Formkritik/Formgeschichte sehr gut anhand der von H. Gunkel verfassten Arbeiten veranschaulichen. Aus dem Unbehagen an der rein literarkritischen Arbeit der Wellhausen-Schule forderte er, eine *Literaturgeschichte* des Alten Testaments zu entwerfen. In dieser Absicht spiegelte sich der Einfluss der zeitgenössischen Diskussion in der Germanistik, der klassischen Philologie und der entstehenden Linguistik. Außerdem drängten die umwälzenden Erkenntnisse der empirischen Wissenschaften (Soziologie, Psychologie, Ethnologie und Religionswissenschaften) und nicht zuletzt der Archäologie und Orientalistik H. Gunkel dazu, die exegetische Arbeit methodisch in das größere, umfassendere Bezugssystem der altorientalischen Literatur zu stellen und von daher zu erklären. Grundlegend für die formgeschichtliche Methode wurden H. Gunkels Darlegungen in

---

[5] Die Literaturwissenschaft kann die Anfänge gattungsgeschichtlicher Bestimmungen bis auf Aristoteles (Charakter der Tragödie) zurückverfolgen. Im deutschsprachigen Raum haben G.E. Lessing, J.W. von Goethe und J.G. Herder den Weg zur literarischen Gattungsbestimmung gezeigt.

"Schöpfung und Chaos" (1895) und in den 1906 herausgegebenen „Grundprobleme(n) der israelitischen Literaturgeschichte"[6]:
„Demnach hat es die Literaturgeschichte Israels, wenn sie ihrem Stoff gerecht wird, zunächst weniger mit den Schriftstellerpersonen zu tun – wenngleich auch diese an ihrem Ort ihr Recht bekommen sollen –, sondern mehr mit dem Typischen, das dem Individuellen zugrunde liegt, d.h. mit der schriftstellerischen Gattung."[7] Den Verfassern seien die Gesetze der literarischen Formensprache von Kindesbeinen an ebenso vertraut gewesen wie etwa die Regeln der hebräischen Grammatik. Sie „folgten den Normen unbewußt und lebten in ihnen ..."[8] Auf diesen Erkenntnissen baute H. Gunkel die Erörterung des „Sitzes im Leben" und damit des soziologischen Kontextes der alttestamentlichen Überlieferung auf: „Jede alte literarische Gattung hat ursprünglich ihren *Sitz* im *Volksleben* Israels an ganz bestimmter Stelle. Wie noch heute die Predigt auf die Kanzel gehört, das Märchen aber den Kindern erzählt wird, so singen im alten Israel die Mädchen das Siegeslied dem einziehenden Heere entgegen; das Leichenlied stimmt das Klageweib an der Bahre des Toten an; der Priester verkündet die Tora dem Laien am Heiligtum; ... der Prophet erhebt seinen Spruch etwa im Vorhof des Tempels ... usw. Wer die Gattungen verstehen will, muß sich jedesmal die ganze Situation deutlich machen und fragen: Wer ist es, der redet? wer sind die Zuhörer? welche Stimmung beherrscht die Situation? welche Wirkung wird erstrebt?"[9]
H. Gunkel führte die literaturgeschichtlichen Kategorien seiner Gattungsforschung anhand von drei großen Textbereichen (Genesis, Psalmen und Prophetie) beispielgebend in die exegetische Forschung ein. So stellte er an den Beginn seines Genesis-Kommentars die These: „Die Genesis ist eine Sammlung von Sagen".[10] Auch mit seinem Psalmen-Kommentar und der postum von J. Begrich herausgegebenen Einleitung in die Psalmen[11] brach er zu neuen Ufern auf. Seine Bestimmung und Erklärung der Gattungen der hebräischen Poesie[12] sind bis heute beachtenswert. In unserem Zusammenhang sind die von ihm erstellten Kriterien für die Definition von Psalmengattungen hervorzuheben. Er kennt u.a. die Gattungen Hymnus, Klagelied der Gemeinde, Klage und Danklied des Einzelnen, Lieder zu Jahwes Thronbesteigung, Königspsalmen und weitere kleinere Gattungen wie Segens- und Fluchworte, Wallfahrtslieder und Siegeslieder. Für jegliche Gattung sei konstitutiv: 1. ein gemeinsamer kultischer Anlaß („zu einer bestimmten *Gelegenheit* im *Gottesdienst* gehören[d]"), 2. ein gemeinsamer „Schatz an *Gedanken* und *Stimmungen*" (begründet durch den übereinstimmenden „Sitz im Leben") und 3. eine vergleichbare „*Formensprache*".[13] Schließlich wandte sich H. Gunkel auch den Schriften der alttestamentlichen Propheten zu. Die einzelnen Bücher seien weniger als das Werk individueller Schriftsteller, sondern vielmehr aus den Lebensvollzügen eines gesamten Volkes zu verstehen (z.B. aus den Institutionen Kult, Weisheit, Rechtsprechung u.a.).[14]

---

6   In Verbindung mit religionsgeschichtlichen und soziologischen Untersuchungen ging er dabei von der Voraussetzung aus, dass alles Religiöse in Form und Inhalt konservativ sei, dass weiterhin religiöse Formen und Inhalte in ihrer Gesellschaft einen bestimmten Ort („Sitz im Leben") hätten und die schriftlichen Überlieferungen durch eine auffallende Gleichmäßigkeit geprägt seien.
7   Gunkel, Grundprobleme, 31.
8   Gunkel, Grundprobleme, 32.
9   Gunkel, Grundprobleme, 33.
10 Gunkel, Genesis, VIII.XII. – Als Sage sah er eine „volkstümlich altüberlieferte, poetische Erzählung" an und grenzte sie generell von der damals häufigen Gleichsetzung mit erfundenen Lügenerzählungen und in gleicher Weise von exakter historischer Überlieferung ab.
11 Gunkel, Ausgewählte Psalmen; ders., Psalmen; ders./Begrich, Einleitung.
12 Gunkel, Einleitung, 27, unter Aufnahme der Vorarbeiten J.G. Eichhorns, W.L.M. de Wettes, H. Hupfeld und E. Riehms.
13 Gunkel, Einleitung, 22f.
14 H. Gunkel im Vorwort zu Schmidt, Propheten, XLVI: „Danach hätten die Propheten neben genuinen prophetischen Redeweisen (z.B. Mahnspruch) auch volkstümliche Gattungen (z.B. Siegeslied, Spottlied, Wächterlied) wie auch priesterliche Redeformen (Toraerteilung) aufgenommen und für ihre Zwecke nutzbar gemacht."

Die Arbeit H. Gunkels wurde von dessen Zeitgenossen und Schülern H. Greßmann, H. Schmidt, W. Baumgartner und J. Begrich kritisch begleitet und weitergeführt. Die formkritische und formgeschichtliche Arbeit wurde bis heute vielfältig verfeinert und ausgebaut. Diese Entwicklung wird in den folgenden Kapiteln deutlich werden.

5.2. Die formkritische und formgeschichtliche Methodik

Die formkritische/formgeschichtliche Arbeit hat es mit recht verschiedenen sprachlichen Phänomenen zu tun. Um eine präzise Darstellung ihrer Zielstellungen zu ermöglichen, werden im folgenden zentrale Begriffe jeweils kurz vorgestellt und definiert.

5.2.1. Die Form einer literarischen Einheit

Schon am Anfang unserer exegetischen Beschäftigung (→ sprachliche Analyse) stand die Herausarbeitung der sprachlichen Form der gesamten Einheit. Eine begründete literarkritische Arbeit wäre ohne einen solchen Schritt nicht möglich gewesen. Die formkritische Fragestellung nimmt die Ergebnisse dieser Untersuchungen auf. Die Bestimmung der Form bezieht sich nicht nur auf den *End*text, sondern auch auf *alle* in der Literarkritik herausgearbeiteten einzelnen Entwicklungsstufen des Textes. Die in der sprachlichen Analyse verwendeten Kriterien sind demzufolge für jede Stufe der Textentwicklung analog anzuwenden.

> D i e F o r m e i n e r l i t e r a r i s c h e n E i n h e i t[15] bezeichnet die Summe aller sprachlichen Charakteristika (z.B. Wortwahl, Stil, Syntax, Struktur) einer konkreten Überlieferung. Bei der Bestimmung der Form werden neben den formalen Charakteristika auch die übermittelten Inhalte[16] in ihrem spezifischen Zusammenspiel beim kommunikativen Sprachgeschehen beschrieben.

Ziel dieses methodischen Schrittes ist es, die charakteristischen Formmerkmale eines Textes bzw. seiner einzelnen Teile prägnant zu bestimmen. Dabei sind die Beobachtungen und Ergebnisse der → sprachlichen Analyse aufzugreifen. Dabe handelte es sich um:

1. *Gliederung und Struktur des Textes*: Wie ist der Handlungsablauf oder die Argumentationsstruktur zu bestimmen? Gibt es einen Wechsel des Subjekts oder Objekts, der (Erzähl-)Perspektive oder auch des Themas?
2. *Metrik und Klang*: Haben wir Prosa oder Poesie vor uns? Gibt es Anzeichen für eine rhythmische Gestaltung, für Reim und Paronomasie? Sind Beispiele von Alliteration oder Assonanz zu entdecken? Liegt ein *Parallelismus membrorum*[17] oder ein Chiasmus vor?

---

[15] Als Oberbegriff zur Gattung und den Formmerkmalen benutzt Hermisson, Spruchweisheit, 138 Anm. 1, den Begriff Form. Anders Crüsemann, Formgeschichte, 13f. Anm. 1, der Gattung als Oberbegriff zu Form definiert.
[16] So mit Hermisson, Spruchweisheit 84f. 138f. Dies gegen Richter, Exegese, 75.
[17] Beim synonymen Parallelismus wiederholt der zweite Satz(teil) den ersten mit anderen Worten; im antithetischen Parallelismus beschreibt der zweite Satz(teil) kontrastierend den vorangehenden, während beim synthetischen Parallelismus der zweite Teil den ersten nicht nur aufnimmt, sondern auch in dessen Folgerung weiterführt.

Formkritik und Formgeschichte 71

3. *Satzebene*: Welche Satzarten (Nominal-, Verbal-, invertierter Verbalsatz und Sonderformen), Tempi und Modi herrschen vor? Wie beziehen sich Sätze aufeinander (beachten Sie z.B. ו-consecutiva, Suffixe, Aufnahmen von Subjekten als Objekte und umgekehrt, u.a.)? Wie sind die Sätze und deren Nebensätze neben- bzw. unterzuordnen, d.h. bilden sich Satzreihen? Weisen die Sätze über die Einheit hinaus?

4. *Wortebene*: Welche Verteilung der Wortarten (Nomen, Verben, Konjunktionen, Präpositionen u.a. grammatische Morpheme) ist festzustellen? Welche besonderen Wortverwendungen fallen auf (z.B. Metaphern, Bilder, Wortwiederholungen, Wortpaare[18])? Sind Formeln oder geprägte Wendungen zu erkennen?

Folgendes Vorgehen hat sich bewährt:

1. Charakterisieren Sie unter Heranziehung der Ergebnisse aus der → sprachlichen Analyse die sprachliche Form der von Ihnen in der Literarkritik erkannten literarischen Vorstufen und ebenso die des gesamten Textes. Stellen Sie je die gleichen Fragen an alle Einheiten. Benutzen Sie die gleiche Terminologie.
2. Vergleichen Sie Ihre Ergebnisse aus den in der Literarkritik erkannten literarischen Vorstufen mit denen des Endtextes. Welche Spezifika stellen sich heraus?
3. Achten Sie auf das Vorkommen von geprägten Wendungen und Formeln, da diese anschließend gesondert analysiert (s. 5.2.2.) werden.
4. Für die weitere exegetische Arbeit ist auch von Bedeutung, ob das Ziel einer Einheit in sich selbst liegt und ob diese aus sich selbst heraus entwickelt wurde.

5.2.2. Formeln und geprägte Wendungen

Dieser methodische Schritt wendet sich der Geschichte von Formeln und geprägten Wendungen zu. Ihm kommt deshalb eine besondere Bedeutung zu, weil Formeln und geprägte Wendungen über die einzelne Einheit hinausweisen. Sie transportieren eigene, z.T. dem eigentlichen Wortsinn völlig konträre Aussageabsichten (vgl. im Deutschen das vordergründige, umgangssprachliche Verständnis der Wunschformel „Hals- und Beinbruch!"). Bei ihrer Aufnahme in die zu untersuchende Einheit benutzte(n) der/die Verfasser bewusst oder unbewusst Formeln oder geprägten Wendungen wegen ihres spezifischen Bedeutungsumfeldes. Dabei konnte(n) er/sie sicher sein, dass die Adressaten dieses Sprachelement adäquat verstanden. – Wir fragen heute daher nach dem Bedeutungsinhalt dieser Formeln oder geprägten Wendungen und nach deren eigener Geschichte innerhalb ihrer literarischen Verwendung.

Auch in unserer Sprache kennen wir formelhafte Wendungen (z.B. Gruß- oder Wunschformeln u.a.). Selbstverständlich kann man hier – vergleichbar zur alttestamentlichen Literatur – zwischen allgemeinverständlichen Formeln und geprägten Wendungen (die nur in landschaftlich abgrenzbaren Bereichen üblich sind[19]) unterscheiden.

---

[18] Vgl. in Gen 8,22: „Solange die Erde steht, soll nicht aufhören Saat und Ernte, Frost und Hitze, Sommer und Winter, Tag und Nacht."
[19] Vgl. dazu die im deutschen Sprachraum geographisch unterschiedlich ausgeprägte Verwendung von Abschiedsworten wie „Habe die Ehre", „Mach's gut" oder „Behüt' dich Gott".

> **F o r m e l n** nennt man kurze, festgeprägte Redewendungen, die in literarisch voneinander unabhängigen Texten wiederkehren.
> **G e p r ä g t e W e n d u n g e n** sind kurze, festgeprägte Redewendungen, die in literarisch voneinander unabhängigen Texten wiederkehren, aber nur bei *einem* Schriftsteller, in *einer* literarischen Sammlung oder *einer* Redaktionsstufe nachweisbar sind.**G e s c h i c h t e v o n F o r m e l n u n d g e p r ä g t e n W e n d u n g e n** (auch Formengeschichte[20]) bezeichnet man die Entwicklung von Formeln oder geprägten Wendungen, wie sie aus ihrer literarischen Verwendung in verschiedenen Texten und Zeiten erhoben werden kann.
> Ein **g e p r ä g t e s S c h e m a** ist ein Sonderfall, bei dem zwei oder mehr geprägte Wendungen oder Formeln in mehreren Texten in gleicher Anordnung oder Reihenfolge auftreten.

Im Wesentlichen stellen sich drei Aufgaben:
(1) Zunächst sind die jeweiligen geprägten Wendungen oder Formeln herauszuarbeiten und zu benennen.
(2) Dann sollte die Geschichte ihrer Verwendung anhand der schriftlichen Bezeugungen analysiert werden.
(3) Schließlich sind daraus Schlüsse für die spezielle Verwendung einer Formel oder geprägten Wendung in dem uns vorliegenden Text zu ziehen.

(1) Die Arbeit am hebräischen Text sollte zunächst allen Möglichkeiten zum Nachweis von *geprägten Wendungen* und *Formeln* nachgehen. Bei dieser Suche helfen Wörterbücher und Konkordanzen.[21] Doch so weiträumig die Suche nach diesen sprachlichen Phänomenen auch konzipiert ist – so exakt muss der Nachweis einer geprägten Wendung oder Formel geführt werden. Mit Hilfe von Konkordanzen und Wörterbüchern (zu empfehlen sind hier bes. THAT und ThWAT) ist zweifelsfrei nachzuweisen, dass eine einzelne Wendung in einem bestimmten literarischen Bereich (eines Verfassers, Sammelwerkes oder einer Redaktion) oder über diese Grenzen hinaus im alttestamentlichen Schrifttum zu belegen ist.[22]

- In Ex 4,10.13 und Jos 7,8 findet sich die Formel בִּי אֲדֹנָי. Suchen Sie weitere Belegstellen und fragen Sie nach der Bedeutung dieser Formel. Welches Verhältnis manifestiert sich implizit zwischen Sprecher und Angesprochenem beim Verwenden der Formel בִּי אֲדֹנָי?
- Nur im weiteren Sinn als Formel anzusprechen ist die Wendung נָתַן בְּיַד. Informieren Sie sich zunächst über deren alttestamentliches Vorkommen. Stellen Sie dann deren verschiedenartigen Gebrauch fest und definieren Sie die jeweiligen sachlichen Bedeutungsinhalte.[23]

---

[20] Vgl. hierzu die Bezeichnung Form*en*geschichte in dem klassischen Aufsatz von Richter, Formgeschichte, 216–225. Diese Bezeichnung wird hier allein deshalb nicht übernommen, weil der Begriff im praktischen Vollzug zu leicht mit Formgeschichte verwechselt werden kann.
[21] Sucht man eine Wortfolge von zwei oder mehreren Begriffen mit herkömmlichen Konkordanzen, so ist es sinnvoll je Suchbegriff eine Konkordanz zu benutzen und diese parallel zu verwenden. – Für komplizierte Aufgabenstellungen legen sich leistungsstarke Computer-Konkordanzprogramme nahe.
[22] Vgl. z.B. das kleine Lexikon: Bühlmann/Scherer, Stilfiguren.
[23] Vgl. zunächst Labuschagne, Art. נתן *ntn* geben, in: THAT II, 135, und Richter, Exegese, 101f.

Formkritik und Formgeschichte 73

- Von der „Liebe *zu* JHWH" redet das Alte Testament erst ab der späten Königszeit. Die *Forderung* der Liebe zu Gott in der Paränese ist dtn-dtr. Gedankengut. Vgl. Sie Dtn 6,5; 10,12; 11,1.13.22; 13,4; 19,9; 30,6.16.20 und weiterhin Jos 22,5; 23,11 sowie 1 Kön 3,3. Betrachten Sie diese Stellen und stellen Sie fest, welche geprägten, mit אהב gebildeten Wendungen Sie in diesen literarischen Zeugnissen erkennen können.

(2) Nun soll die Geschichte der jeweiligen geprägten Wendung oder Formel beschrieben werden. Dazu legt es sich nahe, eine relativchronologische Übersicht aller ihrer Belegstellen herzustellen und ihren jeweiligen Bedeutungsspielraum zu beschreiben. Neben den üblichen Arbeitsmitteln ist hier wiederum die Hilfe von Konkordanzen und Wörterbüchern (bes. THAT und ThWAT) unentbehrlich. Dort finden sich auch weiterführende Hinweise auf Monographien und Aufsätze.

📖

- Jos 7,7 und neun weitere Belegstellen überliefern emotionale Gebete, die mit der Formel אֲהָהּ אֲדֹנָי יְהוִה eingeleitet werden. Die Beter bäumen sich gegen Gottes (scheinbare) Handlungslosigkeit auf. Der interessanten Geschichte dieser Formel ist F. Baumgärtel nachgegangen.[24] Beschreiben Sie die Geschichte der Verwendung von אֲהָהּ אֲדֹנָי יְהוִה![25]

(3) Die Analyse der einzelnen Formel oder geprägten Wendung spricht einen weiten Bereich textimmanenter Aussagen an. Hier ist in zwei verschiedene Richtungen zu fragen: a) Welche spezielle Aussageabsicht geht von der Verwendung einer Formel oder geprägten Wendung im untersuchten Text für das Verständnis dieser Einheit aus? b) Kam der Wendung oder Formel ein spezifischer Gebrauch in einzelnen Zeitepochen ihrer Verwendung zu?

📖

- Bestimmen Sie die Bedeutung von אֲהָהּ אֲדֹנָי יְהוִה (wie es in Jos 7,7 vorkommt) und fragen Sie nach der Bedeutung dieser Formel für den Kontext.
- Gut nachzuvollziehen ist die Existenz eines geprägten Schemas im Bereich der Berufungsberichte. In Ex 3f (J und E); Ri 6,11b–17 und 1 Sam 9,1–10,16 haben die Verfasser ein an Formeln und geprägten Wendungen reiches fünfgliedriges Berufungsschema benutzt (Andeutung der Not/Auftrag/Einwand/Überwindung des Einwandes/Zeichen).[26] Dieses wurde später in Ez 1–3* und Jer 1,1–10* bewusst in dieser formalen Gestaltung zur Legitimation prophetischer Existenz benutzt.[27]

Folgendes Vorgehen hat sich bewährt:

1. Stellen Sie (wenn vorhanden) die geprägten Wendungen und Formeln fest. Belegen Sie deren Status als Formeln oder geprägte Wendungen anhand ihrer formalen Struktur und weisen Sie deren alttestamentliche Belegstellen nach.
2. Beschreiben Sie den Gebrauch der einzelnen formelhaften Wendungen durch deren Geschichte.

---

24 Baumgärtel, Gottesnamen, 2.9f.18f.27.
25 Vgl. zunächst Jenni, Art. אֲהָהּ *ʾăhāh*, in: THAT I, 71.
26 Kutsch, Berufung; Zimmerli, Ezechiel, 16–21.
27 Vieweger, Berufungsberichte, bes. 129ff.

3. Stellen Sie den Bedeutungsgehalt der formelhaften Wendungen dar – evtl. auch deren spezifischen Gebrauch in einzelnen Phasen ihrer Verwendung.
4. Stellen Sie fest, ob zwei oder mehrere Formeln/geprägte Wendungen in einer bestimmten Anordnung oder Reihenfolge mehrfach in den von ihnen zum Vergleich herangezogenen Texten vorkommen (geprägtes Schema).

5.2.3. Gattungsbestimmung und „Sitz im Leben"

5.2.3.1. Gattungsbestimmung

An den beiden folgenden Texten sollen einige Grundsätze für die Bestimmung von Gattungen verdeutlicht werden:

3 Zi. Konf.-Whg., 98 m², W-Barmen. Gr. Wohnraum m. off. Kamin, Parkettb., gr. Südbalkon, Einbauküche, Essdiele, Wannenbad m. Du/WC, Kabel TV. KM 900,– + 55,– Garage + NK. Lottermann-Immobilien ☎ (02 02) 0 00 00 00.

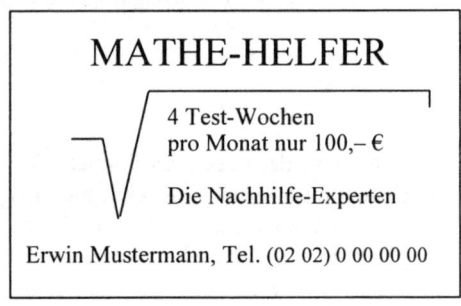

MATHE-HELFER

√ 4 Test-Wochen pro Monat nur 100,– €

Die Nachhilfe-Experten

Erwin Mustermann, Tel. (02 02) 0 00 00 00

Die beiden Texte sind inhaltlich sehr verschieden. Dennoch besitzen sie charakteristische Vergleichspunkte. Der sprachliche Kontext (Wortwahl, formelhafte Wendungen u.a.) sowie der typische Gebrauch solcher oder ähnlicher Texte sind uns aus dem täglichen Leben gut vertraut. Ohne auf zusätzliche Informationen angewiesen zu sein, kann man deshalb mit großer Wahrscheinlichkeit auf den Ursprung dieser Formulierungen schließen: die Anzeigensparte in Zeitungen oder in Kontaktbörsen. Diese Erkenntnis führt uns zu einem wichtigen Grundsatz der Gattungsforschung. Beide Texte bleiben auch außerhalb ihres ursprünglichen Kontextes noch als (typische) Vertreter ihrer Textart (d.h. „Gattung") erkennbar. Das ist möglich, weil sich ganz offensichtlich mit der Formulierung von (Klein-)Anzeigen eine spezifische Wortwahl, spezielle sprachliche Wendungen, ein typisch platzsparender Stil und weitere charakteristische Gestaltungsformen verbinden (z.B. Abkürzungen wie „W-Barmen" und das Piktogramm ☎). Dabei darf man vermuten, dass die Zielsetzung solcher Texte, die Vermittlung von Kontakten, in einem engen Verhältnis zur formalen Ausführung steht: Die Kleinanzeigen sollen ihr Angebot prägnant darstellen, die Kontaktmöglichkeit klar herausstellen – und dies in einem platz-, weil geldsparendem Stil.

Solche, vom jeweiligen Inhalt unabhängige, übergreifende sprachliche Erscheinungen findet man nicht allein bei (Klein-)Anzeigen. Auch Märchen, Sagen, Anekdoten, Romane, mündliche wie schriftliche Glückwünsche oder Beileidsbekundungen, Privat- und Geschäftsbriefe, Bewerbungen, Lebensläufe, selbst der Wetterbericht (u.v.a.m.) besitzen spezifische sprachliche Formen, wie z.B. typische Wendungen

("Es war einmal ..."), einen spezieller Stil, Aufbau oder eine typische Wortwahl. Natürlich ist auch das gottesdienstliche Leben von Sprachmustern durchdrungen. Man denke z.B. an die typische Gestaltung einer Predigt, des Segens oder der Abkündigung. Alle diese Gattungen sind auch außerhalb ihres ursprünglichen sprachlichen Kontextes wiederzuerkennen und zu spezifizieren.

An diesen Beispielen lässt sich zeigen, dass von der typischen Gestaltung eines Textes Rückschlüsse auf dessen Umfeld und Verwendung gezogen werden können. Das spricht für die große Bedeutung der formkritischen und formgeschichtlichen Methode innerhalb der exegetischen Wissenschaft. Wenn es gelingt, die Gattungen alttestamentlicher Texte nachzuweisen, dann ist zu erwarten, dass uns diese Erkenntnisse wertvolle Hinweise auf das soziokulturelle Umfeld, die Zielstellung und die Verwendung dieses Textes liefern.

> G a t t u n g ist die Bezeichnung für ein überindividuelles, in voneinander unabhängigen Texten wiederkehrendes typisches Sprachmuster. Dieses prägt die Ausgestaltung sprachlicher Äußerungen und ist daher für das adäquate Verständnis einer einzelnen, von einem bestimmten typischen Sprachmuster abhängigen Einheit von erheblichen Wert. – Von einer jeden konkreten sprachlichen Äußerung (der *einzelne* Roman, die *spezielle* Einladung) ist die zugrundeliegende Gattung (Roman, Einladung) zu unterscheiden. Daher müssen auch die Begriffe „Form einer literarischen Einheit" (5.2.1.) als Summe aller sprachlichen Charakteristika eines Einzeltextes und „Gattung" (5.2.3.) als überindividueller soziokultureller Hintergrund einer sprachlichen Äußerung (Sprachtypos) unterschieden werden.
> G e p r ä g t e E i n h e i t dient als Bezeichnung für einen (ähnlich der Gattung) in voneinander unabhängigen Texten wiederkehrenden Sprach*typus*, der allerdings nur bei *einem* Schriftsteller, in *einer* literarischen Sammlung oder *einer* Redaktionsstufe nachweisbar ist. Das Verhältnis zwischen einer geprägten Einheit und einer Gattung auf der Ebene der sprachlichen Einheit entspricht auf der Ebene von Satzteilen der Beziehung zwischen einer geprägten Wendung und einer Formel.
> Im Folgenden wird die Problematik der „geprägten Einheit" unter der Begrifflichkeit „Gattung" mitverhandelt, sofern dem sachlich nichts im Wege steht.

Das Ziel der Gattungsbestimmung ist es, den zu untersuchenden Text und alle seine Vorstufen (inklusive evtl. anzunehmender mündlicher Überlieferungen; vgl. → Überlieferungsgeschichte) je durch den Vergleich zu ähnlichen Texten im Alten Testament (und – wenn möglich – auch im außeralttestamentlichen Schrifttum) nach ihrer Gattung zu befragen.

Die Diskussion, ob Gattungen „an sich" existieren oder nur abhängige, induzierte Größen sind, soll hier nicht aufgenommen werden. Ein Vergleich zur außeralttestamentlichen Literatur zeigt uns jedoch deutlich, dass zu der Zeit, in der die alttestamentliche Literatur in die Kulturwelt des Alten Orients eintrat, dort schon vielfältig ausgebildete Gattungen vorlagen.

Ein wichtiges, zuweilen entscheidendes Problem bei der Gattungsbestimmung alttestamentlicher Texte ist die Frage nach dem Zusammenspiel formaler und inhaltlicher Argumente. In der Vergangenheit wurden häufig inhaltliche Kriterien maßgeblich zur Definition und zur Bestimmung der Gattungen herangezogen. Gegen ein solches Vorgehen wendet sich W. Richter.[28] Er hat dahingehend Recht, dass mit einem vor-

---

28 Richter, Exegese, 127f. mit Anm. 9f.

schnellen Eintrag inhaltlicher Kriterien der Form einer Einheit zu wenig Aufmerksamkeit geschenkt wird. Auch besteht die ernsthafte Gefahr, dass bei der Definition von Gattungen mit Begriffen, die aus dem Inhalt gewonnen wurden[29] (vgl. z.B. „Gerichtsrede"), unreflektiert Vorstellungen unserer modernen Welt in die altorientalischen Verhältnisse übertragen werden. – Verschafft man sich jedoch einen Überblick über alttestamentliche Gattungen, so wird man nicht an der programmatischen Äußerung O. Kaisers vorbei kommen, der feststellt: „Die bisherige Diskussion zeigt, dass man bei der Bestimmung der erzählenden Gattungen des Alten Testaments weder auf formale noch auf inhaltliche Kriterien verzichten kann."[30] Ausgesprochen brisant ist diese Problematik bei der Bestimmung der israelitischen Psalmengattungen.[31] – Es ist festzuhalten, dass in der exegetischen Arbeit formale Kriterien mit besonderer Sorgfalt zu erheben sind, Inhalte aber aus der vollständigen Charakterisierung einer Gattung nicht ausgeblendet werden können, da diese in einer engen Beziehung zur Ausformung einer Einheit stehen. Es ist jedoch nicht sachgemäß, inhaltliche Kriterien als Ersatz für fehlende formale Beobachtungen zu verwenden.

Vor einer ersten selbstständigen Gattungsbestimmung sollte man die Zusammenstellungen altisraelitischer Gattungen in der Einleitungsliteratur[32] durchsehen. Hier kann man sich überblicksweise zunächst ein Raster möglicher Gattungsdefinitionen erarbeiten, das dann durch genauere Analysen am Text mehr und mehr verfeinert und auf eine bestimmte Zuordnung hin präzisiert werden kann. Es ist zu empfehlen, bestehende Gattungsbezeichnungen aus der Einleitungsliteratur zu übernehmen, da diese eingeführt und damit allgemein verständlich sind.

- Das Amosbuch zeigt meisterhaft, wie ursprünglich eigenständige Gattungen in die prophetische Rede aufgenommen wurden: vgl. dazu u.a. Am 4,4f. (Priestertora) und 5,1–3 (Leichenlied). Beschreiben Sie sowohl die Charakteristika der jeweils ursprünglichen Gattungen als auch die der nun vorliegenden prophetischen Redeeinheiten.[33]
- Stellen Sie ein Beispiel kasuistischen (Ex 21,7–11) und apodiktischen Rechts (Ex 21,12) nebeneinander und charakterisieren Sie deren je eigene formale Struktur.[34]

Allerdings muss vor der falschen Erwartung gewarnt werden, dass sich im alttestamentlichen Schrifttum nur einfache Gattungsformen fänden. Oft wird sich diese Hoffnung nicht erfüllen. Die untersuchte Einheit kann vielmehr auch eine Unter-, Rahmen- oder Mischgattung darstellen:

---

[29] Nur wenige Namen von Gattungen stammen direkt aus dem Alten Testament (wie z.B. קִינָה Leichenlied; תּוֹדָה Danklied; תְּחִנָּה Klagelied; תְּהִלָּה hymnisches Lied). Allerdings ist die alttestamentliche Verwendung nicht immer mit unserer heutigen Vorstellungswelt deckungsgleich (vgl. z.B. Gattungen aus dem Umfeld der Gerichtsverhandlungen).
[30] Kaiser, Einleitung, 64. Vgl. die ganz ähnliche Feststellung bei Richter, Exegese, 28, bezüglich Literaturwissenschaft: „Literaturwissenschaft ist also nicht einseitige Analyse der Inhalte oder Formen; sie darf sich keiner der beiden Fragestellungen entziehen …".
[31] Zur einführenden Darlegung der dort bestehenden Probleme siehe die Darstellung bei Kaiser, Einleitung, 330–355. Vgl. auch den Versuch bei Kraus, Psalmen, § 6, für die Gattungsdefinition Begriffe aus den Überschriften der Psalmen zu verwenden.
[32] Zu empfehlen sind z.B. Fohrer, Einleitung, §§ 8ff. 39ff. 47.53, und Kaiser, Einleitung, §§ 5f. 25.29.
[33] Ziehen Sie bei der Beantwortung dieser Frage auch die einschlägige Kommentarliteratur heran.
[34] Zur Klärung der Rechtsformen s. Boecker, Recht, 135ff. und 166ff.

Formkritik und Formgeschichte 77

U n t e r g a t t u n g e n entstehen aus Differenzierungen innerhalb einer größeren Gattungsgruppe. Sie sind demzufolge echte Teilmengen einer Gattung, wie z.B. die ätiologischen Sagen unter den Sagen oder das Lastträgerlied (Neh 4,4) und das Erntelied (Ps 65,14 und Jes 9,2) unter den Arbeitsliedern. Eine R a h m e n g a t t u n g ist nach K. Koch[35] die Bezeichnung für übergreifende Zusammenhänge. In diesem Sinn können Psalmen als Teile von übergreifenden Liturgien angesehen werden. Sagen wurden in einigen Fällen in Sagenkränzen verbunden. M i s c h g a t t u n g e n werden durch Formen (und Inhalte) verschiedener Gattungen ausgezeichnet. Hier ist stets zu fragen, wie solche Verbindungen zustande gekommen sind und welche speziellen Aussageabsichten damit verknüpft wurden.

Schließlich ist noch auf das spezielle Problem hinzuweisen, dass man bei Psalmengattungen als Gattungsbezeichnungen „Hymnen" und „Danklieder" (H. Gunkel) – aber auch gleichlautend „beschreibende" und „berichtende Lobpsalmen" (C. Westermann) finden kann. Diese terminologischen Differenzen wirken auf den ersten Blick verwirrend. Hinter den verschiedenen Begrifflichkeiten stehen aber wichtige sachliche Differenzen, die man bei einer Exegese israelitischer Psalmengattungen kennen sollte.[36]

Folgendes Vorgehen hat sich bewährt:

1. Stellen Sie die charakteristischen Merkmale des Textes zusammen und prüfen Sie, welche alttestamentlichen Texte vergleichbare Merkmale in Aufbau und Form aufweisen.
2. Bestimmen Sie die Gattung (geprägte Einheit) des Textes. Legen Sie Wert auf klar definierte Vorgaben und Abgrenzungen. – Steht die zu bestimmende Einheit gänzlich unter dem Einfluss einer Gattung (oder geprägten Einheit)? Sind Hinweise auf eine Unter-, Rahmen- oder Mischgattung zu bemerken?
3. Prüfen Sie, ob und – wenn ja – wo Ihr Text von den in der Gattung (oder geprägten Einheit) üblichen Vorgaben abweicht. Welche Schwerpunkte werden damit gesetzt?

Die Gattungsbestimmung hat noch weiterführende Ziele, die unten unter dem Stichwort „Gattungsgeschichte" besprochen werden.

5.2.3.2. „Sitz im Leben"

Unsere Überlegungen zur Gattungsbestimmung gingen von der Beobachtung aus, dass altorientalische Texte wie auch Texte unserer heutigen Sprachwelt an Sprachmustern ausgerichtet sind. Nun soll gefragt werden, in welcher soziokulturellen Situation eine Gattung benutzt wurde. Die Fragestellung zielt also auf die spezielle Lebenssituation, in der ein Sprachmuster angewandt wurde. Erinnern wir uns an H. Gunkels Feststellung: „Jede alte literarische Gattung hat ursprünglich ihren Sitz im Volksleben Israels an ganz bestimmter Stelle ... Wer die Gattungen verstehen will, muß sich je-

---

35 Koch, Formgeschichte, 26–30.
36 Vgl. dazu Gunkel/Begrich, Einleitung; Westermann, Lob, 36–115, und weiterhin die Stellungnahme von Crüsemann, Formgeschichte.

desmal die ganze Situation deutlich machen und fragen: Wer ist es, der redet? wer sind die Zuhörer? welche Stimmung beherrscht die Situation? welche Wirkung wird erstrebt?"[37]

Mit der Frage nach dem „Sitz im Leben" wird nach der Lebenssituation gefragt, in der eine bestimmte Gattung ihren adäquaten Anwendungsbereich fand (vgl. z.B. Glückwünsche bei der Geburt eines Kindes oder das priesterliche Orakel bei vorheriger Befragung an einem Heiligtum). Demzufolge baut eine sachgemäße Bestimmung des „Sitzes im Leben" auf einer soliden Kenntnis der altisraelitischen Lebenswelt auf. Dabei sind die Fragen nach der Religions-, Frömmigkeits- und Wirtschaftsgeschichte ebenso zu berücksichtigen wie soziale und politische Entwicklungen.[38]

> „Sitz im Leben" nennt man den soziokulturellen Hintergrund, in dem sprachliche Ausformungen einer Gattung (oder einer geprägten Einheit) Anwendung fanden und aus dem heraus die einzelnen Einheiten verstanden werden wollen.

Abschließend soll noch auf einige Besonderheiten bei der Bestimmung des „Sitzes im Leben" hingewiesen werden: Zunächst kann sich über eine lange Zeit hinweg mit den Merkmalen einer Gattung (→ Gattungsgeschichte) auch der „Sitz im Leben" ändern. Weiterhin lässt sich belegen, dass Einheiten im Laufe ihres Wachstumsprozesses oder durch ihre redaktionelle Einfügung in den heute vorliegenden Kontext einen neuen „Sitz im Leben" bekommen haben. Schließlich können Gattungen bewusst auch außerhalb ihres ursprünglichen „Sitzes im Leben" verwendet werden. Solchen Sonderfällen sollte besondere Aufmerksamkeit zuteil werden.

📖

- Gehen Sie innerhalb der heute vorliegenden Gebotssammlung Ex 20,2–17 der Situation der Adressaten nach: Fragen Sie nach deren sozialer Lage (bes. Besitz, Geschlecht, familiäre Stellung, ethnische und religiöse Situation). Welche Bevölkerungsteile werden direkt angesprochen? Erklären Sie das Ergebnis Ihrer Nachforschungen aus den Ihnen bekannten Details der sozialen Schichtung während der israelitischen Königszeit.[39]
- Oben wurde auf Am 4,4f. (Priestertora) und 5,1–3 (fiktives Leichenlied) verwiesen. Dort sollten Sie die prophetischen Redeeinheiten nach ihrer Gattung bestimmen. Versuchen Sie nun auch, den jeweiligen „Sitz im Leben" herauszufinden.
- Betrachten Sie einen der als Liturgien bezeichneten Psalmen 15; 24 oder 118. Zeichnen Sie die dort erkennbaren Teile des Tempelgottesdienstes nach. Bestimmen Sie die Sprecher(gruppen) der jeweiligen Redeteile.

---

[37] Gunkel, Grundprobleme, 33.
[38] Benutzen Sie zur Klärung dieser Fragen zunächst die gängige Einleitungsliteratur, die neben der Vorstellung wichtiger altisraelitischer Gattungen meist auch allgemeine Hinweise auf deren jeweiligen „Sitz im Leben" gibt. Die biblische Archäologie (→ II.1.) erforscht diese Themenbereiche. Einen Überblick über ihr methodisches Instrumentarium und ihre Lösungsvorschläge findet sich bei Vieweger, D., Archäologie der biblischen Welt, UTB 2394, Göttingen 2003.
[39] Vgl. dazu Crüsemann, Bewahrung.

Formkritik und Formgeschichte

Folgendes Vorgehen hat sich bewährt:

1. Untersuchen Sie zunächst die auf den/die Verfasser der Einheit selbst zurückgehenden Merkmale des Textes auf die Gunkelschen Fragen hin: Wer redet wann, zu wem, mit welchem Ziel?
2. Befragen Sie die typischen Elemente der Gattung auf ihren adäquaten Platz in der alttestamentlichen Welt.
3. Vergleichen Sie die Erkenntnisse über Verfasser, Adressaten, Zeit und Ort unserer konkreten Einheit mit dem Anliegen der vorliegenden Gattung.

5.2.4. Gattungsgeschichte

Die Gattungsgeschichte schließt sich unmittelbar an die eben skizzierten Aufgabenstellungen an. Dabei tritt der veränderbare, geschichtliche Charakter einer Gattung (oder geprägten Einheit) in den Mittelpunkt der Aufmerksamkeit. Da Gattungen (oder geprägte Einheiten) geschichtliche Phänomene sind, entstehen sie aus einer konkreten soziokulturellen Situation (Bedingungen und Gegebenheiten einer Gruppe oder Gesellschaft). Gattungen können über Jahrzehnte oder Jahrhunderte existieren, bis sich schließlich ihre Zielsetzung (→ „Sitz im Leben") erledigt hat oder den Adressaten auf eine andere Weise nahegebracht werden muss. Dann geraten Gattungen (oder geprägte Einheiten) außer Gebrauch. Gattungen unterliegen daher im Verlaufe einer langen Geschichte Veränderungen. Die Gattungsgeschichte geht dieser Entwicklung nach und versucht dabei, die zu untersuchende Einheit in diesen Entwicklungsprozess einzuordnen.

> Die *Gattungsgeschichte* beschreibt die Entwicklung einer Gattung vom ersten Auftreten bis zu deren Außer-Gebrauch-Kommen.

- Knüpfen Sie am oben (S.72) bereits genannten Beispiel der Berufungsberichte an und beschreiben Sie die Geschichte der Gattung mit all ihren Veränderungen von der ältesten Bezeugung bis hin zu ihrer zweifachen Aufnahme in prophetischen Büchern.

Folgendes Vorgehen hat sich bewährt:

1. Stellen Sie relativchronologisch alle Ihnen bekannten Texte der zu untersuchenden Gattung zusammen.
2. Listen Sie die jeweils typischen Abweichungen dieser Texte von der oben definierten Gattung auf und prüfen Sie, ob sich aus (einigen dieser) Abweichungen eine Geschichte der Entwicklung dieser Gattung erkennen lässt.
3. In welcher Phase des Gebrauchs der vorliegenden Gattung (oder geprägten Einheit) wurde unser Text abgefasst?

So ist z.B. die Erteilung einer priesterlichen Tora an die Existenz eines Tempels gebunden. Mit dem Ende des Jerusalemer Tempels (70 n.Chr.) endet auch die Orakelerteilung der Priester in der nachexilischen Tempelgemeinde.

6. Überlieferungskritik und Überlieferungsgeschichte

Die → Literar*kritik* fragt nach den ältesten *schriftlichen* Bestandteilen eines Textes. Die Überlieferungs*kritik* führt diesen analytischen Arbeitsgang weiter und erforscht das Stadium der *mündlichen* Überlieferung, d.h. die Vorstufe eines (literarkritisch einheitlichen) Textes bzw. seiner formgeschichtlich selbstständigen Teile.[1] Der Blick richtet sich damit vom Zeitpunkt der schriftlichen Fixierung rückwärts auf die mündliche Weitergabe von Überlieferungen, z.B. von Erzählungen, Sagen, Gesetzen und Liedern.

> Die Überlieferungs*kritik* erforscht die Möglichkeit, ob und – wenn ja – in welcher Form für einen (literarkritisch einheitlichen) Gesamttext bzw. dessen formgeschichtlich selbstständige Teile eine ursprüngliche *mündliche* Überlieferung anzunehmen ist. Die Überlieferungs*geschichte* schließt daran an und beschreibt (im Idealfall) den möglichen Entwicklungsprozess dieser mündlichen Überlieferung von deren Entstehung bis hin zur Verschriftung. Dabei ist auf Wandlungen im mündlichen Überlieferungsgeschehen zu achten, die möglicherweise verschiedenen Etappen der theologie- oder religionsgeschichtlichen Entwicklung Israels entsprechen.

6.1. Zur Geschichte der überlieferungskritischen und überlieferungsgeschichtlichen Arbeit

Bereits 1678 erwog Richard Simon in seiner *Histoire critique du Vieux Testament* die Vorstellung einer *traditio oralis* für Überlieferungsvorgänge in der Zeit vor dem Auftreten Moses.[2] Dieser Gedanke wurde 1787 von A. Eichhorn[3] aufgenommen und um die Überlegung bereichert, dass Überlieferungsstoffe im Bereich der *traditio oralis* einen inneren Wandlungsprozess durchgemacht haben könnten.
Nachdem in der ersten Hälfte des 19. Jahrhunderts vor allem G.H.A. Ewald die mündliche Überlieferung thematisiert hatte, wurde von der sog. religionsgeschichtlichen Schule an der Wende zum 20. Jahrhundert dem lebendigen (d.h. zunächst mündlichen) Prozess religionsgeschichtlicher Aufnahme, Umbildung und Umgestaltung von Überlieferungen große Aufmerksamkeit geschenkt. In diesem Sinn formulierte A. Eichhorn Grundzüge überlieferungsgeschichtlicher Arbeit, bei denen er den Prozess der Entstehung alttestamentlicher Aussagegehalte und deren Umbildung bis hin zu ihrer Verschriftung in den Mittelpunkt stellte.[4]

---

[1] Will man eigenständige mündliche Traditionen erforschen, so kann man nur von formgeschichtlich selbstständigen Mitteilungen ausgehen. Die Überlieferungskritik setzt damit den methodischen Schritt Formkritik/Formgeschichte voraus. Die → Formkritik beschäftigte sich bereits mit der Frage der Herkunft und des Bedeutungsumfeldes von geprägten Wendungen und Formeln (d.h. unselbstständigen Textteilen) und stieß dort z.T. schon in Bereiche der *mündlichen* Überlieferung vor.
[2] Siehe hierzu und zum Folgenden bes. Kraus, Geschichte. – Vgl. weiterhin Eißfeldt, Einleitung, 10–170.
[3] Eichhorn, Einleitung, 17ff.
[4] Siehe dazu Greßmann, Eichhorn, *passim*.

Diese Vorgaben wurden sowohl von H. Gunkel[5] als auch von H. Greßmann[6] in je eigener Weise weiter ausgebaut, wobei sie methodisch neue Schritte in die vorgegebene Fragestellung einführten.[7] Ähnliches ist über den dritten Ansatz G. von Rads zu sagen.[8] Daher begegnet man bei der Darstellung des Überlieferungsbegriffs im Alten Testament seit A. Eichhorn „drei verschiedenen Richtungen:
1. dem zum archaischen Sinngehalt hinstrebenden Typus H. Gunkels,
2. dem *traditionsgeschichtlich*[9] analysierenden Typus H. Greßmanns,
3. dem an den alttestamentlichen Credenda, ihrem ‚Sitz im Leben' und ihrem Literaturwerden interessierten Typus G. v. Rads."[10]

Über G. von Rad hinausgehend umschrieb M. Noth 1948 in seinem Buch „Überlieferungsgeschichte des Pentateuch" das Wachsen und Werden der Tora noch komplexer und differenzierter. Während G. von Rad unter „Überlieferungsgeschichte" neben dem in diesem Arbeitsbuch Überlieferungskritik/Überlieferungsgeschichte genannten methodischen Schritt auch die als → Traditionskritik/Traditionsgeschichte beschriebenen Fragestellungen mit einbezog,[11] versteht M. Noth darunter noch zusätzlich die → redaktionsgeschichtlichen Aufgabenbereiche.

Die hier vertretene terminologische Trennung von Überlieferungskritik/Überlieferungsgeschichte, Traditionskritik/Traditionsgeschichte und Redaktionsgeschichte orientiert sich an A. Eichhorn und ist insbesondere der methodischen Diskussion der letzten Jahrzehnte verpflichtet. Sie basiert dabei auf der u.a. von G. Fohrer und O.H. Steck vorgeschlagenen Terminologie.[12]

6.2. Die überlieferungskritische und überlieferungsgeschichtliche Methodik

6.2.1. Überlieferungskritik

Am Beginn dieses Abschnitts muss zunächst darauf hingewiesen werden, dass nicht jeder Text zwingend mündliche Vorstufen besitzt.[13] Bei vielen alttestamentlichen Texten – wie z.B. Sagen oder Mythen – kann man aber schon aufgrund ihrer Gattung einen mündlichen Ursprung der in ihnen verarbeiteten Überlieferung vermuten. Daher steht bei diesem exegetischen Schritt zunächst die Frage im Mittelpunkt, inwieweit *im konkreten Fall* gesicherte Aussagen über die vorschriftliche Phase der Entstehung des Textes möglich sind.

Im Allgemeinen wird man davon ausgehen können, dass mündliche Überlieferungen je nach Gattung verschieden klar rekonstruierbar sind. Während gerade in poetisch geformten Texten, in Liedern, Weisheitssprüchen u.ä. mit einer ähnlich gearteten mündlichen Vorstufe zu rechnen ist, wird man für prophetische Worte schon deutlichere Differenzen zwischen dem verkündigten Prophetenspruch und seiner (späteren) schriftlichen Fixierung anzunehmen haben. Besonders bei Sagen und Legenden ist

---
5 Gunkel, Schöpfung.
6 Greßmann, Mose.
7 Zu den neuen Aspekten siehe Kraus, Geschichte, 381f.
8 v. Rad, Problem.
9 Die hier beschriebenen Vorgänge schließen die Anfänge der traditionskritischen und traditionsgeschichtlichen Arbeit zu einem großen Teil mit ein.
10 Kraus, Geschichte, 383.
11 Vgl. auch Gunneweg, Forschung.
12 Steck, Exegese, 63f; Fohrer, Einleitung, 28ff. Vgl. Fohrer u.a., Exegese, 119ff.
13 Annalennotizen, Listen (von Beamten oder Helden), Briefe u.a.m. werden in der Regel keine mündlichen Vorstufen besessen haben.

mit einer lebendigen mündlichen Überlieferungstradition zu rechnen. Hier könnten die Handlungsabläufe sowie spezifische Charakteristika der Darstellung in gleicher Weise schon mündlich erzählt worden sein, während die personalen Handlungsträger und die jeweilige Ausgestaltung (inklusive Zeit und Ort) im gesamten Bereich mündlicher Überlieferung bis hin zur schriftlichen Abfassung variabel blieben.[14]

Im Folgenden werden wichtige Merkmale besprochen, die Hinweise auf eine mündliche Vorstufe von Texten geben können:

6.2.1.1. Hinweise auf eine mündliche Überlieferungsstufe bei Mehrfachüberlieferungen von Texten

Wichtige Anhaltspunkte zur möglichen vorliterarischen Gestalt von Überlieferungen ergeben sich anhand von Mehrfachüberlieferungen innerhalb des Alten Testaments bzw. durch Vergleiche mit parallel aufgebauten altorientalischen Texten.[15] Hier lassen sich konstante Gestaltungsmittel von variablen Elementen der mündlichen Überlieferung mit einiger Zuverlässigkeit trennen. Dabei dürfen natürlich nur Texte herangezogen werden, die nicht in direkter literarischer Abhängigkeit zueinander stehen. Derartige „Glücksfälle" überlieferungskritischer Forschung begegnen aber nur in einem sehr begrenzten Umfang.

Eine Möglichkeit, auf mehrfach überliefertes Material zu stoßen, ist der inneralttestamentliche Vergleich. Die Patriarchengeschichte beinhaltet ein gutes Beispiel solcher Mehrfachüberlieferungen. In Gen 12,10–20; 20,1–18 und 26,1–11 findet sich eine jeweils verschieden aufgezeichnete Geschichte von Patriarchen (Abraham/ Isaak), die ihre Frauen (Sara/Rebekka) in der Fremde als Schwester ausgeben und dabei auch deren (Zweit-)Verheiratung mit einer fremden Person (Pharao/Abimelech von Gerar) in Kauf nehmen. In diesen Erzählungen von der „Gefährdung der Ahnfrau" wechseln z.B. die beteiligten Personen (Abraham/Sara; Isaak/Rebekka, sowie Pharao/Abimelech von Gerar), die Orte der Handlung und die Einführung/Begründung der Bezeichnung der Ahnfrau als Schwester des Patriarchen. (Die Redaktion [→ Redaktionsgeschichte] hat in Gen 12 und 20 göttliche Verheißungen jeweils vor der Erzählung von der „Gefährdung der Ahnfrau" plaziert. In Gen 26 werden diese sekundär in den Versen 3aβ –6 eingearbeitet.)

- Stellen Sie die unterschiedlichen Beschreibungen der Gefahr für die Ahnfrau in Gen 12; 20 und 26 heraus.
- Ergründen Sie, wie der Betrug jeweils ans Tageslicht kommt.
- Versuchen Sie, aus den vorliegenden Überlieferungen eine gemeinsame Grunderzählung zu rekonstruieren. Führen Sie dazu die übereinstimmenden Mitteilungen in der Reihenfolge der Erzählungen weiter: 1) Erzvater und dessen Frau in fremdem Land; 2) Ahnfrau wird als Schwester des Patriarchen ausgegeben; 3) …

---

14 Wolff, Bibel, 29, bezeichnet die Verschriftung als „einen entscheidenden Wendepunkt im Überlieferungsprozeß".
15 Vgl. hierzu Wilcke, Arbeiten, 31–37, der folgende drei Stufen vorschlägt: Der innertextliche Vergleich; der inneralttestamentliche Vergleich; der außeralttestamentliche Vergleich.

An diesem Beispiel kann gezeigt werden, wie drei verschiedene Texte als Variationen einer mündlich bereits im Erzählzusammenhang variablen *Grund*erzählung ausgestaltet wurden. Dabei werden sowohl variable als auch konstante Elemente der mündlichen Erzählhandlung sichtbar. Die Überlieferungsgeschichte wird daran anknüpfen und die hier erkannten Spezifika der Ausgestaltung aus dem theologiegeschichtlichen Überlieferungsprozess Israels zu erklären haben (→ 6.2.2.).

Eine weitere Möglichkeit, auf mündliche Überlieferungsstufen zurückzuschließen, bildet der Vergleich mit außeralttestamentlicher Literatur. Israels Kultur wurde wesentlich durch altorientalische Einflüsse geprägt. Das spiegelt sich nicht nur in den für die Archäologie greifbaren materiellen Kulturgütern (Haus- und Städtebau, Landwirtschaft, Handwerk ...) wider, sondern auch in der Literatur. Zahlreiche sogenannte Parallelüberlieferungen zum Alten Testament legen davon Zeugnis ab. Lassen sich im konkreten Fall solche Mehrfachüberlieferungen im Vergleich zum altorientalischen Schrifttum[16] nachweisen, dann sind auch hier die Unterschiede und Übereinstimmungen sorgfältig zu erheben und zu analysieren. Auch dies soll an einem Beispiel verdeutlicht werden:

Ugaritischer Text (KTU 1.2 IV, 8–9)[17]   Alttestamentlicher Text (Ps 92,10)

„Siehe, deinen Feind, o Baal,   „Fürwahr, deine Feinde, JHWH,
siehe, deinen Feind wirst du schlagen,   fürwahr, deine Feinde vergehen,
siehe, deinen Gegner wirst du zerstören!"   alle Missetäter werden zerstreut."

Zwischen beiden Texten ist aus rein geographischen und zeitlichen Gegebenheiten[18] keine direkte Abhängigkeit zu vermuten. Sie besitzen allerdings verblüffende formale[19] wie inhaltliche[20] Parallelen. Die Überlieferungskritik fragt deshalb (weitere uns unbekannte literarische Zwischenglieder nicht ausschließend), ob es in Syrien/ Palästina gebräuchliche Gebetsanrufungen gegeben haben könnte, die beiden ähnlich lautenden schriftlichen Ausprägungen in verschiedenen Kulturen und Zeiten zum Vorbild gedient haben. An diese Überlegungen soll dann die Überlieferungs*geschichte* anknüpfen. Sie wird untersuchen, nach welchen Prinzipien die gemeinsame mündliche Überlieferung in jedem Text spezifisch ausformuliert wurde und welche theologische Gedanken hinter den Formulierungen in KTU 1.2 IV, 8–9 und Ps 92,10 standen.
Sowohl die alttestamentliche Gesetzes- als auch die Weisheitsliteratur hatten ebenso

---

[16] Einen ersten Zugang findet man z.B. durch Textsammlungen wie: Kaiser (Hg.), Texte aus der Umwelt des Alten Testaments (TUAT); Pritchard (Hg.), Ancient Near Eastern Texts Relating to the Old Testament (ANET), und Beyerlin (Hg.), Religionsgeschichtliches Textbuch zum Alten Testament (RTAT).
[17] Vgl. dazu die kritische Stellungnahme bei Loretz, Psalmen, 33ff.
[18] Ugarit war im zweiten Jahrtausend v.Chr. ein bedeutendes nordsyrisches Königtum. Man findet den heutigen Ruinenhügel *Rās Šamra* etwa 1 km landeinwärts des Mittelmeeres, 15 km nördlich von Latakia. Das vermutlich durch den Seevölkersturm um 1200 v.Chr. zerstörte Königtum wird im Alten Testament nicht erwähnt. Direkte Beziehungen zu den (späteren) Israeliten sind unwahrscheinlich.
[19] Vgl. die Wortfolge *ibd/ibd* (Feind)/*ṣrtk* (Gegner) mit פֹּעֲלֵי אָוֶן/אֹיְבֶיךָ. Allerdings steht dem dreimaligen *ht* (Siehe!) ein nur zweimaliges כִּי הִנֵּה gegenüber. Die dritte Verszeile wird sowohl in Ps 92,10 als auch in KTU 1.2 IV, 8f. funktional in gleicher Weise gebraucht.
[20] Existenz und Vernichtung der Feinde Gottes.

enge Beziehungen zu den Israel umgebenden Völkern und Staaten. Die beiden folgenden Gegenüberstellungen sollen dies verdeutlichen. Mit Hilfe der angegebenen Referenzliteratur lassen sich die augenfälligen Vergleichsmöglichkeiten wie auch die vorliegenden Differenzen im richtigen Kontext gewichten:

Ex 21,28f.
28 Und wenn ein Rind einen Mann oder eine Frau stößt, dass sie sterben, so muss das Rind gesteinigt und sein Fleisch darf nicht gegessen werden; aber der Besitzer des Rindes bleibt straffrei.
29 Ist aber das Rind zuvor stößig gewesen, und seinem Besitzer war es bekannt und er hat es nicht verwahrt, und es tötet einen Mann oder eine Frau, so wird das Rind gesteinigt, und sein Besitzer wird getötet.

Kodex Ḫammurapi §§ 250f.[21]
250 Wenn ein Rind, während es auf der Straße geht, einen Bürger stößt und tötet, so hat dieser Rechtsfall keinen Klageanspruch.
251 Wenn ein Rind eines Bürgers stößig ist und er, obwohl seine Behörde ihn darüber informiert hat, dass es stößig ist, seine Hörner nicht stutzt und sein Rind nicht überwacht, wenn dieses Rind einen Bürger stößt und tötet, soll er eine halbe Mine Silber geben.

Prov 22,17.22[.24.29; 23,10]
17 Neige dein Ohr und höre die Worte von Weisen und nimm zu Herzen meine Lehre.
22 Beraube den Armen (דָּל) nicht, weil er arm ist; und unterdrücke den Geringen (עָנִי) nicht im Gericht (wörtlich: im Tor; בַּשָּׁעַר).

Sprüche des Amenenope[22]
I 3,9f. Gib deine Ohren, höre, was (ich) sage. Gib dein Herz, es zu verstehen.
II 4,4f. Hüte dich, einen Elenden zu berauben, gegen einen Schwachen mächtig zu sein.

6.2.1.2. Hinweise auf eine mündliche Überlieferungsstufe aufgrund gattungstypischer oder inhaltlicher Spezifika

In der Regel besitzen wir von alttestamentlichen Texten keine Parallelüberlieferungen. Dennoch können wir bei einigen eine mündliche Vorstufe als wahrscheinlich annehmen. Hinweise darauf geben neben gattungstypischen Merkmalen (s.o.) auch inhaltliche Eigenheiten (sachliche Spannungen, Widersprüche zu anderen literarischen Mitteilungen, Eigenheiten im Handlungsablauf oder im Spannungsbogen).[23]
Da die vorliterarischen Überlieferungsformen verschiedener Gattungen unterschiedlich stark von ihren schriftlichen Resultaten abweichen können (s.o.), lassen sich nicht immer verlässliche Hinweise auf die mündliche Vorgeschichte erhalten – selbst dann, wenn man aufgrund der Gattungsbestimmung recht sicher mit einer vorschriftlichen Überlieferungsstufe rechnen kann.
In diesem Zusammenhang kann die Schöpfungserzählung Gen 1,1–2,4a als Beispiel herangezogen werden. Der priesterliche Schöpfungsbericht bietet zwei Spannungselemente, die

---
[21] TUAT, 1.1, 72. – Vgl. Boecker, Recht, 113 und 141ff.
[22] TUAT, 3.2, 227f. – Vgl. Greßmann, Texte, 38ff; und Beyerlin, Textbuch, 75ff.
[23] Hier sollen Widersprüche, Spannungen u.ä., die mit Hilfe literarkritischer Maßnahmen nicht auswertbar waren, überlieferungsgeschichtlich beurteilt werden.

Überlieferungskritik und Überlieferungsgeschichte

literarkritisch nicht erklärt werden können, dennoch aber einer Erklärung bedürfen. In Gen 1,1–2,4a werden acht Schöpfungswerke auf sechs Schöpfungstage verteilt. Außerdem wird in dieser literarkritisch integren Textabfolge neben der häufigeren „Wortschöpfung" (stets eingeleitet durch: אֱלֹהִים וַיֹּאמֶר) auch von der sog. „Tatschöpfung" (V 7 und 16–18a: וַיַּעַשׂ אֱלֹהִים) gesprochen. Die Erklärung dieses Phänomens wird auf der überlieferungskritischen Ebene zu suchen sein. So könnte der ursprüngliche mündliche *Wort*schöpfungsbericht durch einzelne Elemente oder ein Fragment eines *Tat*schöpfungsberichtes ergänzt worden sein. Diese mündliche Erzählung lag den Verfassern von Gen 1,1ff. offenbar schon vermischt vor. Die Schreiber von Gen 1,1–2,4a haben nicht den Versuch unternommen, die Schöpfungstaten Gottes auf sechs Handlungsbereiche zu reduzieren, um damit das von ihnen beabsichtigten Sechs-Tage-Schema (Herausstellung des Sabbat durch P in der nachexilischen Zeit!) herauszustellen. Die heute in Gen 1,1–2,4a vorliegenden Spannungen entstanden damit bereits im mündlichen Stadium der Überlieferung, als beide Schöpfungsformen (Wort und Tat) zusammengefügt wurden. Diese wurden bei der Verschriftung der Einheit, als die theologische Vorgabe (Sabbat-Ehrung) mit den Schöpfungswerken JHWHs in Verbindung gebracht werden musste, verstärkt.

Wesentlich ist in diesem Zusammenhang die klare Unterscheidung der Überlieferungskritik von den Aufgaben der Literarkritik. Letzere prüft die literarische Integrität einer Einheit. Sie untersucht, ob ein einheitliches literarisches Produkt vorliegt oder ob verschiedene literarische Bestandteile als eigenständig angesehen werden müssen. – Die Überlieferungskritik wendet sich einer literarischen Überlieferung unter der Fragestellung zu, ob die darin enthaltenen inhaltlichen (literarkritisch nicht sinnvoll erklärbaren) Spannungen und Widersprüche möglicherweise durch Vorgänge im Bereich der mündlichen Überlieferung erklärbar werden.

Eine eigene mündliche Vorstufe (ohne dass eine ausgeführte Parallelerzählung vorhanden ist) weist auch die David-Goliath-Geschichte auf. Nach 2 Sam 21,19 hatte Elchanan aus Bethlehem den Gathiter Goliath erschlagen, nach 1 Sam 17,55ff.[24] war es aber David. 1 Sam 17 ist möglicherweise von Heldenerzählungen abzuleiten, wie sie in und außerhalb Israels erzählt wurden. Solch eine Heldenerzählung war – wie wir das bei Sagen bereits gesehen haben – auf verschiedene Personen anwendbar und in der Zuordnung zu historischen Orten und Ereignissen variabel. Es ist daher zu fragen, wie der Kernbestand einer solchen mündlichen Erzählung ausgestaltet war. Die Beschreibung des später besiegten übermächtigen Gegners scheint zur Erzählung zu gehören. In diesem Zusammenhang ist zu überlegen, in welcher Situation die vorliegende Heldenerzählung auf David übertragen wurde.

- In 1 Kön 3,16–28 wird Salomos Weisheit an einem Gerichtsurteil des Königs verdeutlicht. – Sollte es sich in 1 Kön 3,16ff. wiederum um eine auf verschiedene Personen und Zeiten anwendbare „Wandererzählung" handeln? Gehen Sie dieser Vermutung nach.[25]

---

24 Zu 1 Sam 17 passt die redaktionelle Anbindung an 1 Sam 16,14ff. ohnehin nur sehr schlecht. Dort kam David als Saitenspieler schon an Sauls Hof und zählte zum Gefolge des Königs.
25 Beachten Sie die ausführliche Darstellung von vergleichbarem Quellenmaterial bei Greßmann, Urteil; ähnliche Gedanken vertraten auch H. Gunkel, E. Würthwein, G. Fohrer u.a.

Folgendes Vorgehen hat sich bewährt:

1. Zunächst ist nach sprachlichen, theologischen, religionsgeschichtlichen o.a. Anhaltspunkten für eine mündliche Vorstufe der vorliegenden Einheit zu fragen. Ist der Text aus der Zeit seiner schriftlichen Fixierung verständlich – oder verweist er auf eine ältere mündliche Überlieferung?
2. Nun ist zu klären, ob adäquate alttestamentliche oder altorientalische Texte zum Vergleich zur Verfügung stehen.
3. Ist dies der Fall, so ist zu untersuchen, ob auf eine gemeinsame mündliche Überlieferung zurückgeschlossen werden kann.
4. Liegen keine Anhaltspunkte auf evtl. Parallelüberlieferungen vor, so wird der Text daraufhin überprüft, ob eine mündliche Vorstufe dieses Textes selbstständig existiert haben kann.
5. Wo weisen gattungstypische oder inhaltliche Charakteristika der untersuchten Einheit (z.B. Mischgattung, sachliche Spannungen, Widersprüche zu anderen alttestamentlichen Mitteilungen, Eigenheiten im Handlungsablauf oder Spannungsbogen) auf fassbare Elemente der mündlichen Vorgeschichte hin?

6.2.2. Überlieferungsgeschichte

Die Überlieferungsgeschichte geht nun der *Geschichte* der mündlichen Überlieferung (im Idealfall) vom Zeitpunkt ihrer Entstehung bis hin zur schriftlichen Abfassung nach. Dabei liegen (sofern sich für den konkreten Text überhaupt *begründbare* Aussagen machen lassen!) die Akzente der Beobachtung auf

– der Darstellung des Ursprungs von Erzählvorgängen (z.B.: Weshalb und in welchem Zusammenhang schien es sinnvoll, die Heldenhaftigkeit des Königs David durch eine Beschreibung des Goliathkampfes zu verklären?),
– einer gebührenden Würdigung geschichtlicher Veränderungen, in denen herkömmliches Überlieferungsgut neu, d.h. aktualisiert weitergegeben wurde (vgl. z.B. die Zusammenstellung der in Jos 6–9 vorfindlichen Sagen zu einem die Bedeutung Gilgals unterstreichenden Sagenkranz),
– der Darstellung von theologiegeschichtlichen Entwicklungen, bei denen neue Schwerpunkte in die Überlieferungen eingetragen wurden (vgl. z.B. bei P die Darstellung der Schöpfung JHWHs in Gen 1,1–2,4a unter Betonung der Arbeitsruhe am Sabbat mit Hilfe des Sieben-Tage-Schemas),
– der Auswertung möglicher formgeschichtlicher Veränderungen im Bereich der mündlichen Geschichte bzw. zum Zeitpunkt der Verschriftung (→ Formgeschichte; vgl. z.B. die Tatsache, dass mythische Vorstellungen in Israels Erzählungen von Schöpfung und Flut aufgenommen wurden, ohne dass Israel selbst einen eigenständigen Mythos hervorgebracht hat) und
– der Darstellung sprachlicher Veränderungen in Überlieferungsformen.

Die Überlieferungsgeschichte wendet sich damit sowohl den (im Vergleich zu Mehrfachüberlieferungen) konstanten Merkmalen eines Textes als auch dessen spezifischen Eigenheiten zu. Sie versucht zu erklären (sofern dafür *begründbare* Argumente

Überlieferungskritik und Überlieferungsgeschichte

vorliegen), wie es zur Ausprägung der vorliegenden Eigenheiten kam. Welche Eigenheiten dieser Überlieferungen wurden im Bereich mündlicher Weitergabe herausgebildet? Welche Ziele verfolgte man damit? Sind sprachliche, geschichtliche oder theologische Entwicklungen in Israel für diese Vorgänge verantwortlich zu machen? Besonders wichtig ist die Frage nach Veränderungen beim Prozess der Verschriftung einer Einheit. Hier muss gefragt werden, aus welchen sprachlichen, theologischen oder geschichtlichen Gründen die Verschriftung überhaupt geschah.

Bei all diesen Bewertungen spielen die sprachlichen, geschichtlichen, theologischen oder religionsgeschichtlichen Einordnungen eine wesentliche Rolle. Es besteht die Chance, mit der mündlichen Vorgeschichte unserer Einheit einen kleinen Einblick in die lange Geschichte der Entwicklung israelitischen Glaubens zu erhalten.

📖

In 6.2.1.1. (s.o.) wurden die Gemeinsamkeiten und Differenzen der verschiedenen Versionen von der „Gefährdung der Ahnfrau" in Gen 12,10–20 und 20,1–18; 26,1–11 herausgearbeitet. Hier kann aus Platzgründen keine Gesamtdarstellung des überlieferungsgeschichtlichen Problems[26] vorgelegt werden, doch sollen zwei Teilaspekte erarbeitet werden:

- In Gen 20,3ff. wird ein Traum geschildert, um die Verfehlung Abrahams aufzudecken. Allgemein wird dieser Text der Quellenschicht E (Elohist) zugeschrieben, wo Träume eine spezifische Bedeutung haben. Gehen Sie diesem Hinweis nach und erschließen Sie daraus, mit welcher Intention dieses Element in 20,3ff. (vom Elohist) verwendet wurde.
- Die drei Erzählungen beschreiben die reale Gefahr der Eingliederung der Ahnfrauen in den jeweiligen Harem graduell sehr verschieden. Fragen Sie nach den ethischen Grundhaltungen der einzelnen Erzählschichten und vergleichen Sie diese.

Natürlich muss stets in Rechnung gestellt werden, dass sich Veränderungen im mündlichen Überlieferungsstadium und im Prozess der Verschriftung auch *un*bewusst vollzogen haben können.

Folgendes Vorgehen hat sich bewährt:

1. Fragen Sie nach Hinweisen, die eine mündliche Überlieferung nahe legen und nach sprachlichen, geschichtlichen, theologischen u.a. Gründen, die eine Veränderung der Gestaltung im Bereich der mündlichen Überlieferung vermuten lassen.
2. Fragen Sie nach Belegen, die bei eventuell vorfindlichen Sammlungen von mündlichem Überlieferungsgut (z.B. Sagenkränzen) auf dessen Veränderung im Stadium der Zusammenfügung hindeuten.
3. Beschreiben Sie die sprachlichen, geschichtlichen, theologischen o.a. Kriterien, die zur Verschriftung führten und dessen Einfluss auf die Veränderung der ursprünglich mündlichen Überlieferung.

---

26 Siehe dazu ausführlich Koch, Formgeschichte, 135–162, bes. 149–155.

7. Traditionskritik und Traditionsgeschichte

Die Traditionskritik/Traditionsgeschichte basiert – wie bereits die Formkritik/Formgeschichte – auf der Erkenntnis, dass die Ausformung alttestamentlicher Texte in mancher Hinsicht vorgegebenen Prinzipien folgte. Innerhalb der Traditionskritik/Traditionsgeschichte geht es allerdings nicht um den Nachweis prägender Formkriterien, sondern vielmehr um die Übernahme sachlich-inhaltlicher Vorstellungskomplexe (Traditionen), die in alttestamentlichen Texten aufgegriffen und verarbeitet wurden. Solche Traditionen beinhalten eigene, *vor* der Entstehung der Texteinheit schon mündlich oder schriftlich ausgeprägte Bedeutungshorizonte. Die Verfasser alttestamentlicher Einheiten haben sich dieser selbstständigen Vorstellungskomplexe bewusst (oder unbewusst) bedient, um mit ihnen ihre eigene theologische Argumentation zu untermauern. Diese Vorstellungskomplexe besitzen ihre eigene Lebenswelt und sind unabhängig von einem speziellen Text auch in anderen Einheiten nachweisbar.

Beispiele für Traditionen, die im Alten Testament eine wichtige Rolle spielen, sind die Väter-, Exodus-, Sinai-, Landnahme-, David- oder Ziontradition.

> Die Traditions*kritik* weist in einem analytischen Arbeitsgang die Existenz eigenständiger, vor der Abfassung der untersuchten Texteinheit bereits bestehender geprägter Vorstellungskomplexe (Traditionen) nach, die sich vergleichbar auch in anderen, unabhängig überlieferten Texten nachweisen lassen. Sie geht den einzelnen geprägten Vorstellungskomplexen in allen ihren Textbezeugungen nach und beschreibt das Bedeutungsumfeld einer Tradition.
>
> Die Traditions*geschichte* ändert den Blickwinkel und fragt, inwieweit sich der Gebrauch einer Tradition als eigene Geschichte nachzeichnen lässt. Dabei rückt das soziokulturelle Umfeld der zu bearbeitenden Tradition in das Blickfeld. Es wird u.a. nach der Personengruppe gefragt, die als Träger der vorliegenden Tradition in Frage kommt und nach der Intention, mit der sie diese Tradition stützte und verbreitete.
>
> Die *Motivkritik* bearbeitet schließlich geprägte Bilder und Themen, d.h. frei umlaufende, *un*selbstständige, (im Gegensatz zu Tradition) nicht mit einem bestimmten Trägerkreis zu verbindende, geprägte Vorstellungen.

7.1. Zur Terminologie

Die inhaltliche Füllung der Begriffe Traditionskritik/Traditionsgeschichte basiert auf der methodischen Diskussion der letzten Jahrzehnte. Diese Begriffe werden hier nicht im Sinne des Nachweises der mündlichen Textvorgeschichte (= *traditio*), sondern mit Blick auf die in einzelnen Einheiten wiederholt aufgenommenen und verarbeiteten Stoffe (= *traditum*) verwendet.[1] Damit wird *per definitionem* eine terminologische Klarheit gegenüber dem voraus-

---

[1] Vgl. dazu Fohrer, Einleitung, 27f.30; Steck, Exegese, 127f; Stolz, Das Alte Testament, 114f. – Fohrer u.a., Exegese, 102ff., spricht von Motiv- und Traditionskritik (zur Motivkritik s. das unter 7.2.1.3. Gesagte).

gehend beschriebenen Schritt (→ Überlieferungskritik/Überlieferungsgeschichte) geschaffen.
Die Anfänge der methodischen Arbeit auf dem Feld der Traditionskritik und Traditionsgeschichte wurden oben unter 6.1. bereits kurz angedeutet.

7.2. Zur traditionskritischen und traditionsgeschichtlichen Methodik

7.2.1. Traditionskritik

7.2.1.1. Der Nachweis von Traditionen

> Eine T r a d i t i o n ist eine vom jeweiligen Text unabhängige, selbstständig tradierte, geprägte Vorstellung. Sie entstand vor der schriftlichen Fixierung der Einheit, in der sie steht, und reicht mit ihrer Geschichte in der Regel auch über diese hinaus.
> Traditionen werden meist nicht vollständig entfaltet, sondern klingen durch einzelne Hinweise wie *Zentral- und Leitbegriffe* sowie durch ein *typisches Wortfeld* an. Zumeist verbinden sich mit ihnen *charakteristische Formulierungsstrukturen*. Sie spiegeln das Interesse von Trägergruppen, die ihre Überlieferung mit bestimmten Zielvorstellungen verbanden und daher an deren Verbreitung interessiert waren.

Der Nachweis von Traditionen ist mit Hilfe von Konkordanzen und Lexika zu führen. Dabei müssen in literarisch voneinander unabhängigen Texten bestimmte Charakteristika belegt werden, wie z.B. übereinstimmende *Zentral- oder Leitbegriffe*, ein *gemeinsames Wortfeld*, eine *vergleichbare Formulierungsstruktur* oder der *Hinweis auf eine tradierte Rede- oder Denkweise*.

Häufig begegnen in verschiedenen Texten Zentral- oder Leitbegriffe einer Tradition in gleicher oder ähnlicher Ausformung. Sie bezeichnen thematische Schwerpunkte der Tradition, der sie angehören, und fungieren zumeist als Kristallisationskerne, in deren Umfeld sich ein typisches Wortfeld gruppieren konnte.
Unter Wortfeld versteht man dabei eine charakteristische Verbindung von Wörtern und Begriffen, die innerhalb eines vergleichbaren thematischen Zusammenhangs nahezu parallel nachzuweisen ist.

Ein geeignetes Hilfsmittel, um sich anhand der relevanten Begriffe einen Überblick über Traditionen und deren Entwicklung zu verschaffen, sind die Theologischen Wörterbücher zum Alten Testament.[2] Die wichtigsten Traditionen werden in den einschlägigen Theologien des Alten Testaments beschrieben, wobei explizit oder implizit auch das Verhältnis einzelner alttestamentlicher Traditionen untereinander deutlich wird.
Allerdings ist es empfehlenswert, sich zunächst mit Hilfe einer Konkordanz und eines geeigneten Lexikons einen eigenen ersten Zugang und Überblick zu verschaffen und selbst Zusammenhänge zu entdecken und erst später zu den genannten Darstellungen zu greifen.

---

[2] Vgl. z.B. Jenni/Westermann, THAT, Haacker, Wörterbuch, und Botterweck/Ringgren/Fabry, ThWAT. Die größeren Theologischen Wörterbücher zum Neuen Testament besitzen ebenfalls meist einen Abschnitt zum Alten Testament.

- Die Exodus-Tradition ist z.B. an der zentralen formelhaften Wendung „JHWH, der Israel aus Ägypten herausgeführt hat" zu belegen. Gehen Sie von den Stellen Ex 20,2; Dtn 6,12; 1 Kön 12,28 und Jer 2,6 aus und suchen Sie weitere Belege für diese Wendung. Prüfen Sie, ob im Kontext der Formel ein charakteristisches *Wortfeld* nachweisbar ist.
- Die Deutung des Exodus als Anfang der Geschichte und Beginn des fürsorglichen göttlichen Wirkens an Israel betonen *geprägte Formulierungen* vom Heraufführen aus Ägypten mit עלה im Hiph. (z.B. 2 Sam 7,6), vom Herausziehen mit יצא im Ḳal (z.B. Dtn 9,7), bzw. Herausführen mit יצא im Hiph. (1 Kön 8,16). Benennen Sie weitere Belegstellen für den Gebrauch von עלה sowie יצא und erkunden Sie, welche unterschiedlichen Sichtweisen des Exodusgeschehens sich im differenzierten Verbgebrauch spiegeln.

Oft weisen ähnliche oder parallele F o r m u l i e r u n g s s t r u k t u r e n durch die in ihnen repräsentierten sachlichen Vorstellungskomplexe auf die Verarbeitung einer Tradition hin. Wenn eine solche Tradition in zwei oder mehreren Texten nachweisbar ist, dann ist zu erwarten, dass deren Vorstellungsgehalte oftmals in einer vergleichbaren Logik verwendet werden.

In diesem Sinne wird man beispielsweise die (ursprünglich von kanaanäischen Vorstellungen beeinflusste) Jerusalemer Zionstradition in aller Kürze so beschreiben können, dass der Zion als Wohnsitz JHWHs als heiliger Berg angesehen wird, der allen Angreifern trotzt und seinen (zukünftigen) Bewohnern vertrauenswürdigen Schutz bietet.

- Prüfen Sie diese Aussage anhand einer Auswahl von Psalmstellen, die von der Ziontradition geprägt sind (2,6; 46,5ff; 48,2ff; 76,2ff; 78,68f., sowie 84 und 87), und benennen Sie die in den einzelnen Texten beschriebenen feindlichen Angreifer bzw. die jeweils im Schutz des Zion stehenden Menschen(gruppen).[3]
- Arbeiten Sie anhand der oben beispielhaft zusammengestellten Stellen typische (gleiche oder synonyme) begriffliche Wendungen heraus, die den Zion beschreiben.

Solche typische Formulierungsstrukturen können aber auch bewusst differieren. Es lässt sich z.B. zeigen, dass die gezielte Veränderung von Formulierungsstrukturen eine wichtige Schwerpunktsetzung bei der Auseinandersetzung des Verfassers mit der ihm vorgegebenen und von ihm verarbeiteten Tradition verdeutlichen kann. So wird z.B. die Exodustradition im Hoseabuch zielgerichtet mit den Traditionen von der Wüstenzeit und vom Kulturlandbesitz gekoppelt (paradigmatisch 13,1–11). Diese theologische Verarbeitung findet man je mit einer eigenen inhaltlichen Zielsetzung in Hos 11,1,[4] in 2,16f.[5] und in 9,3; 11,5 sowie 12,10.[6]

---

[3] Aus der prophetischen Überlieferung kann zum Vergleich u.a. Jes 8,18; 14,32; 31,4–9; Jer 3,17 herangezogen werden. Zu beachten sind dabei die eher kritischen Traditionsaufnahmen in Jes 29,1ff. und Jer 7,3f.
[4] Gott hat Israel in Ägypten zu seinem Sohn gemacht.
[5] Israel fiel von seinem Gott ab. Deshalb muss es wieder in die Wüste geführt werden, damit JHWH mit ihm dort freundlich reden und Israel eine neue hoffnungsvolle Landnahme erleben kann.
[6] Die gleichartig begründete pädagogische Maßnahme führt zu einer Wiederholung der in Ägypten begonnenen Frühgeschichte Israels.

Traditionskritik und Traditionsgeschichte

- Ezechiel verarbeitet die Exodustradition recht eigenständig. Betrachten Sie dazu Ez 20,5–14.36 und 34,13 und charakterisieren Sie *seine* theologische Schwerpunktsetzung anhand seiner Formulierungen.

Schließlich können auch t r a d i e r t e   R e d e - o d e r   D e n k w e i s e n zum Nachweis einer Tradition führen.

So wird von Jeremia (Jer 7,4) ausdrücklich auf die übliche Rede (des Tempelpersonals?) Bezug genommen, wonach die JHWH-Präsenz am Jerusalemer Tempel behauptet und damit von dessen Unantastbarkeit bei jeglicher Anfeindung ausgegangen wird. Dieser Vorgang beschreibt zunächst den für alle Angesprochenen bekannten *Rückgriff* auf die Tradition vom uneinnehmbaren Zion. Nicht zuletzt hatten die Ereignisse von 701 v.Chr. (Sanheribs Belagerung Jerusalems und dessen Abzug) diese Überzeugung unter den JHWH-Treuen gefestigt. – Die prophetische Rede in Jer 7,3ff. setzt sich mit dieser Tradition, die sie selbst im Grunde bejaht (7,7!), auseinander und kritisiert, dass damit keine vom Verhalten der Jerusalemer Bevölkerung (7,5ff.) unabhängige Garantie für die Anwesenheit JHWHs am Tempel und damit dessen automatischer Schutz für die Stadt gegeben sei.

Gideon entgegnet in Ri 6,13 einem zu ihm gesandten Boten Gottes: „Ach mein Herr! Ist JHWH mit uns, warum ist uns all dies widerfahren? Und wo sind all seine Wunder, von denen uns unsere Väter erzählten, indem sie sprachen: ‚JHWH hat uns doch aus Ägypten geführt'". Demnach ist für den Verfasser wie für die Adressaten dieses Textes ein Problem zu diskutieren: mit dem schon von den Vorfahren in der Exodustradition gepriesenen mächtigen Geschichtshandeln JHWHs sei das gegenwärtige Erleben von Gottes offenkundiger Tatenlosigkeit nicht zu vereinbaren.[7]

7.2.1.2. Das Bedeutungsumfeld einer Tradition

Traditionen werden nur in wenigen Texten *ausführlich* beschrieben. Es gehört zu ihrem Wesen und zum Zweck ihrer Verwendung, dass sie den Verfassern und den Adressaten hinreichend bekannt waren. Daher verweisen die Verfasser in den Texten meist nur kurz auf sie, um zustimmend oder kritisch auf ihre Vorstellungswelt anzuspielen. Daraus ist zu folgern, dass ein einigermaßen zuverlässiges Bild über den sachlich-theologischen Rahmen einer Tradition nicht aus *einem* Text zu erheben ist. Bei der sorgfältigen Zusammenschau und Auswertung *aller* literarischen Bezugungen einer Tradition sollten alle zur Verfügung stehenden Texte auf die überlieferten Informationen zu der in ihnen verarbeiteten Tradition analysiert werden. Dabei ist auch zu beachten, in welcher Art die Tradition innerhalb der jeweiligen Texte belegt ist (bestätigend, verstärkend, interpretierend, distanzierend). An den hier analysierten Übereinstimmungen und Differenzen wird dann in der Traditionsgeschichte angeknüpft.

---

[7] Vgl. hierzu Fohrer u.a., Exegese, 113f.

7.2.1.3. Motivkritik

> Ein *Motiv* ist eine frei umlaufende *un*selbständige, nicht mit einem bestimmten Personenkreis zu verbindende geprägte Vorstellung.
> *Geprägte Bilder* (z.B. Baum, welke Blume, Wasserbäche, finsteres Tal, Tür) sind entsprechend ihrer Bild- wie ihrer Sachhälfte innerhalb des literarischen Kontextes zu betrachten, *geprägte Themen* (Begegnung am Brunnen; Gericht im Tor; feindliche Brüder) entsprechend ihrer Sachaussage.
> Der Nachweis eines Motivs beruht auf dem Vorhandensein von mindestens zwei Bezeugungen in literarisch voneinander unabhängigen Texten.

Die Aufgabe der Motivkritik[8] besteht in der Erörterung von der Funktion und Aussage einzelner Motive innerhalb ihres jeweiligen Kontextes oder spezifischen Sachzusammenhangs. In der Motivkritik werden *un*selbstständige Vorstellungskomplexe erklärt, deren *sachlich-inhaltliche Ausprägungen* je nach Kontext *verschieden* sein und die daher anders als die Traditionen nicht speziell *einer* Trägergruppe zugeordnet werden können.

Solche Vorstellungskomplexe verdanken ihre Bildung *nicht* formgeschichtlichen Gegebenheiten. Es kann hier daher nicht darum gehen, Begriffe oder Wendungen, die zu Recht innerhalb der Form*geschichte* (als Formel, geprägte Wendung oder als Aufbauglied einer Gattung) bestimmt worden sind, ein zweites Mal zu bearbeiten. Daher bleibt die Definition eines Motivs immer restriktiv.[9]

In alttestamentlichen Schriften begegnet z.B. mehrfach das Motiv der „Begegnung am Brunnen in fremder Umgebung" (Gen 24,11ff.; 29,2ff.; Ex 2,15ff.; 1 Sam 9,11). Dieses Motiv ist in sich unselbständig. Es dient nicht einer spezifischen oder gar gleichbleibenden theologischen oder inhaltlichen Aussage. Es ist auch nicht dauerhaft einer speziellen Tradition zuzuordnen. Vielmehr steht es für eine gängige Art der Kontaktaufnahme mit der lokalen Bevölkerung in einer fremden Umwelt (z.B. bei der Aufnahme als גֵּר oder beim Erfragen von lokalen Sachverhalten). Daher geht es auf die soziokulturellen Gegebenheiten seiner Zeit zurück (vgl. Joh 4,6ff.) und „wurde wohl deshalb immer wieder verwendet, weil (es) einem Geschehen ein besonderes Kolorit gibt".[10]

Vergleichbar sind geprägte Bilder wie „Jhwh als Fels" (Ps 28,1; 31,3f.) und „der Mensch als welkende Blume" (Ps 103,15f.; Hi 14,1f.). Die dadurch angesprochenen Themen der „Verläßlichkeit und Stärke JHWHs" sowie der „Vergänglichkeit des Menschen" gehen aus dem jeweiligen Bild selbst hervor und bleiben unabhängig vom Kontext in dem sie gebraucht werden. Diese Themen, die durch die geprägten Bilder assoziiert werden, liefern die Begründung für ihre verschiedenartige Übernahme im heute vorliegenden Kontext.

---

[8] Vgl. zum folgenden auch Fohrer u.a., Exegese, 102ff. („Motiv und Traditionskritik").
[9] Vgl. Steck, Exegese, 139: Die Motivkritik „steht immer in der Gefahr, unter herangetragenen Themen sachlich Verschiedenartiges und historisch nicht miteinander in Verbindung Stehendes zu verknüpfen. Weiter neigt sie dazu, durch die unzulässige Vereinzelung von Themen konstitutive Sinnzusammenhänge zu übergehen ..."
[10] So Fohrer u.a., Exegese, 110, dem auch nach ebd., 106ff., die Beispiele der geprägten Bilder folgen.

📖

- Fragen Sie nach der jeweils eigenständigen Verwendung des geprägten Bildes „der Mensch als welkende Blume" in den beiden Belegstellen Ps 103,15f. und Hi 14,1f. Beschreiben Sie, wie das Thema des Bildes im Kontext aufgenommen wurde und welche Folgerungen sich für die Textaussage daraus ergeben.

Folgendes Vorgehen hat sich in der Traditionskritik bewährt:

1. Fragen Sie anhand bestimmter Charakteristika (übereinstimmende Zentral- und Leitbegriffe, gemeinsames Wortfeld, vergleichbare Formulierungsstruktur oder zielgerichteter Hinweis auf tradierte Rede- oder Denkweisen) nach der möglichen Aufnahme von Traditionen in der zu untersuchenden Einheit.
2. Bestimmen Sie anhand aller für eine Tradition zu erhebenden Textüberlieferungen den sachlich-theologischen Gehalt einer Tradition.
3. Stellen Sie eventuell vorhandene Motive heraus.
4. Fragen Sie nach dem Bedeutungshintergrund vorliegender Motive.

7.2.2. Traditionsgeschichte

In der Traditions*geschichte* wird danach gefragt, inwieweit sich eine Geschichte der Aufnahme und Verwendung einer Tradition beschreiben lässt. Dabei wird auf die in der Traditions*kritik* gesammelten Erkenntnisse zurückgegriffen. Folgende Fragestellungen schließen sich an: Seit wann wird die Tradition in alttestamentlichen Texten aufgenommen? Wie verändert sich ihr Gebrauch im Verlauf ihrer Verwendung? In welcher Phase der Geschichte der Tradition greift die in unserer Exegese zu bearbeitende Einheit diese Tradition auf? Unter welchen sachlich-theologischen Grundvorstellungen wurde die Tradition aufgenommen (bestätigend, verstärkend, interpretierend, distanzierend)?

Verschiedene Ausprägungen der Exodustradition wurden oben (7.2.1.1.) bereits am Beispiel der Bücher Hosea und Ezechiel sowie an Teilen des Jeremia-Buches in ihrer jeweiligen Spezifik dargestellt. Daran läßt sich erkennen, dass die dort je eigenständige Verarbeitung der Exodustradition von den zeit- und theologiegeschichtlichen Voraussetzungen des jeweiligen Buches abhängig war.
Vergleicht man diese Darstellungen mit dem Deuterojesaja-Buch (Jes 40–55), so bemerkt man dort eine erneute Umprägung der Exodustradition. Bei Deuterojesaja wird die Heimkehr der babylonischen Exilierten parallel zum israelitischen Exodus aus Ägypten verstanden und somit als zweiter, neuer Exodus interpretiert. Dabei betont Deuterojesaja jedoch, dass der zweite Exodus aus Babylonien nicht unter Mühen und Gefahren, sondern als freudiger Aufbruch unter Gottes Geleit und Fürsorge geschehen werde.

📖

- Erklären Sie den Gebrauch der Exodustradition im Deuterojesajabuch (z.B. Jes 43,16–21 und 48,20f.) aus der Situation des babylonischen Exils.
- In Jes 52,11f. wird ein Motiv aus Ex 12,11 ins Gegenteil umgekehrt. Welche theologische Bedeutung liegt diesem Vorgang zugrunde?
- In 7.2.1.1. wurden Bemerkungen über die vorrangig verwendeten Verben zur Beschreibung des Exodus (יצא und עלה) gemacht. Welches Verb wird in Jes 40–55 verwendet? Begründen Sie den Wortgebrauch.

Die Traditionsgeschichte geht schließlich noch einen Schritt weiter und fragt nach dem *soziokulturellen Umfeld* einer Tradition. Damit werden die Trägerkreise von Traditionen in den Blick genommen. Es gilt herauszuarbeiten, welche Personengruppe als Träger einer bestimmten Tradition in Frage kommt und welche Ziele diese Gruppe mit der Weitergabe einer Tradition verband.

Dabei wird untersucht, welche Personen(kreise) oder Institutionen bestimmte religiöse Überzeugungen durch Rückgriffe in die israelitische Geschichte begründet, wachgehalten oder aufgewertet haben. Betrachtet man z.B. unter dieser Voraussetzung die Zionstheologie, so wird man an Kreise des Jerusalemer Tempels denken können, die bedacht sein mussten, die besondere religiöse und heilsgeschichtliche Bedeutung dieses Ortes herauszustellen. Die Untersuchungen von Wanke[11] haben diese noch sehr allgemeine Bestimmung auf eine levitische Tempelsängergruppe, die Korachiten, fokussiert.

Für die Exodustradition wird man kaum eine spezielle Einzelgruppe in Israel verantwortlich machen können. Auf diese Tradition baute das religiöse Wertverständnis Israels/Judas mit seinem Staatskult, der Verehrung JHWHs als Staatsgottheit, auf. Sie beschreibt Israels Vorzug vor der Völkerwelt. Insofern wird man – will man nicht pauschal ganz Israel als Träger dieser Tradition bezeichnen – die politisch-religiös führende Oberschicht der Staaten Juda und Israel als Trägergruppe bestimmen.

- Betrachten Sie Texte zur Davidstradition (z.B. Ps 2,6ff.; 72,8ff.; 78,70f.; 132,11f.; Jes 9,5f; 11,1ff.) und versuchen Sie aus diesen Angaben den/die Trägerkreis(e) herauszufinden, die an einer Ausbreitung und Verteidigung der darin ausgesprochenen Bedeutung Davids und seiner (erhofften) Nachfolger interessiert sein musste(n).

Schließlich sollte gegebenenfalls erklärt werden, welche Personen(gruppen) an einer nachgewiesenen Veränderung oder Umbildung vorliegender Traditionen – wie bei der Exodustradition im Deuterojesajabuch – Interesse haben konnten.

Folgendes Vorgehen hat sich bewährt:

1. Beschreiben und bewerten Sie die differenzierte Traditionsaufnahme innerhalb der zur Verfügung stehenden Belegtexte.
2. Stellen Sie, wenn möglich, eine geschichtliche Abfolge der Aufnahme und Verwendung der untersuchten Tradition dar.
3. Bestimmen Sie die Trägergruppe und deren Interesse an der Vermittlung, Verbreitung und gegebenenfalls Umbildung dieser Tradition.

In diesem Zusammenhang soll noch eine Bemerkung zur Interpretation des Begriffes Traditionsgeschichte angefügt werden. Das Feststellen von Traditionen ist grundsätzlich abhängig von der Festlegung der jeweils vorausgesetzten Redaktionsschicht (→ Redaktionsgeschichte). Neben der hier dargestellten Methode der Traditionskritik/Traditionsgeschichte ließen sich selbstverständlich aus späteren Zeiten und bei der Rückschau auf größere literarische Komplexe auch ganz andere als die hier bearbeiteten Traditionen (z.B. eine Quellenschicht, der Pentateuch, das deuteronomistische Geschichtswerk oder die Nebiim) und deren vorwiegend redaktionsgeschichtlich arbeitende Trägergruppen belegen. Der hier vorgestellte

---

[11] Wanke, Zionstheologie.

methodische Schritt Traditionskritik/Traditionsgeschichte umfasst diese ausgeweitete Fragestellung nicht. Hierzu sei auf die → Redaktionsgeschichte verwiesen.

Die Traditionskritik/Traditionsgeschichte ermöglicht wichtige Einblicke in theologische Denkweisen und Strömungen der alttestamentlichen Zeit. Sie geht Informationen über geistig-theologische Denkrichtungen nach, von denen einzelne Textelemente oder -abschnitte der von uns untersuchten Einheiten geprägt wurden.

8. Redaktionskritik

Die alttestamentlichen Texte wurden nicht nur zu einem bestimmten Zeitpunkt erstmals schriftlich aufgezeichnet, sondern praktisch alle haben auch eine längere Phase der schriftlichen Weitergabe und der Bearbeitung. Die Spuren dieser Bearbeitung wurden beim Arbeitsschritt der Literarkritik eruiert. Die dortige Fragestellung, ob es sich bei einem Text um eine einfache Einheit oder um eine zusammengesetzte oder eine erweiterte Einheit (oder auch um eine Kombination dieser Möglichkeiten) handelt, war primär analytisch orientiert. Die Redaktionskritik verfolgt nun den Werdegang eines Textes in synthetischer Hinsicht von der ersten schriftlichen Aufzeichnung bis hin zur jetzt vorliegenden, d.h. durch die Textkritik erreichbaren Gestalt.

> Aufgabe der Redaktionskritik ist es, 1. die Geschichte der schriftlichen Überlieferung eines Textes von seiner ersten Aufzeichnung über die verschiedenen Bearbeitungen bis hin zur Endgestalt, 2. die dabei jeweils beabsichtigten Aussageabsichten und Verstehensmöglichkeiten und 3. soweit möglich den historischen Ort und die literatursoziologische Einbettung der Autoren und Bearbeiter zu erarbeiten und darzustellen.

8.1. Zur Forschungsgeschichte

Die grundlegenden Fragestellungen der Redaktionskritik waren de facto auch in der literarkritischen Forschung mit enthalten. So führte z.B. die traditionelle, literarkritisch durchgeführte Quellenscheidung im Pentateuch ja nicht nur zu den bekannten Quellen Jahwist, Elohist, Priesterschrift, sondern es wurde in Verbindung damit auch erörtert, wo und wann diese Quellen entstanden, welche Aussageabsicht sie hatten,[1] und wie, wo und wann sie miteinander oder mit weiteren Texten kombiniert wurden. Wenn wir Literarkritik als analytische Fragestellung und Redaktionskritik als synthetische Darstellung des Werdegangs eines Textes betrachten, so sind das praktisch die beiden Seiten einer Medaille, nämlich des Vorgangs der schriftlichen Aufzeichnung („Erstverschriftung") und der schriftlichen Weitergabe eines Textes.

Trotzdem hat die Redaktionskritik, so wie auch die anderen Methoden, eine eigene Perspektive und eigene Tendenz, die sie von der Literarkritik unterscheidet. Die Literarkritik wurde im Bereich des Pentateuch entwickelt. Die dort gemachten Beobachtungen von Doppelungen, Spannungen, Widersprüchen führten zur Aufteilung des Textes in ursprünglich selbständige Quellenschriften. Dieses Grundmodell wurde dann auch in anderen Textbereichen angewandt. So wurden Doppelungen und Spannungen auch in den weiteren Geschichtsbüchern Josua, Richter, Samuel, Könige nicht nur literarkritisch analysiert, sondern auch nach dem Quellenmodell erklärt. D.h., es wurden parallele Erzählfäden herausgearbeitet, die darüber hinaus häufig mit

---

[1] Von den seinerzeitigen Voraussetzungen dargestellt z.B. bei Rost, Ort der Pentateuchquellen, oder bei Wolff, Kerygma, und ders., Fragmente.

den Pentateuchquellen gleichgesetzt wurden, so dass man dann etwa den Jahwisten noch bis 1 Kön 12 (Erzählung von der sog. Reichsteilung) zu finden meinte.[2]
Der redaktionskritische Ansatz erklärt die Spannungen[3] innerhalb der Texte anders, nämlich mit dem *Modell von Grundtext und Ergänzung bzw. Bearbeitung*. Dieses Erklärungsmodell hat sich an den Büchern Josua bis 2 Könige besser bewährt. Die alte Beobachtung, daß in diesen Büchern deuteronomistische Ergänzungen und Interpretationen vorliegen,[4] wurde von Alfred Jepsen[5] und Martin Noth[6] nicht im Sinn von Quellen, sondern im Sinn von einer bzw. mehreren Bearbeitungsschichten interpretiert. Besonders wirksam wurde die von Noth vorgetragene These von einem die Bücher Josua bis 2. Könige, d.h. die Zeit von der Eroberung des Landes bis zum Verlust des Landes umfassenden Geschichtswerk. Dieses „deuteronomistische Geschichtswerk" (= dtrG) habe alte Quellen und Überlieferungen aufgenommen, bearbeitet und zu einer geschlossenen großen Darstellung verarbeitet. Die alten Quellen und Überlieferungen seien durch einzelne dtr Bemerkungen und Querbezüge (z.B. Jos 6,26 / 1 Kön 16,34), durch das chronologische Schema,[7] vor allem aber durch die Voranstellung des Buches Dtn (insbesondere Dtn 1–3) und durch dtr geprägte Deutetexte in Form von Reden, Gebeten und Interpretationen (Jos 1; 22–24; Ri 2,6–3,6; 1 Sam 7; 12; 2 Sam 7; 1 Kön 8; 12; 2 Kön 17) zu einem großen Werk, eben dem deuteronomistischen Geschichtswerk zusammengestellt worden. – Die Beobachtung der Differenzen und Spannungen führt hier also nicht – jedenfalls nicht in erster Linie – zum Blick auf die zugrunde liegenden Quellen, sondern auf die Gesamtgestalt des Textes bzw. in diesem Fall des Geschichtswerkes.

In der konkreten Durchführung lässt auch die redaktionskritische Methode durchaus die unterschiedlichen Profile der redaktionellen Bearbeitungen hervortreten. So zeigte sich, dass die deuteronomistischen Texte, die das dtrG prägen und verbinden, doch nicht so einheitlich sind, wie M. Noth es gesehen hatte. Daraus ergaben sich Schichtenmodelle (besonders das sog. Göttinger Modell mit der Unterscheidung zwischen einem das Grundkonzept schaffenden deuteronomistischen Historiker (dtrH), einer Bearbeitung im prophetischen Geist (dtrP) und einer (oder mehreren) nomistischen Bearbeitung(en) (dtrN)[8]),[9] oder Blockmodelle (Entstehung eines ersten, kürzeren Geschichtswerkes, an das dann die Darstellung der weiteren Ereignisse angefügt wurde (z.B. Grundtext aus der Zeit Josias, daran angefügt die weitere Zeit bis zum Exil)[10]. Da bei dieser Anfügung auch der ältere Grundbestand bearbeitet wurde, ergibt sich faktisch eine Kombination aus Block- und Schichtenmodell.[11]

---

2   Vgl. Eißfeldt, Einleitung, und zuletzt noch bei Schulte, Entstehung der Geschichtsschreibung.
3   Methodisch ist festzuhalten: Doppelungen führen eher zum literarkritischen Modell, Spannungen eher zum redaktionskritischen Modell.
4   Z.B. Wellhausen, Composition des Hexateuch; Hollenberg, Die deuteronomistischen Bestandteile.
5   Die Quellen des Königsbuches.
6   Überlieferungsgeschichtliche Studien.
7   Vgl. dazu Sauer, Angaben.
8   Smend, Gesetz; vgl. ders., Entstehung des Alten Testaments, 113–125.
9   Das Schichtenmodell kommt de facto in die Nähe der Ergebnisse von Jepsen, Die Quellen des Königsbuches, der – anders als Noth – mehrere Bearbeitungsschichten unterschieden hatte.
10 So besonders Cross, Canaanite Myth and Hebrew Epic, 1973, 274–289; ähnlich Friedman, From Egypt to Egypt. Kratz, Komposition, vertritt jetzt ein Modell, bei dem das dtrG von der Davidgeschichte bzw. den Samuelbüchern aus gewachsen ist; vgl. die Abb. bei Zenger, Einleitung, 123.
11 Für die Forschungen zum dtrG siehe Weippert, Geschichtswerk, und Braulik, Theorien.

Die gegenüber der Literarkritik unterschiedliche Perspektive und das daraus resultierende Modell lässt sich auch an Prophetenbüchern zeigen und wird am Jeremiabuch besonders deutlich: Das Jeremiabuch enthält deutlich verschiedenartige Texte: Abgesehen von den Fremdvölkerworten (c. 46–51) und dem geschichtlichen Anhang (c.52) sind dies die Prophetenworte Jeremias (vor allem c. 1–25), Erzählungen in dritter Person über Jeremia (die sog. Baruchbiographie, c. 26–45) und schließlich predigtartige Entfaltungen und Wiederholungen von Prophetenworten in deuteronomistischem Stil (ebenfalls vor allem in c. 1–25, vgl. z.B. Jer 7 // Jer 26, aber auch in c. 32; 34f; 44). – Diese Beobachtungen wurden in der älteren Forschung mit einem Quellenmodell interpretiert: In Weiterführung von Beobachtungen Bernhard Duhms unterschied Sigmund Mowinckel[12] vier Quellen: Eine Quelle A mit einer Sammlung der Worte Jeremias, eine Quelle B mit den Fremdberichten über Jeremia (Baruchschrift) und eine Quelle C mit den deuteronomistisch geprägten „Predigten"; außerdem kann noch das sog. Trostbüchlein für Ephraim (c. 30f.) als Quelle D bezeichnet werden. Ein Hauptproblem der Analysen des Jeremiabuches ist dabei das Vorhandensein der dtr Texte in allen drei bzw. vier Teilen von Jer 1–45. In Weiterführung von Ansätzen bei Siegfried Herrmann[13] interpretierte Winfried Thiel diese Beobachtung redaktionskritisch als Ergebnis einer übergreifenden deuteronomistischen Redaktion.[14] Diese dtr Redaktion habe wesentliche Bedeutung für die jetzige Gestalt des Jeremiabuches. Allerdings seien auch noch weitere (nach-dtr) redaktionelle Bearbeitungen im Jeremiabuch bzw. dessen verschiedenen Teilen festzustellen. Die Spuren dieser sukzessiven Bearbeitungen lassen sich als „Fortschreibungen" am Jeremiabuch bis in die Textgeschichte hinein feststellen, denn die LXX-Fassung des Jeremiabuches ist (noch) ca. 1/8 kürzer als der masoretische Text.

- Lesen und vergleichen Sie die Ausführungen zu Jer 18,1–12 bei Rudolph, Jeremia, und bei Thiel, deuteronomistische Redaktion von Jeremia 1–25. Wie ist das jeweilige Bild der Textentstehung? Mit welcher methodischen Vorgangsweise (abgesehen vom verschiedenen Umfang der Ausführungen) kommen beide Autoren zu ihrem Ergebnis? Vergleichen Sie Ihre Ergebnisse mit den generellen Charakterisierungen der Texte bei beiden Autoren.[15]

Es ist klar, dass mit der redaktionskritischen Perspektive nicht der alte Grundbestand im Blick ist, sondern die jüngeren Redaktionen und Bearbeitungen. Die Frage nach den zugrunde liegenden Quellen und Traditionen tritt eher in den Hintergrund, ist aber dadurch nicht gelöst oder erübrigt.[16] Zugleich entsteht durch den verstärkten Blick auf die redaktionellen Bearbeitungen die Tendenz zu zunehmend späten Datierungen nicht nur der Bearbeitungen, sondern der Texte insgesamt.

---

[12] Zur Komposition des Buches Jeremia. Ähnlich Rudolph, Jeremia, und Bright, Jeremiah.
[13] Herrmann, Heilserwartungen.
[14] Thiel, deuteronomistische Redaktion von Jeremia 1–25, und ders.,: deuteronomistische Redaktion von Jeremia 26–45.
[15] Rudolph, Jeremia, XVIf., XIXf.; Thiel, deuteronomistische Redaktion von Jeremia 1–25, 279f., 286f., 301f.
[16] Die Bemerkung von Kaiser, Einleitung, 249, zum Jeremiabuch, dass „die redaktionsgeschichtliche Fragestellung ... mindestens im Blick auf die älteste Schicht das Quellenproblem nicht vermeiden kann ...", gilt mutatis mutandis auch für andere Texte.

Die redaktionskritische Methode wurde in der jüngeren Forschung zunehmend auch auf den Pentateuch angewandt. Während bei den klassischen literarkitischen Modellen der Pentateuchkritik der Text auf die großen Quellen verteilt wurde (→ 4.1. Geschichte der literarkritischen Arbeit), geht es hier um das Schema von Grundtext und Überarbeitungen bzw. Ergänzungen, womit Beobachtungen der alten Ergänzungsmodelle zum Tragen kommen, aber auch neue Ansätze. – Ein wichtiges Ergebnis ist, dass der Pentateuchtext nicht „lückenlos" auf die Quellen verteilt werden kann, sondern dass vor allem an wichtigen Naht- und Gelenkstellen weitergedacht und der Text weiterbearbeitet wurde, ohne dass diese Bearbeitungen wie eine durchgehende Quellenschrift überall zu finden sind. So ist etwa die Verheißung an Abraham wiederholt thematisiert und bekräftigt (neben Gen 12,1–3 und Gen 17 siehe auch Gen 15 und Gen 22,16–18); in mehreren Anläufen wird bedacht, wie der Mensch Mose seinen Auftrag wahrnehmen und bewältigen kann (Ex 3 und 4) oder wie nach dem Bundesbruch das Verhältnis zwischen Gott und Volk überhaupt möglich ist (Ex 32 und 33). Zwar hatte auch die ältere Forschung solche Ergänzungen zu den Quellen wahrgenommen,[17] nun aber treten diese Texte in den Vordergrund und werden als zusammenhängende, übergreifende Redaktionen oder als Kennzeichen der Erstkomposition[18] verstanden.

Im Zuge der Betrachtung nach dem Modell von Grundtext und Bearbeitung stellt sich auch die Frage nach dem Verhältnis der großen, nach dem Quellenmodell unabhängig voneinander entstandenen Quellen. Es entsteht die Tendenz, nur eine „Quelle" (z.B. J oder auch E z.B. H.C. Schmitt) als Erstkomposition zuzulassen und die anderen (z.B. P) nicht mehr als ursprünglich selbständige Quelle, sondern als redaktionelle Bearbeitungen zu betrachten. Allerdings stellt sich dabei die Frage, ob die klassischen Beobachtungen von Wiederholungen und Widersprüchen als („nur") redaktionell erklärbar sind. Das wird beim Verhältnis von J und P schwierig sein.[19] Dagegen wurden elohistische Texte auch in der älteren Forschung wiederholt nicht als eigenständige Quelle, sondern als Ergänzungen zum Jahwisten verstanden. Die redaktionskritische Betrachtung würde diese elohistischen Fragmente aber nicht als ursprünglich selbständige Texte, sondern als (auf einen Grundtext bezogene) Bearbeitungen verstehen.

Bei der Identifikation und Zuordnung der Teile bzw. Bearbeitungsschichten eines einzelnen Textes stellt sich das Problem der Verbindung mit größeren Zusammenhängen: Wie und mit welchen Kriterien ist es möglich, zwischen Bearbeitungsschichten verschiedener Texte Verbindungen herzustellen? D.h. etwa: Können eine „dtr" Aussage im Richterbuch und eine „dtr" Aussage in den Samuel- oder Königsbüchern der gleichen Bearbeitung oder gar einer durchgehenden Bearbeitungsschicht zugeordnet werden? (Dies ist die Voraussetzung für Noth's dtrG bzw. auch für das „Göttinger" Schichtenmodell).

---

[17] So wird zwar in der klassischen Darbietung der literarkritischen Quellenscheidung bei Eißfeldt, Hexateuchsynopse, der Text scheinbar lückenlos auf vier Pentateuchquellen (L, J, E, P) verteilt. Genaueres Hinsehen zeigt aber, dass viele Text *kursiv* gesetzt sind, d.h. als Zusätze und Bearbeitungen, somit als redaktionell, verstanden werden.

[18] So besonders Blum, Komposition der Vätergeschichte, und ders., Studien zur Komposition des Pentateuch, in Anlehnung an Thesen von Rendtorff, Das überlieferungsgeschichtliche Problem des Pentateuch. Nach diesem Konzept haben die älteren Traditionen und Erzählungen zunächst nur in selbständigen Themenkreisen existiert, und wurden dann erst (relativ spät) auf der schriftlichen Ebene zu größeren Zusammenhängen zusammengefügt. Vgl. die diesem Modell entsprechende Skizze bei Zenger u.a., Einleitung, 88 (Erzählkranzhypothese) und 111.

[19] Vgl. dazu etwa Koch, P – kein Redaktor!

Oder: Sind die deuteronomistischen Bearbeitungen des dtrG und des Pentateuch wirklich so ähnlich, so zusammenhängend und so dicht, dass sie die Annahme einer von Genesis bis 2 Kön durchgehenden, zusammenhängenden Großkomposition tragen können?[20]

Bei diesen Fragen kehrt *mutatis mutandis* ein Problem der Literarkritik wieder, nämlich die Zuordnung verschiedener Teile eines Textes zu größeren literarischen Zusammenhängen. Bei der Literarkritik waren diese größeren Zusammenhänge die (Pentateuch-)Quellen, bei den redaktionskritischen Modellen sind es die redaktionellen Schichten. Dementsprechend ist hier die Warnung vor voreiligen Zuordnungen und vor der Annahme zu weiträumiger Zusammenhänge zu beachten.

8.2. Zur Durchführung der Redaktionskritik

Im Zusammenhang der methodischen Schritte hat die Redaktionskritik die Aufgabe, die in der Literarkritik gewonnenen analytischen Einsichten zu einem Bild der Textentstehung und der Textbearbeitung zusammenzufügen (synthetische Betrachtung). Dieses Bild reicht von der Erstverschriftung bis hin zur Endgestalt des Textes. Die konkrete Gestalt des Textes wird geprägt sein durch Gattung und Funktion des Textes einerseits und durch die Intention der Autoren und Tradenten andererseits. Die Abfassung und die Weitergabe des Textes geschehen in bestimmten geschichtlichen Situationen.[21] Die Redaktionskritik wird nicht nur versuchen, die relative Abfolge in der Entstehung und Weitergabe der Texte (relative Chronologie) darzustellen, sondern auch Anhaltspunkte für eine Einordnung in den Ablauf der Geschichte Israels zu suchen.

Aus dieser Aufgabe der Redaktionskritik ergibt sich folgendes Vorgehen:

> Für die Darstellung der Redaktionsgeschichte eines Textes ist auszugehen von den Ergebnissen der Literarkritik und den dort vorgenommenen Klassifizierungen des Textes bzw. seiner Teile.
> Am Anfang der Textentwicklung kann nur eine selbständige Einheit oder ein Fragment einer solchen stehen. Solche Einheiten und/oder Fragmente können miteinander kombiniert oder mit Erweiterungen (Bearbeitungen) ergänzt sein. Wenn sich der Text literarkritisch als uneinheitlich erwiesen hatte, dann steht nun umgekehrt am Ende der Textentwicklung eine zusammengesetzte Einheit. Hatte sich der Text als literarisch einheitlich erwiesen, dann muss die Erstverschriftung mit dem Endtext identisch sein.

---

[20] Letzten Endes geht es dabei auch um eine Frage der Definition: Ab welchem Grad von durchgehender Prägung und Gestaltung kann man von einer Komposition sprechen und wo handelt es sich „nur" um begrenzte redaktionelle Aktzentuierungen?
Zu bedenken sind auch die „buch"technischen Voraussetzungen: Die alttestamentlichen Schriften existierten bis zur Zeit ihrer Kanonisierung nur in einzelnen Rollen. Diese konnten zwar zusammenhängend, zunächst aber auch je für sich bearbeitet und abgeschrieben werden. Das Buch bzw. der Kodex entstanden erst ab dem 2. Jh. n.Chr.
[21] Die jeweilige Situation kann auch als „historischer Ort" bezeichnet werden. Im Lauf der Entstehung und Weitergabe eines Textes handelt es sich aber um eine Abfolge von historischen Orten. Die selbständige Darstellung der historischen Orte (so bei Steck, Exegese, ab der 12. Aufl.) würde auf eine Wiederholung der Geschichte des Textes hinauslaufen. Es erscheint daher praktikabler, die Frage der historischen Einordnung in Verbindung mit den jeweiligen Phasen der Überlieferungs- und Redaktionsgeschichte eines Textes zu erörtern.

Die analytischen Ergebnisse der Literarkritik werden nun zu einem Bild der Entstehung des Textes in ihrer geschichtlichen Abfolge umgesetzt. Die Plausibilät des entstehenden Bildes vom literarischen Werdegang des Textes ist zugleich eine Kontrolle für die Plausibilität der literarkritischen Analyse und kann diese bestätigen oder auch zu Veränderungen führen.

8.2.1. Der Übergang von der Mündlichkeit zur Schriftlichkeit

Jeder Text muss zu einem bestimmten Zeitpunkt erstmals aufgeschrieben, „erstverschriftet" worden sein. Vor allem wenn der Text eine mündliche Vorgeschichte hat, ist es aber oft schwierig, genaue Kriterien für den Übergang von der mündlichen Überlieferung zur schriftlichen Aufzeichnung anzugeben. Ein wesentliches Kriterium ist die Einfachheit oder Komplexität eines Textes. So ist eine Sage auf Grund ihrer einfachen, überschaubaren Struktur (→ Formkritik) für die mündliche Überlieferung gut geeignet und auch von diesem Überlieferungsvorgang her geprägt. Dagegen wurde eine komplexe Geschichte wie die Daviddynastiegeschichte bzw. die Aufstiegs- und Thronnachfolgegeschichte Davids (1 Sam 13/16 – 1 Kön 2) sehr wahrscheinlich von Anfang an schriftlich konzipiert. Dafür sprechen die Vielzahl der handelnden Personen, die Komplexität des Geschehens und auch die Vielfalt der verwendeten Gattungen. Sicher von Haus aus schriftlich konzipiert wurden die Chronik mit ihrem Bezug auf die älteren Geschichtsbücher und akrostichischen Psalmen und Weisheitsgedichte wie Ps 37; 119; Klgl 1–4; Spr 31,10–31 oder Ps 19 B mit seiner Zusammenstellung von acht Begriffen für Weisung/Gebot/Gesetz.

Schwieriger ist die Frage bei zwar umfangreicheren, aber nach Art und Inhalt eng zusammenhängenden Texten wie den Abraham-, den Isaak- oder auch den Exodus-Erzählungen. Hier kann von Sagenkränzen gesprochen werden, die – auf Grund ihres Spannungsbogens, z.B. von Verheißung und Erfüllung (Abraham), von Konflikt und Lösung (Jakob – Esau) oder von Not und Errettung (Exodus) – auch gut zur mündlichen Darbietung geeignet sind. Bei diesen Erzählungen sind es dann eher einzelne Feinheiten in Wortwahl, Anspielungen und Textgestaltung, die auf eine literarische Gestaltung inzwischen schriftlich aufgezeichneter Texte hinweisen.

Darüber hinaus ist zu bedenken, dass viele „Texte" auch nach ihrer Verschriftung in mündlicher Form bekannt waren und tradiert wurden. Manche Texte – vor allem Klagepsalmen und Hymnen – wurden wahrscheinlich zunächst sogar schriftlich konzipiert, um dann – jedenfalls auch – mündlich verwendet zu werden.

Die Beispiele zeigen, dass das Verhältnis von mündlicher und schriftlicher Weitergabe eines Textes je nach Gattung verschieden sein kann und dass es, vor allem bei den kleineren Einheiten, oft schwierig ist, eine genaue Grenze des Übergangs zu erkennen. – Klar ist aber, dass jeder Text irgendwann einmal schriftlich aufgezeichnet wurde, und dass die anzunehmenden mündlichen Vorstufen nur von ihrem schriftlichen „Niederschlag" aus rekonstruiert werden können. Insofern steht die Redaktionskritik auf sichererem Boden als die Überlieferungskritik.

8.2.2. Entstehungshintergrund und Funktion des Textes

Schon die Formkritik hatte mit der Frage nach dem „Sitz im Leben" nach Ort und Funktion eines Textes gefragt, und die Traditionskritik hatte die geistigen Voraussetzungen und Prägungen dargestellt. Diese Fragen und Beobachtungen sind nun auch für die Redaktionsgeschichte des Textes weiterzuführen. Von der Form, den Inhalten, den Voraussetzungen und den Intentionen des Textes her ist zu fragen nach dem Entstehungshintergrund, dem Verwendungszweck und dem Gebrauch des Textes. Bei diesen literatursoziologischen Fragen sind sowohl der/die Verfasser wie auch die Leser und Rezipienten des Textes zu bedenken, denn der Text stammt aus einem Kommunikationsgeschehen und ist für ein Kommunikationsgeschehen bestimmt. Je nachdem, ob der Text einfach oder kompliziert, ob er erzählend, argumentierend oder fordernd gestaltet ist, wird man auf verschiedene Funktion und auch auf verschiedene Hörer- bzw. Leserkreise (das ganze Volk oder bestimmte Gruppen) schließen können. Hierher gehört etwa die Beobachtung, dass zwar viele Prophetenworte sich an das ganze Volk oder an bestimmte Gruppen und Repräsentanten wenden, dass aber manche Prophetenworte z.B. so viel Zustimmung und Reflexion voraussetzen, dass sie eher in den Kreis von Schülern gehören. Ein anderes Beispiel ist die Priesterschrift, die auf Grund ihrer Sprache und auf Grund ihrer Themen und Interessen priesterlichen Kreisen zugeordnet wird.

So wichtig es ist, einschlägige Beobachtungen zu sammeln und auszuwerten, so bleibt doch festzuhalten, dass wir oft nur wenig konkrete Anhaltspunkte haben. Besser und wissenschaftlich redlicher ist es, sich nicht in Spekulationen zu ergehen, sondern im Rahmen des Beobachtbaren und Begründbaren zu bleiben und ggf. die Möglichkeit und Grenze einer Aussage zu thematisieren. In diesem Sinn sagte schon de Wette: „Besser wisse man etwas weniger und das dafür mit größerer Sicherheit."[22]

8.2.3. Zeitliche Einordnung / Historischer Ort

Das eben Gesagte gilt auch für die Frage der zeitlichen Einordnung von Texten. Sichere Anhaltspunkte für genaue zeitliche Einordnungen sind eher selten. Solche haben wir etwa in Deuterojesaja bei den Aussagen über das Herankommen des Kyros oder in Ps 137 mit der Erwähnung des babylonischen Exils („an den Wassern von Babel saßen wir und weinten"). Häufig kann nur gesagt werden, ab wann eine bestimmte Aussage möglich ist.

📖 Beispiele für Überlegungen zur zeitlichen Einordnung

- Aus der Erwähnung bestimmter Ereignisse ergibt sich der Zeitpunkt, ab dem von ihnen berichtet werden kann. Z.B. kann die Begnadigung Jojachins (562 v.Chr.) erst nach diesem Ereignis berichtet werden. Unter der Voraussetzung, daß der betreffende Text (2 Kön 25,27–30) zum Grundbestand des dtrG gehört, datierte M. Noth das ganze dtrG (s.o.) auf die Zeit bald danach, d.h. um 560 v.Chr.
- Ein markantes Datum der israelitischen Religionsgeschichte ist die Kultzentralisation durch König Josia (vgl. 2 Kön 22). Diese wird in Dtn 12 gefordert, so dass das dtn Gesetz

---

22 De Wette, Psalmen, 77.

(bzw. zumindest dessen Grundbestand) vor 622 v.Chr. entstanden sein muss. Dagegen ist sie in der Priesterschrift vorausgesetzt, was eines der Argumente ist, die Priesterschrift später als Dtn einzuordnen.
- Die Königspsalmen sprechen vom König in Jerusalem. Insofern müssen sie (in ihrem Grundbestand) während der Königszeit entstanden sein.
- Ein interessantes Phänomen sind die unerfüllten Weissagungen. So kündigt Micha an, daß Samaria nicht nur erobert, sondern zerstört und unbewohnbar gemacht werden wird (Mi 1,6). Der assyrische König Salmanassar V (727–722) eroberte zwar Samaria und deportierte Teile der Bevölkerung, aber sein Nachfolger Sargon II (722–705) baute es dann aus und machte es zu einem Zentrum der assyrischen Verwaltung.[23] Das Wort des Micha kann daher keine nachträglich formulierte Weissagung (*vaticinium ex eventu*) sein, sondern muss vor 722 entstanden sein.

Diese Beispiele zeigen, dass Datierungen oft nur in Zeiträumen angegeben werden können: „frühestens ab ..." (= *terminus a quo*) und „spätestens bis ..." (= *terminus ad quem*). Dementsprechend kann auch die Redaktionsgeschichte eines Textes mit ihrer relativen „Chronologie" oft nur in einem ungefähren zeitlichen Rahmen eingeordnet werden.

Die für den Exegeten bedauerlichen Grenzen der zeitlichen Einordnung hängen auch mit dem Charakter der Texte zusammen: Zwar entstanden die Texte und ihre Bearbeitungen zu konkreter Zeit an konkreten Orten und sind auf geschichtliche Situationen und Erfahrungen bezogen, sie sind aber nicht auf ihre Entstehungssituationen begrenzt. Die Aufzeichnung und Weitergabe der Texte und ihre Rezeption bis hin zur Kanonisierung zeigen, dass man den Texten eine über den Anlass hinausgehende, bleibende Bedeutung zumaß. Bei diesem Prozess konnten zeitgeschichtliche Bezüge zurücktreten oder auf neue Situationen hin transparent gemacht oder umgeformt werden. Manche Texte, wie etwa weisheitliche Sprichwörter oder Gebete und Hymnen in den Psalmen sind außerdem von Haus aus „zeitlos" formuliert.[24]

Diese Beobachtungen leiten über zur Feststellung, dass zwar die Erarbeitung der Entstehungsgeschichte und des historischen Hintergrundes des Textes eine unverzichtbare Aufgabe der Exegese ist, dass aber die Exegese nun den Text und seine Aussage in Blick zu nehmen und – auf dem Hintergrund der gewonnenen Einsichten – auszulegen hat.

---

[23] „Samaria machte ich indes größer als zuvor", Annalen Sargon II., zit. nach Galling, Textbuch zur Geschichte Israels, 60; vgl. TUAT I, 379.382; siehe auch Timm, Eroberung.

[24] Das schließt nicht aus, dass auch diese Texte Spuren ihrer Entstehungszeit (z.B. sprachliche Besonderheiten) oder ihres Entstehungszusammenhanges (etwa bestimmte Probleme oder Einfluss älterer Texte, vgl. z.B. Werner H. Schmidt, Individuelle Eschatologie, bes. 353f. zu Ps 51,12) erkennen lassen.

9. Einzelexegese und Gesamtinterpretation

Die atl. Texte sind in bestimmten Situationen entstanden, sie sind von bestimmten kommunikativen und inhaltlichen Voraussetzungen beeinflusst und von den Intentionen der Autoren geprägt. Diese Aspekte und Zusammenhänge wurden in den bisherigen Arbeitsschritten untersucht und dargestellt. Nach den vom gegebenen „End"text ausgegangenen analytischen Schritten führten die synthetischen Arbeitsschritte wieder zu diesem zurück. Die bei den bisherigen Arbeitsschritten gewonnenen Erkenntnisse zur sprachlichen Gestalt und zu den geschichtlichen und inhaltlichen Zusammenhängen des Textes, d.h. zu seiner Tiefendimension und seinem Profil, sollen nun für ein vertieftes Verständnis des Textes fruchtbar gemacht werden.

> In der Einzelexegese und bei der Gesamtinterpretation geht es darum, den Text in seiner vorliegenden Gestalt *und* unter Berücksichtigung der ihn prägenden Faktoren, d.h. mit seiner Tiefendimension und seinem spezifischen Profil auszulegen.
> Die Einzelexegese geht in der Regel den Text entlang und erläutert und interpretiert ihn.
> Die Gesamtinterpretation fragt nach dem Grundthema und Hauptanliegen des Textes.

9.1. Zur Durchführung der Einzelexegese

Die Einzelexegese hat den konkreten Text auszulegen und wird sich daher auch der Eigenart des jeweiligen Textes anpassen müssen. Insofern geht es hier nicht wie bei den bisherigen Arbeitsschritten um die Durchführung eines gewissen Frageasters, wie etwa Abgrenzung, innere Einheitlichkeit und literarische Zusammenhänge bei der Literarkritik, sondern um die Aussage des gegebenen Textes. Wenn man von einem Frageraster, besser gesagt: einer Fragestellung der Einzelexegese sprechen will, so lautet diese: Was sagt und was bedeutet der Text? – Und zwar zunächst historisch in seiner Zeit.

Folgendes Vorgehen hat sich bewährt:

1. Für den Einstieg empfiehlt es sich, mit einigen Sätzen zum Text hinzuführen. Das wird bei einem erzählenden Text ein Hinweis auf den vorausgehenden Kontext und/oder Problemzusammenhang sein. Diese Hinführung wird nicht nur (kurz!) zurückblicken, sondern an die Schwelle des Textes heranführen und etwa das sich nun stellende Problem, das zu erwartende Thema oder einen besonderen formalen Akzent[1] des Textes benennen. Bei einem selbstständigen Text[2] wie

---

[1] Dies vor allem bei einem Wechsel der Textgattung; z.B. wenn in einem erzählenden Zusammenhang ein Lied (2 Sam 1,19–27, Leichenklagelied über Saul und Jonatan), oder ein Psalm (Jona 2,3–10, Psalm des Jona im Bauch des Fisches), ein Gleichnis (2 Sam 12,1–4, Natans Gleichnis vom reichen und armen Mann) oder eine Fabel (Ri 9,8–15, Jotamsfabel) folgt.
[2] Ähnlich auch bei der ersten Einheit eines Buches.

Einzelexegese und Gesamtinterpretation 105

etwa einem Psalm[3], wird das eher ein einführender Hinweis auf die Gattung, das Thema und/oder eine markante Besonderheit des Textes[4], wie sie sich in den bisherigen Arbeitsschritten darstellte, sein.
2. Dieser kurzen Hinführung folgt die eigentliche Auslegung. Sie wird im Wesentlichen am Text entlanggehen und diesen unter Heranziehung der früheren Erkenntnisse erläutern. Diese Erläuterung wird mehr sein als eine bloße Paraphrase des Textes. Die bei den früheren methodischen Schritten gewonnenen Erkenntnisse sind nun im Blick auf das Verständnis des Textes einzubringen. Diese Erkenntnisse sind hier zu benennen und fruchtbar zu machen, aber der Weg zu ihnen soll hier nicht wiederholt werden.
3. Vor allem bei argumentierenden Texten kann näher auf die Begriffe eingegangen werden; es ist auch möglich, einzelne Realien in ihrer Bedeutung näher anzusprechen. Aber auch hier ist zu beachten, dass der eigentliche Ort dieser Erörterung die Traditionskritik war, und es jetzt um den Gewinn für das Textverständnis geht. D.h. die Auslegung darf sich nicht in beziehungslose Erörterungen von Realien oder Begriffen auflösen, sondern das Geschehen oder der Gedankengang des Textes müssen erkennbar bleiben.

Insgesamt ist es wichtig, dass der *Erzählzusammenhang* oder die *Argumentationsstruktur* des Textes deutlich bleibt. Der Leser soll aus der Auslegung den *Ablauf des Textes erkennen* können. – Für die Spannung und Dynamik des Erzählbogens oder der Argumentationsstruktur ist an die entsprechenden Erkenntnisse bei der sprachlichen Beschreibung und der Formkritik zu erinnern. Auch wenn die Auslegung des Textes etwas anderes ist als der Text, so soll aber die Auslegung eben diesen konkreten Text möglichst gut erläutern und seine Besonderheit zur Geltung bringen.
Die Einzelexegese orientiert sich zwar am Ablauf des Textes, sie muss die Aussagen aber nicht mechanisch Vers für Vers darlegen. Manchmal ist es sinnvoll, Verse zusammenzufassen; natürlich sollen die auf diese Art herausgestellten Zusammenhänge den Erkenntnissen vor allem der sprachlichen Beschreibung und der Literar- oder der Redaktionskritik entsprechen.

Bei Texten, die eine zusammengesetzte Einheit sind und/oder die einen längeren Entstehungszeitraum erkennen lassen, stellt sich die Frage, wie diese Unterschiede in der Auslegung berücksichtigt werden können. Wenn die Teile des Textes nicht zu klein und sie somit eigenständig darstellbar sind, können sie separat behandelt werden, d.h. daß zunächst der eine, dann der andere Teil des Textes ausgelegt wird. Allerdings ist dann auch die Bedeutung dieser Teile im Rahmen des Gesamttextes und damit die Aussage der Endgestalt bzw. der kanonischen Gestalt des Textes[5] darzulegen. In den meisten Fällen wird man besser am Text als ganzem entlanggehen und die Ergänzungen, Zusätze oder Erweiterungen im fortlaufenden Zusammenhang erörtern, sie dabei aber als solche benennen und ihre spezifische Aussage – sei es als Weiterführung, Aktualisierung[6] oder auch Korrektur[7] – darstellen.

---

3 Das schließt nicht aus, daß auch ein Psalm mit seinen Nachbarpsalmen redaktionell verknüpft sein kann, aber meistens ist dies erst sekundär geschehen.
4 Eine solche wäre z.B. der akrostichische Aufbau eines Psalms.
5 Vgl. dazu die Erörterungen unter „1.1. Zur Aufgabe der Exegese".
6 Eine solche Weiterführung oder Aktualisierung findet sich häufig bei den Worten der Propheten (s.u. das Beispiel von Amos 9), aber auch in vielen Psalmen.
7 Eine solche Korrektur bzw. zumindest eine gegenüber den Infragestellungen Kohelets traditionell orientierte Leseanleitung ist Pred 12,12–14. Eine ähnliche Korrektur sind auch die – allerdings

📖

- In den Kommentaren ist in der Regel die Kommentierung eines Textabschnittes aufgeteilt in einen allgemein einführenden Teil und einen Teil, in dem der Text Vers für Vers ausgelegt wird. Diese Vers-für-Vers-Auslegung entspricht in etwa dem, was hier mit Einzelauslegung gemeint ist.
- In der Reihe „Biblischer Kommentar" wird unterschieden: Text – Form – Ort – Wort – Ziel. Dabei umfassen die Teile Text – Form – Ort die Fragen der hier genauer unterschiedenen methodischen Schritte von der Übersetzung und Textkritik über Literar- und Formkritik bis hin zur Redaktionskritik, während der Teil „Wort" der Einzelauslegung entspricht.
- Nehmen Sie außer dem Kommentar zu Ihrem Text (sofern er erschienen ist) auch den „Biblischen Kommentar" zu einigen anderen Texten zur Kenntnis. Sie werden dort verschiedene Möglichkeiten des Umgangs mit Paralleltexten (z.B. bei Gen 6–9; Ex 3; Jes 2,1–5 // Mi 4,1–4) und mit Bearbeitungen und Ergänzungen (Gen 22,15–18; Hos 1,7; Am 9) finden.[8]

9.2. Zur Durchführung der Gesamtinterpretation

In der Gesamtinterpretation geht es um das Grundthema und Hauptanliegen des Textes. Dieses soll in einigen zusammenfassenden Sätzen formuliert und gewissermaßen auf den Punkt gebracht werden. Der Sinn dieser Zusammenfassung ist es, nach den breiteren Ausführungen der Einzelexegese das Grundanliegen des Textes, seine Hauptintention und innere Dynamik, gewissermaßen seinen *nervus rerum* bzw. seinen Skopus[9] herauszustellen.

Für dieses Grundanliegen des Textes ergaben sich Hinweise aus den einzelnen exegetischen Schritten, etwa in der sprachlichen Beschreibung und besonders bei der Formkritik und der Traditionskritik, und schließlich aus der soeben durchgeführten Einzelauslegung. Die Frage nach dem Grundanliegen des Textes kann und wird dabei helfen, die Gewichtung in der Einzelauslegung nochmals zu reflektieren.

Die Frage nach dem Grundanliegen des Textes berührt auch das Verhältnis von Intention und Vermittlung, d.h. was der Text sagen will und wie er es sagt. Dieses Verhältnis zu bedenken, ist nicht nur für das Verständnis des Textes wichtig, sondern in weiterer Folge auch für die hermeneutische Vermittlung.

📖

- So wollen z.B. viele der erzählenden Texte nicht einfach über Geschichte informieren, sondern wollen Gegebenheiten der Gegenwart erklären, wollen mahnen und warnen oder ermutigen und Hoffnung wecken. Die Klagepsalmen und auch die Dankpsalmen sind nicht einfach Berichte über das Rufen aus der Not und den Dank für Errettung, und sie sind auch nicht nur „Gebetsformulare", die von vielen verwendet werden konnten, sondern sie wollen zu dem dargelegten Vertrauen, zu Dank und Gotteslob motivieren. Insofern haben sie weithin ein pädagogisches oder auch lehrhaftes Anliegen, das sich an formalen und inhaltlichen Besonderheiten erkennen lässt.

---

wesentlich umfangreicheren – Reden des Elihu, der nach dem Verstummen der drei Freunde Hiobs doch den Tun-Ergehen-Zusammenhang zur Geltung bringen will (Hi 32,1ff.).

[8] Die Einzelauslegung in einer Proseminararbeit wird allerdings in der Regel kürzer sein als jene im Biblischen Kommentar. Für die verschiedenen Möglichkeiten siehe zu den genannten Stellen u.a. auch die Kommentierung in „Das Alte Testament Deutsch"; jetzt auch: Herders Theologischer Kommentar.

[9] Skopus (= Spitze, Ziel) bezeichnet in der Rhetorik und in der Homiletik die zentrale Aussage eines Textes.

Einzelexegese und Gesamtinterpretation

Das Grundanliegen des Textes wird in der Regel *ein* bestimmtes Thema sein. Bei den Texten, die einen längeren Werdegang hinter sich haben oder die aus verschiedenen Teileinheiten zusammengewachsen sind, wird es aber zu gewissen Akzentverschiebungen oder zur Verbindung verschiedener Anliegen gekommen sein. Diesen Beobachtungen ist durchaus Rechnung zu tragen. Aus dem Weiterbedenken eines Themas in der Überlieferung ergeben sich wichtige Hinweise auf die innere Dynamik oder auch Problematik eines Textes. Die entsprechenden Beobachtungen können wichtige Hinweise zur Hermeneutik, d.h. zum inneren Verstehen und zur Frage der möglichen Bedeutung für heute sein.

- Viele prophetische Texte zeigen eine Nachbearbeitung, bei der die älteren Prophetenworte weiter bedacht und neu gehört bzw. gelesen („relecture") wurden. So ist z.B. im Fremdvölkerzyklus des Amos, der auf die Gerichtsankündigung gegen Israel zielt (Am 2,6–16), ein Wort gegen Juda hinzugefügt. Damit wird ausgedrückt: Juda darf sich nicht als außenstehender und (selbst)gerechter Zuschauer des Untergangs des Nordreiches im Jahr 722 v. Chr. verhalten, sondern Juda soll dieses Geschehen als Warnung betrachten, denn es unterliegt genauso dem Urteil Gottes, bzw. Juda soll angeleitet werden, den 587 v.Chr. eingetretenen Untergang als analoges Strafgericht auf Grund der eigenen Schuld zu verstehen. Vgl. auch die Einfügung von Juda neben Samaria in Am 6,1.
- In etwas anderer Weise ist der Schluss des Amosbuches zu verstehen. Hier wird in einem ersten Nachtrag die von Amos gegebene Ankündigung des völligen Untergangs (Am 9,1–6) auf die geschichtliche Erfahrung bezogen, dass doch Teile der Bevölkerung den Untergang überlebt hatten. Insofern wird in Am 9,8–10 zwischen Bevölkerung und Staat unterschieden bzw. darüber hinaus nach Schuld oder Unschuld und Bußfertigkeit oder Unbußfertigkeit gefragt. Nochmals jünger ist dann Am 9,11–15, wo – aus der Perspektive nach dem Untergang Jerusalems – die Wiederaufrichtung der zerfallenen Hütte Davids, d.h. des davidischen Königtums, erwartet und verheißen wird. Mit dieser Verheißung wird das „Nein des Amos" (R. Smend) nicht nur mit der – doch auch von Gott gelenkten – weiteren Geschichte, sondern insbesondere mit der Erfahrung und Gewissheit von Gottes Treue zu Israel verbunden.

In Texten, die nicht durch Fortschreibung, sondern durch Kombination ursprünglich eigenständiger Teile entstanden sind, wird man stärker die Aussage jedes Teiles für sich herausstellen, aber auch hier wird man die Gestalt des Endtextes, d.h. den Sinn der Kombination der Teile, bedenken. Der Sinn dieser Kombination mag ergänzender und explikativer Art sein, z.B. beim Nebeneinander der beiden Schöpfungsberichte oder der beiden Versionen der Sintfluterzählung. Vielfach wird sich die Kombination verschiedener Versionen desselben Themas dem Wunsch verdanken, jede dieser als wertvoll betrachteten Versionen zu erhalten. Bei manchen Texten ist aber auch eine planvolle Gestaltung schon der Einzeltexte auf die Kombination hin zu erkennen, wie etwa bei den sog. Zwillingspsalmen.[10]

Anhaltspunkte für eine sachgemäße Interpretation werden sich bereits bei den bisherigen exegetischen Schritten, angefangen von der sprachlichen Beschreibung bis hin zur Redaktionskritik, und schließlich bei der Einzelexegese ergeben haben. So interessant und berechtigt es ist, auch diese Phänomene der Komposition des Endtextes zu bedenken, so soll doch die Interpretation nicht spekulativ werden, sondern nur so weit gehen, wie die Beobachtungen am Text es erlauben.

---

10 Vgl. dazu Zimmerli, Zwillingspsalmen; Kreuzer, Frühgeschichte, 231–246.

9.3. Zu Ort und Bedeutung eines Textes im Ganzen des Alten Testaments

Mit den bisher dargelegten Arbeitsschritten ist die Aufgabe der historischen Interpretation eines Textes und damit die eigentliche Aufgabenstellung einer Proseminararbeit abgeschlossen. Der so analysierte und ausgelegte Text ist aber als Teil eines größeren Ganzen, nämlich des Alten Testaments, überliefert und kanonisiert. Daher ist es berechtigt, nach dem größeren Zusammenhang, d.h. nach Ort und Bedeutung eines Textes im Kontext des alttestamentlichen Glaubens zu fragen. Besonders bei theologisch schwierigen oder anstößigen Texten wird der Blick auf den größeren Zusammenhang hilfreich sein. Die Frage nach dem theologischen Ort eines Textes im Zusammenhang des Alten Testaments ist in weiterer Folge auch eine Hilfe für die hermeneutische Frage nach der Gegenwartsbedeutung der alttestamentlichen Texte.

Für die Frage nach Ort und Bedeutung eines Textes im Rahmen des Alten Testaments werden sich bereits bei der Traditionskritik geeignete Beobachtungen ergeben haben. Die Fragen nach den Hintergründen, den Zusammenhängen und ggf. der Nachwirkung der im Text vorhandenen Traditionen enthalten wichtige Hinweise für Einordnung und Bewertung des Textes im Rahmen des Alten Testaments. Zur weiteren Konkretion empfiehlt es sich, das Thema des Textes in einer alttestamentlichen Theologie nachzuschlagen und darauf zu achten, an welcher Stelle des Ganzen einer alttestamentlichen Theologie das betreffende Thema steht und welche Ausführungen zum Thema gemacht werden.[11]

Die hier angesprochene Fragestellung ist am Anfang des Studiums gewiss noch schwierig, es ist aber doch sinnvoll und wünschenswert, sich damit auseinanderzusetzen. Denn die Exegese des Alten Testaments wird im Rahmen des Theologiestudiums wegen der Bedeutung des Alten Testaments bzw. der ganzen Bibel für die Theologie betrieben. Umgekehrt wird die Relevanz der Exegese für die Theologie erst dort deutlich, wo die Ergebnisse der exegetischen Arbeit am einzelnen Text weiter bedacht und vermittelt werden. – Ein erster Schritt dazu ist die Bestimmung von Ort und Bedeutung eines Textes im Rahmen der Glaubenswelt des Alten Testaments. Die Bemerkungen zu diesem Punkt werden in der Regel ähnlich kurz sein können wie die Sätze zur Gesamtinterpretation.

- Beispiele zur Gesamtinterpretation und zu Ort und Bedeutung des Textes im Rahmen des Alten Testaments (bzw. der Biblischen Theologie) finden sich in der Kommentarreihe „Biblischer Kommentar" in unterschiedlicher Ausführlichkeit und Gewichtung unter der Rubrik „Ziel".

9.4. Ausblick: Zur Biblischen Theologie und zur hermeneutischen Vermittlung

Mit den bisher dargelegten Arbeitsschritten ist die Aufgabe der Exegese, nämlich einen bestimmten Text auf dem Hintergrund seiner Entstehungsgeschichte auszulegen und darzustellen, zunächst erfüllt. Bei den Texten des Alten Testaments kann

---

[11] Wegen des primär systematischen Aufbaus besonders geeignet hierfür erscheint noch immer Zimmerli, Alttestamentliche Theologie.

aber, so wie bei jedem Text der Vergangenheit, auch gefragt werden, ob dieser Text auch heute etwas bedeuten kann und will und was er bedeuten kann. – Für die biblischen Texte gilt dies umso mehr, als sie eben wegen dieser bleibenden Bedeutung tradiert und kanonisiert wurden, und weil die jüdische und die christliche Glaubensgemeinschaft bleibend auf diese Texte bezogen sind.
Für die alttestamentlichen Texte schließt sich daher an die exegetischen Fragen im engeren Sinn die Frage nach der Bedeutung der Texte im Rahmen der gesamten Bibel und in weiterer Folge nach ihrer Gegenwartsbedeutung an. – Diese Fragen führen über die Aufgabe eines alttestamentlichen Proseminars und einer alttestamentlichen Proseminararbeit hinaus, sie sollen aber hier kurz angesprochen werden, um den Brückenschlag zu den anderen theologischen Disziplinen, etwa zur systematisch-theologischen und ethischen Reflexion oder zu den Fragen der Predigt alttestamentlicher Texte, zu erleichtern.

Zum Verständnis von Biblischer Theologie

Die Frage des Verhältnisses von Altem und Neuem Testament bzw. alttestamentlicher und neutestamentlicher Aussagen ist Thema und Aufgabe der „Biblischen Theologie". Die Aufgabe der Biblischen Theologie[12] wurde im 20. Jh. – ebenso wie das Problem der Theologie des Alten Testaments – intensiv und vielfältig und durchaus kontrovers diskutiert.[13] Die Aufgabe erweist sich als ebenso schwierig wie nötig.[14]
Als ein wichtiges Ergebnis kann gelten, dass eine Verhältnisbestimmung zwischen Altem und Neuem Testament nicht nach nur einem einzigen Gesichtspunkt oder Schema, wie z.B. „Verheißung und Erfüllung" oder „Typos und Antitypos", erfolgen kann. Vielmehr sind die Zusammenhänge im Blick auf die je verschiedenen Themen zu erarbeiten, wobei die Bedeutung der Themen wie auch das Maß von Kontinuität und Diskontinuität verschieden sein kann und wird. Die Verschiedenartigkeit der Verhältnisbestimmung zeigt sich schon in den unterschiedlichen Formen der Aufnahme des Alten Testaments bei den Autoren des Neuen Testaments. Zu beachten ist aber auch, dass schon innerhalb des Alten Testaments nicht nur Kontinuität besteht, sondern es auch weitreichende Veränderungen bis hin zu Brüchen und Neuansätzen gibt.[15]

---

12 Biblische Theologie wird hier wie üblich im engeren Sinn als Bestimmung des Verhältnisses zwischen Altem und Neuem Testament bzw. deren einzelnen Aussagen verstanden. – Dass darüber hinaus jede legitime christliche Theologie eine Form biblischer – im Sinn von: auf die Bibel bezogener – Theologie ist, ist dann erst in einem weiteren Schritt relevant (vgl. dazu: Ebeling, Biblische Theologie), führt aber letztlich auch wieder zur Notwendigkeit Biblischer Theologie im engeren Sinn zurück.
13 Vgl. u.a.: Reventlow, Hauptprobleme der biblischen Theologie im 20. Jh.; Zimmerli, Biblische Theologie; Dohmen/Söding, Eine Bibel – zwei Testamente.
14 Neben der faktischen Notwendigkeit in der Praxis, z.B. bei der Predigtarbeit, spiegelt sich die Notwendigkeit auch in der wissenschaftlichen Arbeit, u.a. in der von Zeit zu Zeit erfolgenden Neugründung von Reihen zur biblischen Theologie, z.B. „Biblisch-theologische Studien" (1977 ff.) oder „Jahrbuch für biblische Theologie" (1986 ff.).
15 V. Rad hat in seiner Theologie des AT den Wandel sogar als das durchgehende und verbindende Merkmal bezeichnet, womit er dann das NT als nochmaligen Wandel anschließen konnte. Die Einseitigkeit v. Rads bestand allerdings darin, dass er den Wandel als das einzig Verbindende betrachtete und eine – wie auch immer bestimmte – „Mitte" des AT (s. dazu im Folgenden) bestritt.

Kontinuität *und* Veränderung werden z.B. in der Priesterschrift durch die schrittweise Offenbarung des Gottesnamens (Ex 6,2) angezeigt. Wenn Deuterojesaja die Exodustradition auf einen neuen Exodus aus dem babylonischen Exil hin aktualisiert, so liegt darin sowohl Kontinuität als auch eine erhebliche Veränderung. Eine nicht unerhebliche Differenz besteht – trotz aller zweifellos bestehenden Zusammenhänge – auch zwischen der urspünglichen Jerusalemer Königsideologie und den verschiedenen Formen der Messiaserwartung bzw. der Erwartung eines Herrschers der Heilszeit. Auch die alttestamentlichen Aussagen über das Verhältnis Israels zu den anderen Völkern sind durchaus verschieden.[16]

Andererseits stehen auch schon im Alten Testament nicht nur verschiedene Stimmen nebeneinander, sondern sind sie oft in Beziehung zueinander gesetzt. So etwa die verschiedenen Quellen und Schichten im Ganzen des Pentateuch oder die verschiedenen Stimmen der Weisheit in den Teilsammlungen des Sprüchebuches. Insofern hat das „Wagnis des Zusammendenkens"[17] seine Anfänge schon innerhalb des Alten Testaments. Der Kanon des Alten Testaments – wie auch der Bibel insgesamt – nötigt nicht nur zum Zusammendenken, sondern ist seinerseits schon ein Ergebnis des Zusammensehens und des Zusammendenkens.

Allerdings ist dieses Zusammensehen und Zusammendenken nicht bruchlos und in logischer Stringenz möglich, sondern es ergeben sich auch Wertungen und Relativierungen, die nicht ohne subjektive Entscheidungen möglich sind. – Dieser Faktor subjektiver Wertungen und Entscheidungen ist bei jedem Umgang mit Tradition unumgänglich, aber sehr wohl zu unterscheiden von Willkür.[18]

Zur biblisch-theologischen und hermeneutischen Reflexion

Für die biblisch-theologische und die weitere hermeneutische Reflexion[19] ist es hilfreich, sich die Grundstrukturen des Alten Testaments[20] vor Augen zu halten und von da aus die biblisch-theologische und die hermeneutische Reflexion zu entwickeln.

Das Alte Testament hat bei aller Verschiedenheit im Einzelnen seine Mitte in der Beziehung zwischen Gott und Volk, konkret zwischen Jhwh und Israel. Diese Grundbeziehung findet ihren Ausdruck in dem Doppelsatz „Jhwh, der Gott Israels – Israel, das Volk Jhwhs".

---

[16] Die Vielfalt des AT findet sehr schön ihren Ausdruck in Hebr 1,1: „Nachdem Gott vorzeiten manchmal und auf mancherlei Weise geredet hat zu den Vätern …" Das Verbindende in dieser Vielfalt ist hier der eine Gott, der redet, d.h., der sich den Menschen mitteilt.
[17] Zimmerli, Rez. zu v. Rad, Theologie, 105.
[18] Auch hier hat Exegese als Anwaltschaft für den Text und für einen sachgemäßen Umgang mit „Traditionen" eine wichtige Aufgabe.
[19] Mit hermeneutischer Reflexion ist hier ganz allgemein die reflektierende Bezugnahme auf einen alttestamentlichen Text oder ein alttestamentliches Thema gemeint. Eine solche Bezugnahme ergibt sich etwa bei der Predigt zu einem alttestamentlichen Text, bei verschiedenen Formen von „Bibelarbeit" oder auch bei dogmatischen und ethischen Erörterungen.
[20] Grundstruktur meint hier – ebenso wie der folgende Begriff der Mitte des Alten Testaments – keine abstrakte Norm, sondern es geht um eine Orientierung im weiten Raum des Alten Testaments.
Bei der zeitweise heftig geführten Diskussion um Grundstrukturen und Mitte des Alten Testaments wurden nicht nur unterschiedliche Sichtweisen deutlich, sondern es wurden doch auch wichtige gemeinsame Grundeinsichten gewonnen, auch wenn sie teilweise in verschiedener Begrifflichkeit ausgedrückt wurden.

Einzelexegese und Gesamtinterpretation 111

Er wurde schon im 19. Jh. von J. Wellhausen in seiner Bedeutung herausgestellt. Von W. Eichrodt wurde dasselbe ausgedrückt durch die Formulierung „Gott und Volk" als Überschrift des ersten Teiles seiner Theologie. R. Smend verstand diese als Bundesformel bezeichnete Grundbeziehung als die „Mitte des Alten Testaments".[21] W. Zimmerli wollte – gegenüber einem möglichen Missverständnis im Sinn „einer statischen Sicherheit des Thorabesitzes Israels" – die kritische Infragestellung der Grundbeziehung durch die Propheten und die Freiheit und Unverfügbarkeit Jhwhs besonders betonen. Er betrachtete Jhwh selbst als das eigentlich Verbindende und die Mitte des Alten Testaments;[22] dementsprechend beginnt seine Theologie des AT mit „§ 1. Der offenbare Name".[23] Aber dieser Name hat seine Bedeutung nicht als Name an sich; er ist nicht zu denken und wird im Alten Testament nicht gedacht ohne die Verbindung mit den grundlegenden Rettungserfahrungen Israels und der weiteren, wenn auch oft kritischen Geschichte Jhwhs mit Israel. Dementsprechend ist auch bei Zimmerli der erste Satz der „Grundlegung" das Zitat des ersten Gebots „Ich bin Jhwh, dein Gott, der ich dich aus Ägyptenland, dem Knechtshause herausgeführt habe …" (Ex 20,2f.; Dtn 5,6f).[24]

Von dieser Grundbeziehung zwischen Jhwh und Israel werden die weiteren Bereiche erschlossen und durchdrungen. Diese weiteren Bereiche sind die universalen, auf die ganze Welt und Menschheit bezogenen Bereiche einerseits und die individuelleren, auf den einzelnen Menschen und die kleine Gruppe bezogenen Themen andererseits. Dementsprechend erhalten die im Alten Orient weit und in verschiedenen Formen verbreiteten Traditionen von Schöpfung, Welt und Menschheit ihre spezifisch alttestamentlichen Ausprägungen. Und ebenso werden auch die den einzelnen Menschen und die kleineren Gruppen, z.B. die Familie oder die Ortsgemeinschaft, betreffenden Themen und Lebensvollzüge[25] von der Grundbeziehung zwischen Gott und Volk her für den Jhwhglauben erschlossen und durchdrungen.[26]
Die Gestalt dieser Grundbeziehung zwischen Jhwh und Israel ist durchaus verschieden und keineswegs statisch. Sie ist weithin eine heilvolle Beziehung, sie kann aber auch zutiefst in Frage gestellt sein. Sie kann vermittelt sein durch den „Engel Jhwhs", durch wichtige Mittlergestalten wie Mose, Josua, Samuel, durch den König oder durch Priestertum und Tempelkult und insbesondere durch das Reden und Wirken der Propheten; sie kann aber auch unmittelbar erfolgen, wie etwa bei der vom Zion ausgehenden Weisung Gottes oder sogar als verborgenes (bzw. durch Propheten offenbartes) Wirken Gottes in der Völkerwelt[27]. Schließlich ist auch das Verständnis der Größe Israel in alttestamentlicher Zeit und im Alten Testament erheblichen

---

21 Smend, Mitte des Alten Testaments. Smend gibt auch eine ausführliche Forschungsgeschichte zum Thema.
22 So auch bereits H.G. Reventlow 1960; vgl. Reventlow, Alttestamentliche Theologie, 145f.; Der Hinweis von W.H. Schmidt auf die Bedeutung des ersten Gebots als „Leitfaden" des Alten Testaments geht ebenfalls in diese Richtung; vgl. W.H. Schmidt, Das erste Gebot.
23 Zimmerli, Theologie, 9.11f.
24 Zimmerli, Theologie, 12. Auch die Darstellung der Theologie des Alten Testaments von H.D. Preuß geht, wenn auch in anderer Form der Darstellung, von dieser Grundeinsicht aus.
25 Z.B. die familiären und die agrarischen Feste.
26 Diese Erschließung und Durchdringung vollzieht sich in den Dimensionen der Jahweisierung, der Israelitisierung und der Historisierung. Auch hier gibt es nicht nur geradlinige Entwicklungen, sondern verschiedentlich auch Brüche und eine Auswahl des aus der Perspektive des Jhwhglaubens „Geeigneten"; vgl. dazu am Beispiel der Feste: Sauer, Israels Feste.
27 Z.B. wenn Jhwh die Assyrer „wie Fliegen herbeipfeift" (Jes 7,18) oder wenn er als „sich verbergender Gott" (Jes 45,15) hinter dem Siegeszug des Perserkönigs Kyros steht und so seinem Volk die Heimkehr aus dem Exil ermöglicht.

Wandlungen unterworfen. Inmitten allen Wandels ist aber doch eine bestehen bleibende Kontinuität vorausgesetzt. Diese Kontinuität ergibt sich aus der durchgehenden Orientierung an Jhwh[28] und aus dem Bezug auf sein Handeln, insbesondere sein rettendes Handeln in den Ursprungssituationen Israels.

Aus diesen Überlegungen ergibt sich folgendes Vorgehen:

> Für die biblisch-theologische und für die weitere hermeneutische Reflexion zu einem bestimmten Text oder Thema sind zunächst der Ort und die Zusammenhänge im Rahmen der dargestellten Grundstrukturen des Alten Tetaments zu bedenken. Von da aus kann weiter gefragt werden, in welcher Weise sich in der Verbindung mit dem Neuen Testament Kontinuität und Veränderungen ergeben.
> In ähnlicher Weise ist dann auch für die weitere hermeneutische Vermittlung zu fragen, welchen Ort und welche theologischen und existentiellen Zusammenhänge ein bestimmtes Problem hat und in welcher Weise die biblischen Aussagen dafür relevant sind.

Diese biblisch-theologische und auch die weitere hermeneutische Betrachtung wird nicht immer nur in einem einfachen Gefälle vom Alten Testament zum Neuen Testament und dann zur Gegenwart fortschreiten. Vielmehr werden sich Veränderungen, Spannungen und Brüche zeigen. Nicht zuletzt wird sich oft eine große Differenz zwischen der Lebens- und Glaubenswelt des Alten Testaments und einer mehr als 2000 Jahre davon entfernten Gegenwart erweisen. Aber gerade dort, wo diese Differenz ernst genommen wird und wo die Texte des Alten Testaments in ihrem eigenen Sinn und ihrer eigenen Bedeutung erarbeitet und gehört werden, wird sich ihr Reichtum und ihre existentielle Bedeutung – auch für heute – erschließen.

---

[28] Vgl. das oben zu Hebr 1,1 Gesagte.

Literaturverzeichnis

Abkürzungen nach: Schwertner, Siegfried M., Theologische Realenzyklopädie. Abkürzungsverzeichnis, 2. überarbeitete und erweiterte Auflage, Berlin 1994, bzw. Betz, Hans Dieter / Browning, Don S. / Janowski, Bernd / Jüngel, Eberhard (Hg.), Religion in Geschichte und Gegenwart, 4. völlig neu bearbeitete Auflage (= RGG[4]), Bd. 1-8, Tübingen 1998-2005.

Quellen

The Aleppo Codex, Jerusalem, Goshen-Gottstein, Moshe (Hg.), 1976.
Biblia Hebraica [Kittel] (BHK[3]), Kittel, Rudolph (Hg.), Stuttgart 1937/1951; Nachdrucke.
Biblia Hebraica Stuttgartensia (BHS), Elliger, Karl (Hg.) / Rudolph, Wilhelm (Hg.), Stuttgart 1967–1977 = 5. Aufl. 1997.
Biblia Hebraica Quinta (BHQ), Schenker, Adrian u.a. (Hg.), Stuttgart 2004ff.
Hebrew University Bible (HUB), Goshen-Gottstein, Moshe u.a. (Hg.), Jerusalem 1965ff.
The Leningrad Codex. A Facsimile Edition, ed. Freedman, David Noel u.a., Grand Rapids / Leiden 1998.
Discoveries in the Judaean Desert (DJD), Vol. I–XXXIX, Oxford 1955–2005.
Gleßmer, Uwe, Liste der biblischen Texte aus Qumran, RdQ 62 (1993), 153–192.
Maier, Johann, Die Qumran-Essener: Die Texte vom Toten Meer, Bd. I–III, UTB 1862. 1863.1916, München / Basel 1995–1996.
Gall, August Freiherr von, Der hebräische Pentateuch der Samaritaner, Bd. I–V, Gießen 1914–1918 (Nachdruck 1966).
Field, Frederick, Origenis Hexaplorum quae supersunt sive veterum interpretum graecorum in totum Vetus Testamentum fragmenta, Oxford 1867/1874 (Nachdr. Hildesheim 1964).
Rahlfs, Alfred (ed.), Septuaginta, Stuttgart 1935 = 1982 u.ö.
Septuaginta. Vetus Testamentum Graecum auctoritate Academiae Scientiarum Gottingensis editum, Göttingen 1931ff. (= sog. „Göttinger Septuaginta").
Karrer, Martin / Kraus, Wolfgang (Hg.), Septuaginta deutsch. I.: Das griechische Alte Testament in deutscher Übersetzung, II.: Erläuterungen, Stuttgart 2006.
Kümmel, Werner Georg (Hg.), Jüdische Schriften aus hellenistisch-römischer Zeit (JSHRZ), Gütersloh 1973ff.
Meisner, Norbert, Aristeasbrief, JSHRZ 2/1, Gütersloh 1977[2].
Charlesworth, James H., The Old Testament Pseudepigrapha, Vol. I–II, New York u.a. 1983–1985.
Beyerlin, Walter (Hg.), Religionsgeschichtliches Textbuch zum Alten Testament (RTAT), ATD. Ergänzungsband (= GAT) 1, Göttingen 1975, 1985[2].
Donner, Herbert / Röllig, Wolfgang, Kanaanäische und Aramäische Inschriften (KAI), Bd. 1–3, Wiesbaden 1962–1964.
Galling, Kurt (Hg.), Textbuch zur Geschichte Israels (TGI), Tübingen 1950, 1979[3].
Greßmann, Hugo (Hg.), Altorientalische Texte zum Alten Testament (AOT), Berlin 1926.
Kaiser, Otto (Hg.), Texte aus der Umwelt des Alten Testaments, (TUAT) Bd. 1–3, Gütersloh 1981–2001; Neue Folge (TUAT.NF) Bd. 1ff, Gütersloh 2003ff.
Pritchard, James B., Ancient Near Eastern Texts relating to the Old Testament (ANET), Princeton N.J. 1950, 1955[2].

Pritchard, James B., The Ancient Near East in Pictures relating to the Old Testament (ANEP), Princeton N.J. 1954.

Hilfsmittel I: Wörterbücher, Grammatiken, Konkordanzen

Bauer, Hans / Leander, Pontus, Historische Grammatik der hebräischen Sprache, Halle 1922.
Baumgartner, Walter / Stamm, Johann Jakob, Hebräisches und Aramäisches Lexikon zum Alten Testament, Leiden (1967–1990) 1995 (KBL^3 = HALAT).
Bible Works 6.0, Big Fork, Montana 2003.
Brockelmann, Carl, Hebräische Syntax, Neukirchen 1956; Nachdruck mit einem Geleitwort von Walter Groß und Bernd Janowski, Neukirchen 2004.
Dos Santos, E.C., An Expanded Hebrew Index for the Hatch-Redpath Concordanc of the Septuagint, Jerusalem 1973.
Even-Shoshan, Abraham (Hg.), A new concordance of the Bible: Thesaurus of the Language of the Bible, Hebrew and Aramaic roots, words, proper names, phrases and synonyms, Jerusalem 1993.
Gesenius, Wilhelm / Buhl, Frants, Hebräisches und Aramäisches Handwörterbuch über das Alte Testament, Berlin 1915^{17} = 1962 (GB^{17}).
Gesenius, Wilhelm / Donner, Herbert, Hebräisches und Aramäisches Handwörterbuch über das Alte Testament, Berlin 1987ff. (GD^{18}).
Gesenius, Wilhelm / Kautzsch, Emil, Hebräische Grammatik, Leipzig 1909^{28} = 1977 (GK).
Ginsburg, H. Chr., The Massorah compiled from Manuscripts alphabethically and lexically arranged, Bd. 1–4, 1880–1905.
Hatch, Edwin / Redpath, Henry Adeney, A Concordance to the Septuagint and Other Greek Versions of the Old Testament, Oxford 1897 = Graz 1954.
Jenni, Ernst, Lehrbuch der hebräischen Sprache, Basel 1981^2; 2003^3.
Joüon, Paul / Muraoka, Takamitsu, A Grammar of Biblical Hebrew, subsidia biblica 14/I+II, Rom 1991 = 1993^2.
Köhler, Ludwig / Baumgartner, Walter, Lexicon in Veteris Testamenti Libros, Leiden 1953, 1958^2 = 1985 (KBL).
Liddell, Henry G. / Scott, Robert: A Greek-English Lexicon. With a Supplement, Oxford 1968 = Oxford 1994.
Lisowsky, Gerhard (Hg.), Konkordanz zum Hebräischen Alten Testament, Stuttgart 1958, 1993^3.
Lust, Johan / Eynikel, Erik / Hauspie, Katrin, Greek-English Lexicon of the Septuagint, revised edition, Stuttgart 2003.
Mandelkern, Salomon, Veteris Testamenti concordantiae hebraicae, Bd. 1 + 2, Graz 1955.
Meyer, Rudolf, Hebräische Grammatik I–IV, Berlin (1966–1972) 1992.
Michel, Diethelm, Grundlegung einer hebräischen Syntax Bd. I, Neukirchen 1977.
Muraoka, Takamitsu, Hebrew Aramaic Index to the Septuagint, keyed to the Hatch-Redpath concordance, Grand Rapids 1998.
Muraoka, Takamitsu: A Greek-English Lexicon of the Septuagint. Chiefly of the Pentateuch and twelve prophets, Louvain 2002.
Rehkopf, Friedrich, Septuaginta-Vokabular, Göttingen 1989.
Schneider, Wolfgang, Grammatik des Biblischen Hebräisch, München 1974, 2001^9.
Stuttgarter Elektronische Studienbibel (SESB), Stuttgart 2004.

Literaturverzeichnis 115

Weill, Gerard E., Massorah Gedolah iuxta Codicem Leningradensem B 19a, Volumen I Catalogi, Rom / Stuttgart 1971.

Hilfsmittel II: Bibliographien

Biblische Literaturdatenbank Innsbruck (BILDI), betreut von Oesch, Joseph (AT) / Huber, Konrad (NT), Internetadresse (URL): http://bildi.uibk.ac.at.
Biographisch-Bibliographisches Kirchenlexikon (BBKL), Hg. Bautz, Traugott, Herzberg 1975ff.; (mit Literatur zu Personen der Bibel); auch im Internet: http://www.bbkl.de.
Elenchus Bibliographicus Biblicus (EBB), (ab 1 (1920) Teil, ab 4 (1923) Beilage der Zeitschrift Biblica, seit „Elenchus of Biblica 1985" zugleich „Elenchus of Biblical Bibliography" (EBB) 1ff., Rom 1988 [das Jahr bezeichnet das Erscheinungsjahr der erfassten Literatur].
Ephemerides Theologicae Lovanienses. Elenchus Bibliographicus, Leuven 1924ff.
Internationale Zeitschriftenschau für Bibelwissenschaft und Grenzgebiete (IZBG), Bd. 1, Stuttgart 1951/52; Bd. 2ff. Düsseldorf (1953/54ff.); jetzt: International Review of Biblical Studies.
Old Testament Abstracts (OTA), Vol. 1ff, Washington D.C., 1978ff.; jetzt auch auf CD-ROM.
A.T.L.A. [= American Theological Library Association] Index to Religious Periodical Literature, Vol. 1ff, Berkeley CA; 1949–52ff.; ab Vol. 13 erweitert und aufgeteilt:
Religion Index One: Periodicals, Vol. 13ff., o.O./Evanston IL 1977–78ff.
Religion Index Two: Festschriften 1960–69, o.O. 1980; danach: Religion Index Two: Multi-Author Works, Vol 1ff., o.O./Evanston IL 1982ff.
Index to Book Reviews in Religion. IBRR, Vol. 1, 1949–1959, Evanston IL 1990ff. (alles jetzt auch auf CD-ROM)
Zeitschrifteninhaltsdienst Theologie. Universitätsbibliothek Tübingen 1ff., Tübingen 1975ff; jetzt auch im Internet: http://opac.ub.uni-tuebingen.de/neuerwZID.htm).

Zur Auslegungsgeschichte

Ackroyd, Peter R. / Evans, C.F. (Hg.), The Cambridge History of the Bible I–III, Cambridge 1963–1972.
Astruc, Jean, Conjectures sur les mémoires originaux dont il paroit que Moyse s'est servi pour composer le livre de la Genèse, 1753.
Bayer, Oswald, Vernunft ist Sprache. Hamanns Metakritik Kants, Stuttgart 2002.
Bornkamm, Karin / Ebeling, Gerhard, Martin Luther. Ausgewählte Schriften, Bd I, Frankfurt 1982.
Brecht, Martin, Beobachtungen über die Anfänge von Luthers Verhältnis zur Bibel, FS Kurt Aland (Textwort Glaube), AKG 50, Berlin 1980, 234–254.
Brinkmann, Hennig, Mittelalterliche Hermeneutik, Tübingen / Darmstadt 1980.
Diestel, Ludwig, Das Alte Testament in der christlichen Kirche, Jena 1869 = Leipzig 1981 (mit einem Nachwort von Siegfried Wagner).
Flacius, Matthias, Clavis scripturae sacrae, 1575.
Greschat, Martin, Bibelkritik und Politik. Anmerkungen zu Spinozas Theologisch-

Politischem Traktat, FS Kurt Aland, AKG 50, Berlin 1980, 324–343.
Greßmann, Hugo, Albert Eichhorn und die religionsgeschichtliche Schule, Göttingen 1914.
Herder, Gottfried, Vom Geist der Ebräischen Poesie, Dessau 1782–1783.
Holl, Karl, Luthers Bedeutung für den Fortschritt der Auslegungskunst (1920), Gesammelte Aufsätze zur Kirchengeschichte I (Luther), Tübingen [6]1932 = [7]1948, 544–582.
Howard, David M., Rhetorical Criticism in Old Testament Studies, BBR 4 (1994), 87–104.
Hubmann, Franz D.: Bibelauslegung im Wandel, ThQ 149 (2001) 125 - 135.
Kant, Immanuel, Die Religion innerhalb der Grenzen der bloßen Vernunft, 1793.
Kant, Immanuel, Metakritik über den Purismum der reinen Vernunft, 1784.
Kant, Immanuel, Streit der Fakultäten, 1797.
Kant, Immanuel, Kritik der reinen Vernunft, 1781.
Kraus, Hans-Joachim, Geschichte der historisch-kritischen Erforschung des Alten Testaments, Neukirchen 1956, [4]1988.
Kraus, Hans-Joachim, Zur Geschichte des Überlieferungsbegriffs in der alttestamentlichen Wissenschaft, EvTh 16 (1956), 371–387.
Nadler, Josef (Hg.), Hamann, Johann Georg, Sämtliche Werke, Bd. 1, Wien 1949.
Reventlow, Henning Graf von, Epochen der Bibelauslegung. Bd. 1 –4, München 1990-2001.
Rogerson, John William, Bibelwissenschaft I/2. Geschichte und Methoden, TRE 6, 1980, 346–361.
Saebø, Magne (Hg.), Hebrew Bible, Old Testament: History of Interpretation, Göttingen 1996ff.
Seils, Martin, Wirklichkeit und Wort bei Johann Georg Hamann, Stuttgart [2]1987.
Sellin, Gerhard, Die Allegorese und die Anfänge der Schriftauslegung, in: Reventlow, Henning Graf (Hg.), Theologische Probleme der Septuaginta und der hellenistischen Hermeneutik, VWGTh, 11, 1997, 91–138.
Semler, Johann Salomo, Abhandlung von freier Untersuchung des Canons 1771–1775 [4 Bände].
Semler, Johann Salomo, Apparatus ad liberalem Veteris Testamenti interpretationem 1773.
Spinoza, Baruch, Tractatus theologico-politicus, Gebhardt, Carl (Hg.), Philosophische Bibliothek 93, Hamburg 1955[5].
Stemberger, Günter, Hermeneutik der Jüdischen Bibel. In: Dohmen, Christoph / Stemberger, Günter, Hermeneutik der Jüdischen Bibel und des Alten Testaments, Stuttgart u.a. 1996, 22–132.
Witter, Henning Bernhard, Jura Israelitarum in Palaestinam terram Chananeam commentatione in Genesin perpetua demonstrata, Hildesheim 1711.

Weitere Sekundärliteratur

Albertz, Rainer, Religionsgeschichte Israels in alttestamentlicher Zeit, GAT 8/1+2, Göttingen 1992.
Barthélemy, Dominique, Les d'avanciers d'Aquila, VTS 10, 1963.
Barthélemy, Dominique, Qui est Symmaque?, CBQ 36 (1974), 451–465.
Barkay, Gabriel u.a., The Challenges of Ketef Hinnom. Using Advanced Technologies to Reclaim the Earliest Biblical Texts and their Context, Near Eastern Archaeology 66 (2003), 162–171.
Baumgärtel, Friedrich, Zu den Gottesnamen in den Büchern Jeremia und Ezechiel, in: FS Wilhelm Rudolph, Tübingen 1961, 1–29.

Blum, Erhard, Die Komposition der Vätergeschichte, WMANT 57, Neukirchen 1984.
Blum, Erhard, Studien zur Komposition des Pentateuch, BZAW 189, Berlin 1990.
Boecker, Hans Jochen, Recht und Gesetz im Alten Testament und im Alten Orient, Neukirchen 1984².
Botterweck, G. Johannes / Ringgren, Helmer / Fabry, Heinz Joseph, Theologisches Wörterbuch zum Alten Testament, Bd. 1ff., Stuttgart 1973ff.
Braulik, Georg, Theorien über das Deuteronomistische Geschichtswerk (DtrG) im Wandel der Forschung, in: Zenger, Erich u.a., Einleitung in das Alte Testament, Stuttgart 2004⁵, 191-202.
Bright, John, Jeremiah, AncB, New York 1965.
Brock, Sebastian P. / Schäfer, Peter, u.a., Bibelübersetzungen I und II, TRE 6, 1980, 160–228.
Das Buch Gottes. Elf Zugänge zur Bibel. Ein Votum des Theologischen Ausschusses der Arnoldshainer Konferenz, Neukirchen 1992.
Bühlmann, Walter / Scherer, Karl, Sprachliche Stilfiguren in der Bibel. Von Assonanz bis Zahlenspruch, Gießen 1994².
Castro, Perez, Sefer Abischaᶜ, Madrid 1959.
Castro, Perez, Das Kryptogramm des Sefer Abischaᶜ, VTS 7, 1960, 52–60.
Cross, Frank Moore, Canaanite Myth and Hebrew Epic, Cambridge, Mass. 1973.
Crüsemann, Frank, Studien zur Formgeschichte von Hymnus und Danklied in Israel, WMANT 32, Neukirchen 1969.
Crüsemann, Frank, Die Bewahrung der Freiheit: Das Thema des Dekalogs in sozialgeschichtlicher Perspektive, KT 78, München 1983.
De Wette, Wilhelm Martin Leberecht, Psalmen, Heidelberg 1829³.
Dohmen, Christoph / Söding, Thomas (Hg.), Eine Bibel – zwei Testamente. Positionen Biblischer Theologie, UTB 1893, Paderborn u.a. 1995
Donner, Herbert, Die literarische Gestalt der alttestamentlichen Josephsgeschichte, SHAW 1976.2, Heidelberg 1976.
Donner, Herbert, Geschichte Israels, GAT 4/1+2, Göttingen 1995².
Ebach, Jürgen, Hiobs Post. Gesammelte Aufsätze zum Hiobbuch, zu Themen biblischer Theologie und zur Methodik der Exegese. Neukirchen 1995.
Ebeling, Gerhard, Was heißt „Biblische Theologie"? in: ders., Wort und Glaube I, Tübingen 1960, 69–89.
Eco, Umberto, Streit der Interpretationen. Mit einem Vorw. v. Hans R. Jauss, Konstanzer Bibliothek 8, Konstanz 1987.
Eichhorn, Johann Gottfried, Einleitung ins Alte Testament I, Leipzig 1787².
Eißfeldt, Otto, Hexateuchsynopse, Leipzig 1922 = 1963.
Eißfeldt, Otto, Einleitung in das Alte Testament, Tübingen 1964³.
Fabry, Heinz-Josef u.a., Bibel und Bibelauslegung, Regensburg 1993.
Fernandez Marcos, Natalio, Einführung in den antiochenischen Text der griechischen Bibel in den Samuel- und Königsbüchern (1–4 Kön LXX), in: Im Brennpunkt: Die Septuaginta: Studien zur Entstehung und Bedeutung der Griechischen Bibel, Band 2, Hg. Kreuzer, Siegfried / Lesch, Jürgen, Stuttgart, 2004, 177–213.
Fischer, Georg / Repschinski, Boris / Vonach Andreas: Wege in die Bibel. Leitfaden zur Auslegung, Stuttgart 2000.
Fohrer, Georg, Einleitung in das Alte Testament, Heidelberg 1969¹¹.
Fohrer, Georg / Hoffmann, Hans Werner / Huber, Friedrich / Markert, Ludwig / Wanke, Gunther, Exegese des Alten Testaments, UTB 267, Heidelberg 1993⁶.

Fohrer, Georg, Geschichte der israelitischen Religion, Berlin 1969.
Friedman, Richard Elliott, From Egypt to Egypt: Dtr 1 and Dtr 2, in: FS Frank Moore Cross, Winona Lake, Ind. 1981, 167–192.
Gehrke, Hans-Joachim, Das sozial- und religionsgeschichtliche Umfeld der Septuaginta, in: Kreuzer, Siegfried / Lesch, Jürgen Peter (Hg.), Im Brennpunkt. Die Septuaginta, Band 2, BWANT 161, Stuttgart 2004, 44 - 60.
Geissen, Angelo, Der Septuaginta-Text des Buches Daniel Kap. 5–12, zusammen mit Susanna, Bel et Draco sowie Esther Kap. 1,1a–2,15 nach dem Kölner Teil des Papyrus 967, Papyrolog. Texte und Abhandlungen 5, Bonn 1968.
Gertz, Jan Christian: Tradition und Redaktion in der Exoduserzählung. Untersuchungen zur Endredaktion des Pentateuch. FRLANT 186, Göttingen 2000
Goppelt, Leonhard, Typos: Die typologische Deutung des Alten Testaments im Neuen, Gütersloh 1939 = Darmstadt 1969.
Görg, Manfred, Christentum und Altes Testament, in: Altes Testament und christlicher Glaube, JBTh 6, 1991, 5–31.
Greßmann, Hugo, Das salomonische Urteil, Deutsche Rundschau 130 (1907), 212–228.
Greßmann, Hugo, Mose und seine Zeit, Göttingen 1913.
Groß, Walter, Die Pendenskonstruktion im biblischen Hebräisch, ATSAT 27, St. Ottilien 1987.
Groß, Walter, Zur syntaktischen Struktur des Vorfeldes im hebräischen Verbalsatz, ZAH 7 (1994), 203–214.
Gunkel, Herrmann, Grundprobleme(n) der israelitischen Literaturgeschichte, DLZ 27 (1906), Sp. 1797–1800.1861–1866.
Gunkel, Hermann, Schöpfung und Chaos in Urzeit und Endzeit. Eine religionsgeschichtliche Untersuchung über Gen. 1 und Ap. Joh. 12, Göttingen 1895.
Gunkel, Hermann, Die Grundprobleme der israelitischen Religionsgeschichte, in: Gunkel, Hermann, Reden und Aufsätze, Göttingen 1913, 29–38.
Gunkel, Hermann, Ausgewählte Psalmen, Göttingen 1917[4].
Gunkel, Hermann, Psalmen, HK.AT II,2, Göttingen 1926[4].
Gunkel Hermann / Begrich, Joachim, Einleitung in die Psalmen. Die Gattung der religiösen Lyrik in Israel, HK.AT, Ergänzungsband zur II. Abteilung, Göttingen 1933 = 1985[4].
Gunkel, Hermann, Genesis, HK.AT I.1, Göttingen 1910[3] = 1977[9].
Gunneweg, Antonius H.J., Traditionsgeschichtliche Forschung, BHH III, 1966, 2018–2020.
Gunneweg, Antonius H.J., Geschichte Israels, ThW 2, Stuttgart 1989[6].
Hanhart, Robert, Septuaginta, in: Schmidt, Werner H. / Thiel, Winfried / Hanhart, Robert, Altes Testament, GKTh 1, 1989, 179–196.216.
Hartenstein, Friedhelm: Religionsgeschichte Israels - ein Überblick über die Forschung seit 1990. VuF 48 (2003) 2 - 28.
Hermisson, Hans-Jürgen, Studien zur israelitischen Spruchweisheit, Neukirchen 1968.
Herrmann, Siegfried, Die prophetischen Heilserwartungen im Alten Testament, BWANT 85, Neukirchen 1965.
Herrmann, Siegfried, Geschichte Israels, München 1980[2].
Herrmann, Wolfram, Situationsanalogie. Ein Beitrag zum Gespräch über das hermeneutische Problem des AT, in: FS Gottfried Voigt, Berlin 1982, 41–51.
Hollenberg, Wilhelm, Die deuteronomistischen Bestandteile des Buches Josua, ThStKr 47 (1874), 462–507.
Hubmann, Franz, Bibelauslegung im Wandel, ThPrQ 149 (2001), 111–129.

Literaturverzeichnis 119

Die Interpretation der Bibel in der Kirche. Das Dokument der Päpstlichen Bibelkommission vom 23.4.1993 mit einer kommentierenden Einführung von Lothar Ruppert und einer Würdigung durch Hans-Josef Klauck, SBS 161, Stuttgart 1995.

Janowski, Bernd: Rettungsgewißheit und Epiphanie des Heils. Das Motiv der Hilfe Gottes ‚am Morgen' im Alten Orient und im Alten Testament, Band I: Alter Orient, WMANT 59, Neukirchen 1989.

Jenni, Ernst / Westermann, Claus, Theologisches Handwörterbuch zum Alten Testament, Bd. 1 (1971) München / Zürich 1994⁵; Bd. 2 (1976) München / Zürich 1995⁵.

Jenni, Ernst, Art. אהה *'ahāh* ach, in: THAT I, 71.

Jepsen, Alfred, Die Quellen des Königsbuches (1939), Halle 1953.

Jeremias, Jörg: Prophetenwort und Prophetenbuch. Zur Rekonstruktion mündlicher Verkündigung der Propheten, JBTh 14 (1999) 19–35.

Kahle, Paul, Die Septuaginta. Prinzipielle Erwägungen, FS Otto Eißfeldt, Halle 1947, 161–180.

Kahle, Paul, The Cairo Geniza, Oxford 1959², 209–264, dt: Die Kairoer Genisa, Berlin 1962.

Kaiser, Otto, Einleitung in das Alte Testament. Eine Einführung in ihre Ergebnisse und Probleme (1969), Gütersloh 1984⁵.

Kaiser, Otto, Grundriß der Einleitung in die kanonischen und deuterokanonischen Schriften des Alten Testaments, Bd. 1–3, Gütersloh 1992–1994.

Kelley, Page H. / Mynatt, Daniel S. / Crawford, Timothy G., Die Masora der Bbilia Hebraica Stuttgartensia. Einführung und kommentiertes Glossar; Übersetzung aus dem Englischen von Rösel, Martin, Stuttgart 2003.

Kessler, Rainer, Die Ägyptenbilder der Hebräischen Bibel. Ein Beitrag zur neueren Monotheismusdebatte, SBS 197, Stuttgart 2002

Kinet, Dirk, Geschichte Israels, NEB.Erg 2, Würzburg 2001.

Knauf, Ernst Axel, Die Umwelt des Alten Testaments, NSK. AT 29, Stuttgart 1994.

Koch, Klaus, P – kein Redaktor! Eine Erinnerung an zwei Eckdaten der Quellenscheidung, VT 37 (1987), 446–467.

Koch, Klaus, Was ist Formgeschichte? Methoden der Bibelexegese, Neukirchen 1989⁵.

Köckert, Matthias, Leben in Gottes Gegenwart. Studien zum Verständnis des Gesetzes im Alten Testament, FAT 43, Tübingen 2004.

Körtner, Ulrich, Zurück zum vierfachen Schriftsinn? Tiefenpsychologie und geistliche Exegese, ThBei 23 (1992), 249–265.

Körtner, Ulrich, Der inspirierte Leser. Zentrale Aspekte biblischer Hermeneutik, Göttingen 1994.

Koster, M.D., Peschitta Revisited: A Reassessment of its Value as a Version, JSS 38 (1993), 235–268.

Kratz, Reinhard G., Die Komposition der erzählenden Bücher des Alten Testaments. Grundwissen der Bibelkritik, UTB 2157, Göttingen 2000.

Kraus, Hans Joachim, Psalmen 1–59, BK 15/1, Neukirchen 1978⁵.

Kraus, Hans Joachim, Psalmen 60–150, BK 15/2, Neukirchen 1978⁵.

Kraus, Hans Joachim, Theologie der Psalmen, BK 15/3, Neukirchen 1979.

Kreuzer, Siegfried, Die Frühgeschichte Israels in Bekenntnis und Verkündigung des Alten Testaments, BZAW 178, Berlin 1989.

Kreuzer, Siegfried, Zur Priorität und Auslegungsgeschichte von Exodus 12,40 MT. Die chronologische Interpretation des Ägyptenaufenthalts in der judäischen, samaritanischen und alexandrinischen Exegese, ZAW 103 (1991), 252–258.

Kreuzer, Siegfried, Text, Textgeschichte und Textkritik des Alten Testaments. Zum Stand der Forschung an der Wende des Jahrhunderts, ThLZ 127 (2002), 127–156.

Kreuzer, Siegfried, Von der Vielfalt zur Einheitlichkeit. Wie kam es zur Vorherrschaft des masoretischen Textes? In: Horizonte biblischer Texte. FS Joseph M. Oesch, OBO 196, Fribourg/Göttingen 2003, 117–129.

Kreuzer, Siegfried, Entstehung und Publikation der Septuaginta im Horizont frühptolemäischer Bildungs- und Kulturpolitik, in: Im Brennpunkt: Die Septuaginta: Studien zur Entstehung und Bedeutung der Griechischen Bibel, Band 2, Hg. Kreuzer, Siegfried / Lesch, Jürgen, Stuttgart, 2004, 61–75.

Kutsch, Ernst, Gideons Berufung und Altarbau Jdc 6,11–24, ThLZ 81 (1956), 75–84.

McCarter, Kyle P., Textual Criticism. Recovering the Text of the Hebrew Bible, Guides to biblical Scholarship, Philadelphia 1986.

Labuschagne, Cas J., Art. נתן ntn geben, in: THAT II, 135.

Lagarde, Paul de, Mittheilungen I, 1883.

Lagarde, Paul de, Septuagintastudien, Abh. d. Göttinger Ges. d. Wiss. 37, 1891.

Levin, Christoph, Der Jahwist, FRLANT 157, Göttingen 1993.

Liwak, Rüdiger Der Herrscher als Wohltäter. Soteriologische Aspekte in den Königstraditionen des Alten Orients und des Alten Testaments, in: FS Siegfried Wagner, Neukirchen 1995, 163–186.

Loretz, Oswald, Die Psalmen II, AOAT 207/2, Neukirchen 1979.

Maier, Johann, Hermeneutik, in: Maier, Johann – Schäfer, Peter, Kleines Lexikon des Judentums, Konstanz 1981, 135.

Meyer, Rudolf, Die Bedeutung des Codex Reuchlinianus für die hebräische Sprachgeschichte, ZDMG 113 (1963), 51–61.

Mowinckel, Sigmund, Zur Komposition des Buches Jeremia, Kristiana 1914.

Mulder, Martin Jan (Hg.), Mikra: Text, Translation, Reading and Interpretation of the Hebrew Bible in Ancient Judaism and Early Christianity, CRINT 2,1, Assen 1988.

Müller, Karlheinz, Aristeasbrief, TRE 3, 1978, 719–725.

Noth, Martin, Die Welt des Alten Testaments (1940), Berlin 1962^4 = Freiburg 1992.

Noth, Martin, Überlieferungsgeschichtliche Studien (1942/43), Halle 1943 = Tübingen 1967^7.

Noth, Martin, Überlieferungsgeschichte des Pentateuch, Stuttgart 1948.

Oesch, Josef, Petucha und Setuma, OBO 27, Freiburg / Göttingen 1979.

Preuß, Horst Dietrich, Linguistik – Literaturwissenschaft – Altes Testament, VuF 27 (1982), 2–28.

Preuß, Horst Dietrich, Das Alte Testament in christlicher Predigt, Stuttgart 1984.

Rad, Gerhard von, Theologie des Alten Testaments, Band 1: Die Theologie der geschichtlichen Überlieferungen (1962^4), 1987^9; Band 2: Die Theologie der prophetischen Überlieferungen (1965^4), 1987^9.

Rendtorff, Rolf, Das überlieferungsgeschichtliche Problem des Pentateuch, BZAW 147, Berlin 1976.

Reventlow, Henning Graf, Hauptprobleme der alttestamentlichen Theologie im 20. Jh., EdF 173, Darmstadt 1982.

Reventlow, Henning Graf, Hauptprobleme der Biblischen Theologie im 20. Jh., EdF 203, Darmstadt 1983.

Richter, Wolfgang, Exegese als Literaturwissenschaft. Entwurf einer alttestamentlichen Literaturtheorie und Methodologie, Göttingen 1971.

Richter, Wolfgang, Formgeschichte und Sprachwissenschaft, ZAW 82 (1970), 216–225.

Literaturverzeichnis

Ringgren, Helmer, Israelitische Religion, RM 26, Stuttgart 1982².
Robertson, Edward, Review to F.P. Castro, Sefer Abischa^c, VT 12 (1962), 228–235.
Rösel, Martin, Adonaj – Warum Gott „Herr" genannt wird, FAT 29, Tübingen 2000.
Rost, Leonhard, Zum geschichtlichen Ort der Pentateuchquellen, ZThK 53 (1956), 1–10.
Rudolph, Wilhelm, Jeremia, HAT 12, Tübingen 1947, 1968³.
Rüterswörden, Udo, Dominium terrae. Studien zur Genese einer alttestamentlichen Vorstellung, BZAW 215, Berlin 1993.
Sadaqa, Avraham und R., The Jewish and Samaritan Version of the Pentateuch, Tel Aviv 1961–1965.
Sauer, Georg, Die chronologischen Angaben in den Büchern Deut. bis 2.Kön, ThZ 24 (1968), 1–14.
Sauer, Georg, Israels Feste und ihr Verhältnis zum Jahweglauben, FS Walter Kornfeld, Wien 1977, 135–141.
Schart, Aaron: Die Entstehung des Zwölfprophetenbuchs. Neubearbeitungen von Amos im Rahmen schriftenübergreifender Redaktionsprozesse, BZAW 260, Berlin 1998.
Schmid, Hans Heinrich, Der sogenannte Jahwist. Beobachtungen und Fragen zur Pentateuchforschung, Zürich 1976.
Schmidt, Hans, Die großen Propheten, SAT 2,2, Göttingen 1923².
Schmidt, Werner H., Die deuteronomistische Redaktion des Amosbuches, ZAW 77 (1965), 174–183.
Schmidt, Werner H., Das erste Gebot, ThExH 165, München 1970.
Schmidt, Werner H., Grenzen und Vorzüge historisch-kritischer Exegese. Eine kleine Verteidigungsrede, EvTh 45 (1985), 469–481; jetzt in: ders., Vielfalt und Einheit alttestamentlichen Glaubens, Bd. 1, Neukirchen 1995, 21–33.
Schmidt, Werner H., Die Zehn Gebote im Rahmen alttestamentlicher Ethik, EdF 281, Darmstadt 1993.
Schmidt, Werner H., Einführung in das Alte Testament, Berlin 1995⁵.
Schmidt, Werner H., Individuelle Eschatologie im Gebet, in: FS Walter Beyerlin, HBS 1, 1995², 345–360.
Schmitt, Hans-Christoph, Die nichtpriesterliche Josephsgeschichte. Ein Beitrag zur neuesten Pentateuchkritik, BZAW 154, Berlin 1980.
Schmitt, Hans-Christoph, Arbeitsbuch zum Alten Testament. Grundzüge der Geschichte Israels und der alttestamentlichen Schriften, UTB 2146, Göttingen 2005.
Schulte, Hannelis, Die Entstehung der Geschichtsschreibung in Israel, BZAW 128, Berlin 1972.
Schweizer, Harald, Biblische Texte verstehen. Arbeitsbuch zur Hermeneutik und Methodik der Bibelinterpretation, Stuttgart 1986.
Seebass, Horst, Geschichtliche Zeit und theonome Tradition der Joseph-Erzählung, Gütersloh 1978.
Seebass, Horst: Der Gott der ganzen Bibel. Biblische Theologie zur Orientierung im Glauben. Freiburg 1982.
Seiffert, Helmut, Einführung in die Wissenschaftstheorie, Bd. 2: Geisteswissenschaftliche Methoden: Phänomenologie. Hermeneutik und historische Methode, Dialektik, München 1997¹⁰.
Skehan, Paul W., 4 Q LXX Num: A Pre-Christian Reworking of the Septuagint, HTR 70 (1977), 39–50.
Smend, Rudolf, Die Mitte des Alten Testaments, ThST(B) 101, Zürich 1970; jetzt in: ders., Die Mitte des Alten Testaments, Ges. Studien 1, BEvTh 99, München 1986, 40–84.

Smend, Rudolf, Das Gesetz und die Völker, Ein Beitrag zur deuteronomistischen Redaktionsgeschichte, in: FS Hans Walter Wolff, Neukirchen 1971, 494–509.
Smend, Rudolf, Entstehung des Alten Testaments, ThW 1, Stuttgart 1978, 1996[5].
Smend, Rudolf, Bibelkanon, EKL I, 1986[3], 468–470.
Spieckermann, Hermann, Hymnen im Psalter. Ihre Funktion und ihre Verfasser, HBS 36, Freiburg 2003, 137-161.
Steck, Odil Hannes, Exegese des Alten Testaments. Leitfaden der Methodik, Neukirchen 1999[14].
Stolz, Fritz, Das Alte Testament, Studienbücher Theologie. Altes Testament, Gütersloh 1974.
Thiel, Winfried, Die deuteronomistische Redaktion von Jeremia 1–25, WMANT 41, Neukirchen 1973.
Thiel, Winfried, Die deuteronomistische Redaktion von Jeremia 26–45, WMANT 52, Neukirchen 1981.
Timm, Stefan: Die Eroberung Samarias aus assyrisch-babylonischer Sicht, WdO 20/21 (1989/90) 62 - 82.
Tov, Emanuel, Textkritik der Hebräischen Bibel, Stuttgart 1997.
Untergaßmair, Franz Georg, Richard Simon, BBKL 10, 1995, 424–428.
Utzschneider, Helmut / Nitsche, Stefan Ark: Arbeitsbuch literaturwissenschaftliche Bibelauslegung. Eine Methodenlehre zur Exegese des Alten Testaments. Gütersloh 2001.
Vieweger, Dieter, Die Spezifik der Berufungsberichte Jeremias und Ezechiels im Umfeld ähnlicher Einheiten des Alten Testaments, BEATAJ 6, Frankfurt 1986.
Vieweger, Dieter: Zur Herkunft der Völkerworte im Amosbuch unter besonderer Berücksichtigung des Aramäerspruchs (Am 1,3-5), in: FS Henning Graf Reventlow, Frankfurt 1994, 103–119.
Waltke, Bruce K., Samaritan Pentateuch, ABD 5, 1992, 932–940.
Wanke, Gunther, Die Zionstheologie der Korachiten in ihrem traditionsgeschichtlichen Zusammenhang, BZAW 97, Berlin 1966.
Weippert, Helga, Das deuteronomistische Geschichtswerk, ThR 50 (1985), 213–249.
Wellhausen, Julius, Die Composition des Hexateuch und der historischen Bücher des Alten Testaments, Berlin 1876–77 = 1963[4].
Westermann, Claus (Hg.), Probleme alttestamentlicher Hermeneutik. Aufsätze zum Verstehen des Alten Testaments, TB 11, München 1960 = 1968[3].
Westermann, Claus, Genesis, BKAT I/1, Neukirchen 1974.
Westermann, Claus, Lob und Klage in den Psalmen, Göttingen 1977[5].
Wilcke, Hans-Alwin, Das Arbeiten mit alttestamentlichen Texten. Eine Einführung in die exegetischen Methoden, Essen 1985.
Willi, Thomas, Die Chronik als Auslegung, FRLANT 106, Göttingen 1972.
Willi-Plein, Ina: Spuren der Unterscheidung von mündlichem und schriftlichem Wort im Alten Testament (1997), jetzt auch in: dies., Sprache als Schlüssel. Gesammelte Aufsätze zum Alten Testament, Neukirchen 2002, 116–129.
Witte, Markus, Auf dem Weg in ein Leben nach dem Tod. Beobachtungen zur Traditions- und Redaktionsgeschichte von Psalm 73,24-26, ThZ 58 (2002), 15-30.
Wolff, Hans Walter, Zur Thematik der elohistischen Fragmente im Pentateuch, EvTh 29 (1969), 59–72.
Wolff, Hans Walter, Bibel. Das Alte Testament, Themen der Theologie 7, Stuttgart [2]1975.
Wolff, Hans Walter, Das Kerygma des Jahwisten, EvTh 24 (1964), 73–98.
Wolff, Hans: Anthropologie des Alten Testaments, KT 91, München 1990[5].

Literaturverzeichnis

Würthwein, Ernst, Der Text des Alten Testaments, Stuttgart 1952, 1988⁵.
Zenger, Erich u.a., Einleitung in das Alte Testament, Stuttgart 2004⁵.
Zimmerli, Walther, Rezension zu: Rad, Gerhard von, Theologie des Alten Testaments Bd. I, 1957; Bd. 2 1960, in: VT 13 (1963), 100–111.
Zimmerli, Walther, Ezechiel, BKAT XIII/1+2, Neukirchen 1969.
Zimmerli, Walther, Zwillingspsalmen, in: FS Joseph Ziegler, 1972, 105–113.
Zimmerli, Walther, Grundriß der alttestamentlichen Theologie, Stuttgart 1975² = 1989⁶.
Zimmerli, Walther, Biblische Theologie. Altes Testament, TRE 6, 1980, 427.
Zipor, Moshe A., Some Notes on the Origin of the Tradition of the Eighteen *Tiqqune Sopᵉ-rim*, VT 44 (1994), 77–102.
Zwickel, Wolfgang, Religionsgeschichte Israels. Einführung in den gegenwärtigen Forschungsstand in den deutschsprachigen Ländern, VGWTh 15, Gütersloh 1999, 9–56.

II. Ergänzende Beiträge

1. Biblische Archäologie
(Dieter Vieweger)

1.1. Zur Geschichte und Aufgabe der Biblischen Archäologie

Die Biblische Archäologie erforscht im weitesten Sinn das kulturelle Umfeld, die Zeitgeschichte und den geographischen Raum, in dem die biblische Geschichte erlebt und aufgeschrieben wurde. Sie trägt damit wie die exegetischen Wissenschaften zur Auslegung der Bibel bei.

> Die *Biblische Archäologie* ermittelt, dokumentiert und deutet palästinische Altertümer durch die methodisch reflektierte Interpretation aller vorliegenden Befunde. Sie erstrebt in allen Zeitepochen eine möglichst umfassende Darstellung der materiellen Kultur an und zieht daraus Schlüsse auf die ökonomische und politische Entwicklung, die Religions- und Sozialgeschichte sowie auf die enge kulturelle Verflechtung Palästinas mit anderen Regionen des Alten Orients.
>
> Zu diesem Zweck wertet die Biblische Archäologie sowohl alle verfügbaren *schriftlichen Quellen* als auch die Erkenntnisse der Oberflächenforschungen *(Survey)* und die Ausgrabungsbefunde aus.
> Die Biblische Archäologie ist ein Teil der vorderasiatischen Archäologie und daher deren wissenschaftlichen Methoden und Standards verpflichtet. Ihr Name bezieht sich – geschichtlich gewachsen – auf die bekannteste und umfangreichste literarische Sammlung dieses Bereiches: das Alte und das Neue Testament. Ihre Forschung geht jedoch räumlich[1], zeitlich[2] und ethnisch über den in ihrem Namen angedeuteten Bereich hinaus.

Die Beschäftigung mit den Altertümern Palästinas begann schon mit den christlichen Pilgern, die etwa seit dem 4. Jahrhundert das Heilige Land bereisten. Das Aufsuchen von Stätten biblischer Tradition, besonders von Orten des Lebens Jesu, diente vor allem der Erbauung und frommen Besinnung. Ein wichtiges Zeugnis reflektierter Beschäftigung mit der biblischen Geographie aus dieser Zeit ist das Onomastikon des Eusebius (um 263–339).[3] Es benennt die damals noch bekannten oder in römisch-byzantinischer Zeit neu lokalisierten

---

[1] Die Konzentration auf Palästina bedingt die unbegrenzte Weitsicht auf das vielfältige Umfeld des palästinischen Raums.

[2] Grundsätzlich wird der gesamte chronologische Bereich palästinischer Geschichte in den Blick genommen.

[3] Klostermann, E. (Hg.), Das Onomastikon der biblischen Ortsnamen (Die griechischen christlichen Schriftsteller; Eusebius 3.1), Leipzig 1904 (= Hildesheim 1966). Dort in Parallele zur lateinischen Übersetzung des Hieronymus dargeboten. – Vgl. zum römischen Straßensystem um 300 n. Chr. bes. das *Itinerarium Provinciarum Antonii Augusti*.

Zur Geschichte und Aufgabe der Biblischen Archäologie

Orte der biblischen Tradition und identifiziert sie mit Hilfe des römischen Straßensystems. Die Pilgerberichte aus dem Heiligen Land (*Terra Sancta/Terra Promissionis*) übermitteln sehr interessante Nachrichten: Sie beschreiben die heiligen Stätten, deren geographische Lage, ihre Reisestationen und die durchreisten Landschaften. Hervorzuheben ist der Bericht der nimmermüden Nonne Etheria. Sie reiste innerhalb von 4 Jahren (381–384) von Konstantinopel nach Jerusalem. Von dort aus besuchte sie den Sinai, Ägypten, das Jordantal und den Nebo. Über Edessa in Mesopotamien kehrte sie schließlich nach Konstantinopel zurück.[4] Diese Aufzeichnungen ermöglichten künftigen Pilgern nicht nur die Orientierung, sondern dienten den Zeitgenossen, die sich eine solch aufwendige Reise nicht leisten konnten, auch zur Erbauung.

Der Strom der Pilger riss nie ab. Er erhielt besonders in der Kreuzfahrerzeit einen neuen Aufschwung. Auch Rabbinen bereisten Palästina.[5] Erst im 19. Jahrhundert begann eine neuartige Beschäftigung mit dem Heiligen Land. Auf der Suche nach umfassender Bildung bereisten Forscher den Orient.[6] Ihre Tagebücher sind bis heute wichtige Quellen für die Orientwissenschaft. U.J. Seetzen (bis 1810) und J.L. Burckhardt (bis 1817) bezahlten ihren Forscherdrang mit dem Leben. E. Robinson (1838 und 1852), T. Tobler (mehrmals ab 1853), und V. Guérin (ab 1863) lenkten mit ihren ausführlichen Veröffentlichungen die Aufmerksamkeit des Abendlandes auf die Altertümer Palästinas, von deren Vielfalt man bis dahin nur wenig wußte.[7]

Natürlich war es zunächst eine wesentliche Aufgabe, die Topographie des Landes samt seiner an der Oberfläche sichtbaren Altertümer (→ Survey) systematisch zu erkunden. Diese Arbeit begann gegen Ende des 19. Jahrhunderts und ist mit Namen wie C.R. Conder, H.H. Kitchener[8], A. Musil[9] und N. Glueck[10] verbunden.

Die Anfänge der eigentlichen Ausgrabungstätigkeit lagen in der Mitte des 19. Jahrhunderts. Die in Palästina arbeitenden Archäologen konnten auf Erfahrungen zurückgreifen, die bereits in Ägypten, Mesopotamien und im östlichen Mittelmeerraum gemacht worden waren. Natürlich mußte in Palästina (und in den angrenzenden Gebieten) zunächst für derartige Unternehmungen eine Art Infrastruktur aufgebaut werden. Einige Nationen gründeten zu diesem Zweck archäologische Vereinigungen und Institute, so entstanden u.a. folgende Organisationen: 1865 der Palestine Exploration Fund, 1870 die American Palestine Exploration Society, 1877 der Deutsche Verein zur Erforschung Palästinas, 1898 die Deutsche Orient-Gesellschaft, 1890 l'École Biblique, 1900 die American School of Oriental Research, 1900 das Deutsche Evangelische Institut für Altertumskunde des Heiligen Landes und 1919 die British School of Archaeology of Jerusalem.

Von den Ausgrabungen der ersten Jahrzehnte können hier nur einzelne Unternehmungen gewürdigt werden, wie z.B. das Vortreiben von Schächten und Tunneln im Bereich des

---

4   Vgl. dazu u.a. Donner, H., Pilgerfahrt ins Heilige Land. Die ältesten Berichte christlicher Palästinapilger (4.–7. Jahrhundert), Stuttgart 1979; Keel, O./M. Küchler/C. Uehlinger, Orte und Landschaften der Bibel. Ein Handbuch und Studien-Reiseführer zum Heiligen Land. I Geographisch-geschichtliche Landeskunde, Zürich 1984, 415–434. – Als Textausgabe sei verwiesen auf: Corpus Christianorum. Series Latina, 175–176 Itineraria et alia Geographica, Turnhout 1965.
5   Vgl. hierzu z.B. Schreiner, S., Jüdische Reisen im Mittelalter. Benjamin von Tudela; Petachja von Regensburg, Leipzig 1991.
6   Der erste, der bei seiner Reise nach Arabien auch Palästina aufsuchte, war C. Niebuhr. Ausführlichere Informationen und Literaturhinweise zu den ersten Forschungsreisen bei Vieweger, D., Archäologie der biblischen Welt, UTB 2394, Göttingen 2003, 27–36.
7   Ben-Arieh, Y., The Rediscovery of the Holy Land in the Nineteenth Century, Jerusalem 1979, vgl. Schur, N., Jerusalem in Pilgrims and Travellers' Accounts. A Thematic Bibliography of Western Christian Itineraries 1300–1917, Jerusalem 1980.
8   Survey of Western Palestine, durchgeführt vom Palestine Exploration Fund (Feldarbeit neben C. Wilson, C. Anderson, C. Warren bes. C.R. Conder 1872–1875 und H.H. Kitchener 1874f. 1877).
9   Vgl. Musil, A., Arabia Petraea I–III, Wien 1907f.
10 Vgl. Glueck, N., Exploration in Eastern Palestine (veröffentlicht in The Annual of the American Schools of Oriental Research 14.15.18/19.25–28 in den Jahren 1934.1935.1939 und 1951).

Tempelplatzes und die Grabungen am Südosthügel Jerusalems durch C. Warren (1867–1870), die erste stratifizierte archäologische Untersuchung W.M.F. Petries auf dem *Tell el-Ḥesī* (1890) und die erste Feldarbeit mit Grabungsquadranten (Quadrate von 10x10 Fuß) am gleichen Ort durch F.J. Bliss (1891–1893). Die ersten deutschen Grabungen folgten 1901–1903 in *Tell Taʿanek*[11] (E. Sellin), 1903–1905 auf dem *Tell el-Mutesellim*[12] (G. Schumacher und C. Watzinger) und 1907–1909 auf dem *Tell es-Sulṭān*[13] (E. Sellin und C. Watzinger). Der Durchbruch zur rein stratigraphischen Ausgrabungsmethode gelang nach wichtigen Vorarbeiten von G.A. Reisner und C.S. Fisher (Samaria 1908–1910) schließlich W.F. Albright (*Tell Bēt Mirsim* 1926–1932) und K.M. Kenyon (*Tell es-Sulṭān* 1952–1958).[14]

1.2. Exegese und Biblische Archäologie

Das Interesse am Heiligen Land und an der alt- und neutestamentlichen Zeit verbindet die Biblische Archäologie mit der exegetischen Wissenschaft. Methodisch sind beide Bereiche allerdings ihren eigenen Grundlagen verpflichtet.[15] Natürlich sind sie aber auch nicht losgelöst voneinander denkbar.

Die Archäologie benötigt die exegetische Arbeit für die methodisch reflektierte Auslegung der Literatur des Alten und Neuen Testaments. Sie basiert ebenso auf den Erkenntnissen der nach literaturwissenschaftlichem Standard bearbeiteten Schriftfunde des Vorderen Orients.

Die Exegese wird ihrerseits auf Erkenntnisse der Biblischen Archäologie zurückgreifen bei

– der Beschreibung und Erklärung von Realien (Häuser, Tempel, Arbeitsgeräte, Waffen, Maße und Gewichte u.v.a.),
– Fragen nach der Ökonomie, dem Handel, der Sozialstruktur sowie der technologischen und künstlerischen Potenz einzelner Gesellschaftssysteme und ihrer Gruppen,
– der Charakterisierung der religionsgeschichtlichen Einbindung von Bevölkerungsgruppen innerhalb ihrer (unmittelbaren) Umwelt sowie bei
– der Frage nach der Geschichte der Besiedlung biblisch benannter Orte und Gegenden.

Ein Grundproblem exegetischer und archäologischer Arbeit ist die sachgerechte Vermittlung von Forschungsergebnissen zwischen beiden Bereichen. Angesichts vielfältig spezialisierter Forschungen und eines im Laufe der Zeit fast unüberschaubar gewordenen Angebots an Fachliteratur in *beiden* Bereichen gab es in der Vergangenheit immer dann Spannungen zwischen der Biblischen Archäologie und der Exegese, wenn eine Wissenschaft Aussagen der anderen benutzte, ohne deren methodische Grundsätze ausreichend wahrzunehmen.

---

[11] Der Ort wird mit dem alttestamentlichen Taanach identifiziert.
[12] Der Ort gilt als das alttestamentliche Megiddo.
[13] An diesem Ort lokalisiert man das alttestamentliche Jericho.
[14] In diesem Zusammenhang soll auch an M. Wheeler, den Lehrer K.M. Kenyons und Begründer des primär auf Stratigraphie ausgerichteten Grabungsstiles, erinnert werden.
[15] Die Biblische Archäologie ist keine Hilfswissenschaft der Exegese. Sie hat seit ihrer Entstehung im 19. Jahrhundert eine atemberaubende Entwicklung genommen und sich dabei zu einem vielfältigen, methodisch und sachlich selbstständigen Wissenschaftszweig innerhalb der vorderasiatischen Altertumskunde entwickelt.

Die Biblische Archäologie hat nicht die Aufgabe, biblische Texte durch Oberflächenforschungen oder Ausgrabungen zu beweisen. Der theologische Gehalt der biblischen Überlieferungen entzieht sich ohnehin gänzlich archäologischen Bemühungen.[16] Wenn beispielsweise in Jos 6 die Einnahme einer festummauerten Stadt auf dem *Tell es-Sulṭān* (Jericho) vorausgesetzt wird, am gleichen Ort aber keine spätbronzezeitlichen Stadtmauern aufzufinden sind, dann darf diese Diskrepanz nicht zugunsten der biblischen oder archäologischen Aussage nivelliert werden. Vielmehr ist zu fragen: Wie ist die Erzählung von der siebentägigen Prozession um die Stadt Jericho in Jos 6 exegetisch zu interpretieren?[17] Welche historische Schlußfolgerung legt das Fehlen der Stadtmauern auf dem *Tell es- Sulṭān* (Jericho) nahe?[18] Aus diesen Ergebnissen sind die möglichen Kombinationen beider Aussagemöglichkeiten zu diskutieren und schließlich die wahrscheinlichste(n) These(n) herauszustellen. Das erfordert die enge Zusammenarbeit von Archäologen und Exegeten. Sie ist unverzichtbar – auch wenn sie mühselig und zeitraubend sein sollte.
Im Umfeld der sog. *New Archaeology* wurde in den letzten Jahrzehnten als Gegenreaktion auf eine traditionell durch biblische Vorgaben dominierende Befundinterpretation[19] versucht, bei der Interpretation archäologischer Befunde völlig auf die biblische Überlieferung zu verzichten. Damit beraubte sich die archäologische Wissenschaft aber einiger ihrer wichtigsten Quellen, was zu keinerlei wirklichem Fortschritt führte.[20] Vielmehr haben die archäologische und die exegetische Wissenschaft je ihre eigenen Ergebnisse zu rezipieren und bei deren Interpretation die Erkenntnisse der jeweils anderen Wissenschaft wahrzunehmen. Differenzen dürfen in keinem Fall vorschnell ausgeglichen werden. Wie das nachfolgend dargestellte Beispiel zeigt, können gerade aus solchen Differenzen wichtige Erkenntnisse gewonnen und weiterführende Schlüsse gezogen werden.

Als *Beispiel für die archäologisch-exegetische Diskussion* soll hier die Problematik der epochalen Gliederung der israelitischen Geschichte durch die babylonische Eroberung am Beginn des 6. Jahrhunderts dienen. Die Jahre 587/6 v.Chr. stehen in der alttestamentlichen Geschichte für die Eroberung und die Zerstörung Jerusalems. In der Theologie des Alten Testaments werden sie zum Synonym für den völligen Zusammenbruch bisher bestätigt geglaubter Heilstraditionen. Das Buch Threni (Klage-

---

[16] Vgl. Crüsemann, F., Alttestamentliche Exegese und Archäologie, Zeitschrift für die alttestamentliche Wissenschaft 91, 1979, [177–193] 177, „Am Beginn der Archäologie Palästinas ... stand vielfach die Absicht, die Bibel und ihre Wahrheit zu ‚verteidigen'." Vgl. auch die dort aufgeführten Hinweise auf theologiegeschichtlich relevante Problemstellungen, beginnend mit den gegensätzlichen Stellungnahmen von R. de Vaux und F. Delitzsch.

[17] Vgl. Noth, M., Aufsätze zur biblischen Landes- und Altertumskunde I, Neukirchen-Vluyn 1971 (Hg. H.W. Wolff), 9f. 23–25. 43–45, der ausführt: Ausgangspunkt der ätiologischen Erzählung Jos 6 sei die bereits zerstörte Stadt gewesen. Die Ätiologie antworte auf die Frage: „Warum liegen die Mauern dieser offensichtlich einst mächtig gewesenen kanaanäischen Festung in sich zusammengefallen da?" (ebd., 9). „In keinem Falle aber sind wir in der Lage, das allenfalls genau festzustellende Datum der Zerstörung des spätkanaanäischen Jericho zur tragenden Grundlage ... einer Chronologie der ältesten Geschichte Israels zu machen" (ebd., 10).

[18] Albright, W.F., Die Bibel im Licht der Altertumsforschung, Stuttgart 1955, 55.96f., u.a. meinten, die spätbronzezeitlichen Stadtmauern seien durch Wasser und Wind erodiert. Natürlich ist diese Interpretation an einzelnen Mauerabschnitten u.U. möglich – in bezug auf den gesamten Tell allerdings unwahrscheinlich.

[19] So z.B. das häufig zu beobachtende vorschnelle Datieren einzelner Brandschichten nach biblisch erwähnten militärischen Ereignissen.

[20] Vgl. Dever, W.G., Biblical Archaeology. Death and Rebirth, in: A. Biran (Hg.), Biblical Archaeology Today. 1990, Jerusalem 1993, 706–722. Er stellt dar, dass eine respektable „new biblical archaeology" möglich sei, wenn man die biblischen Texte als Zeugnisse tendenziöser Berichterstattung („ideology") begreife, die eine bestimmte Denkweise innerhalb einer geschichtlichen Epoche verkörperten. Diese seien mit den Befunden einer „contextual archaeology" in Verbindung zu bringen, die einen besonderen Einblick in das sozio-ökonomische Umfeld und in die Kulturgeschichte ermöglichten (Handel, Technologie, Siedlungsmuster u.v.a.).

lieder) schildert diese dramatische Situation anschaulich. Die Propheten Jeremia und Ezechiel beschrieben die Umstände ausführlich und sprachen eindringlich von der Eroberung Jerusalems, der Zerstörung des JHWH-Tempels, dem Ende des davidischen Königtums, den Verlust des Landes und der Wegführung eines großen Teiles der Oberschicht. Aus der Sicht des Alten Testaments, d.h. aus der Sicht der auf Jerusalem bezogenen Theologen und Schreiber, war im Jahr 587/6 v.Chr. das Ende der heilvollen Geschichte JHWHs mit seinem Volk besiegelt.

Man hat sich unter dem Eindruck der alttestamentlichen Betonung dieses Ereignisses daran gewöhnt, das Jahr 587/6 v.Chr. auch als Enddatum der eisenzeitlichen Kulturperiode in Palästina anzusehen (Ende der Eisen-II-Zeit). Auch wenn sich diese Datierung weitgehend durchgesetzt hat, ist diese kulturgeschichtliche Einteilung im Hinblick auf Palästina jedoch völlig unzutreffend.[21] Das Jahr 587/6 v.Chr. kann nicht als Endpunkt der Eisenzeit im gesamtpalästinischen Bereich gelten. Die archäologische Forschung lässt nicht den Schluss zu, dass außerhalb der Stadt Jerusalem das Jahr 587/6 v.Chr. einen wichtigen Zusammen- oder Umbruch darstelle: die Gebiete Samaria und Galiläa sowie die Städte unmittelbar nördlich von Jerusalem blieben unbetroffen, die materielle Kultur Ammons und Moabs zog sich kontinuierlich weiter bis in die persische Zeit, die nördliche Küstenebene um Akko war ohnehin seit Jahrhunderten fest mit dem phönikischen Leben verbunden, die ägyptischen und assyrischen Zerstörungen in Philistäa fanden bereits um 609/605 v.Chr. statt, die Zerstörungsschichten des Negev deuten auf ein früheres Datum, selbst das Leben in und um Jerusalem setzte sich nach der babylonischen Zerstörung ohne Umbruch der materiellen Kultur fort. Die durch die Babylonier hervorgerufenen Zerstörungsschichten Jerusalems (Stratum XA), von *Tell ed-Duwēr* (Lachisch; Stratum II) und an wenigen anderen Orten können daher über den notwendigen Schluss nicht hinwegtäuschen, dass ein Ende der Eisenzeit allgemein erst um 520 v.Chr. mit der Etablierung der persischen Herrschaft (Darius I.) angenommen werden kann (neue politische und Verwaltungsstrukturen, neue Keramikformen mit z.T. zyprischen und griechischem Einfluss u.a.).

Die archäologischen Erkenntnisse zeigen, dass unsere durch die alttestamentliche Überlieferung auf Jerusalem und dessen unmittelbares Umland fokussierten Nachrichten in den weiteren Kontext der palästinischen Kulturgeschichte zu stellen und in diesem Rahmen neu zu bewerten sind. Es kann daher kein Zweifel darüber bestehen, dass für Gesamtpalästina die Epoche der Eisen-II-Zeit erst mit der Etablierung der persischen Herrschafts- und Verwaltungsformen um 520 v.Chr. endete. Im transjordanischen Raum ist der kulturelle Umbruch noch etwas später anzusehen. Die theologische Bewertung des Alten Testaments wird mit gleichem Recht den entscheidenden Umbruch der *Glaubens*geschichte des Gottesvolkes mit dem Jahr 587/6 v.Chr. bestimmen müssen. Ein Ausgleich zwischen beiden Angaben ist nicht möglich und auch nicht wünschenswert, da sich beide Angaben geographisch und sachlich auf verschiedene geschichtliche Phänomene richten, die nicht miteinander vermischt werden dürfen.

---

[21] Barkay, G., The Redefining of Archaeological Periods. Does the Date 588/586 B.C.E. Indeed Mark the End of the Iron Age Culture?, in: Biblical Archaeology Today, Proceedings of the Second International Congress on Biblical Archaeology, Jerusalem 1990, Jerusalem 1993, 106–109.

Exegese und Biblische Archäologie

Literaturhinweise für einen ersten Zugang zum Thema:

Dever, W.G.
   1990   Recent Archaeological Discoveries and Biblical Research, Seattle.
   2001   What Did the Bible Writers Know & When Did they Know it? What Archaeology Can Tell Us about the Reality of Ancient Israel, Grand Rapids.
Hansen, S.
   2003   Archäologie zwischen Himmel und Hölle, in: M. Heinz / K.H. Eggert / U. Veit (Hg.), Zwischen Erklären und Verstehen? Beiträge zu erkenntnistheoretischen Grundlagen archäologischer Interpretation, Münster, 115–148.
Noth, M.
   1938   Grundsätzliches zur geschichtlichen Deutung archäologischer Befunde auf dem Boden Palästinas, Palästinajahrbuch des Deutschen Evangelischen Instituts 34, 7–22 (= Aufsätze zur biblischen Landes- und Altertumskunde I, Neukirchen-Vluyn 1971, 3–16).
Schmid, H.H.
   1975   Die Steine und das Wort. Fug und Unfug Biblischer Archäologie, Zürich.
Silberman, N.A. / D. Small
   1997   The Archaeology of Isarel. Constructing the Past, Interpreting the Present, Journal for the Study of the Old Testament. Supplement 237, Sheffield.
Vieweger, D.
   2003   Was hat die Archäologie mit der Bibel zu tun?, in: ders., Archäologie der biblischen Welt, UTB 2394, Göttingen, 19–58.
Wright, G.E.
   1971   What Archaeology Can and Cannot Do, The Biblical Archaeologist 34, 70–76.

1.3. Zur Landeskunde Palästinas[22]

Die *Landeskunde Palästinas* ist ein selbständiger Wissenschaftszweig. Sie untersucht einerseits die topographischen Voraussetzungen (Oberflächenstruktur, natürliche Grenzen, historische Ortslagen, Straßenführung) andererseits die natürlichen Gegebenheiten (Vegetation, Klima, Bodenbeschaffenheit, Flora, Fauna u.a.).

1.3.1. Die Bezeichnung Palästina

Der geographische Bereich Palästina wird von seiner natürlichen Oberflächenstruktur markant eingegrenzt. Er erstreckt sich vom Mittelmeer im Westen bis zum Übergang des ostjordanischen Hochlandes in die syrisch-arabische Wüste im Osten. Im Norden bilden die südlichen Ausläufer des Libanongebirges die Grenze, im Süden der „Bach Ägyptens" (*Wādī Ġazze* bzw. *Wādī el-'Arīš*). Von dort zieht sich die Südgrenze dann unter Einschluß des Negev bis zum Nordende des Roten Meeres.

---

[22] Als weiterführende Literatur ist u.a. zu nennen: Rainey, A.F., The Toponymics of Eretz-Israel, Bulletin of the American Schools of Oriental Research 231, 1978, 1–17; Karmon, Y., Israel. Eine geographische Landeskunde, Wissenschaftliche Länderkunden 22, Darmstadt ²1994; Aharoni, Y., Das Land der Bibel, Eine historische Geographie, Neukirchen-Vluyn 1984; Kallai, Z., Historical Geography of the Bible. The Tribal Territories of Israel, Jerusalem 1986; Donner, H., Einführung in die biblische Landes- und Altertumskunde, Darmstadt ²1988.

Das vielfach gegliederte Gebiet wurde nie von *einer* einheimischen Macht regiert. Allein fremden Großmächten (wie den Ägyptern, den Assyrern, den Babyloniern, den Persern, den Ptolemäern, den Seleukiden und den Römern) war es vorbehalten, den geographischen Großraum zeitweise zu beherrschen. Aus diesem Grund ist es nicht verwunderlich, dass es fast unmöglich erscheint, *einen* für den gesamten, topographisch so vielgestaltigen Bereich gleichermaßen treffenden wie akzeptablen Namen zu finden. Keiner der für den südlichen Teil der Landbrücke zwischen Asien und Afrika allgemein verwendeten Begriffe ist ohne Probleme:[23]

Die Namen Amoriterland und Kanaan beschrieben im Laufe der Zeit verschieden große, zumeist Südsyrien mit einbeziehende Bereiche.
Der Name A m o r i t e r stammt aus akkadischen (*amurru*) und sumerischen (*MAR.TU*) Texten des 3. und 2. Jahrtausends und diente lange Zeit allgemein als Wortgebrauch für „Westen". Vom 14. Jahrhundert an bis etwa 1200 v.Chr. bezeichnete er einen zwischen dem Libanon und dem Nosairiergebirge belegten Staat und wurde schließlich in assyrischen Texten des 1. Jahrtausends zur umfassenden Bezeichnung Syrien-Palästinas[24] benutzt. Der alttestamentliche Gebrauch differiert beträchtlich (Gen 15,16; 48,22; Jos 5,1; 7,1; 10,5ff. u.ö.)[25] und umfasst verschiedene Teilbereiche Palästinas und/oder Syriens.
Der Begriff K a n a a n geht auf eine Selbstbezeichnung der Landeseinwohner zurück. Er begegnet uns zuerst in einem Brief aus Mari (18. Jahrhundert), dann auch in den Amarna-Briefen (14. Jahrhundert) und in ramessidischen Texten (13/12. Jahrhundert). Er beschreibt den ägyptischen Herrschaftsbereich auf der syro-palästinischen Landbrücke entlang des Mittelmeeres, der zeitweise bis nördlich von Byblos reichte. Auch das Alte Testament (hebr. כנען) bezieht sich weitgehend auf diese Vorstellung, variiert aber deutlich (nur Westjordanland Gen 43,1; Jos 13,2–5 u.ö.; gesamtes, von JHWH verheißenes Gebiet Num 13,2).

Die Bezeichnung *Land Israel* (ארץ ישראל) befand sich stets in der Spannung zwischen bewohntem und (ideologisch) beanspruchtem Territorium und ist daher für eine allgemeine Umschreibung ungeeignet.[26] So legt sich der Name P a l ä s t i n a als Gebietsbezeichnung nahe. Palästina umschrieb ursprünglich nur das Philistergebiet, d.h. die südliche Küstenebene. Seit 139 n.Chr. löste der Begriff den Namen der römischen Provinz Judaea ab.[27] Die um 400 n.Chr. geschaffene römische Einteilung in drei Provinzen mit dem Namen Palästina kommt unserer geographischen Vorstellung recht nahe und empfiehlt sich daher für eine allgemeine Bezeichnung des Gebietes[28], zumal sich seit dieser Zeit der Name Palästina für die Umschreibung des besprochenen Gebietes allgemein eingebürgert hat.

---

23 Eine ausführliche Beschreibung der in der Geschichte angewandten Namen führt O. Keel/M. Küchler/C. Uehlinger, Orte und Landschaften der Bibel, auf. Ein Handbuch und Studien-Reiseführer zum Heiligen Land. I Geographisch-geschichtliche Landeskunde, Zürich 1984, 206–288.
24 Betrachtet man die syro-palästinische Landbrücke von außerhalb, so legt sich aus geographischen, kulturellen und geschichtlichen Gründen eine übereinstimmende Benennung des Gebietes nahe. Die Aufgaben biblischer Archäologie und palästinischer Landeskunde erfordern aber eine Fokussierung auf dessen südlichen Bereich.
25 Vgl. Bach, R., Art. Amoriter, in: L. Rost/B. Reicke (Hg.), Biblisch-Historisches Handwörterbuch I, Göttingen 1962, 84f., sowie Keel, Orte, 228, und die dort jeweils genannte Literatur.
26 S. ausführlich Keel, Orte, 262ff.
27 Diese umschloss jedoch das Gebiet nördlich des Karmel, große Teile des östlichen Ostjordanlandes und Gaza sowie das südöstlich daran angrenzende Gebiet.
28 Die Provinzen *Palaestina prima* (zentraler Bereich), *secunda* (Norden) und *tertia/Salutaris* (Süden) umfassten das heute unter Palästina verstandene Gebiet – allerdings ohne den Küstenstreifen vom Karmel nordwärts (*Provincia Phoenicia*) und das östliche Ostjordanland (z.B. die Gebiete um *Mādebā*, Philadelphia und Gerasa; *Provincia Arabia*).

Die Bezeichnung Palästinas

Allerdings besaß der Begriff zunächst im römischen Interesse einen gegen das Judentum gerichteten Effekt. Sollte sich in naher Zukunft mit dem Ausbau des modernen Staates Palästina die allgemeine Verwendung des Namens auf den Gaza-Streifen und die Westbank einengen, dann würde ein neuer neutraler Begriff für den benannten geographischen Bereich im wissenschaftlichen Sprachgebrauch etabliert werden müssen. Nach Lage der Dinge könnte dann am ehesten die Bezeichnung „südliche Levante" an die Stelle von „Palästina" treten.

1.3.2. Zur Topographie des Landes

Palästina ist überraschend klein. Mit etwa 27 300 km^2 westlich und nochmals knapp 15 000 km^2 Kulturland östlich des Jordan verfügt es etwa über die Landfläche der Schweiz (41 295 km^2). Dennoch vereinigt das Gebiet recht gegensätzliche Landschaftsformen. Die Oberfläche Palästinas gliedert sich von West nach Ost in vier große geographische Bereiche, die in Abb. 4 dargestellt und im Folgenden kurz beschrieben werden. Ein West-Ost-Querschnitt des Oberflächenprofiles (Abb. 5) kann diese Beschreibung noch zusätzlich verdeutlichen.

Die K ü s t e n e b e n e , d.h. der vom Süden bis zum Karmel immer enger werdende, dann sich aber nördlich des Karmel im Bereich von Haifa und Akko weitende Küstenstreifen am Mittelmeer, bietet gemeinsam mit dem sich östlich anschließenden Hügelland (שפלה) die vorteilhaftesten klimatischen Bedingungen Palästinas und die besten Böden für eine landwirtschaftliche Nutzung.

Das w e s t j o r d a n i s c h e B e r g l a n d ist ein breiter Gebirgsrücken in Fortsetzung des Libanongebirges, dessen nördlicher Bereich (galiläisches Bergland) durch die geopolitisch und landwirtschaftlich höchst bedeutsame Jesreelebene vom ephraimitischen und judäischen Bergland getrennt wird. Die unterschiedlichen natürlichen Gegebenheiten (Wasserversorgung, Höhenlage und Niederschlagsmenge) lassen die Fruchtbarkeit dieser Bereiche enorm schwanken (vgl. z.B. die fruchtbaren Berghänge Untergaliläas mit der im Regenschatten liegenden Wüste Juda).

Die tektonisch tief in Nord-Süd-Richtung eingeschnittene S e n k e (Jordangraben, Totes Meer, *Wādī el-ʻAraba*) trennt das geologisch ursprünglich geeinte Ost- und Westjordanland. Die drei eingelagerten Seen verdeutlichen die Tiefe dieses Einschnitts (*Hūle*-See +2m, See Genezareth –212m, Totes Meer –392m). Im nördlichen Bereich herrschen landwirtschaftlich gute Verhältnisse vor, während im weiteren Umfeld der Oasenstadt Jericho, des Toten Meeres und des *Wādī el-ʻAraba* Ackerbau nur bei künstlicher Bewässerung möglich ist.

Das o s t j o r d a n i s c h e H o c h p l a t e a u , im Westen durch einen beeindruckenden Steilabfall von der Jordansenke (vgl. z.B. die Lage des Berges Nebo und dessen Bedeutung im Dtn!) getrennt, bietet im westlichen Bereich genügend Niederschlag für eine zufriedenstellende landwirtschaftliche Nutzung. Im Osten geht das Hochland dann in Steppen- und Wüstengebiet über. Tief eingeschnittene Täler (bes. *Eš-Šerīʻa el-Menādire*/Yarmuk, *Nahr ez-Zerqā*/Jabbok, *Sēl el-Mōğib*/Arnon und *Wādī el-Ḥesā*/Sered) entwässern das Gebiet nach Westen und gliedern das Land von Nord nach Süd in einzelne Regionen.

132   Biblische Archäologie

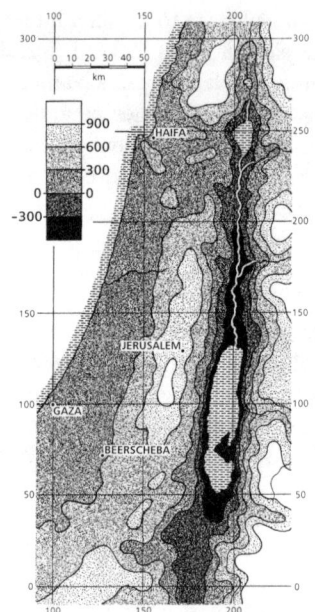

Abb. 4: Topografische Landkarte Palästinas
Aus: Vieweger, D., Archäologie der biblischen Welt, UTB 2394, S. 83 Abb. 60.
© Ernst Brückelmann

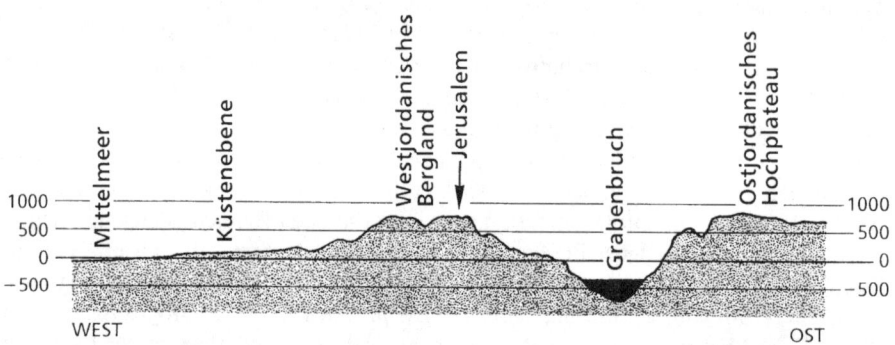

Abb. 5: Schnitt durch Palästina von West nach Ost, etwa auf der Höhe von Jerusalem.
Aus: Vieweger, D., Archäologie der biblischen Welt, UTB 2394, S. 82 Abb. 59.
© Ernst Brückelmann

Zur Topographie des Landes 133

Der *Haupthandelsweg* Palästinas (Abb. 6) ist die von den Römern *via maris* genannte Straße, die parallel zum Mittelmeer aus Ägypten kommend bis zum Karmel führte und sich dort nach dessen Überquerung einerseits nach Nordosten in Richtung Damaskus und andererseits nach Norden in Richtung Tyrus und Sidon verzweigte. Eine zweite, schon in alttestamentlicher Zeit zum Hauptverkehrsweg erster Ordnung aufstrebende Straße war der sog. Königsweg, der sich im Ostjordanland vom Roten Meer nordwärts zog. Große Bedeutung erlangte schließlich auch die sog. Weihrauchstraße, die – aus arabischen Gebieten kommend – im Süden Palästinas über Petra nach Gaza führte.

1.4. Kartenmaterial zur Landeskunde und zur archäologischen Geographie

Im 19. Jahrhundert wurden häufig die Landkarten Palästinas aus der Hand L. Kieperts verwendet (beigelegt den Reiseberichten von E. Robinson 1841 und 1859). Kurze Zeit nach C. Warrens für damalige Standards hervorragend ausgeführter Jerusalemkarte (inklusive Umgebung) aus dem Jahr 1864 folgten ab 1865 die gut brauchbaren Karten des „Survey of Western Palestine", denen (aus einer Mischung von landeskundlichen und militärischen Interessen) dann rasch weitere folgten:[29]

Palestine Exploration Fund
    1880   C.R. Conder/H.H. Kitchener, Map of Western Palestine, 26 Blatt im Maßstab 1:63 360.
    1890   C. Wilson/C.R. Conder, Map of Western Palestine (revidierte Ausgabe).
Deutscher Palästina-Verein
    1908–1924 G. Schumacher, Karte des Ostjordanlandes, 10 Blatt im Maßstab 1:63 360.
War Office. Geographical Section/später: Palestine Exploration Fund
    1917   New Map of Palestine, 2 Blatt im Maßstab 1:168 960.
Britische Mandatsregierung
    1920ff.   Palestine, 16 Blatt im Maßstab 1:100 000.

Aus dem umfangreichen Angebot moderner archäologischer Karten seien genannt:

Fitzner, T. (Hg.)
    1999a   Länder der Bibel. Archäologisch-historischer Satelliten-Atlas. Die große Studienausgabe, Tübingen.
Kehl, O. / M. Küchler (Hg.)
    1989   Herders Großer Bibelatlas, Freiburg i.Br.
Mittmann, S. / G. Schmitt (Hg.)
    2001   Tübinger Bibelatlas. Tübingen Bible Atlas. Auf der Grundlage des Tübinger Atlas des Vorderen Orients (TAVO), Stuttgart.
Survey of Israel
    1984   Map of Israel, 1 Blatt, 1:400 000.
    1983   Israel, 2 Blatt, 1:250 000.
    1967ff.   Topographic Map, 22 (26) Blatt, 1:100 000.
              City Maps (Tel-Aviv. Jafo/Jerusalem), 1:14 000.
              Town Maps   (Jerusalem, Tel-Aviv, Haifa u.a.), 1:12 500.

---

[29] Hier wird allerdings aus Raumgründen nur eine kleine Auswahl der Editionen dargeboten. Vgl. auch North, R., The History of Biblical Map Making, Tübinger Atlas des Vorderen Orients. Beiheft B.32, Wiesbaden 1979.

134 Biblische Archäologie

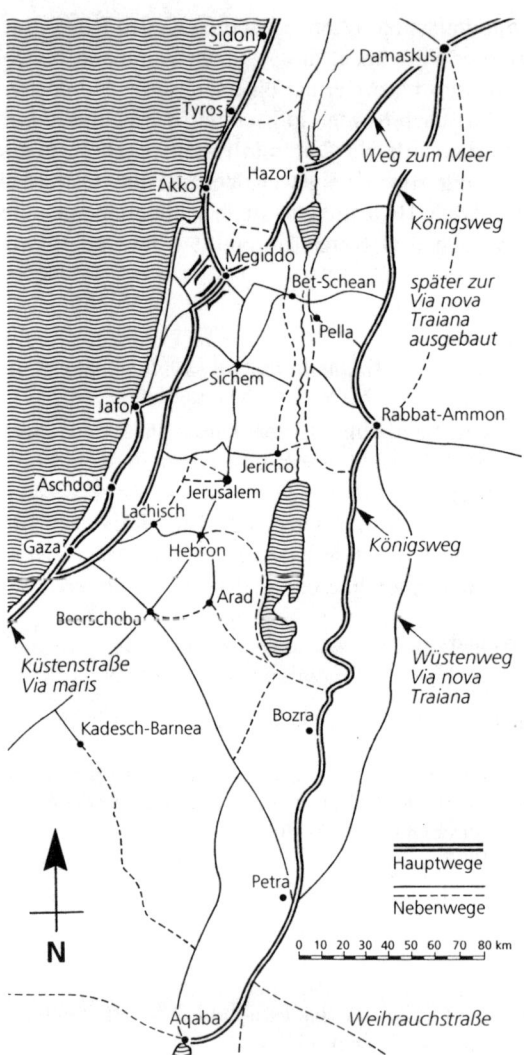

Abb. 6: Die palästinischen Haupthandelswege
Aus: Vieweger, D., Archäologie der biblischen Welt, UTB 2394, S. 86 Abb. 61.
© Ernst Brückelmann

Höhne, E.
   1979   Palästina. Historisch-Archäologische Karte, 2 Blatt im Maßstab 1:300 000, Göttingen (Reicke, B./L.Rost: Biblisch-Historisches Handwörterbuch, Band 4; Sonderdruck 1981).

TAVO
   1977ff.   Tübinger Atlas des Vorderen Orients, Wiesbaden.
                Beihefte zum Tübinger Atlas des Vorderen Orients.
   1977ff.   Reihe A (Naturwissenschaften), Wiesbaden.
   1972ff.   Reihe B (Geisteswissenschaften), Wiesbaden.

1.5. Methoden archäologischer Arbeit

1.5.1. Die Oberflächenforschung (Survey)

Das Ziel groß angelegter Oberflächenforschungen ist eine möglichst umfassende Aufnahme und kartographische Erfassung der Altertümer Palästinas. Sie begannen mit der Feldarbeit beim Surrey of Western Palestine durch C.R. Conder und H.H. Kitchener (s.o.) im letzten Viertel des 19. Jahrhunderts. Im Wesentlichen geht es der archäologischen Geographie dabei um die Lokalisierung, Datierung und (wenn möglich) Identifikation von Ortslagen (z.B. von Städten, Siedlungen, Gehöften) sowie von landwirtschaftlichen (z.B. Wein- oder Ölpressen) und handwerklichen (z.B. Kupfer- oder Eisenschmelzöfen) Installationen. Dabei fließen in die Untersuchungen selbstverständlich auch die Ergebnisse von Grabungen mit ein.

Aus solchen Daten ist es möglich, Schlussfolgerungen zur Siedlungsgeschichte eines geographischen Bereichs zu ziehen und vergleichende Erkenntnisse zur Siedlungsdichte und Siedlungsstruktur einzelner Gebiete zu erheben. Auch Fragen zum sozialen wie ökonomischen Umfeld können gestellt und Hinweise auf Handelswege ausgewertet werden. Die Möglichkeiten zur Datierung von Altertümern beschränken sich allerdings auf sicher bestimmbare, sichtbare Architekturreste an der Oberfläche sowie besonders auf Keramik-, Metall- und Steinartefakte.

Die Identifikation von Ortslagen ist denkbar, wenn die kritische Auswertung aller literarischen Zeugnisse und die Erkenntnisse von Grabungs- und/oder Surveyunternehmungen (möglicherweise in Verbindung mit der Kontinuität von Ortsnamen)[30] die Zugehörigkeit eines antiken Namens zu einem konkreten geographischen Ort oder Gebiet nahelegen.

Auch bei der Vorbereitung von Grabungsunternehmungen werden Surveys durchgeführt. Sie dienen der Erkundung des potentiell zu ergrabenden Ortes und seines Umfeldes und helfen beim Festlegen der Grabungsstrategie (z.B. beim Anlegen von Arealen). Parallel zu Grabungen erkunden Surveys im Bereich um den Grabungsort das sog. Hinterland und ermöglichen dabei wichtige Hinweise auf das soziokulturelle Umfeld der Siedlung in den jeweils vertretenen Kulturepochen.[31]

Die Oberflächenforschung bedient sich neben subtilen Begehungen der Oberfläche auch gezielter Beobachtungen aus der Luft, die – zumal im tages- und jahreszeitlichen Wechsel – sehr interessante Rückschlüsse auf das Vorhandensein von Altertümern ermöglichen. Allerdings dürfen die Möglichkeiten solcher Oberflächenforschungen auch nicht überschätzt werden. Trotz ausgereifter Methodik bleiben ihr wesentliche Erkenntniswege verschlossen, die allein durch Ausgrabungen oder geophysikalische Prospektionen zu erschließen sind. Der besondere Vorteil der geophysikalischen Perspektion (Geoelektrik, Geomagnetik, elektromagnetische Induktion, Seis-

---

[30] Zum Problem der Kontinuität bzw. Diskontinuität von Ortsnamen an einem geographischen Ort s. den kurzen Überblick bei H. Weippert, Palästina in vorhellenistischer Zeit (Handbuch der Archäologie. Vorderasien II.1.), München 1988, 63–65, sowie Noth, M., Zur lokalen Ortsnamenüberlieferung, Zeitschrift des Deutschen Palästina-Vereins 83, 1967, 117–122.

[31] Zur Methodik der Erhebung, Klassifikation und Interpretation archäologischer Fakten in Surveys s. Vieweger, D., Der Tell Zeraʻa im Wādī el-ʻArab – Die Region südlich von Gadara, Das Altertum 48, 2003, 191–216.

mik, Georadar)³² gegenüber den klassischen Surveymethoden ist die Fähigkeit, in den Boden einzudringen, ohne Befunde zu zerstören.

1.5.2. Archäologische Grabungen

Die in Abb. 7 stark schematisierte Darstellung zeigt die Entstehung eines Tells. Er ist aus Schuttschichten (sog. *Strata*) zerstörter Ansiedlungen aufgebaut, die sich in dünneren und dickeren Schichten über den gewachsenen Felsen oder die unberührte Erde ziehen. Im vorhellenistischen Palästina wurden die meisten Häuser ursprünglich mit Steinfundamenten gegründet und mit luftgetrockneten Ziegeln oder Lehmwänden nach oben hin aufgebaut. Bei Katastrophen (Brand, Krieg, Erdbeben o.ä.) wurden die Gebäude der Siedlungen verwüstet, wobei die Lehmmassen über die Grundmauern stürzten und spätestens während der nächsten Regenzeit eine feste Schicht mit harter Oberfläche bildeten. Auf dieser Basis gründeten spätere Generationen wieder neue Steinfundamente für neue Häuser, die sie wiederum mit Lehmwänden erbauten. Auch diese Siedlung wurde irgendwann wieder zerstört oder verlassen, so dass die Ortschaft erneut verfiel und der Lehm der Gebäude eine

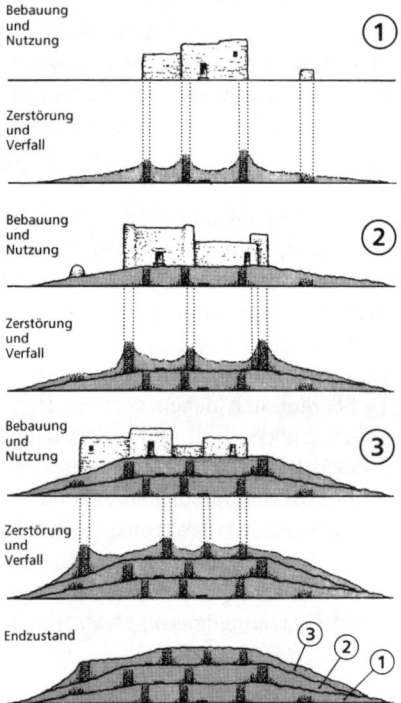

Abb. 7: Zur Entstehung eines Tells
Aus: Vieweger, D., Archäologie der biblischen Welt, UTB 2394, S. 95 Abb. 70.
© Ernst Brückelmann.

---

32 Vieweger, D., Archäologie der biblischen Welt, UTB 2394, S. 130–145.

weitere feste Kruste über den Resten der Hausfundamente bildete. Daher findet man im Idealfall die Siedlungen eines Hügels horizontal übereinander und kann diese entsprechend ihrer Schichtung separat ausgraben und in jeder Schicht auch das ihr zugehörige materielle Erbe entdecken (Haushaltsgeräte, Werkzeuge, Schmuck u.a. aus Stein, Metall oder Keramik). Vergängliche organische Materialien (Holz, Schilf, Textilien, Nahrungsmittel u.a.) sind nur selten nachzuweisen.

An Siedlungsplätzen in guter klimatischer und strategischer Lage ist eine Höhe der Tells von 15 bis 20 m keine Seltenheit. Zumeist aber findet man Orte, in denen nicht zu allen Zeiten dauerhafte Siedlungen bestanden. Nicht jede Siedlungsstätte aus alter Zeit hat sich bis heute zu einem Tell entwickeln können. Manche Ortslagen, besonders die in den Ebenen angelegten großen Siedlungen aus späterer (hellenistischer, römischer oder byzantinischer) Zeit, liegen aufgrund ihres qualitativ beständigeren Baumaterials (behauener Naturstein) heute als weiträumige Ruinenplätze vor, für die man zumeist den arabischen Ausdruck *ḫirbe* verwendet.

Entsprechend der Stratigraphie (Abfolge der Siedlungsschichten) einer Ruinenstätte werden die einzelnen Schichten der Überreste von Siedlungsperioden in aller Regel in der Reihenfolge ihrer Ergrabung (von oben nach unten, d.h. von der jüngsten zur ältesten Schicht) nummeriert. Natürlich können durch Abfallgruben, Planierungen (bes. in hellenistischer Zeit) oder tiefe Gründungen späterer Generationen solche theoretisch simplen Schichtenfolgen „gestört" sein. Abbrüche und Abspülungen von den seitlichen Abbrüchen des Tells kehren die Stratigraphie in dessen Fußbereich sogar um. Außerdem erstrecken sich nicht immer alle Strata (resp. deren frühere Siedlungen) über den gesamten Tell. Störungen der Stratigraphie sind deshalb ein übliches Phänomen.

Antike Ortslagen in Palästina besitzen meist eine vertikale Schichtenfolge. Für Gräberfelder ist hingegen in aller Regel mit einer horizontalen Stratigraphie zu rechnen, d.h. mit einer räumlichen Ausweitung eines Begräbnisplatzes.

Einer der wichtigsten Schritte archäologischer Untersuchungen nach der Einordnung der einzelnen Strata in deren interne, d.h. relativchronologische Abfolge ist die Bestimmung ihres jeweiligen absoluten Alters. Für diese Datierung bedient man sich zunächst der Methode der Typologie, d.h. der Einordnung der in den einzelnen Strata gefundenen materiellen Kultur (z.B. der Keramik) in die zeitliche Sequenz vergleichbarer Fundkontexte anderer Grabungen. Dieses Vorgehen basiert auf der Tatsache, dass die Erzeugnisse einer jeden Periode (Keramikgefäße, Waffen, Werkzeuge u.ä.) je ihren eigenen typischen Stil (Form, Dekoration, Material, Verarbeitung) besaßen. Sie entsprachen damit der technischen Funktionalität und dem modischen Geschmack ihrer Zeit und ihrer Gesellschaft. Da sich die Produktion materieller Güter nicht willkürlich, sondern in der Regel graduell im Laufe einer oder verschiedener Epochen änderte, lassen sich typologische Reihen erstellen, die die relative Abfolge z.B. bestimmter Keramikformen oder Metallgerätschaften in einem archäologischen Kulturbereich aufzeigen.[33]

---

[33] O. Montelius hat die typologische Methode (Montelius, O., Die Methode [Die älteren Kulturperioden im Orient und in Europa I], Stockholm 1903) in der archäologischen Wissenschaft zur Akzeptanz verholfen. – Für die Fundinterpretation ist weiterhin von großer Bedeutung, ob ein Objekt als Siedlungs-, Hort-, Grab- oder Streufund anzusprechen ist.

Wichtige Hinweise auf die Datierung eines Stratums liefern bes. Importartikel, da diese in ihren Herkunftsgebieten in den meisten Fällen bereits stratifiziert aufgefunden und damit chronologisch bestimmt wurden. Darüber hinaus kann man sich der modernen naturwissenschaftlichen Methoden (wie insbesondere der 14C-Bestimmung) und – wenn vorhanden – entsprechend auswertbarer Schriftfunde bedienen.

1.6. Glossar archäologischer Grundbegriffe

Areal: zusammenhängender Grabungsbereich, der in Quadrante (meist 1x1 oder 5x5m) aufgeteilt wird.
Artefakt: von Menschen bearbeitetes oder hergestelltes Objekt.
Befund: Fundeinheiten, Fundzusammenhänge.
14C-Datierung: chronologische Bestimmung von organischen Materialien aufgrund ihres Gehaltes am instabilen Kohlenstoffisotop mit der Massezahl 14 (= C-14 Isotope). Diese schwersten aller Kohlenstoffisotope werden nur in lebenden Organismen gebildet. Mit dem Absterben eines Lebewesens kommen keine neuen (14C Isotope hinzu und der vorher im Gleichgewicht befindliche 14C-Gehalt beginnt aufgrund des radioaktiven Zerfalls der C-14 Isotope *konstant* abzunehmen (die Halbwertszeit beträgt 5730+40 Jahre), sodass man über den physikalisch berechneten Fortschritt des Zerfallsprozesses der 14C Isotope relativ genaue Angaben über das Alter des untersuchten organischen Materials machen kann. – Mit Hilfe der → Dendrochronologie können 14C Daten kalibriert (= korrigiert) werden.[34]
Dendrochronologie: Altersbestimmung von Hölzern aufgrund ihrer spezifischen Sequenz von Jahresringbreiten. Dabei werden Holzproben unbekannten Alters durch den Vergleich mit bereits zeitlich eingeordneten Folgen von Jahresringbreiten datiert.
Ḫirbe: Bezeichnung für eine Ortslage mit meist wenigen horizontal zueinanderliegenden → Strata; der Begriff wird auch verwendet für die häufig in den Ebenen angelegten Siedlungen aus hellenistischer, römischer oder byzantinischer Zeit, die aufgrund ihres qualitativ beständigen Baumaterials (Naturstein) oft als geringfügig überbaute, weiträumige Ruinenplätze vorliegen.
in situ: Befund am Fundort im ursprünglichen Gebrauchs-Kontext.
Ostrakon: beschriebene Keramikscherbe, der billige „Notizzettel" des Altertums.
Sondage: Ausgrabung in einem begrenzten Bereich, bes. zur Klärung der Schichtenfolge; die Erde wird in künstlichen Strata abgehoben.
Stratum: eine Besiedlungsschicht und damit ein wichtiger Abschnitt der Geschichte eines stratifizierten Ortes; ein einheitliches Stadium des Lebens einer Ortschaft, meist getrennt von früheren und späteren Schichten.
Survey: nach methodischen Vorgaben ausgeführte, systematische Oberflächenuntersuchung eines archäologischen Befundes.
Tell: Ruinenhügel mit (in der Regel) mehreren horizontal übereinander lagernden Kulturschichten von Siedlungen.
Typ(us): eine Gruppe von archäologischen Funden, die aufgrund wichtiger Charakteristika zueinander in Beziehung gesetzt werden können.
Typologie: Methode der (relativchronologischen) Klassifikation von Typen anhand von Form, Dekor und Material.

---

[34] Vgl. z.B. in Hrouda, B. (Hg.), Methoden in der Archäologie: Eine Einführung in ihre naturwissenschaftlichen Techniken, Beck'sche Elementarbücher, München 1978.

1.7. Die palästinische Chronologie

Für die archäologische Zeitbestimmung hat sich ein an typischen Kultur- *und* politischen Epochen orientiertes System herausgebildet. Für Palästina[35] ergeben sich folgende Hauptperioden:

3/2,5 Mio –	11000/10800	Paläolithikum (Altsteinzeit)
11000/10800 –	8500	Epipaläolithikum oder Mesolithikum (mittlere Steinzeit)
8500 –	4500	Neolithikum (Jungsteinzeit)
4500 –	3200	Chalkolithikum (Kupfersteinzeit)
3200 –	1200	Bronzezeit
1200 –	1000	Eisenzeit I (= Zeit der Sesshaftwerdung israelit. Stämme)
1000 –	520	Eisenzeit II (= israelit. Königszeit)
520 –	332	Perserzeit (oder Eisenzeit III) ⎱ die sog. „Spätzeit"
332 –	63 v.Chr.	hellenistische Zeit ⎰ des Alten Testaments
63 v.Chr. –	324 n.Chr.	römische Zeit
324 n.Chr. –	638/9 n.Chr.	byzantinische Zeit

Die biblische Zeit (ab ca. 1200 v.Chr.) macht nur einen kleinen Teil der palästinischen Geschichte aus. Man sollte sich daher vor Augen halten, dass der Beginn der Bronzezeit (Herausbildung der Hochkulturen im Zweistromland und in Ägypten) für einen im babylonischen Exil lebenden Judäer ähnlich weit entfernt war, wie wir es heute von seiner Zeit sind.

Die unten als Anhang beigefügten absoluten Jahresangaben der ausgeführten Chronologie Palästinas resultieren aus der Verarbeitung verschiedener Quellen für die Ermittlung von Dauer oder Zeitpunkt eines historischen Geschehens. Maßgeblich waren dabei zunächst die Chronologien Ägyptens und Mesopotamiens,[36] die über Synchronismen (z.B. das Jahr 1457 v.Chr. zwischen Ägypten und Palästina)[37] wichtige Hinweise für eine relative Datierung einzelner Ereignisse liefern. Dem ordnen sich Hinweise aus schriftlichen Überlieferungen, Ergebnisse physikalisch-naturwis-

---

[35] Vgl. für Palästina Weippert, H., Metallzeitalter und Kulturepochen, Zeitschrift des Deutschen Palästina-Vereins 107, 1991, 1–23.

[36] Hierbei spielen auch astronomische Daten (z.B. Berechnung der Sothis- und Monddaten in Ägypten), die zu absolutchronologischen Angaben führen, ein wichtige Rolle. – Beide Systeme folgen je für ihren Bereich der sogenannten „kurzen Chronologie". Dabei wird das Datum für die Akzession Ramses' II nicht mehr mit 1304 oder 1290 v.Chr. bestimmt, sondern erst für das Jahr 1279 festgesetzt werden können. Die Verkürzung der Regierungszeit Merenptahs auf 10 (vorher 20) Jahre sowie das Streichen der selbständigen Herrschaft Amenmesses begründen diese Ansetzung und bewirken in gleicher Weise eine Reduzierung der Daten für die gesamte 18. Dynastie. Damit wird der Regierungsantritt Thutmosis' III auf das Jahr 1479 v.Chr. (vorher 1504 oder 1490) festgelegt und der Beginn des Neuen Reiches (Ahmose) in das Jahr 1539 (vorher 1552) datiert.

[37] 1457 siegte Thutmosis III bei Megiddo gegen eine Koalition von Truppen der Mitanni und palästinisch-syrischer Fürsten.

senschaftlicher Techniken zur Altersbestimmung (z.B. der 14C-Datierungsmethode) und archäologische Erkenntnisse zu.[38]

1.8. Ausgewählte Literatur für einen ersten Zugang zur Biblischen Archäologie und palästinischen Landeskunde

1.8.1. Bibliographien

Cassuto-Salzmann M.
1959ff.   Selected Bibliography. Publications on Archaeological Excavations and Surveys in Israel: 'Atiqot 2, 1959, 165–183; 3, 1961, 188–198; 'Atiqot. Suppl. 4, 1965; 8, 1969; 9f., 1973.
Elenchus bibliographicus biblicus
1920ff.   pars: Archaeologia biblica et Geographia biblica (von 1,1920–48,1967 in Biblica; seit 1968 separat), Rom.
Homès-Fredericq, D./J.B. Hennessy (Hg.)
1986   Archaeology of Jordan 1, Akkadica. Supplementum III, Leuven.
Vogel, E.K./(B. Holtzclaw)
1971.1981   Bibliography of Holy Land Sites I–III, Hebrew Union College Annual 42,
1987   1–96; 52, 1–92; 58, 1–63.

1.8.2. Einführungen in die Biblische Archäologie

Dever, W.G.
1990   Recent Archaeological Discoveries and Biblical Research, Washington.
Fritz, V.
1985   Einführung in die biblische Archäologie, Darmstadt.
Lance, H.D.
1993   The Old Testament and the Archaeologist, Philadelphia.
Paul, S./W.G. Dever
1978   Biblical Archaeology in Focus, Grand Rapids, Mich.
Silberman, N.A. / Schmall, D.
1997   The Archaeology of Israel. Constructing the Past, Interpreting the Present, Sheffield.
Vieweger, D.
²2005   Archäologie der biblischen Welt, UTB 2394, Göttingen.
Wright, G.E.
²1962   Biblical Archaeology, Philadelphia.

1.8.3. Zur Methodik der (Biblischen) Archäologie

Amiran, R.
1969   Ancient Pottery of the Holy Land, Jerusalem.

---

[38] S. dazu ausführlich Vieweger, D., Chronologische Tabellen zur Geschichte Zyperns im Kontext geschichtlicher Daten Ägyptens, Palästinas, Syriens, Mesopotamiens, Irans, Anatoliens und des ägäischen Gebietes (vom Neolithikum bis zu Konstantin d.Gr.), mit einer Einleitung und einer Bibliographie, in: T. Papadopoullos (Hg.), Ancient Cyprus II, Nikosia 2000, 1111–1124 mit zahlreichen Faltkarten.

Ausgewählte Literatur 141

Barker, P.
³1983   Techniques of Archaeological Excavation, London.
Biel, J. / D. Klonk (Hg.)
1994/1998   Handbuch der Grabungstechnik, Stuttgart.
Gersbach, E.
1998   Ausgrabung heute. Methoden und Techniken der Feldgrabung, Darmstadt.
Gorys, E.
1989   Handbuch der Archäologie. Ausgrabungen und Ausgräber. Methoden und Begriffe, Augsburg (1989b).
Joukowsky, M.
1980   A Complete Manual of Field Archaeology. Tools and Techniques of Fieldwork for Archaeologists, Prentice Hall.

1.8.4. Lexika und Gesamtdarstellungen

Aharoni, Y.
1982   The Archaeology of the Land of Israel. From the Prehistoric Beginnings to the End of the First Temple Period, Philadelphia 1982.
BHH
1962–1979   Biblisch-Historisches Handwörterbuch I–IV, B. Reicke/L. Rost (Hg.), Göttingen.
BRL
²1977   Biblisches Reallexikon, Handbuch zum Alten Testament 1.1, K. Galling (Hg.), Tübingen.
NEAEHL
1993   The New Encyclopedia of Archaeological Excavations in the Holy Land I–IV, Stern, E. et al. (Hg.), Jerusalem.
Homès-Fredericq, D./J.B. Hennessy (Hg.)
1989   Archaeology of Jordan II.1/2, Akkadica.Supplementum VII/VIII, Leuven.
Kuhnen, H.-P.
1990   Palästina in griechisch-römischer Zeit, Handbuch der Archäologie, Vorderasien 2.2, München.
Mazar, A.
1990   Archaeology of the Land of the Bible. 10,000-586 B.C.E., New York.
NBL
1988ff.   Neues Bibel-Lexikon, M. Görg/B. Lang (Hg.), Zürich.
Sawyer, J.F.A./D.J.A. Clines (Hg.)
1983   Midian, Moab and Edom. The History and Archaeology of Late Bronze and Iron Age Jordan and North-West Arabia, Journal for the Study of the Old Testament. Suppl. 24, Sheffield.
Weippert, H.
1988   Palästina in vorhellenistischer Zeit, Handbuch der Archäologie, Vorderasien 2.1, München.

1.8.5. Zeitschriften

Aus einem Angebot von knapp 400 Fachzeitschriften (und der ihnen zugeordneten Monographie-Reihen), die sich mit Palästina (und dem Vorderen Orient) beschäftigen seien hier ausgewählt:
Abhandlungen des Deutschen Palästina-Vereins (*ADPV*); Archäologischer Anzeiger (*AA*); The Annual of the American Schools of Oriental Research (*AASOR*); Aufsätze zur biblischen Landes- und Altertumskunde (*ABLAK*); Annual of the Department of Antiquities of Jordan (*ADAJ*); Archiv für Orientforschung (*AfO*); Alter Orient und Altes Testament (*AOAT*); The Biblical Archaeologist (*BA*), seit 1998: Near Eastern Archaeology (*NEA*);

Biblical Archaeology Review (*BAR*); Bulletin of the American Schools of Oriental Research (*BASOR*); Eretz Israel (*EI*); Catholic Biblical Quarterly (*Catholic Biblical Quarterly*); Hadashot Arkheologiyot (*Ḥad.*); Hebrew Union College Annual (*HUCA*); Israel Exploration Journal (*IEJ*); Journal of the American Oriental Society (*JAOS*); Jahrbuch des Deutschen Archäologischen Instituts (*JDAI*); Levant (*Lev.*); Mitteilungen der Deutschen Orient-Gesellschaft (*MDOG*); Palästinajahrbuch des Deutschen Evangelischen Instituts (*PJb*); Palestine Exploration Fund Annual (*PEFA*); Palestine Exploration Quarterly (*PEQ*); Revue d'assyriologie et d'archéologie orientale (*RA*); Revue Biblique (*RB*); Syria (*Syr.*); Tel Aviv (*TA*); Ugarit-Forschungen (*UF*); Wissenschaftliche Veröffentlichungen der Deutschen Orient-Gesellschaft (*WVDOG*); Zeitschrift für Assyriologie und Vorderasiatische Archäologie (*ZA*); Zeitschrift des Deutschen Palästina-Vereins (*ZDPV*).

1.8.6. Textsammlungen

ANET
^{3}1969 Ancient Near Eastern Texts Relating to the Old Testament, J.B. Pritchard (Hg.), Princeton N.J.
Falkenstein, A. / W. von Soden
1953 Sumerische und akadische Hymnen und Gebete, Zürich.
IH
1997 Inscriptions Hébraiques I, Les Ostraca, A. Lemaire (Hg.), Paris.
KAI
^{3}1971–1976 Donner H./W. Röllig, Kanaanäische und aramäische Inschriften I–III, Wiesbaden.
TUAT
1982ff. Texte aus der Umwelt des Alten Testaments, O. Kaiser (Hg.), Gütersloh.
ESE
1902–1915 Ephemeris für semitische Epigraphic I–III, M. Lidzbarski (Hg.), Gießen.
Keel, O. et al.
1985–1994 Studien zu den Stempelsiegeln aus Palästina/Israel I–IV (Orbis Biblicus et Orientalis 67.88.100.135), Freiburg/Schweiz.
SAA
1987ff. State Archives of Assyria, K. Deller / F. Fales / S. Parpola / N. Postgate (ed.), Helsinki.
The Context of Scripture
2003ff. Canonical Compositions, Monumental Inscriptions and Archival Documents from the Biblical World, Vol. 1–3, Leiden 1997, 2000, 2002
TSS
1971ff. Textbook of Syrian Semitic Inscriptions, I. Hebrew and Moabite Inscriptions, II. Aramaic Inscriptions, J.C.L. Gibson (Hg.), Oxford.

1.8.7. Reiseführer

Keel, O. et al.
1984ff. Orte und Landschaften der Bibel. Ein Handbuch und Studien-Reiseführer zum Heiligen Land Iff., Zürich.
O'Connor, J.M.
^{4}1998 Das Heilige Land. Ein archäologischer Führer, München.
Otto, E.
1980 Jerusalem, die Geschichte der Heiligen Stadt. Von den Anfängen bis zur Kreuzfahrerzeit, Urban-Taschenbücher 308, Stuttgart.
Scheck, F.R.
^{2}2000 Jordanien. Völker und Kulturen zwischen Jordan und Rotem Meer, Köln (im Jahr 1997 vollkommen überarbeitet).

Anhang: Chronologie Palästinas

Die Klassifikation der in den Tabellen dargebotenen Daten zur Vor- und Frühgeschichte bleibt notgedrungen schematisch. Daher sollte man die pauschalen Zeitspannen als Näherungswerte betrachten und Übergangszeiten zwischen den einzelnen Epochen veranschlagen. Generell muß man bei Daten aus dem 2. Jahrtausend v.Chr. mit einem Unsicherheitsfaktor von mehreren Jahren bis zu Jahrzehnten, für das 3. Jahrtausend v.Chr. von Jahrzehnten (und mehr) rechnen. Sichere absolutchronologische Datierungen können zumeist nur ab dem zweiten Drittel des ersten vorchristlichen Jahrtausends aufgelistet werden.

Paläolithikum
Karmelhöhlen; Höhlen im Bereich der Wüste Juda und des Wādī Ramlīye südl. des Negev

10 000–8500 Epipaläolithikum
Natuf-Kultur: Wādī en-Naṭūf; Höhlen vom Karmel; Jericho;
spät: 'Ain Māllaḥa am Ḥūle-See

8500–4500 Neolithikum
8500–6200 *Akeramisches Neolithikum*
8500–7500 *Akeramisches Neolithikum* (PPN) A
El- Ḥiyām bei Bethlehem; Jericho
7500–6000 *Akeramisches Neolithikum* (PPN) B
Jericho; Naḥal Oren; Baiḍā'; 'Ain Ġazāl; Munḥāta 6–4

6000–5700 *Frühes Keramisches Neolithikum* (Jarmuk/Munḥāta-Stufe)
5000–4500 *Spätes Keramisches Neolithikum* (Wādī Rabāḥ-Stufe)
Jericho; Jarmuk-Unterlauf; Munḥāta 2a; Kābri III; Wādī Rabāḥ; Jericho IX–VIII

4500–3200 Chalkolithikum (vgl. Negade I in Ägypten)
T. Ġaṣṣūl; 'Ēn-Gedi (Tempel); Ortslagen im Negev bei Beerscheba; Tell Abū Maṭar

3200–2150 Frühbronzezeit
3200–2950 *Frühbronzezeit I* (vgl. Negade II/III in Ägypten)
Tell el-Fār'a (Nord); Tell eš-Šeḫ 'Aḥmed el-'Arēnī
Arad IV (Narmer-Kartusche); Bet-Schean XVII–XIV
Jericho XI/DDi–M (im Trench III bzw. E. III–IV); Munḥāta 1

2950–2640 *Frühbronzezeit II* (vgl. Dynastien 1–3 in Ägypten)
Jericho XIV–XVI/L–G (im Trench III bzw. E. III–IV); Arad III–I; Bet-Schean XIII; Ḥirbet el-Kerak III

2640–2250 *Frühbronzezeit III* (vgl. Dynastien 4–6 in Ägypten)
Snofru (4. Dynastie): Expedition bis Arad
Jericho XVII–XIX, Ai VI–VIII, Bet-Schean XII–XI, Ḥirbet el-Kerak IV
Städtische Kultur kommt mit dem Ende der FB III weitgehend zum Erliegen

2250–2150 *Frühbronzezeit IV*
Pepi I (6. Dynastie) dringt mit Flotte bis zum Karmel vor

2150–1550 Mittelbronzezeit
2150–1950 Zwischenzeit (Mittelbronzezeit I)
(vgl. Dynastien 7/8 und 9/10 in Ägypten)
Hazor, Megiddo, Bēt-Schean, Jericho, Tell Bēt Mirsim
Siedlungen ohne Mauern, Paläste, Tempel oder dichte Wohnviertel

1950–1550 Mittelbronzezeit II
„mittelurbane Phase"
Stadtstaatensystem von unabhängigen Königtümern in befestigten Ortslagen:
z.B. Dan, Hazor, Megiddo, Bet-Schean, Sichem, Afek, Geser

1950–1750 *Mittelbronzezeit* II A
Sesostris III (12. Dynastie) dringt bis Sichem vor
Südpalästina unter loser ägyptischer Oberherrschaft

1750–1550 *Mittelbronzezeit* II B
Hazor steigt zur größten palästinischen Stadt auf

1550–1200 Spätbronzezeit
1550–1400 *Spätbronzezeit* I
städtische Kultur der MB II wird fortgeführt
Stadtstaaten mit wechselnden Bündnissen und Abhängigkeiten
ab 1490 Einfluß der Mitanni in Syrien und Palästina
1457 Thutmosis III siegt bei Megiddo gegen eine Koalition von Truppen
der Mitanni und palästinisch-syrischer Fürsten

1400–1200 *Spätbronzezeit* II
14. Jh. Zeit der Amarnakorrespondenz
mit Sethos I (19. Dynastie) beginnt eine Zeit stärkerer militärischer Präsenz Ägyptens
in Palästina

1200–520 Eisenzeit
1200–1000 *Eisenzeit* I
ca. 1200 „Seevölkersturm"
bis gegen 1150 Zerstörung vieler Stadtstaaten
Philister siedeln an der Südküste Palästinas
Entstehung der ostjordanischen Königtümer Ammon, Moab und Edom

1000–520 *Eisenzeit* II

Juda	und Israel	Ammon/ Moab/Edom	Aram/ Damaskus
	Saul		
	um 1004–965 David		
	um 965–926 Salomo		
			Rason
	926/5–907/6 Jerobeam I		
			Bar-Hadad I
868/7–851/0 Josaphat	878/7–871/0 Omri	*Kmšyt* (Moab)	
	871/0–852/1 Ahab		
			Bar-Hadad II
845/4–840 Athalja	845/4–818/7 Jehu		Haza'el
	um 800 Vormachtstellung der	Mescha (Moab)	
	Aramäer von Damaskus		
	802/1–787/6 Joas		Bar-Hadad III
773/2–735/4 Asarja	787/6–747/6 Jerobeam II		
	746/5–737/6 Menahem	Šanibu (Ammon)	Rason II
		Šalamānu (Moab)	
		Qōsmalak (Edom)	
			732 ass. Provinz

Chronologie Palästinas 145

Juda	Israel
725/4–697/6 Hiskia	722/1 Samaria von Salmanassar V erobert

640/39–609/8 Josia
Schlacht bei Megiddo
gegen Pharao Necho II
(609)

587/6 Zerstörung Jerusalems durch Nebukadnezar II

sog. Babylonisches Exil der judäischen Oberschicht

(538) 520–332 Perserzeit (Eisenzeit III)

Juda und Samaria
  Gründung und Bau des Zweiten Tempels in Jerusalem (538/7; 520–515)
  um 445/4–433/2 Nehemia in Jerusalem
  um 425 oder um 398/7 Esra in Jerusalem
  332 Einnahme Palästinas durch Alexander den Großen

332 v.Chr. – 324 n.Chr. Palästina in hellenistisch-römischer Zeit
  Eroberung Samarias durch den Feldherrn Parmenio
  um 310 Onias I Hoherpriester in Jerusalem

301–198 *Vorherrschaft der Ptolemäer*
  Ptolemaios II Philadelphos verteidigt Palästina gegen die Seleukiden
  Ptolemaios III und IV opfern in Jerusalem nach ihren Siegen über die Seleukiden
202–198 5. Syrischer Krieg
  nach der Schlacht bei Paneas fällt Judäa an die Seleukiden

198–63 *Vorherrschaft der Seleukiden*
167 Verbot der Einhaltung jüdischer Gesetze durch Antiochos IV
  erstes heidnisches Opfer auf dem Jerusalemer Brandopferaltar
167–143/2 Aufstand der Makkabäer
166–161 Judas Makkabäus
164 Reinigung und Wiederweihe des Tempels
161–143/2 Jonathan

	Nabatäer
143/2–37 *Hasmonäer*	
143/2–135/4 Simon	um 168 Aretas I
ab 141 „Hoherpriester, Feldherr und Volksfürst"	
	um 85 Rabel I
63 Pompeius erobert den Jerusalemer Tempelbezirk	um 85–63/2 Aretas III
63 v.Chr. – 324 n.Chr. *Palästina unter römischer Oberherrschaft*	63/2–30 Malichos I

37v.–66 n.Chr. *Palästina unter den Herodianern und Römern*
37–4 v.Chr. Herodes der Große
um 30/33 Kreuzigung Jesu von Nazareth unter dem Prokurator Pontius Pilatus
66–70 Erster Jüdischer Krieg
70 Zerstörung Jerusalems durch Titus
70–132 *Palästina unter römischen Statthaltern*
132–135 Zweiter Jüdischer Krieg
 Judäa wird als Provinz Syria-Palaestina neu organisiert

30–9/8 v.Chr. Obodas II
9/8 v.Chr.–40 n.Chr. Aretas IV

70/1–106 Rabel II
106 Einnahme Petras durch die Römer

306–337 Konstantin der Große und der Beginn der byzantinischen Epoche
 unter Konstantin wird Palästina geistiges Zentrum des christlichen Reiches; Höhepunkt der Besiedlung Palästinas.
358 Konstantinius II: im Süden wird Provinz Palaestina Salutaris geschaffen
um 400 drei römische Provinzen in Palästina: Palaestina prima (judäisches Kerngebiet, Küstenebene von Gaza bis Dor, Peräa); Palaestina secunda (Galiläa, Golan, Decapolis z.T.) und Palaestina tertia (= salutaris; Süden)

Ausgewählte Literatur zu den hier verarbeiteten chronologischen Problemen:

Bietak, M.
1989   The Middle Bronze Age of the Levant – A New Approach to Relative and Absolute Chronology, in: P. Åström (Hg.), High, Middle or Low? Acts of an International Colloquium on Absolute Chronology Held at the University of Gothenburg 20th–22th August 1987, Studies in Mediterranean Archaeology and Literature. Pocket-Book 80, Band 3, Göteborg, 78–120.
Dever, W.G.
1980   New Vistas on the EB IV („MB I") Horizon in Syria-Palestine, Bulletin of the American Schools of Oriental Research 237, 35–64.
Matthiae, P.
1989   The Destruction of Ebla Royal Palace. Interconnections between Syria, Mesopotamia and Egypt in the Late EB IV A, in: P. Åström (Hg.), High, Middle or Low? Acts of an International Colloquium on Absolute Chronology Held at the University of Gothenburg 20th–22th August 1987, Studies in Mediterranean Archaeology and Literature. Pocket-Book 80, Band 3, Göteborg, 163–169.
Reade, J.
1981   Mesopotamian Guidelines for Biblical Chronology, Syro-Mesopotamian Studies 4, 1–9.
Schwartz, G.M./H. Weiss
^{3}1992   Syria, ca. 10,000–2000 B.C., in: R.W. Ehrich (Hg.), Chronologies in Old World Archaeology, 2 Bände, Chicago I, 221–243, II, 185–202.
Stager, L.E.
^{3}1992   The Periodization of Palestine from Neolithic through Early Bronze Times, in: R.W. Ehrich (Hg.), Chronologies in Old World Archaeology, 2 Bände, Chicago I, 22–41, II, 46–60.
Wright, G.E.
1959   Israelite Samaria and Iron Age Chronology, Bulletin of the American Schools of Oriental Research 155, 13–29.

2. Soziologische und sozialgeschichtliche Auslegung
(Siegfried Kreuzer)

Soziologie und Sozialgeschichte werden in der Regel so unterschieden, daß es Sozialgeschichte vor allem mit der Beschreibung der sozialen Situation verschiedener Gruppen und Schichten in der Gesellschaft zu tun hat, während Soziologie mit Hilfe von Theorien und Modellen die Einzeldaten und -phänomene interpretiert und die Rolle einzelner Personen und Gruppen in ein Gesamtmodell einordnet und diese von da her bestimmt. Beide Bereiche gehören allerdings eng zusammen, weil soziologische Theorien und Modelle auf konkreten Daten und Phänomenen aufbauen müssen und andererseits auch sozialgeschichtliche Beschreibungen die gegebenen Daten und Phänomene gewichten und interpretieren müssen; außerdem sind in der beschreibenden Wahrnehmung und Gewichtung sozialer Gegebenheiten immer auch bereits theoretische Voraussetzungen und Modelle impliziert.

Sozialgeschichte und sozialgeschichtliche Bibelauslegung wurden und werden darüber hinaus häufig nicht nur als deskriptive Aufgabe verstanden, sondern als eine Form so genannter engagierter Exegese, d.h. als Exegese, die nicht nur Texte und die in ihnen gegebenen sozialen Situationen historisch beschreibt, sondern daraus auch verpflichtende Positionsbestimmungen für heute (z.B. „Option für die Armen") ableitet und die andererseits auch Normen für das Verstehen und für die Sachkritik an biblischen Texten selber vorgibt. Nachdem sozialgeschichtliche Exegese in diesem Sinn vor allem in Lateinamerika und zum Teil auch in romanischen Ländern Europas entwickelt wurde und klassische Ausprägungen fand, wurde sie seit den 1970er-Jahren auch im deutsch- und englischsprachigen Raum zunehmend rezipiert.[1] Besonders im deutschsprachigen Bereich geschah dies auch als Gegenbewegung gegenüber zu abstrakten und individualistischen Ausprägungen der Kerygmatheologie. In jüngerer Zeit hat sich das Gewicht zum Teil mit spezifischen Anliegen wie feministischer Exegese verbunden, andererseits werden auch die späteren Phasen der Geschichte Israels stärker in den Blick genommen.

2.1. Grundprobleme und Grundtypen der Soziologie[2]

Soziologische Fragestellungen finden sich bereits in der antiken und mittelalterlichen Philosophie und im Zusammenhang volkswirtschaftlicher Probleme im 17. und 18. Jh. Die Soziologie entwickelte sich mit dem Bewusstwerden der raschen Veränderungen und der Veränderbarkeit der Gesellschaft in der Neuzeit. Den Begriff Soziologie prägte *Auguste Comte* (1798–1857). Soziologie wurde verstanden als Wissenschaft von den gesellschaftlichen Tatsachen und ihren naturgesetzlich gedeuteten

---

[1] Beispiele und weitere Literatur siehe bei Schottroff / Stegemann (Hg.), Der Gott der kleinen Leute.
[2] Literatur zur Soziologie: Jonas, Geschichte der Soziologie; Käsler (Hg.), Klassiker; Ryan (Hg.), Social Explanation; Hillmann / Hartfiel, Wörterbuch der Soziologie; Giddens, Interpretative Soziologie; ders., Social Theory and Modern Sociology; Kehrer, Religionssoziologie; Bahrdt, Schlüsselbegriffe; Amman, Soziologie.

Verknüpfungen, gewissermaßen eine „soziale Physik", die eine optimale Organisation der Gesellschaft ermöglichen sollte. Es fällt auf, dass die Soziologie besonders in ihrer Anfangszeit den Anspruch einer Universalwissenschaft erhob, die unter Verwendung eines umfangreichen Faktenmaterials umfassende, nicht nur deskriptive, sondern auch normative Systeme schaffen wollte. Hierfür ist neben August Comte besonders *Karl Marx* (1818–1883) zu nennen. Naturgemäß wurden diese Systeme von den jeweils aktuellen philosophischen Strömungen, im 19. Jh. besonders vom Darwinismus mit seinen entwicklungsgeschichtlichen Vorstellungen, beeinflusst.

Einen guten Zugang zu den Grundproblemen der Soziologie bietet ein Blick auf die Geschichte dieser Disziplin. Denn mit der Entwicklung der Soziologie wurden sukzessive Problemstellungen diskutiert, die in verschiedener Form bis heute präsent sind und markante Typen der Soziologie kennzeichnen. Dem entspricht, dass auch in der neueren Diskussion die Klassiker des soziologischen Denkens immer wieder eine große Rolle spielen.

Eines der grundlegenden Probleme ist das Verhältnis des *Einzelnen zur Gesellschaft* bzw. zu gesellschaftlichen Gruppen, wobei die Soziologie von ihrem Selbstverständnis und Grundansatz her primär zu einem Vorrang der sozialen Gruppen und Rollen gegenüber dem Individuum neigt. Während etwa für Max Weber bei aller Bedeutung der tatsachenorientierten Erkenntnis auch das Verstehen des subjektiven Sinnes der Handlungsabläufe wichtig war („verstehende Soziologie"), betonte Emile Durkheim die Bedeutung des Gruppengeschehens und die gesellschaftliche Bedingtheit des menschlichen Bewusstseins („funktionale Soziologie"; s.u.).
Eine weitere wichtige Unterscheidung ist die zwischen historischer Beschreibung und einem *Typus*. Ein Typus ist ein idealisiertes Modell, das in dieser Weise nicht oder höchstens ausnahmsweise wirklich vorkommt, das aber eine wichtige heuristische Funktion hat und helfen soll, die Grundorientierung bestimmter Gesellschaftsformen zu erkennen und herauszustellen.

Ein interessantes Beispiel dafür bietet *Ferdinand Tönnies'* (1855–1936) Werk „Gemeinschaft und Gesellschaft"[3]. Tönnies beschreibt darin die Geschichte Europas in ihrem Übergang vom Mittelalter zur Moderne, wobei dieser Übergang verstanden wird als Übergang von der Gemeinschaft zur Gesellschaft. Beide Begriffe werden bei Tönnies sowohl historisch beschreibend als auch als Typen, d.h. als abstrahierte (und idealisierte) Modelle verwendet. Beide kommen in der historischen Wirklichkeit nicht rein vor, sie dienen aber dazu, grundlegende Charakteristika einer bestimmten historischen Situation zu erfassen und zu beschreiben.
Gemeinschaft ist für Tönnies eine intime und exklusive soziale Gruppe. Ihr Prototyp ist die Familie, in der die Verbundenheit der Gemeinschaft am deutlichsten zutage tritt. Die Gemeinschaft ist die grundlegende und ursprünglichste Form des menschlichen Zusammenlebens („ein urwüchsiges Gebilde") und existiert unabhängig von rationalen oder ökonomischen Entscheidungen. Gemeinschaft gibt es nicht nur in der Form der Familie, sondern auch auf der Grundlage des gemeinsamen Wohnens, etwa als Ortsgemeinschaft, oder auch gemeinsamer Interessen als Überzeugungsgemeinschaft.

---

[3] Mit dem bezeichnenden Untertitel „Grundbegriffe der reinen [!] Soziologie".

Gesellschaft ist dagegen die charakteristische Form der modernen europäischen Zivilisation, die nicht eine Gemeinschaft der Verwandtschaft, des Ortes oder der Gesinnung ist, sondern die ein kompliziertes Netzwerk gesetzlicher und moralischer Beziehungen darstellt. Eine Gesellschaft ist ihrem Wesen nach zweckbestimmt und rational in ihrer Begründung. In der Gemeinschaft sind die einzelnen Glieder trotz aller trennenden Faktoren im wesentlichen verbunden, während sie in der Gesellschaft trotz aller verbindenden Faktoren im wesentlichen getrennt sind. Gesellschaft basiert im Wesentlichen auf privatem Eigentum und auf dem Austausch von materiellen oder anderen Gütern. Diese Grundunterscheidung und Gegenüberstellung der beiden Typen war und ist von großem Einfluss auf die soziologische Forschung.

Bei der Verwendung dieser beiden Typen zeigt sich eine weitere grundlegende Spannung, nämlich die Spannung zwischen *Beschreibung* und *Bewertung*. Gemeinschaft und Gesellschaft werden häufig nicht nur deskriptiv, sondern auch wertend gegenübergestellt, wobei allzu leicht auch die Unterscheidung zwischen Idealtyp und Realität vernachlässigt wird.

Bei *Max Weber* (1864–1920)[4] ist die Gegenüberstellung von Gemeinschaft und Gesellschaft weitergeführt zu den Begriffen *Vergemeinschaftung* und *Vergesellschaftung*. Für Weber sind das Geschehen und die Veränderung wichtig. Gemeinschaft und Gesellschaft können durch den Vorgang der Vergemeinschaftung bzw. der Vergesellschaftung entstehen oder auch aufgelöst werden. Aus einer länger dauernden Vergesellschaftung kann Gemeinschaft entstehen. Andererseits kann rationales, (nur) vom Eigeninteresse geleitetes Handeln in eine Gemeinschaft eindringen und diese zu einer Vergesellschaftung wandeln. Vergemeinschaftung und Vergesellschaftung werden bei Weber nicht gewertet. Generell ist jedoch auch nach Weber in der geschichtlichen Entwicklung meist eine Tendenz von einer Vergemeinschaftung hin zur Vergesellschaftung zu beobachten.

Weitere wichtige Aspekte bei Max Weber sind, dass für ihn die gesellschaftlichen Gegebenheiten aus dem *Konflikt* der verschiedenen gesellschaftlichen Gruppen (und Personen) resultieren. Von daher kann man Weber einer so genannten *Konflikttradition* zuordnen[5]. In dieser Konflikttradition der Soziologie sind die aufeinander stoßenden verschiedenen Interessen von Gruppen und einzelnen Handlungsträgern von wesentlicher Bedeutung für die Gestaltung und Entwicklung der gesellschaftlichen Gegebenheiten.

Wie andere unterscheidet auch Weber zwischen *Staat* und *Gesellschaft*. Die Gesellschaft besteht aus verschiedenen Gruppen mit ihren materiellen und ideellen Interessen. Weber verwendet den Begriff *Klasse* nur für ökonomische Gruppen, sonst spricht er von *Statusgruppen*, wobei eine Statusgruppe verschiedene ökonomische Gruppen[6] umfassen kann.

Zum Begriff der *Autorität* ist wichtig, dass Autorität nicht einfach Macht oder Herrschaft ist, sondern dass sie auch die Anerkennung durch die Betroffenen einschließt,

---

[4] Wichtige Werke: M. Weber, Die protestantische Ethik und der Geist des Kapitalismus (1904/05); ders., Gesammelte Aufsätze zur Religionssoziologie, Bd. I–III, 1920–1921. Zu Max Weber: Bendix, Weber; Baumgarten, Weber; Zingerle, Wirkungsgeschichte; Schluchter, Studie; Käsler, Einführung.
[5] So z.B. Mayes, Sociological Perspective, 36ff.
[6] Z.B. gibt es reiche und weniger reiche Händler oder Bauern oder Beamte.

d.h. zur Autorität gehört Zustimmung und Anerkennung ihrer Legitimität. Weber unterscheidet drei Arten von Autorität: die gesetzliche Autorität, die traditionelle Autorität und die charismatische Autorität. Diese drei Arten der Autorität sind natürlich zunächst wieder Idealtypen, die in der Realität in Abstufungen und Mischformen vorkommen.

Zum Verhältnis von *sozialer Situation und Religion* betont Weber die Bedeutung der Mittelschicht. Die Unterschicht (Bauern) ist so eng mit der Natur verbunden, dass sie hauptsächlich mit Wettermagie und animistischen und ritualistischen Praktiken verbunden ist. Für die Oberschicht bzw. Eliten hat Religion legitimierende Funktion für ihre Privilegien und die für sie vorteilhafte Weltordnung. Aufgrund ihrer Lebensform ist die Mittelschicht am ehesten zu einer rationalen und ethischen Religion geneigt. Bei dieser Zuordnung, die vielleicht eine gewisse Standortgebundenheit des Verfassers verrät, spielt nach Weber insofern die soziologische Voraussetzung doch auch eine Rolle, als die sozialen Beziehungen der Mittelschicht auf rationalem und ethischem Verhalten zueinander aufgebaut sind.

Spätestens hier bei der Frage der Zuordnung von sozialer Situation und Religion bzw. ideellen Überzeugungen ergibt sich das Problem des Verhältnisses zwischen *soziologischem Determinismus und individueller Freiheit*. Weber vertrat hierfür das Konzept einer *elektiven Affinität* oder Wahlverwandtschaft[7], d.h. die soziale Situation führt zwar zu einer gewissen Nähe zu bestimmten Vorstellungen, es besteht aber doch auch eine Freiheit der Wahl. Für Weber sind alle menschlichen Aktionen, seien es politische oder religiöse, in materiellen Interessen verwurzelt, aber sie können ohne geistige Bedeutung und Rechtfertigung nicht auf Dauer existieren. Nach Weber treibt zwar die Dynamik der sozialen Interessen und Konflikte die Entwicklung voran, wesentliche Weichenstellungen in der Entwicklung werden aber durch Ideen und Weltbilder und durch subjektive Absichten und Aktionen vollzogen.

Während Weber zur Erklärung soziologischer Gegebenheiten und Entwicklungen auch subjektive Intentionen und Aktionen berücksichtigt, will *Emile Durkheim* (1858–1917) soziologische Gegebenheiten ausschließlich von soziologischen Faktoren her, d.h. ohne Rückgriff auf individuelle psychologische oder biologische Faktoren erklären. Für Durkheim hat die Gesellschaft eindeutig Priorität gegenüber dem Einzelnen. Die Sprache, die der Einzelne verwendet, ebenso wie die beruflichen Tätigkeiten, die er ausübt, all das existiert unabhängig davon, ob er sich dieser Dinge bedient oder nicht. Die Gesellschaft bestimmt die individuellen, materiellen, geistigen und spirituellen Möglichkeiten des Einzelnen. Und erst unter dem Einfluss der Gesellschaft und ihrer konkreten Gegebenheiten entwickelt der Einzelne seine Rolle und seine Überzeugungen. Die Gesellschaft besteht zwar aus Einzelnen, aber sie ist eine eigene Wirklichkeit, die mehr ist als nur die Summe ihrer Individuen.

Auch Durkheim unterscheidet *zwei Typen von Gesellschaft*. Die eine ist charakterisiert durch *mechanische Solidarität* und die andere durch *organische Solidarität*. Der Unterschied zwischen diesen beiden Typen liegt im Grad der Integration des Einzelnen und seines Bewusstseins in die Gesellschaft. Jeder Mensch hat ein doppeltes Be-

---

[7] Weber greift hier wahrscheinlich auf Goethes Roman „Die Wahlverwandschaften", zurück, der zu Webers Zeit auf dem Hintergrund der Themen ‚Zufall und Notwendigkeit', ‚Freiheit und Determinismus' interpretiert wurde. Vgl. Thomas, Elective Affinity. Ausgangs- und Vergleichspunkt ist – auch für Goethe – die chemische Affinität.

wusstsein (*conscience*), nämlich ein Gruppenbewusstsein und ein individuelles Bewusstsein. Je stärker das Gruppenbewusstsein, umso schwächer ist das individuelle Bewusstsein. Für Gesellschaften mit starkem kollektivem Bewusstsein sind strenge strafende Gesetze typisch. Strafe hat die Funktion, den sozialen Zusammenhang aufrechtzuerhalten. Das Gesetz ist der Mechanismus, durch den die Gesellschaft auf den Einzelnen wirkt und den Zusammenhang stärken will.

Der Übergang zur *organischen Solidarität* geschieht durch eine wachsende Differenzierung zwischen den Gliedern einer Gesellschaft, die durch zunehmende (Bevölkerungs-)Dichte notwendig wird. Vor allem durch die Konzentration der Bevölkerung in den Städten kommen die Mitglieder einer Gesellschaft in engeren Kontakt miteinander. Dieser Prozess ist soziologisch bestimmt und nicht von Einzelnen bewusst herbeigeführt. Die Steigerung der Bevölkerungsdichte führt zu einem intensiveren Überlebenskampf. Soziale Differenzierung ist das friedliche Mittel, durch das dieser Kampf gelöst wird. Die Differenzierung erlaubt es jedem Einzelnen, seinen eigenen Platz einzunehmen und seine eigene Rolle zu spielen, wodurch der Wettbewerb eliminiert wird. Die Elimination des Schwachen und das Überleben des Starken, das in der Tierwelt nötig ist, wird unnötig, weil die Einzelnen eher eine ergänzende als eine konkurrierende Rolle in der Gesellschaft spielen. Durch diese einander ergänzenden Rollen der Einzelnen entsteht die von Durkheim so bezeichnete organische Solidarität. Ein Zeichen für die organische Solidarität ist der Rückgang des repressiven Gesetzes zugunsten eines restituierenden Gesetzes mit dem Ziel der Reintegration in die Gesellschaft und der Restauration der normalen Beziehungen.

Durch den Rückgang des kollektiven Bewusstseins stellt sich die Frage nach dem Zusammenhalt in der organischen Solidarität. Um funktionieren zu können, braucht eine solche Gesellschaft zwar auch Normen und allgemeine moralische Verpflichtungen. Das eigentlich wichtige verbindende (!) Element ist für Durkheim aber jetzt der Individualismus (!). Jedes Individuum erfüllt frei und ohne sozialen Zwang jene Funktionen, die seinen Fähigkeiten entsprechen. Diese gesellschaftliche Arbeitsteilung[8] ist allerdings noch nirgendwo vollkommen erreicht. Durkheim betrachtet daher jene Gesellschaften, die das Stadium der mechanischen Solidarität hinter sich gelassen haben, als noch in Entwicklung zu jenem Ziel befindlich. – Man darf wohl in dieser Beschreibung und Bewertung von Gesellschaft Einflüsse der für den Autor zeitgenössischen Situation eines spätaufklärerisch-liberalen Individualismus erkennen, der von den Idealen der französischen Aufklärung und dem gesellschaftspolitischen Optimismus des ausgehenden 19. Jh.s bestimmt ist.

Dieses Bild der gesellschaftlichen Entwicklung und besonders die Zielangabe macht deutlich, wie leicht Beschreibung und Bewertung ineinander übergehen. Zugleich zeigt der Kontrast zu Tönnies, dass auch bei dessen Gegenüberstellung von Gemeinschaft und Gesellschaft nicht nur Beschreibung, sondern auch Bewertung vorliegt. Während beide die Entwicklung ungefähr ähnlich beschreiben, ist die Hochschätzung der Gemeinschaft bei Tönnies offensichtlich von einer gewissen Idealisierung der Vergangenheit geprägt, während Durkheim den Individualisierungsprozess und die Zukunft idealisiert.

---

[8] Vgl. den Titel eines – bzw. des – Hauptwerkes von Durkheim: De la division du travail social, 1893.

Durkheims Vorstellungen sind immer auf das Ganze der Gesellschaft ausgerichtet, die als ein großer Organismus betrachtet wird (vgl. den Idealtyp der *organischen* Gesellschaft). Wie in einem Organismus erfüllen die einzelnen Organe bzw. die einzelnen Teile der Gesellschaft ihre Rolle. Da Durkheim die soziologischen Dimensionen und Zusammenhänge untersucht, geht es auch in der Analyse der Rollen um soziologische Funktionen. Das Bewusstsein und Wollen des Einzelnen ist dabei sekundär gegenüber den vom gesamtgesellschaftlichen Organismus vorgegebenen Strukturen und Funktionen. Die Rollen- bzw. Funktionszuweisung prägt auch das Bild von der Religion.[9] Religion erfüllt eine bestimmte Funktion in und für die Gesellschaft. In den primitiven Religionen gehörten die Götter zur Verwandtschaft wie die menschlichen Verwandten. Mit der gesellschaftlichen Differenzierung entstand auch zwischen Göttern und Menschen eine Entfremdung. Wie menschlichen Herrschern konnte man sich ihnen nur mit Opfergaben und Tributen nähern. In der Teilnahme am Kult aber wird Gemeinschaft erfahren, und aus ihr erwächst Freude, Begeisterung und innerer Friede. Die Funktion von Religion ist nicht so sehr Denken und Erkenntnis, sondern vor allem die Hilfe zur Bewältigung des Lebens und seiner Probleme. In diesen Erfahrungen – also wieder aus der Funktion – erweist sich für den Glaubenden die Wahrheit der Religion.

Durkheim führt das Verhältnis von Religion und Gesellschaft noch weiter aus. Ein wichtiges Kennzeichen der Religion ist die Zugehörigkeit und das Wissen um die Abhängigkeit gegenüber der Gottheit, sei diese eine persönliche oder eher nur eine abstrakte Kraft. Ein analoges Verhältnis besteht auch gegenüber der Gesellschaft, denn von ihr ist der Einzelne abhängig. Sie agiert durch Einzelne, sie verlangt Verzicht auf unsere Interessen und unterwirft uns verschiedenen Arten der Unbequemlichkeit, des Verzichts und des Opfers, ohne welche soziales Leben nicht möglich wäre. Gott und Gesellschaft entsprechen also einander. Religion ist hier faktisch eine Funktion der Gesellschaft,[10] wobei das Bewusstsein und Wollen des Einzelnen sekundär ist gegenüber den vorgegebenen Strukturen und Funktionen. – Der Ansatz Durkheims kann als konsequent funktionalistisch bezeichnet werden.[11]

Eine Weiterführung des funktionalen Ansatzes ist die *Rollentheorie,*[12] die in den 1960er und 70er-Jahren geradezu als Grundthema der Soziologie verhandelt wurde. Die Subjekte einer Gesellschaft können in vielfältiger Weise als Träger einer Rolle gesehen werden, sei es einer biologisch vorgegebenen, wie etwa als Vater, als Mutter oder als Kind, sei es einer gesellschaftlich bestimmten, wie etwa als Vorgesetzter oder Untergebener etc. Hier gibt es eine breite Palette an Möglichkeiten und ebenso eine breite Diskussion, wie diese Rollen soziologisch zu betrachten und relevant sind. Dabei kehrt auch die Frage nach soziologischer Bestimmtheit und individueller Freiheit wieder. Hierher gehört etwa die Beobachtung, dass der Anführer einer Grup-

---

[9] Durkheim, formes élémentaires. Durkheims Analysen waren stark bestimmt von den religionsgeschichtlichen Vorstellungen von Robertson Smith.
[10] In diesem Sinn wird etwa bei Gottwald, Tribes (s.u. 2.2.1.1.), Jhwh, der Gott Israels, praktisch identisch mit dem revolutionären Prozeß der Bildung des egalitären Israel.
[11] Vgl. Neu, Religionssoziologie, Kap. „VI. Die Religionssoziologie des Funktionalismus"; ähnlich Mayes, Sociological Perspective, 27–35.78ff.
[12] Vgl. Popitz, Rollen; Bahrdt, Schlüsselbegriffe; Dreyer, Rollentheorie; Lang, Rolle.

pe oder einer Bewegung wesentlich enger an die Normen der Gruppe gebunden ist als ein durchschnittliches oder vielleicht sogar am Rand stehendes Mitglied, aber auch die Erkenntnis, dass ein Einzelner nur punktuell auf seine Umgebung zu wirken vermag, wenn er nicht eine unterstützende und damit auch ähnlich gesinnte Gruppe um sich hat, mit der sich dann wiederum die eben erwähnte Wechselwirkung ergibt. Der Trägerkreis bzw. die unterstützende Gruppe (support group) hat ihrerseits eine bestimmte Rolle und kann eher in der Mitte oder am Rand der Gesellschaft stehen.[13]
In der Definition einer sozialen Rolle als „gesellschaftliches Verhaltensmuster, das erlernt, gewollt und ausgeführt werden kann oder muß"[14] ist das Problem der Wahrnehmung und Ausführung einer Rolle signalisiert durch das Wortpaar „kann oder muß". Zwar sind Rollen und Funktionen wie Eltern und Kinder, Vorgesetzte und Untergebene oder Mitarbeiter, Lehrer und Schüler, König, Minister, Prophet, Priester vorgegeben, diese Funktionen werden aber von konkreten Personen verkörpert, bei denen persönliche Gegebenheiten wie Mut, Kraft, Intelligenz, Gewissenhaftigkeit, Milde u.a. bzw. deren Gegenteil mit zum Tragen kommen. Darüber hinaus sind die Rollen, trotz aller Erwartungen, die mit ihnen verbunden sind, nicht fertig definiert, sondern müssen konkretisiert werden, oder es muss aus gegensätzlichen Erwartungen ausgewählt oder zumindest gewichtet werden. Ein Mensch ist nicht nur Träger seiner Rolle, sondern er ist Person, und er nimmt sowohl sich selbst – gerade auch in der Ausübung seiner Rolle – als Mensch wahr und wird als Mensch wahrgenommen. „... offenbar nehmen Menschen andere nicht nur als Rollenspieler, sondern auch als einem bestimmten menschlichen (Charakter-)Typus zugehörig wahr und als Verkörperung einer wohl je individuellen ‚ideellen Persönlichkeit'"[15]. – Aus diesen Beobachtungen ergibt sich die spannende Frage nach dem Verhältnis zwischen Eigenwahrnehmung (Selbstverständnis) und Fremdwahrnehmung einer Person oder Gruppe und ihrer Funktion im Ganzen einer Gesellschaft.[16]

Eine Disziplin der Soziologie, die vor allem für die Erforschung der Frühgeschichte Israels wichtig wurde, ist die *Ethnosoziologie*. Ihr Anliegen ist es, die Zusammenhänge und das Funktionieren der Gesellschaften fremder, meistens noch einfacherer, Kulturen zu erforschen. Hier interessieren für das Alte Testament vor allem Forschungen zum Nomadentum, zu akephalen (sog. anarchischen) Gesellschaften, aber

---

13 Das Alte Testament thematisiert diese Frage ausdrücklich bei Jeremia (Jer 26), der – anders als sein Zeitgenosse Urija – mächtige Beschützer im Machtzentrum der Gesellschaft, konkret im Ministerrat, hatte.
14 Brockhaus, Art. Rolle.
15 G. Simmel in „Wie ist Gesellschaft möglich", zitiert bei Dreyer, Soziologie, 56. „Wir wissen von dem Beamten, daß er nicht nur Beamter, von dem Kaufmann, daß er nicht nur Kaufmann, von dem Offizier, daß er nicht nur Offizier ist; und dieses außersoziale Sein, sein Temperament und der Niederschlag seiner Schicksale, seine Interessiertheiten und der Wert seiner Persönlichkeit, so wenig er die Hauptsache der beamtenhaften, kaufmännischen, militärischen Betätigungen abändern mag, gibt ihm doch für jeden ihm Gegenüberstehenden jedesmal eine bestimmte Nuance und durchflicht sein soziales Bild mit außersozialen Imponderabilien." Ebd., 57.
16 Eine interessante weiterführende Überlegung zum Verhältnis von *Einzelnem und Gesellschaft* und von *Determination und Freiheit* des Handelns wurde von Giddens, Social Theory, vorgelegt. Giddens verweist auf das analoge Verhältnis von *langue* („Sprache") und *parole* („Rede"). D. h. der aktuelle Sprachgebrauch (parole) in Wort oder Schrift setzt die Möglichkeiten und Regeln einer bestimmten Sprache voraus. Sprache verwirklicht sich in ihrem aktuellen Gebrauch. Dieser ist jedoch auch von den Fähigkeiten und Intentionen des einzelnen Sprechers oder Autors abhängig, und zugleich existiert eine Sprache in und aus der Summe ihrer aktuellen Vollzüge.

auch zu Gesellschaften mit entstehender Zentralinstanz (d.h. Königtum).[17] Da es bei der soziologischen Fragestellung nicht auf mögliche historische Einflüsse, sondern auf die Struktur und das Funktionieren der jeweiligen Gesellschaften ankommt, können auch räumlich und zeitlich weit entfernte Analogien herangezogen werden. Wichtig ist allerdings die sorgfältige Beschreibung und die Prüfung, ob und inwieweit wirklich Analogien vorliegen.

Nicht erst beim Vergleich, sondern schon bei der Wahrnehmung und Beschreibung fremder Kulturen stellt sich das Problem der Kategorien, in denen das überhaupt möglich ist. Die *kognitive Soziologie* bzw. *kognitive Anthropologie* versucht, dieses Problem dadurch zu bewältigen, dass sie möglichst nur originäre Kategorien aus der beobachteten Kultur selbst verwendet. Dadurch sollte die Beschreibung möglichst unvoreingenommen erfolgen. – So wichtig dieses Anliegen ist, so hat es doch auch seine Grenzen, weil eine Beschränkung auf die originären Kategorien eine Begrenzung auf die Selbstwahrnehmung und das Selbstverständnis bedeuten würde, während ein Außenstehender auch andere, den Betreffenden nicht bewusste Zusammenhänge sehen kann. Zudem müssen spätestens beim Vergleich verschiedener Kulturen gemeinsame und übergreifende Kategorien gefunden werden.

Ein interessanter Bereich der Soziologie ist die *symbolische Soziologie*. Auf dem Hintergrund des funktionalen Ansatzes einerseits und psychoanalytischer Theorien andererseits werden symbolische Elemente einer Kultur auf ihre gesellschaftliche Funktion hin befragt. Wie in der Psychoanalyse werden dabei Verknüpfungen zwischen verschiedenen Ebenen hergestellt. Das führt einerseits zu interessanten Einsichten, birgt andererseits aber auch die Gefahr von Spekulationen. Man wird die angenommenen Deutungen an weiteren Beobachtungen überprüfen und mit anderen Erklärungsmodellen konfrontieren müssen.

Im Grunde eine solche symbolisch-soziologische Erklärung ist die seit längerem übliche Deutung der Mythen als Erzählungen, die gefundene Ordnungen beschreiben und – besonders durch ihre kultische „Aufführung" – diese Ordnungen jeweils wiederherstellen oder neu darstellen.[18] Denn bei dieser – weithin akzeptierten – Deutung wird die Kategorie Mythos/mythologische Erzählung mit der Kategorie einer bestimmten Funktion für die Gesellschaft verbunden und als symbolische Entsprechung gesellschaftlicher Verhältnisse verstanden.[19]

Eine explizite Verwendung dieser Methode findet sich bei der Erklärung der Reinheitsgesetze, wie sie Mary Douglas initiierte.[20] Sie versteht die Kategorien von „rein und unrein" bzw. nach der anderen Seite hin von „heilig und nicht-heilig" in Bezug auf „Normalität". Von dieser Normalität weicht einerseits „unrein" ab, andererseits „heilig", wobei es noch verschiedene Abstufungen gibt. In der symbolisch-soziologischen Erklärung wird nun die Linie unrein – rein – heilig als Ausdruck und Widerspiegelung soziologischer Kategorien und Abstufungen verstanden. Die Bevölkerung

---

17 U.a. Evans-Pritchard, The Nuer; Sigrist, Regulierte Anarchie.
18 Elsas, Mythos, Mythologie; Cancik / Cancik-Kirschbaum, Mythos.
19 Auf etwas andere Art untersucht Silver, Ancient Mythology, die Widerspiegelung wirtschaftlicher Gegebenheiten in altorientalischen und griechisch-römischen Mythen (und Erzählungen).
20 Douglas, Purity and Danger. Zur Diskussion des Ansatzes siehe jetzt auch Sawyer (Hg.), Reading.

Israels (und auch die Häuser und das Land) ist normalerweise rein. Es gibt – z.T. durchaus „natürliche" Ereignisse und Situationen, die zu vorübergehender Unreinheit führen. Dagegen sind die Heiden (und ihr Land) dauernd unrein. Andererseits gibt es nach innen hin eine Abstufung der Heiligkeit: Von der heiligen Stadt über die Zonen verschiedener Heiligkeit und damit Unzugänglichkeit am Tempel bis zum Allerheiligsten. Diese Abstufungen sind religiös-kultische Abstufungen, sie entsprechen aber auch bzw. verbanden sich im Lauf der Entwicklung mit gesellschaftlichen Differenzierungen. – Für die Relevanz dieser Erklärung spricht die gute Korrelation der religiösen und der gesellschaftlichen Ebenen, während etwa die hygienisch-medizinische Erklärung der Reinheitsgesetze erhebliche Lücken lässt, und auch die Verbindung mit der Polarität von Leben und Tod zu Widersprüchlichkeiten führt. Darüber hinaus entsprechen offensichtlich auch archäologische Beobachtungen der symbol-soziologischen Erklärung.[21] [22]

2.2. Beispiele sozialgeschichtlicher und soziologischer Forschung am Alten Testament[23]

Sozialgeschichtliche Fragestellungen gab es der Sache nach schon bei jenen Autoren, die die Lebenswelt des Alten Testaments darstellen wollten,[24] und soziologische Überlegungen spielten vor allem bei der Formgeschichte und der Frage nach dem Sitz im Leben (siehe I.5) eine wichtige Rolle.

2.2.1. Bund und Bauernkrieg in der Frühzeit Israels

Für die alttestamentliche Forschung besonders wirksam wurde das Werk von Max Weber. Er beschäftigte sich im Rahmen seiner weit ausholenden Forschungen auch mit der Entstehung des „antiken Judentums"[25], wobei er die Wurzeln für die Besonderheit(en) des Judentums[26] eruieren wollte. Im Rahmen seiner ausführlichen, von

---

21 Bestimmte Gefäßtypen lassen sich mit charakteristischen Lebensweisen verbinden, vgl. Deines, Steingefäße.
22 Allerdings ist neben diesen Perspektiven zu berücksichtigen, dass die Reinheitsvorschriften explizit Bekenntnis zur jüdischen Identität und zum Glauben an den Gott Israels sein wollten; vgl. Houston, Purity and Monotheism.
23 Für Überblicke zur Forschungsgeschichte siehe: Kraus, Anfänge; Schottroff, Soziologie; Thiel, Soziale Entwicklung; Wilson, Sociological Approaches; Mayes, Sociological Perspective; Welten, Ansätze; Oesch, Sozialgeschichtliche Auslegung; Kreuzer, Grundfragen.
24 Z.B. de Vaux, Lebensordnungen.
25 Das antike Judentum, 1917–19 = Gesammelte Aufsätze III; jetzt auch: Max Weber-Gesamtausgabe, Bd. I/21, 1+2, 2005.
26 Webers Leitfrage ist „Wie sind die Juden zu einem Pariavolk mit dieser höchst spezifischen Eigenart geworden?" (Judentum, 8). Der für uns heute etwas unglückliche Begriff „Pariavolk" ist von Weber nicht wertend gemeint. Die ganze Untersuchung Webers wurde von jüdischer Seite, u.a. von Franz Rosenzweig und Martin Buber als sehr verständnisvoll und wohlwollend beurteilt. – Es ist interessant festzustellen, dass das von Weber unter dem Paria-Begriff angesprochene Problem dem in der neueren Soziologie herausgearbeiteten Konzept von Stigmatisierung und Selbststigmatisierung sehr nahe kommt (Lipp, Stigma). Dort geht es darum, dass Verhaltensweisen, die die Umwelt negativ bewertet, ggf. bewusst gepflegt werden können. Die Reaktionen der Umwelt auf und das Festhalten an dieser Selbststigmatisierung wirken einerseits identitätsbewahrend und andererseits ergibt sich eine – in verschiedener Weise mögliche – Rückwirkung auf die Umwelt. Zur Sache siehe jetzt auch: Otto, Max Webers Münchener Vortrag.

den Anfängen bis zum Frühjudentum reichenden Untersuchung gab Weber eine soziologisch geprägte Darstellung der Anfänge Israels, die in mehrfacher Hinsicht stark auf die alttestamentliche Forschung einwirkte.

In Aufnahme der zeitgenössischen Forschungen beginnt Weber mit einer *Beschreibung der sozialen Typen* der Bevölkerung Palästinas in der vorisraelitischen Zeit. Als Quellen bezieht er sich auf die seinerzeit noch relativ neu gefundene Amarnakorrespondenz,[27] auf die alttestamentlichen Texte und auf klassische Quellen über die Stadtstaaten des Mittelmeerraumes. Die Bevölkerung Kanaans setzte sich aus vier Gruppen zusammen: Die nomadischen Beduinen, die kanaanäischen Städte, die (abhängigen und die freien) Bauern und die halbnomadischen Hirten. Die größte Bedeutung hat die Stadt, während die Beduinen am anderen Ende der Skala stehen. Aus den oben genannten Quellen wird folgendes Bild erschlossen: In der Stadt differenzierte sich die ursprünglich grundlegende Struktur der Clans. Das Oberhaupt des mächtigsten Stammes errang die Position des Nasi, der in Verbindung mit den Ältesten der anderen Clans und den Familienhäuptern des eigenen Clans die Stadt regierte. Von diesen politisch mächtigen Gruppen leiteten sich die Gibborim oder Bene hayil her, die Weber als städtisches Patriziat bezeichnete. Dieses Patriziat lebte von den Erträgen der Bauern des umliegenden Landes und von der Kontrolle über die Handelswege. So standen sich innerhalb des Stadtstaates die beiden Klassen des städtischen Patriziats als Gläubiger und der (abhängigen) Bauern als Schuldner gegenüber.
Für die Beschreibung des eigentlichen Typs von Bauern (Freibauern) zieht Weber vor allem das Deborahlied (Ri 5) heran. Diese Bauernschaft hat eine gewisse politische und militärische Organisation, aber darüber hinaus wissen wir nichts über die politischen und ökonomischen Bedingungen oder über soziale Differenzierungen innerhalb dieser Gruppe. Diese Gruppe bildete den Grundbestand des israelitischen Heerbannes, aber mit zunehmender Verstädterung und Verlagerung auf die Kriegsführung mit Streitwagen ging ihre politische und militärische Bedeutung zurück. Die ökonomische Ausnützung durch die städtischen Patrizier und die Ausschließung von den politischen Rechten, die vom Besitz abhängig waren, bewirkte ihre Reduktion auf Plebejer und Schuldsklaven.
Schließlich gibt es die halbnomadischen Viehzüchter. Ihre soziale Struktur ähnelt der der Beduinen. Eine Anzahl von Familien bildete einen Clan, der den einzelnen Mitgliedern ihre persönliche Sicherheit garantierte. Ein Stamm war die Verbindung einer größeren Anzahl solcher Clans, die zeitweise, etwa in Zeiten der Bedrängnis oder um ihre Weidegebiete auszudehnen, unter der Führung eines charismatischen Anführers zusammenkamen. Ihr Verhältnis zur sesshaften Bevölkerung ist mit dem Terminus *ger* beschrieben. Diese soziale Gruppe umfasste alle landbesitzlosen Menschen (Leviten, Töpfer, Weber, andere Handwerker und die spätere Gruppe der Musikanten und Sänger), vor allem aber die Kleinviehzüchter. Sie waren Fremde, die unter bestimmten Schutzbestimmungen lebten. Ihre Beziehung zu der sesshaften Bevölkerung war durch Verträge geregelt, die spezielle Rechte für Weideplätze und Wander-

---

[27] Gefunden 1888 in Tell el-Amarna in Mittelägypten. Die Amarnabriefe sind die diplomatische Korrespondenz der Zeit von Amenophis III und Amenophis IV (= Echnaton; 1364–1347 v.Chr.), d.h. aus dem 14. Jh. v.Chr. Viele der ca. 365 Texte stammen aus Kanaan (u.a. aus Jerusalem, Sichem und Megiddo) und bilden die wichtigste Quelle für die Situation im spätbronzezeitlichen bzw. vorisraelitischen Kanaan. Textausgaben: Knudtzon; Moran.

zonen umfasste. Diese Beziehungen konnten zu vollen Bürgerrechten und zur Verstädterung reicherer Clans führen. Wie bezüglich der Bauern, so war jedoch auch hier ein gewisser Niedergang der Bedeutung dieser Lebensweise zu beobachten. Dieser wirtschaftliche und soziale Niedergang findet nach Weber seinen Niederschlag in der Darstellung der Patriarchen als machtlose und friedliche Gerim, die als Kleinviehzüchter unter mächtigeren Nachbarn lebten.

Auf diesem Hintergrund setzt nun die geschichtliche Entwicklung Israels ein. Nach Weber ist Israel nicht mit einer der erwähnten Gruppen identisch, sondern partizipiert an allen. Anders gesagt: Israel entsteht zu einem nicht geringen Teil aus der schon im Lande vorhandenen Bevölkerung. Die Entwicklung ist nach Weber an den *Gesetzessammlungen* zu erkennen: Das (für relativ alt gehaltene) Bundesbuch regelt die Beziehungen zwischen Bauern mit ihrem Land- und Viehbesitz, aber auch, wie sich aus den Schuldenbestimmungen ergibt, gegenüber dem städtischen Patriziat. Andererseits regeln die Gesetze auch das Verhältnis der Bauern gegenüber den *gerim* und den halbnomadischen Hirten. Die Existenz des Bundesbuches bezeugt somit die Notwendigkeit einer Regelung der sozialen Spannungen und Gegensätze zwischen den Gruppen des entstehenden Israel und zugleich die Anfänge seiner Existenz. (Dementsprechend spiegeln spätere Gesetze wie etwa das Deuteronomium die weitere soziale Entwicklung). Diese Interpretation des Bundesbuches zeigt ebenfalls, dass schon das frühe Israel nicht nur einen, sondern alle geschilderten sozialen Typen umfasste. Man kann damit auch nicht sagen, dass Israel zuerst halbnomadisch, dann bäuerlich und dann städtisch war, sondern *alle Typen existierten gleichzeitig innerhalb Israels*, wobei allerdings insgesamt ein allmählicher Prozess in Richtung Urbanisation zu beobachten ist.

Die Existenz und die Entwicklung Israels erwuchsen somit im wesentlichen aus der Verbindung mit den Gesetzen; genauerhin aus dem, was sich in diesen Gesetzen widerspiegelte und in ihnen geregelt wurde, nämlich aus den *Bundesbeziehungen*. Diese Bundesbeziehungen umfassten die sozialen Beziehungen zwischen den beteiligten Gruppen und deren Beziehung zu Jhwh. Der Bund erhält somit zentrale und umfassende Bedeutung. Die Entstehung dieses Bundesgedankens führt Weber auf persönliche Initiativen zurück, d.h. er lässt den Raum offen für die Rolle eines charismatischen Propheten und Anführers, bei dem natürlich an Mose zu denken ist. Die Entwicklung ist näherhin so gedacht, dass die Bundesvorstellung von einem Teil des späteren Israel nach Kanaan mitgebracht wurde und dass der so konzipierte Bund dort eine *elektive Affinität* zur gegebenen Situation hatte, d.h. er wurde zum geeigneten Mittel, um das Miteinander der verschiedenen soziologischen Gruppen zu regeln. Der Bund gab die beste Grundlage für die Existenz der aus verschiedenen sozialen Größen entstehenden Gemeinschaft Israel. Die individuelle Leistung des charismatischen Anführers Mose fand so ihren Durchbruch zu historischer Verwirklichung in der Schaffung dessen, was Weber im Gefolge von Wellhausen als *Eidgenossenschaft* (vgl. „Schwur[!]bund") bezeichnete.

Der ursprünglich charismatisch geschaffene Bundesgedanke fand seinen Niederschlag in den Gesetzeskorpora. Das Bundesbuch und das Deuteronomium spiegeln die weitere soziale Entwicklung Israels und zeigen auch die zunehmende Rationalisierung der ursprünglich charismatischen Grundlegung. Für die weitere Entwicklung verkörpern nach Weber die Leviten und dann die Propheten die immer auch notwendige charismatische Dynamik. Das ist hier nicht mehr darzustellen, es ist aber festzuhalten, dass damit die für das spätere Judentum so wichtigen Elemente von *Bund und Gebot* schon als die zentralen Gegebenheiten der Frühzeit herausgestellt werden.

2.2.1.1. Aufnahme und Weiterführungen aus Max Weber, Das antike Judentum

Die Arbeit Webers hat in verschiedenster Weise – und stärker als oft bewusst – die alttestamentliche Forschung bestimmt, und auch in jüngster Zeit wird – direkt oder indirekt – auf seine Arbeiten und Ansätze zurückgegriffen. Allerdings ist die Weber-Interpretation keineswegs einheitlich.[28] Von den Nachwirkungen ist zu erwähnen, dass es Weber war, der zur Beschreibung der Wanderungen der Halbnomaden den Begriff der Transhumanz[29] an die alttestamentliche Wissenschaft vermittelte.[30]

Noch bedeutsamer war die These, dass ein großer Teil der vom Bundesgedanken ergriffenen und dadurch zu Israeliten gewordenen Bevölkerung bereits im Lande wohnte, also nicht einwanderte. Auf Grund der Ausbeutung der Bauern durch die Städte kam es nach Weber zu Aufständen und Kriegen gegen jene. Dabei verwendete schon Weber den Begriff des Bauernkrieges. Über die englische Übersetzung *peasants revolt* wurde daraus das Revolutionsmodell von Mendenhall.[31] Dieses entspricht genau den Vorstellungen von Weber,[32] einschließlich der großen Bedeutung des Bundes, nur dass bei Mendenhall das kriegerische Element und die Zerstörung kanaanäischer Städte hervorgehoben wird.[33] Bei Mendenhall haben der von außen gekommene Bundesgedanke und der mit ihm verbundene Jahweglaube eine große Bedeutung als auslösendes Moment. Dagegen werden in der Weiterführung des Revolutionsmodells bei Norman K. Gottwald[34] – abgesehen von einer viel umfangreicheren und damit auch differenzierteren Erfassung der archäologischen und soziologischen Befunde – der revolutionäre Prozess und die Entstehung des Jahweglaubens praktisch in eins gesetzt. Sie sind letztlich zwei Seiten einer Medaille. Dahinter steht ein anderes religionssoziologisches Konzept, nämlich eine rein funktionale Betrachtung, die sich dem marxistischen Schema von materieller Basis und ideologischem Überbau nähert. Erst wenn man sich diese Differenz vor Augen hält, wird deutlich, warum sich Mendenhall von dem äußerlich so ähnlichen Revolutionsmodell Gottwalds distanzierte. In dieser Differenz spiegeln sich die oben dargestellten divergierenden Ansätze von Weber und Durkheim (bzw. dessen Weiterführung).

---

28 Z.B. Schäfer-Lichtenberger, Eidgenossenschaft, und die Literatur in Anm. 4.
29 Weber, Judentum, 11 und 44, unter Verweis auf R. Leonhard, Die Transhumanz im Mittelmeergebiet, in: FS L. Brentano, München 1916. Der Begriff ist spanisch, die Sache kommt im ganzen Mittelmeerraum vor und meint den (meist) großräumigen Wechsel zwischen Sommer- und Winterweiden.
30 Insbesondere aufgenomen in den Landnahmetheorien von A. Alt und M. Noth.
31 Mendenhall, Conquest.
32 Für eine Darstellung der beiden Konzepte und ihrer Zusammenhänge siehe Kreuzer, Revolutionsmodell.
33 Damit konnte Mendenhall den in der sog. Albright-Schule besonders herausgestellten Zerstörungen kanaanäischer Städte Rechnung tragen. Nur daß er diese (in der Archäologie durchwegs umstrittenen) Zerstörungen nicht wie beim Eroberungsmodell auf einwandernde Israeliten, sondern auf die im Land lebenden Bauern als die werdenden Israeliten zurückführte.
34 Gottwald, Tribes. Zur Diskussion um das Buch von Gottwald und zur Frühgeschichte Israels und der Stämme siehe jetzt: von Boer (Hg.), Tracking the Tribes.

2.2.2. Gemeinschaft und Gesellschaft im alten Israel

Nicht nur die Ursprünge und nicht nur einzelne Epochen finden das Interesse soziologischer Betrachtung, sondern auch die Entwicklung Israels in der Perspektive eines Längsschnittes.

Zwar auch ein Schwanken, aber doch eine durchgehende und positiv bewertete Entwicklung konstatierte *Antonin Causse* (1877–1947). Dieser war nicht Soziologe, der sich auch mit dem Alten Testament befaßte, sondern ein Alttestamentler, der soziologische Forschung fruchtbar machen wollte. Wie der Titel seines Hauptwerkes „Du groupe ethnique à la communauté religieuse" (1937) ausdrückt, beobachtet er die Entwicklung Israels von einer ethnischen Gruppe hin zu einer religiösen Gemeinschaft, wobei diese Entwicklung eng verbunden ist mit den geschichtlichen, und das heißt eben auch soziologischen, Entwicklungen und Spannungen in Israel. Auf dem Hintergrund der politischen, wirtschaftlichen, sozialen und religiösen Spannungen und Konflikte zeigt sich eine Entwicklung, die von einem nationalistischen Ethnizismus hin zum Humanismus führt. Die wichtigsten Impulse für diese ethische Entwicklung sieht Causse im Wirken der Propheten. Die Entwicklung ist nach Causse zwar nicht geradlinig und abgeschlossen, sondern es ist ein Schwanken zwischen diesen beiden Polen zu beobachten, aber es gibt doch eine klare Tendenz hin zur communauté, zur Gemeinschaft.[35]

Eine andere, mehr von Weber und Mendenhall herkommende Bewertung der Anfänge Israels bestimmt das Bild bei *Walter Brueggemann*, Trajectories in Old Testament Literature and the Sociology of Ancient Israel (1979), weitergeführt, in: A social reading of the Old Testament: prophetic approaches to Israel's communal life (1994). Er unterscheidet zwischen der (positiv bewerteten) Linie, die vom mosaischen Bund und der vorstaatlichen israelitischen Stämmegesellschaft herkommt und sich als Alternative zu den kanaanäischen Stadtstaaten gebildet hatte, und der (vorwiegend negativ bewerteten) Linie des Davidbundes, in der die imperiale Ideologie und imperiale Mythen des alten Orients integriert waren.

Ein ähnlicher Gegensatz, der letztlich an die Tönnies'sche Unterscheidung von Gemeinschaft und Gesellschaft erinnert, durchzieht auch für *Walter Dietrich*, Israel und Kanaan. Vom Ringen zweier Gesellschaftssysteme (1979), die Geschichte Israels jedenfalls in der Königszeit. Dieser Gegensatz verkörpert sich im davidischen Reich im Gegenüber von (den Gruppen um) Adonija und Salomo und dann in Salomo/Rehabeam und Jerobeam I. und begleitet die ganze Königszeit. Dieser alte Gegensatz wurde schließlich aufgrund der inzwischen eingetretenen sozialen Entwicklungen und Umschichtungen zur Zeit Jerobeams II. im 8.Jh. von einem neuen Gegensatz, nämlich dem zwischen Oberschicht und Unterschicht, überlagert.

Die skizzierten Positionen sind bei allen Unterschieden insofern dem Anliegen einer *verstehenden Soziologie* zuzuordnen, als sie neben den gesellschaftlichen, politischen

---

[35] Für eine Würdigung siehe Kimbrough, Israelite Religion, 173f. „Causse had stressed the realisation of social justice as Israel's mission, and this aspect of his work will make his discussion continuously relevant for a biblical oriented understanding of the problems of society."

und wirtschaftlichen Faktoren auch das Zeugnis (biblischer) Texte, und d.h. den Bericht und die Deutung durch einzelne Personen berücksichtigen. Auch wenn einzelne Phänome ähnlich beurteilt werden, so zeigt sich doch eine erstaunliche Differenz in der Beurteilung der Gesamtentwicklung: Der Perspektive einer positiven Entwicklung bei Causse steht bei Brueggemann und Dietrich praktisch ein Modell des Verfalls (mit anschließendem wechselseitigen Ringen der beiden Systeme) gegenüber. Diesen Unterschieden liegen unterschiedliche Wertungen zu Grunde, insbesondere ein gewisse Idealisierung der vorstaatlichen Zeit und der kleineren Gruppe gegenüber dem Staat.

2.2.3. Zur Rolle der Propheten

Wie wird man Prophet und was ist ein Prophet in Israel? – Die Antwort scheint einfach: Die Propheten wurden berufen. Immerhin wird im Alten Testament von solchen Berufungen berichtet. Und auch ein zweites scheint klar: Die Propheten waren große Einzelgestalten, die ihrem Volk, bis hin zu den Anführern und zum König, mahnend, richtend oder ermutigend gegenübertraten. Diese Gestalten sind aber nicht die einzigen Propheten, von denen das Alte Testament berichtet, und andererseits traten zumindest einige von ihnen über einen relativ langen Zeitraum hinweg immer wieder auf. Offensichtlich war Prophetie trotz aller Individualität eine Institution und übten die Propheten durch die Form ihres Auftretens, durch ihre Kontakte und durch ihre Anhänger eine bestimmte Funktion aus.

Dass es bestimmte Vorstellungen und Erwartungen bezüglich Propheten gab, zeigen schon die entsprechenden Bezeichnungen, die praktisch eine Berufsbezeichnung darstellten, besonders nabi', wozu es auch die weibliche Form nebi'a, Prophetin (2 Kön 22,14; Jes 8,3), gibt. Die Gleichsetzung von nabi' und ro'äh in 1 Sam 9,9 zeigt darüber hinaus das Vorhandensein entsprechender Vorstellungen über mehrere Jahrhunderte und eine Kontinuität der Rollenerwartung, nämlich als Mittler für eine Gottesbefragung bzw. einer Antwort der Gottheit. Jer 18,18 benennt ebenfalls die Erwartung an einen Propheten und gibt eine Verhältnisbestimmung zu anderen Ämtern: „Es wird dem Priester nicht fehlen an Weisung (thora) noch dem Weisen an Rat (^{c}esah) noch dem Propheten am Wort (dabar)". Schließlich fällt auf, dass die Zeit der Propheten im Wesentlichen mit der Zeit des Königtums zusammenfällt.[36] – Das alles führt zur Erwartung, dass es möglich sein müsste, die „Rolle" der Propheten in der israelitischen Gesellschaft auch soziologisch zu beschreiben und zu interpretieren.

Dabei steht dann nicht so sehr die Botschaft der (einzelnen) Propheten im Vordergrund, sondern Fragen wie: Inwieweit sind Propheten Repräsentanten bestimmter Gruppen? Inwieweit sind sie von der Unterstützung durch diese Gruppen auch in den Inhalten ihrer Botschaft beeinflusst, und inwieweit wirken sie auf ihre Anhänger bzw.

---

[36] Die Propheten der Umwelt treten ebenfalls gegenüber oder vor Königen auf (z.B. der phönizische Prophet in der Wen-Amun-Erzählung; die Propheten, die Zakur von Hamat ein Heilsorakel erteilen; die Propheten in Mari, deren Auftreten dem König gemeldet wird; die Propheten der neuassyrischen Zeit).
Die Übertragung des Prophetenbegriffs auf Gestalten der Frühzeit (Mose, Mirjam, Abraham) ist dagegen eine sekundäre Erweiterung. Das nachexilische Auftreten von Haggai und Sacharja fällt immerhin mit Erwartungen der Restauration des davidischen Königtums zusammen. Die weitere nachexilische „Prophetie" nimmt andere Formen an, wie der Vergleich von Sach 1–8 und Deuterosacharja zeigt.

wirkt das Auftreten von Propheten als Kristallisationspunkt für gegebene soziale Spannungen oder Gruppierungen? Bei welchen Anlässen traten die Propheten auf und wer genau waren ihre Adressaten? – Diese Fragen gelten zunächst generell, nicht nur für die „wahren" Propheten der alttestamentlichen Überlieferung, sondern auch für deren Gegner.
Bei der Betrachtung der alttestamentlichen Texte im Licht dieser Fragen wird das Bild von den Propheten als den großen Einzelgängern und Außenseitern erheblich modifiziert. Es ändert sich aber auch die Antwort auf die Frage „Wie wird man Prophet in Israel?"; und es lassen sich eine ganze Reihe von Beobachtungen anstellen, die nicht nur auf feste Vorstellungen bezüglich des prophetischen „Berufes" hinweisen, sondern auch auf das Erlernen und Einüben von Prädispositionen (etwa für Visionen oder des Hörens auf das Reden Gottes) und prophetischen Verhaltensweisen (Formen des Auftretens, symbolische Handlungen etc.).[37]

Allerdings ist auch bei der Anwendung der Rollentheorie auf die Propheten zu beachten, dass Rollen nicht vollständig definiert vorgegeben sind, sondern übernommen und ausgefüllt werden müssen. Trotz der prinzipiellen Gleichsetzung in 1Sam 9,9 (s.o.) signalisiert das Nebeneinander der Begriffe nabi' und ro'äh doch eine unterschiedliche Gewichtung von Wort und Vision. Die Art der Kundgabe der prophetischen Botschaft ist verschieden, etwa in mehr oder weniger poetisch geformten Worten oder in Zeichenhandlungen, im öffentlichen Auftreten, im Kreis der Schüler oder auch durch einen Brief. Zwar kann Ekstase nicht als prinzipielles Kennzeichen von Prophetie gelten,[38] aber ungewöhnliches Verhalten scheint doch nicht selten gewesen zu sein, auch wenn die Bezeichnung als mešuggaᶜ („verrückt") nur in polemisch-abwertendem Sinn vorkommt (2 Kön 9,11; Hos 9,7; Jer 29,26).

Auch für die Frage nach den Bezugsgruppen der Propheten ist die soziologische Betrachtung relevant. Besonders bei Jeremia wird deutlich, daß er der reformorientierten Gruppe um die Familie des Kanzlers Schafan nahestand (Jer 26,24). Anderseits geriet er in Konflikt mit der Kriegspartei, die den Freiheitskampf gegen die Babylonier vertrat und durchsetzte. Es ist verständlich, daß dieser Partei Jeremia, der die Ergebung an die Babylonier als Ergebung an den Willen Gottes und als Rettung propagierte, als Verräter erschien, der zu beseitigen ist (Jer 38). Durch das Auftreten von Propheten wurden die jeweiligen politischen Positionen auch religiös in Frage gestellt oder legitimiert (z.B. Jer 28; 29) und damit noch deutlicher öffentlich sichtbar.
Die sozialen Spannungen wurden durch das Wirken der Propheten ebenfalls deutlicher sichtbar. Wir wissen nicht, ob Jeremia bei dem vom König initiierten Vertrag zur Sklavenfreilassung irgendwie beteiligt war, aber die Kritik des Propheten an der Nichteinhaltung und die Ankündigung der göttlichen Strafe für den Eidbruch (Jer 34, 17ff.) verhinderte gewiss, dass die Freilassung allzu leicht vergessen werden konnte (über einen Erfolg dieser Kritik erfahren wir allerdings nichts). Ein ähnliches Zur-Sprache-Bringen der sozialen Probleme und Spannungen geschah auch durch die Sozialkritik der Propheten des 8. Jh.s, besonders Amos, Jesaja und Micha. Darum suchten sie ja die Öffentlichkeit (etwa des Heiligtums, Am 7,10–14, oder der Straße

---

[37] Lang, Wie wird man Prophet in Israel?
[38] Dies hebt besonders Petersen, Roles, 26–30, hervor.

bzw. des Marktes, Jes 5,1–7). Dagegen erfolgte der politische Rat an den König offensichtlich meist im vertrauteren Kreis (Jes 7; Jer 37).
In diesem Zusammenhang stellt sich die Frage nach den in der Kritik angesprochenen Adressaten bzw. nach den Verursachern der von den Propheten kritisierten sozialen Situation. Wie sah der israelitische bzw. der judäische Staat des 8. (und 7. Jh.s) v.Chr. aus, und wo lagen die Ursachen für die sozialen Entwicklungen? Während die ältere Forschung vor allem die Wirkung des Königtums auf die soziale Entwicklung herausstellte, wurden in der jüngeren Forschung mit dem Modell des Rentenkapitalismus und der antiken Klassengesellschaft zwei Deutungen vorgelegt, bei denen das Königtum bzw. der Staat praktisch keine Rolle spielte.[39] Hier führt die Untersuchung von Kessler[40] weiter. Er stellt eine Entwicklung des (judäischen) Königtums heraus, die vom „einfachen" Staat, in dem sich im wesentlichen König und Volk gegenüberstehen, zum „reifen" Staat führte. Dieser ist gekennzeichnet durch eine Oberschicht, die durch politische Ämter und durch verwandtschaftliche Beziehungen an der Macht des Königs partizipiert und von denen der König zumindest teilweise abhängig ist (partizipatorisches Königtum). Diese aufgestiegene Schicht hatte starke ökonomische Interessen, die zu einem zunehmenden wirtschaftlichen Druck auf die übrigen Schichten der Bevölkerung und deren weiterem sozialen Abstieg führte. Das Königshaus scheint etwas außerhalb dieses Prozesses gestanden zu haben (vielleicht weil es in seinen politischen und wirtschaftlichen Grundlagen ausreichend etabliert war). – Dieses soziologische Bild des judäischen Staates erklärt, warum sich die Propheten bei ihrer Sozialkritik vor allem an die Oberschicht wandten, während der König in diesem Zusammenhang – anders als bei den außenpolitischen Fragen (Jes 7; Jer 37) – kaum eine Rolle spielt. Es erklärt auch, warum der König zwar eine Sozialreform initiieren konnte, diese aber dann doch an der Oberschicht scheiterte (Jer 34,17ff.).[41]
Die sozialen Spannungen wurden durch das Wirken der Propheten ebenfalls deutlicher sichtbar. Wir wissen nicht, ob Jeremia bei dem vom König initiierten Vertrag zur Sklavenfreilassung irgendwie beteiligt war, aber die Kritik des Propheten an der Nichteinhaltung und die Ankündigung der göttlichen Strafe für den Eidbruch (Jer 34, 17ff.) verhinderte gewiß, daß die Freilassung allzu leicht vergessen werden konnte (über einen Erfolg dieser Kritik wissen wir allerdings nichts). Ein ähnliches Zur-Sprache-Bringen der sozialen Probleme und Spannungen geschah auch durch die Sozialkritik der Propheten des 8. Jh.s, besonders Amos, Jesaja und Micha. Darum suchten sie ja die Öffentlichkeit (etwa des Heiligtums, Am 7,10–14, oder der Straße bzw. des Marktes, Jes 5,1–7). Dagegen erfolgte der politische Rat an den König offensichtlich meist im vertrauteren Kreis (Jes 7; Jer 37).

So deutlich hier die verschiedenen Rollen erkennbar werden, so zeigt sich doch auch eine Grenze einer rein funktionalen Betrachtung, denn offensichtlich haben, jedenfalls in der Krisensituation um 600 v.Chr., verschiedene Angehörige der Oberschicht

---

[39] Es handelt sich vor allem um die Positionen von A. Alt, H. Donner, H. Bobek, O. Loretz, H.G. Kippenberg; siehe dazu Kessler, Staat und Gesellschaft, 3–17.
[40] Kessler, Staat und Gesellschaft.
[41] Für eine allgemeine Darstellung der soziokulturellen Entwicklungen Israels (und Judas) in der Königszeit siehe auch Niemann, Herrschaft, der ebenfalls erst für die spätere Königszeit von einem voll entwickelten Staat spricht.

verschiedene innen- und außenpolitische Optionen gewählt und erwuchs in der Oberschicht eine starke soziale Reformbewegung.

Ein ähnliches Problem zeigt sich bei der Bestimmung der sozialen Herkunft des Standortes der Propheten. Erklärt sich die Sozialkritik der Propheten aus ihrer Herkunft aus jenen Schichten, für die sie eintreten? Während Jesaja relativ leicht an den König herantreten und Mitglieder des Königshauses als Zeugen für seine Handlungen gewinnen kann, er also zur Jerusalemer Oberschicht gehört, ist die Einordnung für Amos schwieriger: Vor seinem Auftreten als Prophet lebte Amos von Viehzucht und Maulbeerfeigenpflege. „Ich bin (war) kein Prophet und auch kein Prophetenschüler, vielmehr bin ich Viehzüchter und Maulbeerfeigen-Ritzer" (Am 7,14; vgl. 1,1, dort nur „Schafzüchter"). Nun ergibt sich aus der Landeskunde und der Botanik, dass die Maulbeerbäume in Thekoa, dem hochgelegenen Heimatort des Amos, nicht gedeihen. Er musste also für seine Tätigkeit zum Toten Meer oder – wahrscheinlicher – in die Küstenebene hinuntergehen, d.h. er kam im Land umher und konnte dabei manche Beobachtungen machen.

Milton Schwantes, der eine engagierte sozialgeschichtliche Exegese betreibt, verbindet diese Beobachtungen mit der Frage der Klassenzugehörigkeit des Amos. Aus der Sozialkritik des Amos schließt er, dass auch Amos selbst einer sozial niedrigen und benachteiligten Klasse angehörte. Demzufolge war Amos ein wandernder Erntearbeiter,[42] ganz im Sinn der lateinamerikanischen migrant workers, und daneben wohl saisonal als Hirte tätig. Nun lässt sich damit zwar erklären, dass Amos mancherlei beobachten und bedenken konnte, ebenso auch seine soziale Kritik, aber es bleibt doch zumindest merkwürdig, dass dieser Wanderarbeiter ins Ausland ging und u.a. in der Lage war, am dortigen Staatsheiligtum aufzutreten und sich mit dem dortigen obersten Priester auseinander zu setzen.

Interessant bei Schwantes ist das Bemühen um ein soziales und persönliches Umfeld des Propheten. „Kurz, bei der Betrachtung der Person des Amos dürfen wir ihn nicht zu sehr isolieren. Einerseits wird die Überlieferung des Amosbuches nur erklärlich, wenn man weiß, wie viele Freunde und Schüler der Prophet um sich hatte. Der Bericht 7,10–17 ist ein Beispiel für die Liebe, die ihm andere bezeugten. Aber auch die prophetischen Flugblätter, die heute dem Buch einverleibt sind …, entstanden im Kreise der Anhänger unseres Visionärs. … Andrerseits scheint selbst der Inhalt der öffentlichen Rede unseres Boten/Hermeneuten nicht eine individuelle Schöpfung, nicht Produkt eines einzelnen denkenden, glaubenden Kopfes zu sein. … Sie spiegeln nicht nur die persönlichen Erfahrungen eines Individuums, es sind vielmehr die schmerzlichen Erfahrungen eines ausgeplünderten Bauerntums. Amos ist Sprachrohr ihrer Schmerzen, er ist einer von ihnen."[43] – Mit diesen Ausführungen variiert Schwantes nicht nur das Thema „die geistige Heimat des Propheten", sondern er zieht alles, was sonst als Nachgeschichte der Botschaft und des Buches betrachtet wird, in eine synchrone Beschreibung hinein. Hier sind wohl zwei Tendenzen feder-

---

[42] „Wir wissen, daß Sykomorenritzen nicht nur eine Saisonarbeit war, sondern auch eine Beschäftigung für arme Leute. Danach zu urteilen müssen wir annehmen, daß Amos unter der armen Landbevölkerung lebte, die mit verschiedenen Beschäftigungen und Saisonarbeiten zu überleben versuchte. Amos ist ein Produkt des durch die expansionistische Wirtschaft Jerobeams II. (und des Usijas) verarmten Bauerntums. Heute wäre er ein ‚Kaltesser'." Schwantes, Amos, 47.
[43] Schwantes, Amos, 48.

führend: Einerseits das hermeneutische Bemühen, für die (lateinamerikanische) Zielgruppe der „Meditationen" die Identifikation mit Amos (und seinen Leidensgenossen) dadurch zu erleichtern, dass Amos in den Kategorien ihrer aktuellen Erfahrung dargestellt wird, andererseits eine im engen Sinn funktionalistische Interpretation der Sozialkritik des Amos, die nur erlaubt, dass Amos zu jener Schicht gehört, deren Unterdrückung er verurteilt.[44]

Diese Einordnung des Amos hängt ganz an der Voraussetzung, dass Amos nur darum die Unterdrückung der Armen kritisierte, weil er sie selbst erlitt. Dabei muss außerdem die Aussage über die ‚Beschäftigung' mit Rindern (boqer) als nur saisonal relativiert werden. Das ist schon insofern fraglich, als boqer in 7,14 voransteht und 1,1 nur diese Tätigkeit genannt wird. Wie ist die Berufsbezeichnung des Amos zu verstehen?

In Am 7,14 ist die Bezeichnung boqer verwendet, was nur sagt, dass Amos es von Berufs wegen mit baqar, Rindern, zu tun hat. In 1,1 wird für diesen Sachverhalt das Wort noqed verwendet, das im Alten Testament sonst nur noch in 2 Kön 3,4 vorkommt, wo es (vorwiegend) auf Schafe bezogen ist. Das Wort kommt schon in Ugarit vor und steht dort neben anderen, meist höheren Amtsbezeichnungen. Vor allem aber wird in 2 Kön 3,4 der moabitische König Mescha als noqed bezeichnet. Mescha war gewiss nicht Hirte, sondern Eigentümer von Schafen, und zwar einer beträchtlichen Anzahl. Denn immerhin war er in der Lage, dem israelitischen König regelmäßig die Wolle von 100 000 Lämmern und 100 000 Widdern zu liefern. Auch Amos war also wohl nicht Hirte, sondern Besitzer von (größeren) Herden; dann war er aber auch nicht wandernder Erntearbeiter, sondern Besitzer von Maulbeerbaumpflanzungen. So ergibt sich eine ganz andere Einordnung des Amos: „als *Schafzüchter*, der von einem untergeordneten Hirten wohl zu unterscheiden ist, wird er nicht gerade arm gewesen sein. ... Wenn nicht schon die Schafzucht ihn zum Verkauf von Tieren und Wolle in Städte und auf Oasenmärkte geführt hätte, so forderte mindestens die Pflege der Sykomoren weite Wanderwege; denn sie gedeihen nicht auf den Höhen um Thekoa, sondern nur am Toten Meer und am Mittelmeer."[45] – Auf diesem Hintergrund ist die Frage nach dem Verhältnis von sozialer und prophetischer Rolle des Amos beinahe noch spannender, nämlich als die Frage, wie Amos zu seiner den eigenen Status transzendierenden Perspektive kommt.

Kann man bei Amos überhaupt von Rolle reden? Während bei Micha offensichtlich die Sozialkritik und das prophetische Engagement aus seiner gesellschaftlichen Funktion als Ältester und Sprecher seines Heimatortes erwuchsen und sich somit seine soziale und seine prophetische Rolle eng berührten, ist das bei Amos keineswegs der Fall. Entgegen der Rollenzuschreibung des Oberpriesters Amazja („Seher, geh, fliehe in das Land Juda", 7,12) betont Amos einerseits, dass er gerade kein Prophet oder Propheten‚sohn' (bzw. Propheten‚schüler') sei (bzw. war), und anderer-

---

[44] Diese Annahme führt nicht nur zur kritischen Frage nach der ethischen Motivation des Propheten, sondern würde auch den modernen Autor selbst in Frage stellen, der seinerseits vermutlich kein ‚Kaltesser' ist. Zwar ist es häufig so, daß Menschen die Interessen ihres Standes oder ihrer Klasse vertreten, aber die Perspektive kann doch weiter sein: Auch Karl Marx, Friedrich Engels und Johann Hinrich Wichern gehörten nicht zu dem Stand, für den sie zu ihrer Zeit und auf je verschiedene Art eintraten.
[45] Wolff, Amos, 107f.

seits, dass Jhwh ihn von der Herde weggenommen habe (7,14f.). Zudem trat er im Ausland auf, und sein Auftreten dauerte nur kurz. Nicht zuletzt war Amos offensichtlich der erste Unheilsprophet dieser Art.[46]
So ist es zwar möglich, den sozialen Standort und den Erfahrungs- und Bildungshorizont zu erschließen, den Amos als Hintergrund seines Auftretens mitbrachte,[47] aber es scheint kaum möglich, bei Amos von einer prophetischen Rolle zu sprechen. Andererseits hat Amos doch nicht nur typisch prophetische Erfahrungen, nämlich Visionen, sondern es fällt auch auf, dass der Priester Amazja ihn daraufhin anspricht, nämlich als ḥozäh, Seher. Zudem tritt Amos am Heiligtum auf, wie es Propheten tun, und Amazja berichtet über ihn an den König, wie wir es auch vom Auftreten der Propheten in Mari kennen.[48] Amos muss somit doch eine gewisse Prädisposition für Visionen und das mit ihnen verbundene Reden Gottes gehabt haben. Außerdem muss er, wenn schon keine eigene Praxis, so doch eine gewisse Vorstellung über das Auftreten von Propheten gehabt haben (sei es aus eigener Beobachtung, sei es aus Erzählungen). Diese Überlegungen treffen sich mit der exegetischen Erkenntnis, dass in Am 7,14 das Entscheidende nicht die Frage ist, was Amos nicht ist oder nicht war, sondern die positive Aussage, dass Jhwh ihn beauftragt hat.[49] Auch wenn Amos Bethel verlassen musste, mit dieser Legitimation ist das Auftritts- und Redeverbot des Priesters theologisch überwunden. – Somit ergibt sich, dass Amos mit seinem Auftreten und vor allem seiner Botschaft den Rahmen zeitgenössischer Prophetenrollen sprengte, dass aber auch Am 7,14 nicht die Frage ausschließt, welche Voraussetzungen Amos für sein Wirken mitbrachte und inwiefern er eine prophetische Rolle übernahm.

2.2.4. Brautpreis oder Brautgeld?

In alttestamentlichen wie auch in altorientalischen Texten kommt das Thema des Brautpreises vor. Der Brautpreis ist eine meist finanzielle, manchmal auch in Form von Arbeit zu erbringende Leistung des künftigen Ehemannes an den Vater bzw. die Familie der Braut. Der Vorgang wird verschieden interpretiert.[50] Die verbreitetste Deutung betrachtet den Brautpreis als Kauf einer Frau und dabei vor allem als Entschädigung für den Verlust einer Arbeitskraft (vgl. Braut‚preis'). Das passt aber nicht dazu, dass der Brautpreis bei der so genannten Verlobung, die eigentlich den ersten Teil der Eheschließung darstellt (daher auch „inchoate marriage") zu übergeben ist, nach der das Mädchen noch längere Zeit in der elterlichen Familie lebt und arbeitet. Die finanzielle Interpretation als Kaufpreis erklärt auch nicht, warum es hier um die Absicht und die Verbindlichkeiten einer Eheschließung geht. Eine andere Möglichkeit ist die Deutung als Kompensation für den Verlust der Jungfräulichkeit. Dann müsste aber die Übergabe bei der Heimholung der Frau in das Haus des Mannes erfolgen und müsste der Brautpreis an die Frau und nicht an ihren Vater gegeben werden. Außerdem ist auch für eine Witwe ein Brautpreis zu bezahlen.

---

[46] Anders ist es bei den späteren Propheten und deren Tradition, bei denen Bezugnahmen auf die Amostradition durchaus zu erkennen sind.
[47] Siehe dazu etwa die Ausführungen bei Wolff, Amos.
[48] Siehe dazu Sauer, Amos.
[49] Bach, Erwägungen.
[50] Zum Folgenden siehe Otto, Ethik, 51–54.

Hier führt der ethnologische Vergleich bzw. die symbolisch-soziologische Betrachtung weiter. „Der Brautpreis hat als kulturhistorische Universalregelung seinen Ursprung in der Funktionssicherung exogamer Heiratsordnung. Er dient dazu, den unmittelbaren Tausch von Tochter gegen Tochter unter den exogamen Familien zugunsten komplexerer Tauschgemeinschaften und längerer Fristen zu ersetzen. Kann ein unmittelbarer Tausch von Heiratspartnern von Familie zu Familie nur in Ausnahmefällen gelingen (cf. Gen 34,16), da selten zu gleicher Zeit in zwei Familien je eine Tochter und ein Sohn im heiratsfähigen Alter sind, bedarf es eines Mittels, um die Tauschbeziehungen zeitlich zu strecken und auf viele Familien auszudehnen. Gibt eine Familie eine Tochter, so erhält sie dafür einen Brautpreis, bei dem es sich ursprünglich keineswegs um eine Bezahlung handelt. Vielmehr muss nur in der Gesellschaft Übereinstimmung darüber herrschen, dass das, was als Brautpreis gegeben wurde, ... dazu befähigt, im Rücktausch eine Frau für einen der eigenen Söhne in die Familie zu holen. ... Da nun nicht mehr direkt getauscht werden muss, kann auch der Kreis der Familien, unter denen geheiratet wird, sehr weit gezogen werden, in der Theorie so weit, wie die Tauschäquivalenz des Brautpreises anerkannt wird. Die Besonderheit des Geldes liegt darin, dass damit der Kreis so weit, wie das Geld als Zahlungsmittel Gültigkeit hat, ausgedehnt werden kann. Es geht also nicht um eine Kompensation von Verlusten wie Arbeitskraft, Verfügungsgewalt oder Jungfräulichkeit, sondern um ein Äquivalent für den gestreckten Tausch von Person gegen Person."[51] Auf diesem Hintergrund erscheint es sinnvoll, statt von Brautpreis besser von Brautgeld zu sprechen, um die falsche Assoziation des Brautkaufs zu vermeiden.

Die ursprünglich so entstandene Regelung des Brautgeldes wurde im Lauf der geschichtlichen Entwicklung in verschiedener Weise weitergeführt, etwa, dass es dann der Frau mitgegeben wurde und zu ihrer Sicherung und Versorgung im Fall der Verwitwung oder der Scheidung diente. Diesen Entwicklungen ist an Hand der jeweiligen Texte nachzugehen.

2.3. Zur Methodik

An dieser Stelle geht es nicht um eine Anleitung zu soziologisch-sozialgeschichtlicher Arbeit, sondern um einige Überlegungen zum kritisch-prüfenden Nachvollzug entsprechender Beiträge. Drei Fragestellungen sind dazu relevant: (1) Die Frage nach den verwendeten Quellen und ihrer Bewertung, (2) die Frage nach den zu Grunde gelegten soziologischen Modellen und Prämissen und (3) die Frage nach dem Ertrag der soziologischen oder sozialgeschichtlichen Interpretation einschließlich ihrer Rückwirkung auf das Verständnis der Quellen.

2.3.1. Die Quellen und ihre Bewertung

Die in unserem Zusammenhang relevanten Quellen sind zunächst die alttestamentlichen Texte und die außerbiblischen Texte aus Palästina bzw. dem Alten Orient, andererseits archäologische Quellen. Wie werden diese Quellen ausgewertet und wie verhält sich diese Auswertung zu den jeweiligen klassischen Interpretationsmöglich-

---

51 Otto, Ethik, 53.

keiten? Zwar können und sollen die Quellen durch die soziologische Betrachtung zusätzliche Aussagekraft erhalten, aber zunächst sind sie kritisch auf ihren Quellenwert hin zu prüfen. Es fällt auf, dass bei der soziologischen oder sozialgeschichtlichen Auswertung von Texten die Tendenz besteht, diese auf den ersten Eindruck hin („at face value") zu verwenden und ihnen hohen und unmittelbaren Quellenwert beizumessen. Gegenüber dieser Tendenz sind zunächst die exegetischen Methoden anzuwenden und ist zu prüfen, ob die Texte eine bestimmte Auswertung überhaupt zulassen.

Das heißt, es sind zunächst die literarkritischen und redaktionsgeschichtlichen Fragen nach dem Alter des Textes bzw. seiner Teile zu stellen; anderseits ist zu prüfen, ob oder wieweit traditionsgeschichtlich gegebene Vorstellungen den Text in eine bestimmte Richtung prägen, und schließlich ist zu fragen, welche Relevanz die Gattung und Aussageabsicht eines Textes für seine „Verwertbarkeit" hat.

Zwar ist gerade die *Frage des Alters von Texten* in der derzeitigen Forschungslage vielfach umstritten, und die Plausibilität eines soziologischen Zusammenhangs mag ein Indiz für eine bestimmte Einordnung eines Textes sein, aber die literar- und redaktionskritischen Einsichten dürfen nicht übersprungen werden. So ist etwa bei Jeremia zu unterscheiden zwischen jenen Texten und Informationen, die (wahrscheinlich) auf den Propheten selbst zurückgehen oder zu ihm zurückführen, und den späteren Teilen und Bearbeitungen des Jeremiabuches, besonders den Texten der sog. deuteronomistischen Redaktion. Dementsprechend ergibt sich ein Unterschied zwischen der prophetischen Rolle des historischen Jeremia und dem deuteronomistischen Prophetenbild.

Ein Beispiel für die *Bedeutung der traditionsgeschichtlichen und der formkritischen Gegebenheiten* eines Textes ist das sog. Lob der tüchtigen Frau, Spr 31,10–31. Der Text gehört in die nachexilische Zeit und die hier vorgestellte Frau wäre einer mittelständischen bäuerlichen Familie zuzuordnen, denn einerseits hat sie Mägde, anderseits arbeitet sie auch selbst. Es ist interessant, welche auch außerhäuslichen Tätigkeiten hier einer Frau in der nachexilischen Zeit zugeschrieben wurden und somit offensichtlich möglich waren: Sie treibt Handel (V. 14.24), sie kauft ein Grundstück, und sie investiert den Ertrag ihrer Arbeit in einen Weinberg (V. 16). Anderseits ist es problematisch, alle im Gedicht aufgezählten inner- und außerhäuslichen Tätigkeiten als übliche Tätigkeiten einer einzigen Person zu interpretieren (was allein zeitlich schwer vorstellbar ist). Vielmehr werden in diesem Loblied traditionsgeschichtlich gesehen alle weisheitlichen Tugenden auf eine Person gehäuft. Auch die Erwähnung des Mannes und der Söhne ist im Licht der Gattung und Intention des Lobliedes zu beurteilen. Mit ihrem Lob in direkter Rede (V. 28f.) sprechen sie das aus, was das Lied insgesamt ausdrücken will; und dass der Mann bekannt ist, wenn er im Tor bei den Ältesten sitzt (V.23), dient ebenfalls ausschließlich dem Lob bzw. der Berühmtheit der Frau. Auf Grund seiner Gattung und Intention enthält der Text keine Information über die sonstige Lebenswelt des Mannes und der Söhne, darum ist es aber auch nicht möglich zu schließen, der Mann habe nur im Tor gesessen. Bezüglich der Arbeitswelt einer mittelständischen bäuerlichen Familie wird eine ungefähr analoge Arbeitsteilung anzunehmen sein; das heißt, der Mann wird – ähnlich wie die Frau bei ihren Tätigkeiten – Gesinde gehabt, aber auch selber gearbeitet haben, vgl. 1 Kön 19,19. Der Ort für das Lob der Frau ist aber nicht die Arbeit auf dem Feld (wer würde es dort hören?), sondern das Forum der Hausgemeinschaft (V. 28f.) und der Öffentlichkeit im Tor (V.23). – Für eine sozialgeschichtliche Interpretation bedeuten diese traditionsgeschichtlichen und formkritischen Gegebenheiten, dass sich aus dem Text keine Aussagen über die Arbeitsteilung zwischen Mann und Frau ableiten lassen und dass die Kumulation von Tätigkeiten auch nicht die Tätigkeit einer einzelnen israelitischen Frau beschreibt. Es lässt sich aber ableiten, dass in diesem Loblied für die tüchtige Frau nicht nur eine umfangreiche innerfamiliäre Tätigkeit, sondern auch eine weitreichende Wirkungsmöglichkeit und Kompetenz außerhalb des Hauses vorausgesetzt wird, und dass diese

Aktivitäten in der Öffentlichkeit (der Männer) Anerkennung finden. Insofern ist dieses Gedicht ein interessanter und einzigartiger Beitrag für unser Bild von der Rolle von Frauen im nachexilischen Israel.

2.3.2. Die soziologischen Modelle und Bewertungen

Bei einschlägigen Arbeiten ist in der Regel der angewandte soziologische Interpretationsrahmen dargelegt. Diese Darlegungen sind zunächst zu bedenken. Abgesehen von einem Blick in die entsprechende Originalpublikation wird es hilfreich sein, sich über die betreffende Fragestellung und Methodik in einem der Lehrbücher oder Lexika zu informieren. Die im ersten Teil dieses Beitrags dargestellten Grundprobleme und Grundtypen soziologischer Forschung sollten ebenfalls ein Hilfe sein, sich den Ansatz und dessen spezifisches Profil zu verdeutlichen. In der weiteren Entfaltung der betreffenden Arbeit kann verfolgt werden, wie und nach welchen Seiten hin die vorgestellte Methodik angewandt wird, welche expliziten oder impliziten Entscheidungen getroffen und welche soziologischen und sozialgeschichtlichen Erkenntnisse gewonnen werden.

2.3.3. Der Ertrag der Arbeit

Schließlich ist zu überlegen, welchen Ertrag die Untersuchung erbracht hat. In der Regel wird das Ergebnis vom Autor / von der Autorin zusammengefasst. Wie verhält sich das hier Gesagte zu den eingangs ausgesprochenen Fragestellungen? Was aus dem Hauptteil der Arbeit wird besonders gewichtet?
Hier kann aber auch gefragt werden, wo der spezifische soziologische oder sozialgeschichtliche Zugang über die bisherigen exegetischen Erkenntnisse bzw. über den bisherigen Forschungsstand hinausführt. Werden dadurch bisherige Erkenntnisse modifiziert? Bzw. auch umgekehrt: Sind die bisherigen Erkenntnisse beachtet oder bleiben kritische Anfragen?

2.4. Thesen zur Bedeutung der sozialgeschichtlichen und soziologischen Forschung in der Bibelwissenschaft

1. Die sozialgeschichtliche Fragestellung ist ein wichtiger Teil der historisch-kritischen Forschung, wobei es darum geht, die gesellschaftlichen Zusammenhänge, Hintergründe und Auswirkungen der biblischen Texte und Traditionen zu erfassen.
2. Soziologische Forschung und Modellbildung hat – so wie auch andere Methoden – bestimmte Eigentendenzen und Einseitigkeiten. Sie tendiert von ihrem Ansatz her dazu,
a) die Wirklichkeit von den großen Zahlen, Bewegungen und Gruppen her zu sehen und zu interpretieren und die Einzelperson zu vernachlässigen.
b) geistige und psychische Vorgänge nur als Funktionen soziologischer Gegebenheiten und damit diesen gegenüber sekundär aufzufassen.

c) trotz der Begrenztheit der berücksichtigten Daten und Wahrnehmungsebenen Gesamtmodelle von Wirklichkeit und normative Zielsetzungen geben zu wollen.
3. Soziologische Forschung ist mit den klassischen exegetischen Fragestellungen und Methoden in Beziehung zu setzen.
Für die biblische Exegese und Theologie ergibt sich vor allem die Frage nach der Bedeutung der Einzelperson, das heißt nach individuellem Wollen und Wirken und nach der Relevanz theologischer Aussagen. Andererseits hilft die soziologische und sozialgeschichtliche Betrachtung, soziale und strukturelle Bedingungen und Zwänge, unter denen Einzelne wie auch Gruppen und Gesellschaften leben, aufzudecken. Sie vertieft damit den Wirklichkeitsbezug und übt zugleich eine wichtige ideologiekritische Funktion aus.
4. Neben dem Anliegen, das Forschungsobjekt möglichst umfassend wahrzunehmen, zu verstehen und darzustellen, hat die sozialgeschichtliche Fragestellung die wichtige hermeneutische Funktion, auf die Sozialgestalt des Glaubens hinzuweisen und damit nach den sozialgeschichtlichen Bedingtheiten, aber auch den sozialgeschichtlichen Wirkungen heutigen Glaubens zu fragen.

Literatur

Amman, Anton, Soziologie. Ein Leitfaden zu Theorien, Geschichte und Denkweisen, Wien u.a., 1996[4].
Bach, Robert, Erwägungen zu Amos 7,14, in: FS Hans Walter Wolff, Neukirchen 1981, 203–216.
Bahrdt, Hans Paul, Schlüsselbegriffe der Soziologie. Eine Einführung mit Lehrbeispielen, München 1994[6].
Baumgarten, Eduard, Max Weber. Werk und Person, Tübingen 1964.
Bendix, Reinhard, Max Weber, Das Werk. Darstellung, Analyse, Ergebnisse, München 1964 (engl. Orig.: M.W., An Intellectual Portrait, 1960).
Blenkinsopp, Joseph, The social roles of prophets in early Achaemenid Judah, JSOT 93 (2001), 39–58.
Brockhaus Enzyklopädie in 24 Bänden, Bd. 18, Wiesbaden 1992[19], Art. Rolle.
Brueggemann, Walter, Trajectories in Old Testament Literature and the Sociology of Ancient Israel, JBL 98 (1979) 161–185.
Brueggemann, Walter, A social reading of the Old Testament: prophetic approaches to Israel's communal life, Minneapolis 1994.
Buß, Eugen / Fink, Ulrike / Schöps, Martina, Kompendium für das wissenschaftliche Arbeiten in der Soziologie, UTB 884, Heidelberg 1994[4].
Cancik, Hubert / Cancik-Kirschbaum, E., Mythos, NBL II, 1995, 864–876.
Causse, Antonin, Les „pauvres" d'Israel, Straßburg 1922.
Causse, Antonin, Israel et la vision de l'humanité, Straßburg 1924.
Causse, Antonin, Du groupe éthnique à la communauté religieuse. Le problème sociologique de la religion d'Israel, Paris 1937.
Deines, Roland, Jüdische Steingefäße und pharisäische Frömmigkeit, WUNT II / 52, 1993.
Dietrich, Walter, Israel und Kanaan. Vom Ringen zweier Gesellschaftssysteme, SBS 94, Stuttgart 1979.
Douglas, Mary, Purity and Danger. An Analysis of Concepts of Pollution and Taboo, London 1966; dt.: Reinheit und Gefährdung, Berlin 1985.

Dreyer, Wilfried, Soziologie im kulturwissenschaftlichen Kontext. Ein Beitrag zur Kritik an der Rollentheorie aus der Perspektive der verstehenden Soziologie, Diss. Soz. und Verhaltenswiss. Fakultät, Tübingen 1989.
Durkheim, Emile, De la division du travail social, 1893; deutsch: Über soziale Arbeitsteilung. Studie über die Organisation höherer Gesellschaften. Mit einer Einleitung ‚Arbeitsteilung und Moral': Durkheims Theorie, von Niklas Luhmann u.a., Frankfurt 1992.
Durkheim, Emile, Les formes élémentaires de la vie religieuse, Paris 1912.
Elsas, Christoph, Mythos, Mythologie, EKL³, III, 1992, 586–592.
Evans-Pritchard, Edward E., The Nuer of the Southern Sudan, in: Evans-Pritchard, Edward E. / Fortes, Mayer (Hg.), African Political Systems, London 1940, 272–296.
Giddens, Anthony, Social Theory and Modern Sociology, Oxford 1987.
Giddens, Anthony, Interpretative Soziologie. Einführung und Kritik, Frankfurt 1984.
Gottwald, Norman K., The Tribes of Yahweh. A Sociology of liberated Israel 1250–1050 B.C.E. (1979), Maryknoll 1985³.
Hillmann, Karl-Heinz / Hartfiel, Günter, Wörterbuch der Soziologie, Stuttgart 1994⁴.
Houston, Walter, Purity and Monotheism. Clean and Unclean Animals in Biblical Law, JSOT.S 140, 1993.
Jonas, Friedrich, Geschichte der Soziologie, Bd. 1–2, Opladen 1981.
Käsler, Dirk (Hg.), Klassiker des soziologischen Denkens, Bd. 1–2, Darmstadt 1976/1978.
Käsler, Dirk, Max Weber: Eine Einführung in Leben, Werk und Wirkung, Frankfurt 1995 (Lit.!).
Kehrer, Günter, Einführung in die Religionssoziologie, Darmstadt 1988.
Kessler, Rainer Staat und Gesellschaft im vorexilischen Juda vom 8. Jahrhundert bis zum Exil, VTS 47, Leiden 1992.
Kimbrough, S.T. Jr., Israelite Religion in Sociological Perspective. The Work of Antonin Causse, Studies in Oriental Religion 4, Wiesbaden 1978.
Knudtzon, Joergen A., Die El-Amarna-Tafeln mit Einleitung und Erläuterung, Leipzig 1915.
Kraus, Hans-Joachim, Die Anfänge der religionssoziologischen Forschungen in der alttestamentlichen Wissenschaft (1969), in: Ders., Biblisch-theologische Aufsätze, Neukirchen-Vluyn 1972, 296–310.
Kreuzer, Siegfried, Grundfragen der sozialgeschichtlichen und soziologischen Forschung am Alten Testament, PzB 2 (1993), 25–46.
Kreuzer, Siegfried, Max Weber, George Mendenhall und das sogenannte Revolutionsmodell für die ‚Landnahme' Israels, in: FS Henning Graf Reventlow, Frankfurt 1994, 283–305.
Lang, Bernhard, Wie wird man Prophet in Israel? Aufsätze zum Alten Testament, Düsseldorf 1980.
Lang, Bernhard, Rolle, Handbuch religionswissenschaftlicher Grundbegriffe IV, 1998, 460–476.
Lang, Bernhard, Sozialgeschichte, NBL III, 639-651.
Lipp, Wolfgang, Stigma und Charisma. Über soziales Grenzverhalten, Berlin 1985.
Marshall, Gordon (Hg.), The Concise Oxford Dictionary of Sociology, Oxford 1994.
Mayes, Andrew D.H., The Old Testament in Sociological Perspective, London 1989.
Mendenhall, George, The Hebrew Conquest of Palestine, BA 25 (1962), 66–87.
Moran, William L., The Amarna Letters, Baltimore 1992.
Neu, Rainer, Religionssoziologie als kritische Theorie, EHS XXIII/168, 1982.
Niemann, Hermann Michael, Herrschaft, Königtum und Staat. Skizzen zur soziokulturellen Entwicklung im monarchischen Israel, FAT 6, 1993.

Oesch, Josef, Sozialgeschichtliche Auslegung des Alten Testaments. Ein forschungsgeschichtlicher Überblick, PzB 1 (1992), 3–22 (Lit!).
Otto, Eckart, Theologische Ethik des Alten Testaments, ThW 3/2, Stuttgart 1994.
Otto, Eckart, Max Webers Münchener Vortrag zur soziologischen Grundlage der Entwicklung des Judentums ... 1917, ZAR 10 (2004), 317–328.
Petersen, David L., The Roles of Israels Prophets, JSOT.S 17, Sheffield 1981.
Popitz, Heinrich, Der Begriff der sozialen Rollen als Element der soziologischen Theorie, Tübingen 1967.
Reinhold, Gerd (Hg.), Soziologie-Lexikon, München u.a. 2000[4].
Ryan, A. (Hg.), The Philosophy of Social Explanation, Oxford 1973.
Sauer, Georg, Amos 7,10–17 und mesopotamischer Briefstil, in: Chaim Gevarjahu Memorial Volume, Jerusalem 1990, 119–128.
Sawyer, John F.A. (Hg.), Reading Leviticus. A conversation with Mary Douglas ..., JSOT.S 227, Sheffield 1996.
Schäfer-Lichtenberger, Christa, Stadt und Eidgenossenschaft. Eine Auseinandersetzung mit Max Webers Studie ‚Das antike Judentum', BZAW 156, Berlin/New York 1983.
Schäfer-Lichtenberger, Christa, Zur Funktion der Soziologie des Alten Testaments, VTS 80, 2000, 179–202.
Schluchter, Wolfgang, Max Webers Studie über das antike Judentum. Interpretation und Kritik, Frankfurt 1981.
Schottroff, Willi / Stegemann, Wolfgang, Der Gott der kleinen Leute. Sozialgeschichtliche Bibelauslegungen, 2 Bde., München 1974.
Schottroff, Willi, Soziologie und Altes Testament, VuF 19, 1974, 46–66.
Schwantes, Milton, Das Land kann seine Worte nicht ertragen. Meditationen zu Amos, KT 105, München 1991 (= Amós. Meditaçoes e Estudos, Sao Leopoldo 1987).
Sigrist, Christian, Regulierte Anarchie. Untersuchungen zum Fehlen und zur Entstehung politischer Herrschaft in segmentären Gesellschaften Afrikas (1967), Frankfurt 1979.
Silver, Morris, Taking Ancient Mythology Economically, Leiden 1992.
Thiel, Winfried, Die soziale Entwicklung Israels in vorstaatlicher Zeit (1980), Neukirchen 1985[2].
Thomas, J.J.R., Ideology and Elective Affinity, Sociology 19, 1985, 39–54.
Tönnies, Ferdinand, Gemeinschaft und Gesellschaft. Grundbegriffe der reinen Soziologie (1887), 1935[8] = Darmstadt 1963.
Vaux, Roland de, Das Alte Testament und seine Lebensordnungen, Bd. I–II, Freiburg u.a. 1964–1966.
von Boer, Roland, Tracking the Tribes of Yahweh. On the trail of a classic, JSOT.S 351, Sheffield 2002.
Weber, Max, Die protestantische Ethik und der Geist des Kapitalismus (1904/05), Archiv für Sozialwissenschaften und Sozialpolitik 20, 1–54; 21, 1–110; jetzt in: ders., Gesammelte Aufsätze zur Religionssoziologie, Bd. I, Tübingen 1988[9], 17–206.
Weber, Max, Gesammelte Aufsätze zur Religionssoziologie, Bd. I–III, 1920–1921 = Tübingen 1998[9] / 1988[7] / 1988[8].
Weber, Max, Max Weber-Gesamtausgabe I/21, 1+2: Die Wirtschaftsethik der Weltreligionen. Das Antike Judentum. Schriften und Reden 1911–1920, Hg. Otto, Eckart unter Mitwirkung von Julia Offermann, Tübingen 2005.
Welten, Peter, Ansätze sozialgeschichtlicher Betrachtungsweise des Alten Testaments im 20. Jahrhundert, BThZ 6 (1989), 207–221.

Wilson, Robert R., Sociological Approaches to the Old Testament, Guides to Biblical Scholarship, Philadelphia 1984.
Wolff, Hans Walter, Amos, BK XIV/2, Neukirchen 1975².
Zingerle, Arnold, Max Webers historische Soziologie. Aspekte und Materialien zur Wirkungsgeschichte, EdF 163, Darmstadt 1981 (Lit.!).

3. Altorientalische Ikonographie und Exegese des Alten Testaments
(Friedhelm Hartenstein)

3.1. Zur Erforschung von Bildzeugnissen aus den Kulturen des Alten Orients

Im 19. Jahrhundert traten zum ersten Mal seit der Antike originale Zeugnisse der versunkenen Kulturen des Alten Vorderen Orients einschließlich des alten Palästina in großer Zahl zutage. Die französischen und britischen Expeditionen an den Nil und in das Zweistromland, denen später weitere, darunter etwa die der Deutschen nach Babylon, folgten, erweiterten sprunghaft das Wissen um die alten Großreiche der Ägypter, Babylonier, Assyrer und Perser. Das Bild, das man sich bis dahin von diesen untergegangenen Hochkulturen gemacht hatte, war vor allem durch die Autoren der klassischen Antike geprägt. Durch die reichlich fließenden Originalquellen erkannte man nun erstmals die eigenständigen Kulturleistungen des Alten Orients. Der entscheidende Schlüssel dafür war die Entzifferung der ägyptischen *Hieroglyphen* (1822 durch J.-F. Champollion anhand des zweisprachigen sog. Steins von Rosette) und des in *Keilschrift* geschriebenen *Akkadisch*, der vorherrschenden Sprache des alten Mesopotamien (1802/03 durch G.F. Grotefend und 1846 durch H. C. Rawlinson anhand der dreisprachigen Inschriften aus Persepolis und Behistun).
Aufgrund der großen Vielfalt von *schriftlichen Quellen* (Wirtschaftstexte, Rechtstexte, Verwaltungsurkunden, Königsinschriften, Lieder, Gebete, Mythen und Epen etc.) konnten die neu entstandenen Wissenschaften Ägyptologie und Assyriologie schon zu Beginn des 20. Jahrhunderts eindrucksvolle Gesamtbilder des Alten Orients und seiner wechselvollen Geschichte entwerfen.[1] Neben den Texten waren es dabei vor allem die ebenso zahlreichen *Bildquellen*, die wichtiges Anschauungsmaterial für die Lebenswelt des Alten Orients darstellten. Der Alte Orient war zusätzlich zu dem „Gedächtnisspeicher" der Schrift in starkem Maß durch *visuelle Kommunikation* geprägt.[2] Medien des „Sehens" spielten eine herausragende Rolle für die Vermittlung von gedanklichen Konzepten und dienten der Orientierung über die Welt der Götter und Menschen.[3] Dabei hatten sie den Vorteil, auch für des Schreibens und Lesens unkundige Rezipienten „lesbar" zu sein. Wenn etwa der assyrische König Asarhaddon um 675 v.Chr. im nordsyrischen Sençirli/Samʻal eine Siegesstele aufstellen ließ (**Abb. 8**), auf der er zwei deutlich kleiner dargestellte Fürsten unterworfener Völker am Leitseil hielt, das durch Ringe in deren Nasen bzw. Unterlippen gezogen war, so bedurfte diese Aussage politischer Propaganda keiner weiteren Kenntnisse, um verstanden zu werden. Die auf derselben Stele angebrachte akkadische Inschrift hingegen war nur von Keilschriftkundigen entzifferbar.

---

1 Vgl. A. Erman, Ägypten; B. Meissner, Babylonien und Assyrien.
2 Siehe dazu die Beiträge in M. Heinz, D. Bonatz (Hg.), Bild – Macht – Geschichte.
3 In Altägypten waren Schrift und Bild aufgrund der Zeichenformen der Hieroglyphen formal nahe beieinander geblieben (wobei es sich aber um eine Lautschrift handelte; man malte bzw. gravierte – bei repräsentativen Inschriften – die Zeichen analog zur künstlerischen Darstellung). In Mesopotamien hatten sich die Schriftzeichen schnell von den frühen Bildzeichen zur Abstraktion der sog. „Keile" weiterentwickelt.

Die *inhaltliche Deutung altorientalischer Bilder* ist ein relativ junger Zweig der entsprechenden archäologischen und philologischen Disziplinen. Erst mit der Etablierung einer eigenständigen *Vorderasiatischen Archäologie*, die sich in Deutschland mit A. Moortgat, in Frankreich mit A. Parrot und in den USA mit H. Frankfort verbindet, begann eine zunehmend differenzierte Wahrnehmung von Bildinhalten altorientalischer Kunst als einer eigenständigen Materie, zu denen textliche Befunde häufig keine weiterführenden Informationen liefern. Die *Methodik und Hermeneutik der Bilduntersuchung* mußte eigens entwickelt und erprobt werden.[4]

3.2. Zur Methodik der Interpretation altorientalischer Bilder

Um sich den Inhalten altorientalischer Bildzeugnisse wissenschaftlich begründet annähern zu können, bedarf es einer *Kenntnis der entsprechenden Denkmäler*.[5] Da Studierende, häufig aber auch Wissenschaftler, primär auf *Abbildungen altorientalischer Kunstwerke in Büchern* angewiesen sind, wenn sie an einem ikonographischen Thema arbeiten, muß man sich dessen bewußt sein, wie sehr bereits eine Fotografie, in noch stärkerem Maß aber jede Abzeichnung (sei es aufgrund eines Originals oder wiederum von Fotos) eine *Interpretation* darstellt. So sind in vielen Fällen die in Strichzeichnungen umgesetzten Darstellungen hilfreich. Wenn sie aber aus umfangreicheren Bildkontexten „herausgeschnitten" wurden bzw. um der Vereinfachung willen vieler Details beraubt sind, taugen sie nur eingeschränkt zur ikonographischen Auswertung.[6] Insbesondere das *Empfinden für die Größe und die räumliche Wirkung* eines Artefakts geht in der Zweidimensionalität eines Kunstbandes oder einer Bildtafel verloren. Jeder ernsthaft an altorientalischer Ikonographie Interessierte sollte sich deshalb darum bemühen, nicht nur einmal, sondern regelmäßig einschlägige *Museen und Ausstellungen* unter fachkundiger Anleitung zu besuchen. Im Idealfall sollten *archäologische Lehrveranstaltungen* bzw. *Lehrkurse* besucht werden, in deren Rahmen man auch einmal die Gelegenheit erhält, originale Stücke in die Hand zu nehmen und sich deren Beschaffenheit einzuprägen. Im Folgenden soll ein kurzer Überblick über die übliche *Einteilung der Denkmäler* in der Vorderasiatischen Archäologie gegeben werden (mit Ausblicken auf ägyptische Denkmäler), bevor nach der

Abb. 8: Asarhaddon mit Gefangenen; Sam'al von 675 v.Chr.

---

[4] Vgl. dazu als Einführung z.B. B. Hrouda, Grundlagen, bes. 30–36, sowie die Beiträge in O. Keel, C. Uehlinger (Hg.), Altorientalische Miniaturkunst.
[5] Als Gesamtüberblicke mit einer Vielzahl von Abbildungen sind gut geeignet: W. Orthmann (Hg.), Der Alte Orient; C. Vandersleyen (Hg.), Das Alte Ägypten; B. Hrouda, Vorderasien I; Ders. (Hg.), Der Alte Orient; A. Eggebrecht (Hg.), Das Alte Ägypten.
[6] Vgl. dazu etwa manche nur Ausschnitte oder reduzierte Motive bietende Abbildungen in O. Keel, Welt, oder in Nachschlagewerken wie J. Black, A. Green, Gods.

Zur Methodik der Interpretation altorientalischer Bilder 175

Eigenart altorientalischer Ikonographie und den *Methoden zu ihrer Analyse und Interpretation* gefragt werden soll.

3.2.1 Die Denkmäler

Während einer Grabung sind es zum einen *Architektur* und zum anderen *Keramik*, die in erster Linie zutage treten. Man sollte sich die *architektonischen Grundformen* und die *Typologie der Großbauten* (Tempel und Heiligtümer, Paläste) gut einprägen, um die häufig aus diesen Kontexten stammenden ikonographischen Funde einordnen zu können. Eine Hilfe hierzu leisten Überblickswerke.[7]
Die wichtigste Gattung der Vorderasiatischen Archäologie ist das *Siegel* bzw. *Siegelamulett*. Es tritt in den zwei Grundtypen des *Rollsiegels* (**Abb. 9a–b**) und des *Stempelsiegels* auf (**Abb. 10**). Die Funktion solcher Siegel war vielfältig. Sie reichte von der erhofften Schutzwirkung aufgrund der Darstellungen und des Materials bis hin zum Wirtschaftsleben (Eigentumsvermerk durch Abdrücke im Ton, sog. „Bullen"). Die Siegel bildeten eine Art „Personalausweis" der Besitzer und spiegelten ihre soziale Stellung wider (die Qualität reicht von billiger Massenware bis hin zu aufwendig gearbeiteten Einzelanfertigungen). Hatte das Stempelsiegel in der Frühzeit Mesopotamiens eine große Rolle gespielt, so trat es später immer mehr hinter dem Rollsiegel zurück, das bis zur Mitte des 1. Jt.s v.Chr. so etwas wie das „Leitfossil" der

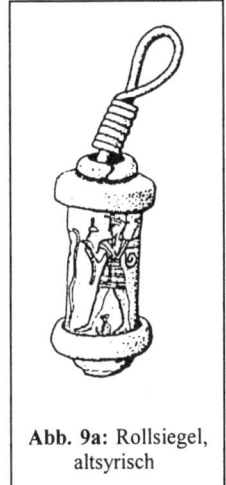

Abb. 9a: Rollsiegel, altsyrisch

Abb. 9b: Abrollung: syrischer Ba'al/ Hadad und altbabylonischer Gott

Archäologie und Ikonographie Vorderasiens darstellt. Ähnliches gilt in Ägypten für eine dort weit verbreitete besondere Form des Stempelsiegels, den *Skarabäus* (Amulett in Käferform), der sich besonders im 2. Jt. v.Chr. auch in Palästina und der Levante etablierte (**Abb. 10**).
Stempelsiegel gab es in verschiedenen Formen und aus ganz unterschiedlichen Materialien, die zeitlich und regional differenziert werden können. Dasselbe gilt für die *Rollsiegel*. Für sie ist eine zylindrische Gestalt mit Längsbohrung (zur Aufhängung) charakteristisch. Zum Teil, so in kassitischer Zeit (16.–12. Jh.

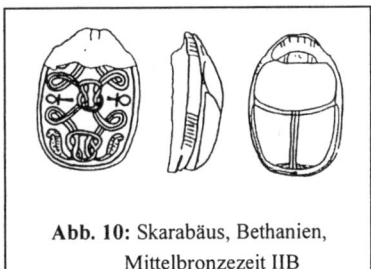

Abb. 10: Skarabäus, Bethanien, Mittelbronzezeit IIB

---

7 Vgl. z.B. E. Heinrich, Tempel; Ders., Paläste; D. Wildung, Ägypten; D. Arnold, Tempel; Ders., Lexikon.

v.Chr.), wurden die Siegelzylinder auch mit granulierten Metallkappen versehen. Der eigentliche Bildträger war beim Rollsiegel *die gesamte Außenfläche des Zylinders*, deren teils mit hoher Meisterschaft ausgeführte Gravur meist „negativ" geschnitten wurde, um eine „positive" Abrollung zu ergeben (**Abb. 9a–b**). Beim Stempelsiegel war üblicherweise *nur die flache Unterseite* graviert, die beim Skarabäus oval, bei anderen Formen auch rund oder recht- bzw. vieleckig war. Schon aus diesem Unterschied einer *Begrenzung der Bildfläche beim Stempelsiegel* und einer im Prinzip (durch die Abrollbarkeit) *„unbegrenzten" Bildfläche beim Rollsiegel* wird der Gestaltungsspielraum für die Siegelschneider bei den beiden Grundtypen dieser Denkmälergattung deutlich. Ist das vom Bildfeld her „linear" orientierte Rollsiegel für komplexere Kompositionen offen, so führt die „zentral" ausgerichtete Fläche des Stempelsiegels zu einer konzentrierteren Darstellung. Die große Häufigkeit der Siegel erlaubt die *systematische Erfassung der stilistischen und inhaltlichen Wandlungen von Bildthemen*. Insofern sollte ein Studium altorientalischer Ikonographie mit der Erarbeitung von Grundkenntnissen dieser Denkmälergruppe einsetzen. Als Einführungen bieten sich für die Rollsiegel immer noch die klassischen Monographien von A. Moortgat und H. Frankfort sowie z.B. D. Collon an; für die Skarabäen das große Werk von E. Hornung und E. Staehelin sowie im Blick auf Palästina v.a. der Mittelbronzezeit der erste einführende Band des „Corpus der Stempelsiegel-Amulette aus Palästina-Israel" von O. Keel.[8]

Die *Plastik* als die nächste Denkmälergattung ist zum einen mit der Architektur verbunden, zum anderen als freistehende Figuren bzw. Objekte belegt. Für beides gilt die Unterteilung in *Flachbilder* (Wandreliefs, Felsreliefs, gestaltete Seiten von Stelen bzw. Obelisken, aus dem Model geformte Terrakotten) und *Rundbilder* (z.B. Herrscher- oder Götterbilder). Bei den *Flachbildern* bedeuten besonders die neuassyrischen *Reliefzyklen* eine Neuerung in der Kunst des 1. Jt.s v.Chr. Hier wurden erstmals über mehrere Reliefplatten hinweg laufende „historisch" erzählende Szenen in ein ikonographisches Gesamtprogramm integriert. Auch die monumentale Reliefierung ägyptischer Tempel v.a. der Spätzeit zeigt zum Teil vollständig erhaltene Großkompositionen, die das Heiligtum zu einem Gesamtkunstwerk machten.[9] Neben den *skulptierten Reliefplatten aus Stein* (Orthostaten) stehen im 1. Jt. v.Chr. in Mesopotamien auch aus *glasierten Formziegeln* zusammengesetzte Reliefbilder (vgl. Prozessionsstraße und Ischtartor in Babylon). Diese haben auch die Perser in ihre Palastarchitektur übernommen. Zum Flachbild wird weiter die nur in Resten überlieferte farbige *Wandmalerei* (z.B. im altsyrischen Mari oder im neuassyrischen Til Barsip) gerechnet. Im Gegensatz zu Mesopotamien ist aus Ägypten ein großer Reichtum an *farbiger Gestaltung* verschiedener Objekte bis hin zu den großartigen *Grabausmalungen* des Tals der Könige erhalten. Zur Kategorie des Flachbildes werden außerdem in Mesopotamien und den Randgebieten (Urartu, Iran) auch *getriebene Metallarbeiten* mit Reliefierung gerechnet (z.B. Torbeschläge und Pferdegeschirr, Schutzwaffen). Auch die besonders aus dem assyrischen Nimrud in großer Zahl belegten *Elfenbeinschnitzereien* (Möbelzierstücke) mit ihrer vor allem aus Phönizien stammenden Bildwelt sind hier zu nennen. Letztere zählt man häufig im Gegensatz zur

---

[8] A. Moortgat, Rollsiegel; H. Frankfort, Cylinder Seals; D. Collon, First Impressions; E. Hornung/ E. Staehelin, Skarabäen; O. Keel, Corpus. Einleitung.

[9] Vgl. hierfür J. Assmann, Gedächtnis, 177–195; D. Arnold, Tempel, 47–49; D. Kurth, Edfu; Ders., Treffpunkt der Götter.

"*Großkunst*" zusammen mit den Siegeln und Figurinen zur "*Kleinkunst*" – eine an sich problematische Unterscheidung, weil sie für die letztere eine geringere Wertigkeit anzuzeigen scheint. Da Bildmotive auf Siegeln oder Reliefs nicht selten einander entsprechen, *sollte von der Größe nur bedingt auf die Bedeutung des Inhalts zurückgeschlossen werden* (vgl. **Abb. 13–14**). Ein solches Vorurteil hat lange Zeit die angemessene Wahrnehmung der aus Palästina überkommenen Funde verhindert, da diese überwiegend der "Kleinkunst" zuzurechnen sind (Siegel und Siegelabdrücke, Terrakotten u.a.).

Die *Rundbilder* bzw. plastischen Figurinen schließlich reichen von Terrakotten und Steinskulpturen bis hin zu Kompositgebilden wie den eigentlichen Tempelkultbildern, die üblicherweise aus einem Holzkern mit Metallüberzug bestanden.[10] Sowohl aus Vorderasien wie aus Ägypten sind jedoch fast keine genuin als Kultbilder anzusprechenden Objekte überliefert. Ein wichtiger Gesichtspunkt bei den Rundbildern ist, daß diese nicht für eine "Rundumansicht" gefertigt wurden, sondern in der Regel für eine frontale Betrachtung gedacht waren. Die Rundbilder zeigen dabei dieselbe Darstellungsweise wie das Flachbild. Die Kenntnis der hierfür wirksamen *Gestaltungsprinzipien* bildet die Basis für jede Bilddeutung.

3.2.2 Merkmale und Eigenarten altorientalischer Ikonographie

Ein wesentliches Merkmal altorientalischer Bilder, das dem modernen Betrachter sofort als ungewohnt auffällt, ist deren *nicht-perspektivische Darstellungsweise*. Besonders im Blick auf die Kunst Altägyptens ist diesem Phänomen Aufmerksamkeit gewidmet worden. So hat in seinem umfangreichen Werk "Von ägyptischer Kunst" der Ägyptologe H. Schäfer die entsprechenden ikonographischen Konventionen ausführlich beschrieben. Seine Schülerin E. Brunner-Traut hat diese dann unter dem Namen "Aspektive" als eine der "Frühformen des Erkennens" weiter untersucht.[11] Was ist gemeint? Betrachtet man das ägyptische Bild eines Teichs, aus dem zwei Menschen mit Krügen Wasser schöpfen (**Abb. 11**), so zeigt sich, dass hier nicht wie beim westlichen Menschen, der in der Schule die Fluchtpunktperspektive erlernt hat, die Illusion eines Betrachterstandpunkts außerhalb des Bildes erzeugt wird. Stattdessen wird *jedes Einzelelement des Bildes in einer offenbar als besonders charakteristisch empfundenen Weise dargestellt*: Der Teich erscheint in "Draufsicht" als Quadrat. Um ihn herum stehen, jeweils auf ihre Standlinie bezogen, Bäume, die wie "aufgeklappt" das Geviert umgeben. Das im Teich befindliche Wasser wirkt durch die zeichenhaften Wasserlinien flächig. Der im Wasser erblühende Lotos wird in Seitenansicht gezeigt, ebenso auch die beiden Menschen. Bei näherem Zusehen zeigen sich jedoch auch bei ihnen verschiedene Ansichten einzelner Körperteile: So werden nach ägyptischer Konvention Gesichter üblicherweise im Profil dargestellt, wobei das Auge von vorn zu sehen ist.[12] *Jeweils eine als typisch empfundene Ansicht wird durch additive Kombination zu einem Ganzen.* Für den Eindruck dieses Ganzen hat der ägyptische Formenkanon im Blick auf das Menschenbild schon früh die Relationen

---
[10] Zum "Aussehen" der anthropomorphen Kultbilder in Mesopotamien vgl. A. Berlejung, Theologie der Bilder, 35–52.
[11] H. Schäfer, Kunst; E. Brunner-Traut, Frühformen.
[12] Vgl. W. Wolf, Kunst, 283–317.

der Elemente zueinander festgelegt, es gibt hier ein verbindliches Schema, das sich jedoch in geschichtlichen Krisenzeiten teilweise auflöste, wie während der 1. Zwischenzeit (um 2150 v.Chr.).[13]

Das *additive bzw. parataktische Darstellungsprinzip* entspricht einem wesentlichen Merkmal des mythischen Denkens, das man seit H. Frankfort mit dem Begriff „*multiplicity of approaches*" bezeichnet bzw. mit dem Assyriologen B. Landsberger als „*Stereometrie des Gedankenausdrucks*".[14] Betrachten wir dazu ein weiteres Beispiel. Auf einer Bildkomposition aus einem ägyptischen Königsgrab des 2. Jt.s v.Chr. (**Abb. 12**) fällt einem zunächst die statuarisch wir-

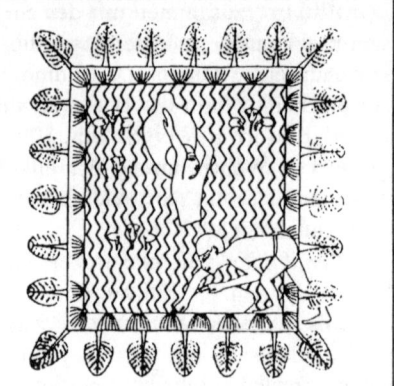

Abb. 11: Ägyptischer Teich, Neues Reich

kende große Kuh auf. Bei näherem Hinsehen sieht man, dass der Bauch der Kuh ebenso wie die Oberseite des Bildfelds mit einer Reihe von Sternen bedeckt ist. Unter der Sternenreihe steht ein Mann mit ausgebreiteten emporgehaltenen Armen und stützt den Bauch der Kuh. Links und rechts von dieser zentralen Figur sind zwei Nilbarken zu sehen, die vor der Kuh zu schweben scheinen. Weiter flankieren an jeder ihrer vier Beine zwei stützende menschliche Figuren die Kuh. Die Stützfiguren lassen sich leicht erklären, wenn man das Adressatenwissen eines alten Ägypters mit heranzieht. Im sog.

Abb. 12: Himmelskuh, Grab Sethos I (1304–1290)

„Mythos von der Himmelskuh" lässt der Sonnengott Re die Kuh durch acht niedere Gottheiten und durch den Luftgott Schu abstützen.[15] Das Bild zeigt demnach *eine Version eines altägyptischen Weltbildes*: den Himmel (= die Kuh) und dessen durch den Sonnengott garantierte Stabilität (= die Stützfiguren). Auf den Gott Re verweisen die beiden Barken. Nun „ist" eine Kuh natürlich kein Fluss, dennoch „fahren" auf

---

13 Siehe zum Menschenbild in Altägypten W. Wolf, Kunst, 281–285; zur teilweisen „Auflösung" des Schemas ebd., 253, mit Abb. 222.
14 Vgl. H. Frankfort, Kingship, passim; B. Landsberger, Eigenbegrifflichkeit, 17.
15 Für eine eingehendere Interpretation der Darstellung von der „Himmelskuh" vgl. E. Brunner-Traut, Frühformen, 120–123. Zum Mythos selbst (Texte und Bilder) siehe E. Hornung, Mythos.

dem Bild die beiden Barken (eine für den Tag und eine für die Nacht) am Bauch der Kuh (= Himmel) entlang. Auch diese Ausdeutung des kosmischen Geschehens ist dem Adressatenwissen entnommen, nach dem der Sonnengott den Himmel täglich wie ein Nilfahrer in der Barke überquert. Es überlagern bzw. ergänzen sich also in diesem Bild zwei Weisen, den Himmel anzuschauen. Die Symbolik des Bildes ist *multiperspektivisch*. Derartige Bildkonventionen finden sich besonders in der ägyptischen Ikonographie. Sie sind aber insgesamt typisch für eine Kunst, die *weniger ein „Sehbild", als vielmehr ein „Denkbild" bietet* (W. Wolf).[16]

3.2.3 Methodische Gesichtspunkte der Bildinterpretation

Als Betrachter muss man demnach Stück für Stück einer Bildkomposition „entziffern", muss über die entsprechende *Syntax* (z.B. die Verknüpfungsregel für die Vorstellungen von der Himmelskuh und der Himmelsbarke) und *Semantik für die einzelnen Bildelemente* verfügen (Lexikon der Bedeutungen: z.B. Mann mit ausgebreiteten Armen = Luftgott Schu). So hatten in allen Kulturen des Alten Orients zumindest die großen Gottheiten, aber auch Zwischenwesen wie Dämonen feste *ikonographische Attribute* (Kleidung, Symbole, zugeordnete Tiere, begleitende niedrige Gottheiten ihres „Kreises").[17] Daneben gab es in Vorderasien auch zeitübergreifende *allgemeine Bildkonventionen*, wie Wellenlinien (für Wasser) oder Bergschuppen (für gebirgiges Land/Fremdland) und Hörnerkronen (als Kennzeichen von Göttern). An ihren spezifischen Merkmalen lassen sich Gottheiten identifizieren (z.B. der ägyptische Schöpfergott Chnum am Widderkopf und der Töpferscheibe oder der mesopotamische Sonnengott Schamasch an den aus seinen Schultern hervorkommenden Strahlen und der Säge, mit der er sich allmorgendlich den Weg zwischen den Horizontbergen freilegt). Speziell im Blick auf die Identifikation von Dämonen und Mischwesen der mesopotamischen Kunst ist man in den vergangenen Jahren namentlich durch die Arbeiten von F.A.M. Wiggermann sehr viel weiter gekommen.[18] Erste Orientierungen für die Symbole von Gottheiten und Mischwesen bieten für Mesopotamien U. Seidl und J. Black/A. Green, für Ägypten H. Bonnet und E. Brunner-Traut sowie S. Schoske und D. Wildung.[19]

Sich einer solchen Bedeutungsentschlüsselung der Einzelmotive anzunähern, ist eine wichtige Aufgabe der Bildinterpretation. In der Terminologie des Kunsthistorikers und Kulturwissenschaftlers E. Panofsky entspricht die Identifikation von konventionellen ikonographischen Bezügen der eigentlich „ikonographischen Analyse", der eine möglichst präzise „Beschreibung" der Elemente und der Komposition eines Bil-

---

16 Vgl W. Wolf, Kunst, 278–281 („Denken und Anschauen. Das ägyptische Flachbild ein Denkbild").
17 Vgl. die anthropomorphen und symbolischen Repräsentationen der großen assyrischen Gottheiten im Bogenfeld der Asarhaddon-Stele aus Sençirli (**Abb. 8**). Siehe dazu J. Börker-Klähn, Bildstelen, 213.
18 Siehe F.A.M. Wiggermann, Protective Spirits; Ders., Mischwesen.
19 U. Seidl, Kudurru-Reliefs; J. Black/A. Green, Gods; H. Bonnet, Reallexikon; E. Brunner-Traut, Ägypten; S. Schoske/D. Wildung, Gott.

des vorausgehen muss.[20] Neben der formalen Aspektive und der Multiperspektivität auf der Ebene der Bedeutungen (vgl. oben 3.2.2) sind hierfür noch weitere Gesichtspunkte zu nennen.

Wie es das erste Bildbeispiel zeigt (**Abb. 8**), gibt es in altorientalischen Bildern zumeist *keine bewusste Gestaltung von räumlicher Tiefe* (dies ändert sich im zweiten Drittel des 1. Jt.s v.Chr., am deutlichsten in der Reliefkunst Sanheribs und Assurbanipals).[21] *Größenunterschiede zwischen Figuren sind daher zumeist als Rangunterschiede zu werten.* So erscheint Asarhaddon als schon durch seine Übergröße im Vergleich zu den Unterworfenen dominierende Gestalt. Dieses Prinzip wird dann z.B. auf den „historisch" erzählenden Reliefs des Assurnasirpal aus Kalchu/Nimrud durchbrochen, bei denen der König zwar der Hauptakteur aller Schlachten und Stadtbelagerungen ist, jedoch von seiner Körpergröße her „realistisch" den anderen Handelnden angeglichen wurde.

Ein wichtiges weiteres Kompositionsprinzip altorientalischer Bilder ist die *Symmetrie*. Ein besonders schönes Beispiel dafür sind die Reliefdarstellungen des sog. „heiligen Baumes" aus dem Nordwestpalast Assurnasirpals in Nimrud. Dieser Baum rahmte nicht nur den Thronsaal an seinen vier Ecken, wobei der jeweilige Treffpunkt der Wände den Stamm der Bäume bezeichnete; über dem Thron befand sich außerdem an zentraler Stelle eine Bildkomposition, die in Vorderasien uralte Vorläufer hat und zu den sog. *„überzeitlichen" Motiven* der altorientalischen Bildkunst (A. Moortgat) zählt (**Abb. 13**): Ein stilisierter „Kompositbaum" (aus Elementen der Dattelpalme und anderen Pflanzen) wird von zwei Figurenpaaren flankiert, dem König Assurnasirpal selbst und hinter ihm jeweils einem sog. „Genius" (ein geflügeltes Wesen mit Menschen- oder Vogelkopf [vgl. **Abb. 14**]), das mit „Korb" und „Zapfen" einen Befruchtungs- oder Reinigungsritus an dem Baum vollzieht. Für die symmetrische Verdoppelung des Königs gibt es weitere Beispiele aus der neuassyrischen Kunst (**Abb. 14**). Der Gesamteindruck der Bildkomposition, die durch die Flügelsonne des Gottes Assur über dem Baum bekrönt wird, ist derjenige *von Geschlossenheit, Ruhe und überirdischer Ordnung*. Man spricht auch von „heraldischer" Anordnung eines Figurenen-

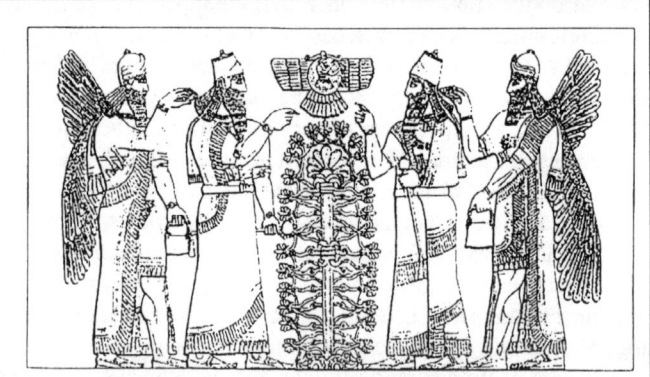

Abb. 13: Assurnasirpal (882–859) vor dem heiligen Baum

---

20 Vgl. zum dreistufigen Interpretationsschema (1. Vor-ikonographische Beschreibung, 2. Ikonographische Analyse, 3. Ikonologische Interpretation) E. Panofsky, Ikonographie; Ders., Problem. Vgl. Leeb, Kunst, 231–233 (Proseminar Bd. II).

21 In Form von hintereinander gestaffelten Figuren und von im Bildfeld angeordneten „zweiten Ebenen" konnte man jedoch auch schon vorher Raum andeuten. Vgl. zur Frage des Raums in der vorderasiatischen und ägyptischen Kunst immer noch H. A. Groenewegen-Frankfort, Arrest.

sembles. Das Bildmotiv des „heiligen Baumes" findet sich auch ansonsten häufig auf Siegelbildern aus verschiedenen Zeiten und Regionen. Auf **Abb. 13–14** steht es für die durch den Gott Assur und den König garantierte Weltordnung

Für eine sachgemäße Interpretation ist es wesentlich, nach *möglichst vollständigen Fassungen eines Motivzusammenhangs* zu suchen, da isolierte Einzelbilder bzw. -motive zwangsläufig uneindeutig bleiben und daher wenig aussagekräftig sind. O. Keel hat für solche vollständigen Kompositionen in Anlehnung an den Ägyptologen J. Assmann den Begriff der „*Konstellation*" geprägt. In einer Konstellation erscheinen handelnde Gottheiten, Mischwesen, Menschen oder Tiere in *festen Verbindungen*, die man zuerst identifizieren muss, bevor man Einzelbilder daraufhin prüft, ob sie vielleicht für den Gesamtsinn einer Konstellation stehen. Die Grundlage des methodischen Vorgehens bildet dabei – wie bei der Arbeit an Texten – der *Vergleich möglichst vieler Belege*. Besonders eindrücklich hat Keel z.B. das Einzelmotiv einer Taube, das von der Mittelbronzezeit bis in die Eisenzeit II C aus Syrien-Palästina auf verschiedenen Bildträgern belegt ist, vor dem Hintergrund einer ikonographischen Konstellation deuten können, in der die Taube von einer Göttin auf deren göttlichen Partner bzw. einen menschlichen Adoranten (= Verehrer) zufliegt.[22] Das Motiv gehört in den größeren Bedeutungszusammenhang von Botenvögeln (in diesem Fall: Die Taube als Liebes- oder Segensbotin).[23] Ähnliche Bedeutungsbezüge ergeben sich auch für isolierte Tierdarstellungen von Stieren und Schlangen, wobei stets mehrere Bildkonstellationen als Sinnhintergrund möglich bleiben, so dass der archäologische Fundkontext der isolierten Einzelbilder für die konkrete Deutung wichtig ist.

Abb. 14: Rollsiegel Salmanassar III (858–824)

3.3. Ikonographie und Altes Testament – einige Perspektiven

Dass es in Israel Bilder gab, war der alttestamentlichen Exegese trotz der Zugehörigkeit Palästinas zur Welt des Alten Orients lange Zeit nicht selbstverständlich.[24] Zumindest gilt das für die Wahrnehmung von Bildern als eigenständigen Bedeutungsträgern unabhängig von Texten. Zwar hatten schon früh H. Gressmann und J.B. Pritchard eindrucksvolle Bildbände mit altorientalischem Anschauungsmaterial ihren entsprechenden Textsammlungen zur Seite gestellt.[25] Die damit verbundene Intention

---

22 O. Keel, Recht, 143–168.
23 Vgl. dazu O. Keel, Vögel.
24 Vgl. den programmatischen Titel der Dissertation von S. Schroer: „In Israel gab es Bilder."
25 Vgl. H. Gressmann, Bilder; J. B. Pritchard (Hg.), Pictures.

war aber nicht die einer im oben beschriebenen Sinn ikonographischen Analyse und Interpretation. Stattdessen boten diese Werke die Bildquellen primär unter dem Gesichtspunkt eines historischen und kulturgeschichtlichen Interesses dar. Bilder wurden insofern den Texten illustrierend zur Seite gestellt. In neuerer Zeit war es dann auf protestantischer Seite v.a. M. Metzger, der seit seiner Habilitationsschrift zu „Königsthron und Gottesthron" viele im engeren Sinn ikonographische Studien v.a. zur Symbolik des Jerusalemer Tempels veröffentlicht hat.[26] Es ist aber hauptsächlich das Verdienst des katholischen Exegeten O. Keel und seiner Schülerinnen und Schüler, die Bedeutung der Ikonographie für das Alte Testament fest im wissenschaftlichen Bewusstsein verankert zu haben. Er hat in einer Reihe von Arbeiten deutlich gemacht hat, wie viele biblische Vorstellungen sich viel leichter begreifen lassen, wenn man zu ihrer Erhellung altorientalische Bilder mit heranzieht.[27] Namentlich die Auslegung der Psalmen, des Buches Hiob, der prophetischen Visionsberichte (etwa Jesajas, Ezechiels und Sacharjas), der Proverbien und des Hohenliedes profitieren von der Kenntnis altorientalischer Ikonographie.[28] Es ist dabei kein Zufall, dass die genannten Textbereiche der hebräischen Bibel überwiegend poetischer Natur sind, also ihre Inhalte durch *sprachliche Bilder* (Metaphern, Symbole) ausdrücken. Gerade zwischen der Bildwelt der Texte und der Welt der ikonographischen Quellen lassen sich bei sorgfältiger Analyse Beziehungen feststellen, die aber gerade nicht so zu verstehen sind, dass die Bilder die Texte „illustrieren". Vielmehr *werden in beiden Medien u.U. gleichartige oder identische kulturelle Bedeutungen und Vorstellungszusammenhänge ausgedrückt*. Biblische Textexegese und Bildinterpretation sollten daher möglichst unabhängig voneinander betrieben werden, bevor man die jeweiligen Ergebnisse und Perspektiven miteinander zu verknüpfen sucht. Wer sich hier einarbeiten möchte, dem sei neben dem grundlegenden Werk O. Keels zur „Welt der altorientalischen Bildsymbolik" am Beispiel der Psalmen, das nach wie vor jeder an der Materie Interessierte zur Hand nehmen sollte, v.a. die Monographie zu „Jahwe-Visionen und Siegelkunst" als Einstieg empfohlen. Darin werden bis heute weiterführende ikonographische Verstehenshilfen zur Jerusalemer Tempelsymbolik geboten. An einem Beispiel soll dies abschließend verdeutlicht werden.

Grundriss und Ausstattung des ersten und zweiten Jerusalemer Tempels, wie wir sie aus den Texten des Alten Testaments kennen (vgl. v.a. 1 Kön 6–7; Ez 40–48), haben ihre nächsten Parallelen im syrischen und phönizischen Bereich. Der Tempel der vorexilischen Zeit war ein Langraumtempel mit einer dreiteiligen Raumgliederung. Auf eine offene Vorhalle mit zwei freistehenden Säulen (Ulam) folgte ein Hauptraum (Hekal), in dem hinten ein kubusförmiger fensterloser Einbau (Debir) den Raum der unmittelbaren Gottespräsenz markierte. Dieses „Allerheiligste" beherbergte in vorexilischer Zeit wie der Naos eines ägyptischen Tempels das Gottessymbol JHWHs. Es handelte sich dabei nicht um eine menschengestaltige Kultstatue, sondern um einen *leeren Thron*, auf dem man sich konkret, aber für das Auge unsichtbar, die Königsgestalt JHWHs vorstellte. Dies lässt sich aus einer Kombination von Angaben des Al-

---

26 Vgl. M. Metzger, Königsthron; Ders., Vorderorientalische Ikonographie.
27 Vgl. dazu den Überblick in O. Keel/C. Uehlinger (Hg.), Altorientalische Miniaturkunst, 124–144 (Perspektiven der Forschung) sowie die Bibliographie ebd., 159–162 (Stand 1990).
28 Vgl. die einschlägigen Arbeiten von O. Keel, Welt (zu den Psalmen); Ders., Jahwes Entgegnung (zu den Gottesreden des Hiobbuches); Ders., Jahwe-Visionen (zu den prophetischen Visionsberichten), Ders., Weisheit (zu Prov 8,30f); Ders., Blicke (zur Metaphorik des Hohenliedes).

ten Testaments mit Bildzeugnissen erschließen. Nach 1 Kön 6,23–28 (vgl. 2 Chr 3,10–13) befanden sich in dem Debir zwei parallel stehende geflügelte Wesen, die *Kerubim*. Vermutlich handelte es sich um mit Goldblech überzogene Holzskulpturen. Mit ihren Gesichtern waren sie in das Innere des Tempels ausgerichtet (2 Chr 3,13). Ihr äußeres Flügelpaar lag nach der Beschreibung in 1 Kön 6,27 am Körper an, während das innere Flügelpaar waagrecht ausgestreckt war und so eine Art Sitzfläche bildete. Im Alten Testament finden sich Kerubim auch als *Wächter* des Gottesgartens (Gen 3,24; Ez 28,14.16) bzw. eines Baumes (1 Kön 6,29.32.35: auf den Wänden und Türen des Hekal). Oder sie fungieren als *Trägerfiguren* JHWHs. Letzteres verbindet sich oft mit dem hebräischen Verb für „thronen" (*jaschab*), so dass JHWH als der umschrieben wird, *„der auf den Kerubim thront"* (1 Sam 4,4; 2 Sam 6,2 // 1 Chr 13,6; Ps 80,2; Ps 99,1; Jes 37,16 // 2 Kön 19,15). Neben diesen Stellen findet sich in Ps 18,11 // 2 Sam 22,11 auch ein einzelner Kerub als *Fortbewegungsmittel* JHWHs (vgl. Ez 9,3; 10,4). In jedem Fall gehören Kerub bzw. Kerubim zur unmittelbaren Umgebung Gottes. Wie man sich ihr Aussehen vorzustellen hat, lässt sich mit Hilfe der Ikonographie näher erschließen.

Sehr wahrscheinlich handelt es sich um *geflügelte Sphingen*, um aus dem ägyptischen Bildinventar entnommene Mischwesen, die sich aus Menschenkopf, Löwenleib und Adlerflügeln zusammensetzen. In Ägypten haben diese Wesen einen engen Bezug zur *Herrschaftsrepräsentation*. Auch die Ikonographie Palästinas und der Phönizier kennt geflügelte Sphingen v.a. im 1. Jt. v.Chr. sowohl *als Königs- wie auch als Göttersymbol*.

Abb. 15: Sphingenthron, Ahirom von Byblos

Auf *Sphingenthronen* sitzen irdische Herrscher, wie Ahirom auf der Darstellung seines Sarkophags in Byblos (**Abb. 15**; wohl 10. Jh. v.Chr., beim Totenkultmahl). Und ab dem 7. Jh. v.Chr. (v.a. aber in persischer Zeit) sind aus dem phönizischen Raum häufig *Sphingenthrone für männliche und weibliche Gottheiten* belegt. Auf **Abb. 16**, einem Relief aus Sousse/Hadrametum, sitzt eine männliche Gottheit (vielleicht Melqart von Tyros) in einem Naos und begrüßt segnend einen Verehrer. Derartige Darstellungen können als *die nächste Analogie für den im Debir des Jerusalemer Tempels thronend vorgestellten JHWH gelten*, vor den die Beter vieler Psalmen treten wollen, um Schutz zu suchen, ihren Bitten Gehör zu verschaffen und an den Segenskräften der göttlichen Thronsphäre teilzuhaben. Erst im Zusammenspiel von biblischen Texten und altorientalischer Ikono-

Abb. 16: Melqart (?) auf dem Sphingentron; phönizisch

graphie kann dieser Vorstellungszusammenhang erschlossen werden, den das Alte Testament nicht eigens näher beschreibt, weil er zum selbstverständlichen Adressatenwissen von Leserinnen und Lesern hinzugehörte.

Literaturauswahl

Amiet, Pierre, Die Kunst des Alten Orient, Ars Antiqua, Freiburg 1977.
Arnold, Dieter, Die Tempel Ägyptens. Götterwohnungen, Kultstätten, Baudenkmäler, Zürich 1992.
Arnold, Dieter, Lexikon der ägyptischen Baukunst, Düsseldorf 2000.
Assmann, Jan, Das kulturelle Gedächtnis. Schrift, Erinnerung und politische Identität in frühen Hochkulturen, München 1992.
Berlejung, Angelika, Die Theologie der Bilder. Herstellung und Einweihung von Kultbildern in Mesopotamien und die alttestamentliche Bilderpolemik, OBO 162, Freiburg/Schweiz, Göttingen 1998.
Black, Jeremy / Green, Anthony, Gods, Demons and Symbols of Ancient Mesopotamia. An Illustrated Dictionary, London 1992.
Börker-Klähn, Jutta, Altvorderasiatische Bildstelen und vergleichbare Felsreliefs, BagF 4/1–2, Mainz 1982.
Bonnet, Hans, Reallexikon der ägyptischen Religionsgeschichte, Berlin, New York [2]1971 (1952).
Brunner-Traut, Emma, Ägypten. Kunst- und Reiseführer mit Landeskunde, Stuttgart, Berlin u.a. [4]1982 (1978).
Brunner-Traut, Emma, Frühformen des Erkennens. Am Beispiel Altägyptens, Darmstadt 1990.
Collon, Dominique, First Impressions. Cylinder Seals in the Ancient Near East, London 1987.
Collon, Dominique, Ancient Near Eastern Art, London 1995.
Eggebrecht, Arne (Hg.), Das Alte Ägypten. 3000 Jahre Geschichte und Kultur des Pharaonenreiches, München [2]1988 (1984).
Erman, Adolf, Ägypten und ägyptisches Leben im Altertum, bearb. von H. Ranke, Tübingen 1923.
Frankfort, Henri, Cylinder Seals, London 1939.
Frankfort, Henri, Kingship and the Gods. A Study of Ancient Near Eastern Religion as the Integration of Society and Nature, Chicago, London 1948.
Frankfort, Henri, The Art and Architecture of the Ancient Orient, London 1956.
Gressmann, Hugo, Altorientalische Bilder zum Alten Testament, Berlin u.a. [2]1927.
Groenewegen-Frankfort, Henriette Antonia, Arrest and Movement. Space and Time in the Art of the Ancient Near East, London 1951.
Hartenstein, Friedhelm, Der Beitrag der Ikonographie zu einer Religionsgeschichte Kanaans und Israels, VF 40, 1995, 74–85.
Heinrich, Ernst, Die Tempel und Heiligtümer im alten Mesopotamien, Denkmäler antiker Architektur 14/1–2, Berlin 1982.
Heinrich, Ernst, Die Paläste im alten Mesopotamien, Denkmäler antiker Architektur 15, Berlin 1984.
Heinz, Marlies / Bonatz, Dominik (Hg.), Bild – Macht – Geschichte. Visuelle Kommunikation im Alten Orient, Berlin 2002.

Literaturauswahl 185

Hornung, Erik / Staehelin, Elisabeth, Skarabäen und andere Siegelamulette aus Basler Sammlungen, ÄDS 1, Mainz 1976.

Hornung, Erik, Der ägyptische Mythos von der Himmelskuh. Eine Ätiologie des Unvollkommenen, OBO 46, Freiburg/Schweiz, Göttingen 1982.

Hrouda, Barthel, Vorderasien I. Mesopotamien, Babylonien, Iran und Anatolien, Handbuch der Archäologie, München 1971.

Hrouda, Barthel, Grundlagen und Methoden, in: Ders. (Hg.), Methoden der Archäologie. Eine Einführung in ihre naturwissenschaftlichen Techniken, München 1978, 18–39.

Hrouda, Barthel (Hg.), Der Alte Orient. Geschichte und Kultur des alten Vorderasiens, München 1991.

Keel, Othmar, Die Welt der altorientalischen Bildsymbolik und das Alte Testament. Am Beispiel der Psalmen, Zürich, Neukirchen-Vluyn ^{3}1982 (1972).

Keel, Othmar, Die Weisheit spielt vor Gott. Ein ikonographischer Beitrag zur Deutung des m^{e}ṣaḥäqät in Sprüche 8,30f., Freiburg/Schweiz, Göttingen 1974.

Keel, Othmar, Vögel als Boten. Studien zu Ps 68,12–14, Gen 8,6–12, Koh 10,20 und dem Aussenden von Botenvögeln in Ägypten, OBO 14, Freiburg/Schweiz, Göttingen 1977.

Keel, Othmar, Jahwe-Visionen und Siegelkunst. Eine neue Deutung der Majestätsschilderungen in Jes 6, Ez 1 und 10 und Sach 4, SBS 84/85, Stuttgart 1977.

Keel, Othmar, Jahwes Entgegnung an Ijob. Eine Deutung von Ijob 38–41 vor dem Hintergrund der zeitgenössischen Bildkunst, FRLANT 121, Göttingen 1978.

Keel, Othmar, Deine Blicke sind Tauben. Zur Metaphorik des Hohenliedes, SBS 114/115, Stuttgart 1984.

Keel, Othmar, Das Recht der Bilder, gesehen zu werden. Drei Fallstudien zur Methode der Interpretation altorientalischer Bilder, OBO 122, Freiburg/Schweiz, Göttingen 1992.

Keel, Othmar, Corpus der Stempelsiegel-Amulette aus Palästina/Israel. Von den Anfängen bis zur Perserzeit. Einleitung, OBO.SA 10, Freiburg/Schweiz, Göttingen 1995.

Keel, Othmar, Corpus der Stempelsiegel-Amulette aus Palästina/Israel. Von den Anfängen bis zur Perserzeit. Katalog Band 1: Von Tell Abu Faraǧ bis 'Atlit, OBO.SA 13, Freiburg/Schweiz, Göttingen 1997.

Keel, Othmar/Uehlinger, Christoph (Hg.), Altorientalische Miniaturkunst. Die ältesten Massenkommunikationsmittel. Ein Blick in die Sammlungen des Biblischen Instituts Freiburg Schweiz, Mainz 1990.

Keel, Othmar, Uehlinger, Christoph, Göttinnen, Götter und Gottessymbole. Neue Erkenntnisse zur Religionsgeschichte Kanaans und Israels aufgrund bislang unerschlossener ikonographischer Quellen, QD 134, Freiburg ^{5}2001 (1992).

Kurth, Dieter, Edfu. Ein ägyptischer Tempel, gesehen mit den Augen der alten Ägypter, Darmstadt 1994.

Kurth, Dieter, Treffpunkt der Götter. Inschriften aus dem Tempel des Horus von Edfu, Zürich, München 1994.

Landsberger, Benno, Die Eigenbegrifflichkeit der babylonischen Welt, in: Ders., W. von Soden, Die Eigenbegrifflichkeit der babylonischen Welt (1926) / Leistung und Grenze sumerischer und babylonischer Wissenschaft (1936), Darmstadt 1965, 1–18.

Leeb, Rudolph, Christliche Archäologie und Kirchliche Kunst, in: Meiser, Martin/Kühneweg, Uwe, Proseminar II. Neues Testament – Kirchengeschichte, Stuttgart 2000, 227–259.

Matthiae, Paolo, Geschichte der Kunst im Alten Orient, 1000–330 v.Chr. Die Großreiche der Assyrer, Neubabylonier und Achämeniden, Stuttgart 1999.

Meissner, Bruno, Babylonien und Assyrien I–II, Heidelberg 1920/1926.
Metzger, Martin, Königsthron und Gottesthron. Thronformen und Throndarstellungen in Ägypten und im Vorderen Orient im dritten und zweiten Jahrtausend vor Christus und deren Bedeutung für das Verständnis von Aussagen über den Thron im Alten Testament, AOAT 15/1–2, Kevelaer, Neukirchen-Vluyn 1985.
Metzger, Martin, Vorderorientalische Ikonographie und Altes Testament. Gesammelte Aufsätze, hg. von M. Pietsch, W. Zwickel, Jerusalemer Theologisches Forum 6, Münster 2004.
Moortgat, Anton, Vorderasiatische Rollsiegel, Berlin 1940.
Moortgat, Anton, Die Kunst des Alten Mesopotamien. Sumer und Akkad, 1982.
Moortgat, Anton, Die Kunst des Alten Mesopotamien. Babylon und Assur, 1984.
Nevling-Porter, Barbara, Trees, Kings, and Politics, Studies in Assyrian Iconography, OBO 197, Freiburg/Schweiz, Göttingen 2003.
Orthmann, Winfried (Hg.), Der Alte Orient, Propyläen Kunstgeschichte 14, Berlin 1975.
Panofsky, Erwin, Zum Problem der Beschreibung und Inhaltsdeutung von Werken bildender Kunst, in: E. Kaemmerling (Hg.), Bildende Kunst als Zeichensystem I. Ikonographie und Ikonologie, Köln 1979, 185–206 (1932).
Panofsky, Erwin, Ikonographie und Ikonologie, in: E. Kaemmerling (Hg.), Bildende Kunst als Zeichensystem I, 207–225 (1939/1955)
Parrot, André, Sumer. Die mesopotamische Kunst von den Anfängen bis zum XII. vorchristlichen Jahrhundert, Universum der Kunst, München 1960 (spätere Auflagen unter dem Titel: „Sumer und Akkad").
Parrot, André, Assur. Die mesopotamische Kunst vom XIII. vorchristlichen Jahrhundert bis zum Tode Alexanders des Großen, Universum der Kunst, München 1961.
Pritchard, James B. (Hg.), The Ancient Near East in Pictures. Relating to the Old Testament, Princeton ²1969.
Roaf, Michael, Mesopotamien. Geschichte, Kunst, Lebensformen, München 1991.
Schäfer, Heinrich, Von ägyptischer Kunst. Eine Grundlage, hg. von E. Brunner-Traut, Wiesbaden ⁴1963 (1918).
Schoske, Sylvia / Wildung, Dietrich, Gott und Götter im Alten Ägypten, Ausstellungskatalog, Mainz 1992.
Schroer, Silvia, In Israel gab es Bilder. Nachrichten von darstellender Kunst im Alten Testament, OBO 74, Freiburg/Schweiz, Göttingen 1987.
Seidl, Ursula, Die babylonischen Kudurru-Reliefs. Symbole mesopotamischer Gottheiten, OBO 87, Freiburg, Schweiz/Göttingen ²1989 (1969).
Strommenger, Eva / Hirmer, Max, Fünf Jahrtausende Mesopotamien. Die Kunst von den Anfängen um 5000 v.Chr. bis zu Alexander dem Großen, München 1962.
Vandersleyen, Claude (Hg.), Das Alte Ägypten, Propyläen Kunstgeschichte 15, Berlin 1975.
Wiggermann, Franz A. M., Mesopotamian Protective Spirits. The Ritual Texts, CM 1, Groningen 1992.
Wiggermann, Franz A. M., Mischwesen. A. Philologisch. Mesopotamien, RLA 8, Berlin, New York 1997, 227–246.
Wildung, Dietrich, Ägypten. Von der Prähistorischen Zeit bis zu den Römern, Köln 2001.
Wolf, Walter, Die Kunst Ägyptens. Gestalt und Geschichte, Stuttgart 1957.

4. Feministische Exegese
(Jutta Hausmann)

4.1. Problemstellung

Fragt man nach dem Proprium feministischer Exegese, so kann aufgenommen werden, was Phyllis Trible zum Feminismus allgemein formuliert hat: Feministische Arbeit „untersucht den status quo, spricht das Urteil und ruft zur Buße auf"[1]. Soll jedoch weniger allgemein gesprochen werden, ist eigentlich nur eine differenzierte Aussage möglich.[2] Eine Fülle von Literatur ist in den letzten Jahren erschienen, die sich entweder mit feministischer Exegese auseinandersetzt[3] oder diese praktiziert. Ein Versuch, diese Literatur auch nur annäherungsweise zu überblicken, zeigt, dass es die feministische Exegese nicht gibt. Dies macht es auch schwierig, eine eigenständige Methodik feministischer Exegese darzubieten. Vielmehr ist danach zu fragen, welche eigenen Akzente feministische Exegese im Kontext herkömmlicher Exegese setzt.

Der Beginn des Interesses an frauenspezifischen Fragestellungen ist gekennzeichnet durch eine Reihe von Untersuchungen alttestamentlicher Frauengestalten.[4] Das leitende Interesse dieser Untersuchungen ist weitgehend ein gleiches: Einerseits sollen die Frauengestalten des Alten Testamentes überhaupt wie auch die Stärke von alttestamentlichen Frauen ins Bewusstsein gerufen werden, denn wenn in der theologischen Literatur über Gestalten der Bibel geschrieben wird, sind es zumeist Männer, auf die das Augenmerk gerichtet wird. Andererseits haben die Untersuchungen auch die Absicht, auf die Unterdrückung und Erniedrigung von Frauen durch Männer aufmerksam zu machen, wie sie häufiger in den Darstellungen alttestamentlicher Erzählungen begegnet bzw. in vielen Aussagen des Alten Testaments über Frauen insgesamt anklingt.

Während eine Reihe von Frauengestalten als positive Identifikationsfiguren für Frauen angeboten werden, die Stärkung des Selbstbewusstseins ermöglichen und Mut machen für eigenes Handeln, stehen auf der anderen Seite Frauengestalten, die der Interpretation eigenen Leidens und Verzagtseins von Frauen dienen können und herausfordern zur Veränderung von unterdrückenden bzw. erniedrigenden Strukturen und Mechanismen.

---

1   Ph. Trible, Frauenschicksale, 18.
2   Konkrete Beispiele für Hermeneutik wie Methodik sind u.a. zu finden in der Reihe „Feminist Companion to the Bible" (Ed. Athalya Brenner), Sheffield. Grundsätzliches und Paradigmatisches bietet u.a. E. Siegele-Wenschkewitz, Verdrängte Vergangenheit; H. Jahnow, Feministische Hermeneutik; ebenso der Band van Dijk-Hemmes / Brenner, Reflections, sowie Janssen / Schottroff / Wacker, Kompendium.
3   Diese Auseinandersetzung geschieht auf Seiten der Frauen durchaus nicht unkritisch, vgl. u.a. als grundsätzliche Auseinandersetzung M. L. Henry, die eine Reihe kritischer Anfragen stellt. Zwar betont auch M.L. Henry, Hüte dein Denken, 102, daß die Theologie bisher von „männlichem Geist bestimmt" war. Doch stellt sie unmittelbar danach eine besonders grundsätzliche Anfrage: „Aber war diese Theologie eine Apotheose des Männlichen, rückte sie den Mann in der Weise ins theologische Denken, wie heute die Feministinnen die Gestalt der Frau einzubringen versuchen?"
4   Vgl. die Arbeiten von A. Lacoque; Ph. Trible; K. Walter; sowie I. Fischer, U. Rapp, R. Jost u.a.

Zu fragen bleibt aber doch, inwieweit die Frauen des Alten Testaments als Identifikationsgrößen hilfreich sind, denn A. Lacoque macht zu recht darauf aufmerksam, dass Frauen wie Ruth, Esther oder Judith keineswegs alltägliche Erfahrungen widerspiegeln, sondern als subversive Frauen jeweils Ausnahmesituationen repräsentieren,[5] selbst wenn sie mit Lacoque wesentlicher Bestandteil der Heilsgeschichte sind und damit ein erster Schritt hin zur Loslösung vom patriarchalen Denken gegeben ist.[6] Ob hier tatsächlich von einer ersten Loslösung zu reden ist, ist zu fragen, denn wenn die geschilderten Frauen wie Ruth, Esther und andere dann doch jeweils mit Ausnahmesituationen verbunden sind, dann scheint eine solche Konklusion doch zu vorschnell. Bei genauem Hinsehen der diversen Untersuchungen wird deutlich, dass die Frau in den alttestamentlichen Texten dann letztlich doch das Nicht-Normale ist, ganz gleich, von welchem Ansatz die einzelnen Beiträge herkommen. M.-Th. Wacker macht mit E. Schüssler Fiorenza zudem aufmerksam darauf, dass auch Texte, die positiv von Frauen sprechen, nicht grundsätzlich frei sind von androzentrierten, patriarchalen Interessen,[7] sodass sie keineswegs unkritisch umzusetzen sind in die eigene Lebenswirklichkeit von Frauen.

Wenn Frauen die unterdrückenden Strukturen und die Ohnmacht in der Zeichnung alttestamentlicher Frauengestalten viel klarer wahrnehmen – selbst dort, wo starke Frauen begegnen, weil deren Ausnahmesituation erkannt wird, dann ist dies sicher kein Zufall, weil die eigene Erfahrung als ein prägendes Element exegetischer Wahrnehmung eben doch eine andere ist als die Erfahrung von Männern.

Damit ist bereits ein wesentlicher Faktor feministischer Exegese angesprochen. Zwar ist Grundüberzeugung exegetischen Arbeitens, dass Exegese vom jeweiligen Vorverständnis des Exegeten bzw. der Exegetin geprägt ist und deshalb über das eigene Vorverständnis Rechenschaft abzulegen ist. Doch wird dieses Vorverständnis und die damit verbundene prägende eigene Erfahrung im Zusammenhang mit den im Text angesprochenen Inhalten kaum je bewusst so deutlich angesprochen und eingebracht wie bei der feministisch arbeitenden Exegese. Damit ist jedoch nicht prinzipiell eine Neigung zu größerer Subjektivität in der Wahrnehmung der Texte verbunden, sondern eher eine größere Offenheit in der Einbringung dessen, was sonst eher unbenannt eingebracht wird, aber eben trotzdem prägend für die Exegese ist.

Bei genauerem Hinsehen zeigt sich darüber hinaus, dass es bei feministischer Exegese keineswegs nur um ein erweitertes Handwerkszeug geht, sondern zuerst und vor allem um eine hermeneutische Fragestellung und damit um die Rezeption biblischer Texte. Je nach hermeneutischer Grundentscheidung wird dann auch methodisch einzusetzen sein. Die gewichtigsten hermeneutischen Ansatzpunkte sollen deshalb zunächst im Folgenden vorgestellt werden, um dann auf dem Hintergrund der Hermeneutik nach den methodischen Ansätzen zu fragen. Es wird sich zeigen, dass einzelne

---

[5] A. Lacoque, 166: „En situation de crise, l'establishment se montre souvent à court d'imagination. ... Et Dieu, dans le choix de ses mandataires et dans celui des moyens qu' ils pourront mettre en oeuvre en vue de la libération d'Israel, opte alors pour l'imprévu, le non-conventionnel, voire l'extravagant ou le subversif."

[6] A. Lacoque, 172: „Grace à leur action subversive, la religion israélite émergea d'un moule rigoureusement patriarcal. Les temps étaient mùrs pour que la collectivité-Femme donne naissance à Emmanuel, Dieu-avec-nous."

[7] Vgl. dazu L. Schottroff / S. Schroer / M.-Th. Wacker, Feministische Exegese, 44.

Problemstellung

hermeneutische Positionen einander befruchten können, andere jedoch eher einander ausschließend begegnen.

4.2. Hermeneutische Ansätze[8]

Ein sehr informativer und kritisch reflektierender Überblick über verschiedene feministisch-hermeneutische Ansätze findet sich in dem Band „Feministische Exegese". Die folgenden Ausführungen lehnen sich in weiten Teilen an die dort zu findenden Darstellungen an.

Bei den unterschiedlichen hermeneutischen Ansätzen fällt auf, dass sie sich grob zwei völlig gegenläufigen Linien zuteilen lassen können. Eine der beiden Linien zeigt sich als eine radikale Linie der Abwehr bisheriger exegetisch-hermeneutischer Zugänge, als Hermeneutik der Ablehnung. Diesem Ansatz zufolge erweist sich die Wirkungsgeschichte der Bibel durchgängig als eine Geschichte des Patriarchats. Die Wirkungsgeschichte kann aber nur deshalb eine patriarchale sein, weil bereits in den biblischen Texten selbst patriarchale Tendenzen grund gelegt sind. Die Bibel kann daher eigentlich nur noch abgelehnt werden, denn letztlich ist selbst die Offenbarung Gottes als eine sexistische anzusehen, die Frauen keinen Raum lässt. M.-Th. Wacker weist zu recht auf die Stärke dieses Ansatzes hin, „den universalen Anspruch der biblisch-christlichen Tradition unerbittlich mit ihrer faktischen Partikularität zu konfrontieren und zur Reflexion zu zwingen"[9]. Es ist aber doch zu fragen, ob dieser Ansatz in seiner Grundsätzlichkeit der Offenbarung Gottes als einer sexistischen nicht einer erneuten Einseitigkeit verfällt.

In großer Nähe zur Ablehnung biblischen Gedankengutes findet sich die Hermeneutik des „Ewig Weiblichen", die die bisherige patriarchale Interpretation biblischer Texte durch eine letztlich matriarchale Perspektive ersetzt. Das Große Weibliche oder auch die Große Göttin werden dabei zur Verstehensbasis der Exegese. Mehr noch, sie werden verstanden als Voraussetzung auch für das Werden der Bibel. Das Prinzip des Weiblichen wird so zu einer durchgehenden Kategorie der Interpretation biblischer Texte.[10] Auch hier ist m.E. erneut zu fragen, ob eine solche Einseitigkeit der Exegese von Texten der Bibel angemessen ist.

Einen völlig gegensätzlichen Weg geht die Hermeneutik der Loyalität[11]. Nach diesem Ansatz liegen die Probleme mit den biblischen Texten nicht in den Texten selbst, sondern sind ein Problem der Auslegung. Während die Bibel weitgehend die Gleichrangigkeit von Frauen und Männern betont, sind ihre Ausleger sehr bald dazu übergegangen, die Akzente der Interpretation zum Vorteil der Männer und zum Nachteil der Frauen zu setzen. Zwar werden auch bei diesem Ansatz Texte des Alten Testaments wahrgenommen, die im Blick auf Frauen problematische Inhalte aussagen. Diese Texte werden jedoch als solche erklärt, die auf Grund zeit- oder situationsbedingter Inhalte nur einen begrenzten Geltungsbereich haben, der als solcher erkennbar gemacht werden muss. Diese Form der Loyalität mit den biblischen Texten ist sicherlich derjenige Ansatz, der am wenigsten strukturimmanent Kritik übt,

---

8 Grundsätzliches zur feministischen Hermeneutik bietet A. Noller, Hermeneutik.
9 L. Schottroff / S. Schroer / M.-Th. Wacker, Feministische Exegese, 36f.
10 Vgl. L. Schottroff / S. Schroer / M.-Th. Wacker, Feministische Exegese, 42.
11 Dazu L. Schottroff / S. Schroer / M.-Th. Wacker, Feministische Exegese, 35f.

sodass von daher M.-Th. Wacker anmerkt: „Frauendiskriminierung kann in diesem Rahmen nur entweder wegerklärt oder als akzidentelle Abweichung von einer guten und zeitlos gültigen Ordnung verstanden werden."[12]

Einen grundsätzlich eher positiven Ansatz, wenngleich wesentlich kritischer als die Hermeneutik der Loyalität, bietet auch die Hermeneutik der Revision. Sie arbeitet auf der Basis der historisch-kritischen Exegese und bemüht sich, die geschichtlichen Bedingtheiten der biblischen Aussagen zu berücksichtigen. Nach diesem Ansatz sind Gottes Absichten bzw. Aussagen eigentlich nicht patriarchal, sondern sie sind erst zu patriarchalen Aussagen geworden, indem sie in menschliche Worte gefasst worden sind. Im Rahmen dieses Ansatzes wird deshalb nach Elementen in biblischer Zeit gefragt, die als nicht-patriarchale anzusehen sind. Dabei spielt die gender-Forschung eine wichtige Rolle, die über Rechte und positive Lebensmöglichkeiten von Frauen wie deren Selbstbestimmung arbeitet.[13] Die gender-Forschung unterscheidet bewusst zwischen sex als dem biologischen Geschlecht und gender als dem durch sozio-kulturelle bedingte Kontexte bestimmten Geschlecht, um darauf aufmerksam zu machen, dass die besondere Situation der Frau nicht in erster Linie durch ihre biologischen Gegebenheiten, sondern durch ihre jeweilige soziologische Rolle bestimmt ist.

Die Hermeneutik der Revision sieht letztlich die Rezeption des Willens Gottes wie der biblischen Texte als Ursache einer patriarchalen Ausgestaltung bzw. Verhärtung an, die den ursprünglichen Absichten des Willens Gottes nicht konform ist. Im Blick auf die Betonung der negativen Wirkungsgeschichte biblischer Texte berührt sich dieser Ansatz zwar mit der Hermeneutik der Ablehnung, doch unterscheidet er sich grundlegend dadurch, dass weitgehend nur der Rezeption des Gotteswillens bzw. der Wirkungsgeschichte die Probleme angelastet werden, nicht aber der Offenbarung Gottes selbst. Das positive Element dieses Ansatzes kann darin gesehen werden, dass angesichts erkennbarer androzentrischer Orientierung biblischer Texte dann aber doch in und hinter diesen auch frauenspezifische Anliegen im Zusammenhang mit der Rede vom Willen Gottes betont werden.[14]

Stärker funktionsorientiert ist der Ansatz der Hermeneutik der Befreiung, der vor allem an der Subjektwerdung von Frauen interessiert ist. Er geht aus von der Unterdrückung der Frau, die aufgehoben werden muss, und fragt nach der theologischen Basis für die Befreiung der Frau in den biblischen Aussagen. M.-Th. Wacker[15] macht zu Recht darauf aufmerksam, dass wir im westeuropäischen Kontext als Exegetinnen und Exegeten noch einmal einen anderen Blickpunkt einnehmen müssen im Rahmen dieses hermeneutischen Ansatzes, als Menschen, die zu den privilegierten Teilen der Weltbevölkerung gehören und so Befreiung noch einmal anders verstehen als z.B. Frauen in Asien oder Afrika.

Methodisch ist dieser Ansatz gekoppelt mit der Voraussetzung, dass dort, wo Spannungen und Widersprüche in Texten um bzw. über Frauen und deren Bewertung begegnen, auf eine ursprünglich gleichwertige Gemeinschaft von Männern und Frauen geschlossen werden kann. Erst durch einen späteren Versuch, die Gleichwertigkeit

---

[12] L. Schottroff / S. Schroer / M.-Th. Wacker, Feministische Exegese, 36
[13] Vgl. u.a. F. van Dijk-Hemmes / A. Brenner, Reflections on Theology and Gender.
[14] Zur gesamten Thematik vgl. L. Schottroff/S. Schroer/M.-Th. Wacker, Feministische Exegese, 40.
[15] L. Schottroff/S. Schroer/M.-Th. Wacker, Feministische Exegese, 45.

zugunsten des Mannes aufzuheben, sei es zu Textbearbeitungen und damit zu Spannungen in der Textaussage gekommen.[16]
In einer gewissen Nähe zur Hermeneutik der Befreiung kann auch die Hermeneutik des Verdachts gesehen werden. Sie geht davon aus, dass bewusst Frauengestalten in der Ausgestaltung biblischer Texte unterschlagen worden sind bzw. Themen und Aussagen, die für Frauen relevant sind, nicht aufgenommen oder eliminiert bzw. reduziert worden sind.[17] Grundprinzip dieses Ansatzes ist es, „daß die Anwesenheit von Frauen immer dann vorausgesetzt werden muß, wenn das von der Textgrundlage oder den kulturellen Voraussetzungen her nicht eindeutig ausgeschlossen ist. Und wenn es im Urtext zwei verschiedene Lesarten gibt, ist die weniger patriarchale als die wahrscheinlichere anzusehen"[18].

4.3. Zur Methodik

Am hermeneutischen Ansatz entscheidet sich auch der methodische Zugang zu biblischen Texten aus feministischer Perspektive. Sofern nicht von einer völligen Ablehnung biblischer Texte als patriarchaler Tradition zugehörig ausgegangen wird, der Ansatz ganz bei der Vorstellung des Matriarchats genommen wird oder die Exegese über einen tiefenpsychologischen Zugang erfolgt, orientiert sich feministische Exegese zunächst an der historisch-kritischen Erforschung biblischer Texte, setzt bei dieser jedoch eigene Akzente bzw. fügt weitere Aspekte hinzu.
Sofern historisch-kritische Exegese als eine solche verstanden wird, die nicht nur nach den Verfassern und Verfasserinnen fragt, nach der/den Entstehungszeit(en) von Texten, nach deren Formen und spezifischen Inhalten, nach den Adressatinnen und Adressaten, sondern auch nach den von der jeweiligen Gesellschaft, historischen Gegebenheiten etc. vorgegebenen Fragestellungen und Lösungsmöglichkeiten, ist diese exegetische Methodik durchaus eine, die feministischen Anliegen entgegenkommt. Da sie jeweils erweiterbar ist durch weiterführende Fragestellungen (sei es aus dem Bereich der Archäologie und der Geschichtswissenschaft, der Textwissenschaft und der Linguistik, der Soziologie, Ethnologie etc.), können feministische Fragestellungen mit ihren spezifischen Interessen durchaus Raum gewinnen. Deshalb sollen im folgenden die Arbeitsschritte der historisch-kritischen Exegese auf ihre Möglichkeiten im Rahmen feministischer Fragestellungen hin befragt werden.

1) Im Rahmen der Textkritik ist feministisches Interesse insofern wahrnehmbar, als Textgeschichte auch jeweils eine sozialgeschichtlich bestimmte Geschichte ist und damit auch die Situation von Frauen widerspiegeln bzw. ausblenden. So ist vor allem in Texten, die von Frauen handeln, darauf zu achten, ob Textvariationen zu unterschiedlichen Aussagen über Lebenssituationen von Frauen bzw. deren Interpretation führen.

---

[16] Vor allem E. Schüssler Fiorenza hat sich diesem Ansatz verschrieben und differenziert noch weiter in die Hermeneutik der Erinnerung, die Hermeneutik der Verkündigung und die Hermeneutik der Aneignung; vgl. L. Schottroff / S. Schroer / M.-Th. Wacker, Feministische Exegese, 43ff.
[17] Zur Wirkungsgeschichte solchen Umgangs mit frauenspezifischen Inhalten vgl. u.a. H. Schüngel-Straumann, Die Frau am Anfang, zu Gen 1–3.
[18] H. Wegener, 94. H. Wegener postuliert, daß eine eher eine frauenfeindliche Übermalung vollzogen wurde als umgekehrt.

2) Inwieweit Übersetzungen in einer frauengerechten Sprache vollzogen werden können, wird sicher auch vom Einzelfall der Texte abhängen. Aber es ist auch immer wieder neu die grundsätzliche Entscheidung beim Übersetzen zu fällen im Blick auf die Frage, wie nahe die Übersetzung sprachlich am ursprünglichen Text bleiben soll oder wie sehr sie auch schon aktualisierende Übersetzung sein kann. Wenn Bibelübersetzung zur Anrede auch für Frauen werden soll, die sich angesichts patriarchaler Strukturen eher von der Bibel abwenden, ist eine frauengerechte Sprache unverzichtbar. M.Ph. Korsak hat mit ihrer Übersetzung der Genesis ein schönes Beispiel dafür vorgelegt.

3) Die diachronen Schritte der Literarkritik und der Redaktionsgeschichte machen unter feministischer Perspektive darauf aufmerksam, dass innerhalb eines Textes durchaus sehr unterschiedliche Wahrnehmungen von Frauen und deren Lebenswirklichkeit begegnen können. So können bereits diese exegetischen Arbeitsschritte davor bewahren, dass Bild der Frau im Alten Testament zu einlinig zu sehen und auch auf inneralttestamentliche kritische Auseinandersetzung mit der Frauenthematik hinweisen.[19]

4) Die Frage nach der Form bzw. Gattung eines Textes bietet angesichts ihrer Verknüpfung mit der soziologischen Situation des Textes einen besonders guten Ansatzpunkt für feministische Interpretation. Unter Einbeziehung sozialanthropologischer und sozialgeschichtlicher Fragestellungen kann hier die Situationen von Frauen besonders gut mit eingebracht werden. Die Frage nach dem soziologischen Hintergrund im Zusammenhang mit der Erhebung des Sitzes im Leben ermöglicht auch einen Perspektivenwechsel, der nicht nur die Perspektive der Mächtigen und Starken, sondern auch der Schwachen und Unterlegenen zur Sprache bringen kann.
Gerade auch dann, wenn im Rahmen der Form- bzw. Gattungsgeschichte nach möglichen mündlichen Vorformen von Texten gefragt wird, bietet es sich an nachzufragen, inwiefern nicht auch Texte von Frauen gesprochen worden sind. Vor allem bei Liedern, wohl auch bei einer Reihe von Erzählungen kann davon ausgegangen werden, dass sie ursprünglich von Frauen wie von Männern, zum Teil möglicherweise zunächst sogar eher von Frauen als von Männern, transportiert worden sind.[20]

5) Der Arbeitsschritt der Traditionsgeschichte ist ebenso von besonderer Bedeutung für feministische Exegese, denn er bietet explizit die Möglichkeit, nach speziellen Frauentraditionen zu fragen und nach deren Rezeption im Laufe der biblischen Textgeschichte, wobei die Miriamtradition ein besonders gutes Paradigma bietet[21]. Eng damit verbunden ist die Frage nach den Trägerkreisen von Texten. Es darf nicht grundsätzlich ausgeschlossen werden, dass auch Frauengruppen als Trägerinnen von Traditionen zu verifizieren sind.

Eine Hilfe vor allem im Bereich der Traditionsgeschichte kann der Blick in die Religionsgeschichte werden. Ein solcher kann aufmerksam machen auf die auch außer-

---

[19] Ein besonders eindrückliches Beispiel dafür findet sich in L. Schottroff / S. Schroer / M.-Th. Wacker, Feministische Exegese, 64, mit der Bearbeitung von Jer 44.
[20] Zu den frauenspezifischen Gattungen vgl. A. Brenner, Gendering.
[21] Vgl. L. Schottroff / S. Schroer / M.-Th. Wacker, Feministische Exegese, 66.

halb Israels begegnende und prägende androzentrisch bestimmte religiöse wie alltägliche Welt. Ebenso kann die Religionsgeschichte den Blick öffnen für direkte bzw. indirekte Aussagen über religiöse Praxis von Frauen[22] im Alten Testament wie im Alten Orient. Von besonderer Bedeutung dafür sind archäologisches Material, außerbiblische Texte und darstellende Kunst.

Dieser Durchblick durch die Möglichkeiten und Ansätze traditioneller exegetischer Arbeitsschritte aus feministischer Perspektive zeigt deutlich, daß damit nichts Grundsätzliches über eine spezielle Methodik gesagt ist. Vielmehr wird eher ausgegangen von einer eigenständigen Fragerichtung, die aber noch erweitert werden kann und soll um weitere methodische Ansätze. Eine Auswahl solcher Ansätze soll nun jeweils kurz angesprochen werden:

1) Einen wesentlichen Beitrag leistet die Textlinguistik. Eine genaue Analyse der grammatischen Strukturen eines Textes kann aufmerksam machen auf bewusstes Umgehen mit weiblichen Sprachelementen und deren Funktionen.[23] Allein schon die Beobachtung, dass der hebräische Begriff ruaḥ für Geist ein femininer Begriff ist, setzt eine veränderte Rede vom Geist frei und damit eine Möglichkeit für ein sich veränderndes Gottesbild.[24]
Die Textlinguistik macht in besonderer Weise darauf aufmerksam, welch eine Bedeutung der Sprache zukommt. Unsere Welt ist wesentlich durch Spracherfahrung und Umgang mit Sprache geprägt. Kaum an anderer Stelle wird so deutlich wie im Alten Testament mit seinem Blick für das Sprachgeschehen und seiner Rede von der Schöpfung durch das Wort, dass Sprache Wirklichkeit setzt. Insofern kommt der Beachtung von Sprachmustern eine besondere Sensibilität zu. H. Wegener betont nicht von ungefähr „die an Männern orientierte Sprache der Bibel in einer von Männern bestimmten Überlieferung"[25]. Umso mehr ist auf die dann doch auch vorhandene weibliche Sprache bzw. Sprachstruktur als Korrektiv zu achten.

2) Auch eine differenzierte Erzählanalyse, die deutlich unterscheidet zwischen dem Erzählstoff und der konkret ausgestalteten Erzählung, kann gezielt die weibliche Perspektive einbringen. Denn die Erzählanalyse fragt bewusst nach den unterschiedlichen Perspektiven, die in eine Erzählung eingegangen sind. Verschiedene Standpunkte werden eingenommen, um das Verstehen eines Textes nicht zu einem einseitigen werden zu lassen. So wird u.a. gefragt nach der Perspektive des Erzählers bzw. der Erzählerin, nach der Perspektive der Akteure und Akteurinnen im Text sowie nach der Perspektive der Rezipientinnen und Rezipienten. „Indem darauf geachtet wird, wer aus welcher Perspektive wann und wie erzählerisch gestaltet, kommen nicht zuletzt auch geschlechtsspezifische Weichenstellungen in den Blick."[26]

---

22   Vgl. dazu die Debatte um den Monotheismus im Alten Testament in ihren verschiedenen Ausprägungen. Siehe dazu u.a.: M.-Th. Wacker / E. Zenger, Göttin und M.-Th. Wacker, Göttinnen.
23   Vgl. z.B. die Veränderung des grammatischen Geschlechtes in Ps 41,1, wo ein maskulines Subjekt und ein feminines Prädikat einander zugeordnet sind.
24   Vgl. dazu H. Schüngel-Straumann, Ruah bewegt die Welt.
25   H. Wegener, „Siehe, da ist meine Beauftragte", 84. Vgl. ebd., 85: „Einer patriarchalen Kultur entspricht eine androzentrische, aus der Perspektive von Männern formulierte Sprache."
26   L. Schottroff / S. Schroer / M.-Th. Wacker, Feministische Exegese, 69. Vgl. ebd., 68–71, zum ganzen Komplex der Erzählananlyse.

Die Erzählanalyse steht in einem engen Zusammenhang mit der synchronen Exegese und dem daran orientierten new literary criticism[27]. Im Vordergrund steht der Text in seiner jetzigen Endgestalt, der auf seine sprachliche Gestaltung und dem in ihm begegnenden Zusammenhang von Form, Inhalt und Aussageintention hin befragt wird. Paradigmatisch für einen solchen Ansatz sind die Arbeiten von Ph. Trible, die auch programmatisch formuliert: „der Akzent [wird] auf die Untrennbarkeit von Form, Inhalt und Bedeutung gelegt, auf die rhetorische Formation von Sätzen, Episoden und Szenen, den allgemeinen Entwurf und Handlungsverlauf"[28].

4.4. Abschließende Überlegungen

Einige grundsätzliche Gedanken sind für die weitere Arbeit mit feministischer Exegese noch einzubringen. Auf ein sehr gravierendes Anliegen macht u.a. S. Heschel aufmerksam. Sie ruft sehr nachdrücklich ins Bewusstsein, dass feministisches Engagement nur allzu oft in die Nähe des Antijudaismus gekommen ist bzw. dessen Weg gegangen ist.[29] Besondere Gefahren für eine antijudaistische Argumentation bieten die Ansätze, die auf eine Ablehnung alttestamentlicher Aussagen zielen und dabei mit dem alttestamentlich-jüdischen Gottesbild argumentieren. Eine verkürzte exegetisch-hermeneutische Arbeit kann hier zu fatalen Folgen führen. Es ist bei allen Ansätzen unbedingt darauf zu achten, dass Bemühungen zur Stärkung der Position von Frauen nicht zur Diskriminierung von anderen Gruppen werden.
Feministische Exegese, auch wenn sie durch und durch wissenschaftlich verantwortet geschieht, ist intensiver, als traditionelle Exegese dies erkennen lässt, eine auch stark die eigene Persönlichkeit herausfordernde Exegese. Auch dort, wo gemäßigt feministische Perspektiven eingebracht werden, zielt Exegese deutlich auf Veränderung. Wer sich auf feministische Exegese einlässt, kann nicht mehr ruhig bleiben, sei es, weil gewohnte Traditionen und Errungenschaften verloren zu gehen drohen, sei es, weil durch Bewusstmachen von auch unbewussten, subtilen Unrechtsstrukturen und Unterdrückungsmechanismen bislang hingenommene Situationen zu immer schmerzhafter erlebten werden, sei es, weil die Ungeduld Veränderungen erzwingen möchte, die doch angesichts einer jahrhunderte, ja jahrtausende alten Tradition kaum innerhalb einer Generation zu leisten sind.
Als eine wesentliche Frage stellt sich immer wieder die Frage nach der normativen Geltung biblischer Texte bzw. Aussagen, gleich, von welchem Ansatz her feministische Exegese praktiziert wird. Eng damit verbunden ist die Frage nach dem Stellenwert heutiger Erfahrungen für die Interpretation biblischer Texte.[30] Damit findet sich feministische Exegese wieder in den gegenwärtig immer wieder neu aufbrechenden Diskussionen um die aus biblischen Texten abgeleiteten Dogmen und Normen. Feministische exegetische Arbeit ist also nicht grundsätzlich ein exotischer Sonderfall theologischer Arbeit, sondern Ausdruck sich notwendig verändernder Fragestellungen in einer sich verändernden Welt.

---

27 Vgl. dazu L. Schottroff / S. Schroer / M.-Th. Wacker, Feministische Exegese, 71f.
28 Trible, Frauenschicksale, 19.
29 S. Heschel, Antijudaismus.
30 Vgl. besonders die Anfrage bei M.-L. Henry, 140, inwieweit unsere auch durch eine säkularisierte Welt geprägten Maßstäbe auf biblische Texte anwendbar sind.

Literatur

Baumann, Gerlinde: Die „Männlichkeit" JHWHs. Ein Neuansatz im Deutungsrahmen altorientalischer Gottesvorstellungen, in: FS Luise Schottroff, Gütersloh 2004, 197–213.
Brenner, Athalya (Hg.), The feminist companion to the Bible 1ff., Sheffield 1993ff.
Brenner, Athalya: On gendering texts. Female and male voices in the Hebrew Bible, Biblical interpretation series 1, Leiden 1993.
Brenner, Athalja / Fontaine, Carol (Hg.), A Feminist Companion to Reading the Bible. Approaches, Methods and Strategies, Sheffield 1997.
Crüsemann, Frank / Crüsemann, Marlene / Janssen, Claudia / Kessler, Rainer / Wehn, Beate (Hg.), Dem Tod nicht glauben. Sozialgeschichte der Bibel, FS Luise Schottroff, Gütersloh 2004.
van Dijk-Hemmes, Fokkelien/Brenner, Athalya (eds.), Reflections on Theology and Gender, Kampen 1994.
Feministische Theologie: An-stöße, Stich-worte, Schwer-punkte, (hg. von der Frauenarbeit der Evangelischen Landeskirche in Württemberg), München 1992.
Fischer, Irmtraud, Gottesstreiterinnen. Biblische Erzählungen über die Anfänge Israels, Stuttgart/Berlin/Köln 1995.
Fischer, Irmtraud, Rut, HThK.AT, Freiburg / Basel / Wien 2001.
Gößmann, Elisabeth (Hg.), Wörterbuch der feministischen Theologie, Gütersloh, 2002[2].
Goodman-Tau, Eveline, Zurück zum Garten Eden – auf der Suche nach Gemeinschaft, in: Siegele-Wenschkewitz, Eleonore (Hg.), Verdrängte Vergangenheit, die uns bedrängt, München 1988, 104–115.
Henry, Marie Louise, Hüte dein Denken und Wollen, in: dies., Hüte dein Denken und Wollen, BThSt 16, Neukirchen-Vluyn 1992, 98–211.
Heschel, Susannah, Jüdisch-feministische Theologie und Antijudaismus in christlich-feministischer Theologie, in: Siegele-Wenschkewitz (Hg.), Verdrängte Vergangenheit, die uns bedrängt, München 1988, 54–103.
Isherwood, Lisa / McEvan, Dorothea (Hg.), An A to Z of Feminist Theology, Sheffield 1996.
Jahnow, Hedwig u.a., Feministische Hermeneutik und Erstes Testament, Stuttgart u.a. 1994.
Janssen, Claudia / Schottroff, Luise / Wacker, Marie-Theres / Wehn, Beate (Hg.), Kompendium feministische Bibelauslegung, Gütersloh 1998; Darmstadt 2003[2].
Jost, Renate, Debora in der neuen Welt. Trauma, Heilung und die Bibel , in: Crüsemann, Frank u.a. (Hg.), FS Luise Schottroff, Gütersloh 2004.
Körperkonzepte im Ersten Testament. Aspekte einer Feministischen Anthropologie. Hg. von Hedwig-Jahnow-Forschungsprojekt, Stuttgart 2003.
Korsak, Mary Phil, At the Start ... Genesis Made New, Leuven 1992.
Lacocque, André, Subversives. Un Pentateuque de femmes. LecDiv 148, Paris 1992.
lectio difficilior. Europäische elektronische Zeitschrift für Feministische Exegese: www.lectio.unibe.ch.
Meyers, Carol, Engendering Syro-Palestinian archaeology: Reasons and resources, Near Eastern Archaeology 66 (2003) 185–197.
Newson, Carol A. / Ringe, Sharon A. (Ed.), The Women's Bible Commentary, London / Lousville 1992.
Noller, Annette, Feministische Hermeneutik, Neukirchen-Vluyn 1995.
Oeming, Manfred (Hg.), Theologie des Alten Testaments aus der Perspektive von Frauen, Münster / Hamburg / London 2003.

Rakel, Claudia: Zwischen Verdacht und Vertrauen. Eine Einführung in feministische Exegese und Bibelhermeneutik, Denken und Glauben. 123/124 (2003), 34–36.
Rapp, Ursula, Mirjam. Eine feministisch-rhetorische Lektüre der Mirjamtexte in der hebräischen Bibel, BZAW 317, Berlin 2002.
Siegele-Wenschkewitz, Leonore (Hg.), Verdrängte Vergangenheit, die uns bedrängt. Feministische Theologie in der Verantwortung für die Geschichte, KT 29, 1988.
Schottroff, Luise / Schroer, Silvia / Wacker, Marie-Theres, Feministische Exegese. Forschungserträge zur Bibel aus der Perspektive von Frauen, Darmstadt 1995.
Schottroff, Luise /Wacker, Marie-Therese (Hg.), Von der Wurzel getragen. Christlich-feministische Exegese in Auseinandersetzung mit Antijudaismus, Leiden / New York / Köln 1996.
Schroer, Silvia / Bietenhard, Sophia (Hg.), Feminist interpretation of the Bible and the hermeneutics of liberation, JSOT.S 374, Sheffield 2003.
Schüngel-Straumann, Helen, Die Frau am Anfang. Eva und die Folgen, Freiburg/Basel/Wien 1989.
Schüngel-Straumann, Helen, Ruah bewegt die Welt. Gottes schöpferische Lebenskraft in der Krisenzeit des Exils, SBS 151, Stuttgart 1992.
Schüngel-Straumann, Helen, Denn Gott bin ich, und kein Mann. Gottesbilder im Ersten Testament – feministisch betrachtet, Mainz 1996.
Schüssler Fiorenza, Elisabeth, WeisheitsWege. Eine Einführung in feministische Bibelinterpretation, Stuttgart 2005.
Trible, Phyllis, Mein Gott, warum hast du mich vergessen! Frauenschicksale im Alten Testament, GTB 491, Gütersloh ²1990.
Wacker, Marie-Theres, Matriarchale Bibelkritik – ein antijudaistisches Konzept?, in: Siegele-Wenschkewitz (Hg.), Verdrängte Vergangenheit, die uns bedrängt, München 1988, 181–242.
Wacker, Marie-Theres / Zenger, Erich (Hg.), Der eine Gott und die Göttin, QuaestDisp 135, Freiburg 1991.
Wacker, Marie-Theres: Von Göttinnen, Müttern und dem einzigen Gott. Zum Stand der feministisch-exegetischen Diskussion um die Göttin/nen im Alten Israel, Theologische Frauenforschung in Europa 10, Münster 2003, 7–33.
Wacker, Marie-Theres: Differenz, Solidarität und die Frage nach Gott. Literatur zur Theologischen Forschung von Frauen, ThRv 100 (2004), 353-368.
Walter, Karin (Hg.), Zwischen Ohnmacht und Befreiung. Biblische Frauengestalten, Freiburg/Basel/Wien 1988.
Wegener, Hildburg, „Siehe, das ist meine Beauftragte". Frauengerechte Sprache in der Übersetzung der Bibel, in: Wegener, Hildburg/Köhler, Hanne/Kopsch, Cordelia (Hg.), Frauen fordern eine gerechte Sprache, Gütersloh 1990, 84–101.
100 Jahre Woman's Bible (Themenheft), BiKi 50, 1995, Heft 4.

5. Tiefenpsychologie und Textauslegung
(Wilhelm Pratscher)

5.1. Zur Geschichte

Die tiefenpsychologische Interpretation von biblischen Texten (wie überhaupt von kulturellen Phänomenen) ist fast so alt wie die Tiefenpsychologie selbst. S. Freud versuchte nicht bloß, die psychoanalytische Theorie durch Anleihen aus dem Mythos darzustellen;[1] er begann auch sehr bald, seine analytischen Erkenntnisse zum Verständnis kultureller und religiöser Phänomene heranzuziehen. Er eröffnete damit einen außerordentlich interessanten Zugang zu deren Verständnis, auch wenn seine Ergebnisse in so manchen Einzelaspekten wie überhaupt in ihrem religionskritischen Pathos nicht überzeugten. So setzte sich seine in „Totem und Tabu"[2] entwickelte Theorie eines urzeitlichen Vatermordes mit der daraus folgenden Entwicklung von Kultur und Religion (bis hin zur neutestamentlichen Christologie und Abendmahlslehre) nicht durch. Auch sonstige diesbezügliche Thesen Freuds, etwa die in „Der Mann Moses und die monotheistische Religion"[3] vorgetragenen, sind durchaus kritisch zu sehen – und doch liegen hier erste Versuche vor, in völlig neuer Weise einen Zugang zu altvertrauten Texten zu ermöglichen.

Auch C.G. Jung, der nach der Trennung von Freud zum Begründer der zweiten berühmten tiefenpsychologischen Schule, der Analytischen Psychologie, wurde, steuerte u.a. in seinem Werk „Antwort auf Hiob"[4] einen wesentlichen Beitrag zur tiefenpsychologischen Bibelinterpretation bei. Er versteht darin den Tod Jesu als von Jahwe gewählte Wiedergutmachung des Hiob zugefügten Unrechts. Auch wenn diese These sich nicht besonderer Beliebtheit erfreute und man Jung insgesamt die Auflösung von Geschichte in Psychologie vorwarf, sind doch die in seiner Psychologie entscheidenden Termini wie „Archetypen", „Symbol" oder „Individuation" für die weitere tiefenpsychologische Bibelinterpretation (zumindest in seiner Schule) prägend geworden.

Freuds Bemühungen sind in der Folgezeit von seinen Schülern in mannigfachen Untersuchungen weitergeführt worden, gleichgültig, ob sie sich nun im strengen Sinn der Psychoanalyse oder einer anderen tiefenpsychologischen Schule zugehörig fühlten.[5] Aus der ersten Schülergeneration gehören u.a. dazu T. Reik, O. Rank, K. Abraham, E. Jones; aus der jüngeren Generation D. Cox, W.E. Niederland, D. Bakan, S. Tarachow und viele andere. Da insbesondere die älteren Freud-Schüler meist jüdischer Herkunft waren, dominieren in den Beiträgen entsprechend alttestamentlich-jüdische Themen: Untersuchungen über Abraham, Jakob, Moses, David, Hiob und viele andere sind ebenso zu finden wie solche über den Sündenfall, den großen Versöhnungstag oder den Sabbat. Aber auch neutestamentliche Personen oder Themen wurden behandelt: die Berichte über Jesus, Maria, Paulus, Nikodemus oder Judas

---

[1] Man denke nur an die Gestalt des Ödipus.
[2] 1912, jetzt in: GW IX.
[3] 1939, jetzt in: GW XVI, 101ff. Eine Zusammenstellung der Schriften Freuds, die Gesellschaft und Religion betreffen, findet sich in der Studienausgabe, Bd. IX, Frankfurt/M. 1974.
[4] 1952, jetzt in: GW XI, 385ff.
[5] Vgl. nur die beiden Sammelbände: Spiegel, Interpretationen (Lit.); Nase/Scharfenberg, Psychoanalyse (Lit.).

Ischarioth wurden ebenso nach tiefenpsychologischen Kriterien untersucht wie Aussagen über die Trinität, den Heiligen Geist, Wunder und vieles mehr.

Der tiefenpsychologische Zugang zur Bibel fand in Theologenkreisen zunächst fast nur negative Resonanz. Die berühmte Ausnahme stellt der Schweizer Pfarrer O. Pfister dar.[6] Im Übrigen blieb die exegetische Fachwelt skeptisch bis betont ablehnend. Zwar handelte es sich weithin um sog. „wilde Exegese" – ein Ausdruck, der von J. Scharfenberg geprägt wurde[7] und eine Interpretation meint, die die Ergebnisse der historisch-kritischen Forschung nicht oder nur sehr einseitig aufnahm und so in der Tat zu teils recht krausen Ergebnissen kam. Wenn man freilich berücksichtigt, dass die ersten tiefenpsychologisch arbeitenden Bibelinterpreten keine Theologen und schon gar keine Fachexegeten waren, sondern in der Regel Psychiater, wird das verständlich, wenn auch nicht akzeptierbar. Die Psychologismen der Leben-Jesu-Forschung sind mit dem Aufkommen der formgeschichtlichen Methode zu Recht in Verruf geraten. Insofern war das strikte Verdikt, das sich in der Dialektischen Theologie im Allgemeinen und in der Bultmann-Schule im Besonderen gegen jede psychologische Interpretation erhob, gerechtfertigt, andererseits war es aber selbst wieder ein Zeichen von Engführung. Denn: wenn es richtig ist, dass das menschliche Handeln vom Unbewussten mitbestimmt wird, ist es im Sinne einer möglichst adäquaten Anthropologie nötig, die dafür relevanten Faktoren zu berücksichtigen, auch bei der Entstehung von Texten. So wie in der Bultmann-Schule ein Defizit in Bezug auf soziologische Fragen bestand, spielten auch psychologische Erwägungen keine Rolle (wobei im vorliegenden Kontext nicht die kognitive und lerntheoretische Psychologie behandelt werden, sondern nur die Tiefenpsychologie).

Es nimmt deshalb nicht wunder, dass sich auch in der Frage der Berechtigung und Sinnhaftigkeit tiefenpsychologischer Exegese ein Wandel vollzog. In jüngerer Vergangenheit ist dabei keine strenge Aufteilung in Schulen erkennbar, die Autoren verwenden sowohl Freudsches wie Jungsches Vokabular, auch wenn letzteres bei der Mehrzahl der Autoren im Vordergrund steht. So wird auch der von Freud für seine eigene engere Schultradition reklamierte Begriff „Psychoanalyse" mitunter in einem viel weiteren Sinn gebraucht.[8] Der genannte Wandel vollzog sich Ende der sechziger Jahre.[9] Im Unterschied zur tiefenpsychologischen Interpretation der ersten Jahrzehnte ist die jetzt neu einsetzende in der Regel durch bewusste und reflektierte Aufnahme der Ergebnisse der historisch-kritischen Exegese gekennzeichnet. Im Wesentlichen sind es jetzt Theologen, die im Rahmen einer generellen Erweiterung des methodischen Instrumentars der Exegese diverse humanwissenschaftliche Erkenntnisse aufnehmen, ohne deshalb herkömmliche bewährte Arbeitsmethoden zu vernachlässigen. Es geht folglich nicht um eine Alternative zu herkömmlicher Exegese, sondern um „Versuche mehrdimensionaler Schriftauslegung".[10] Es ergeben sich dabei fruchtbrin-

---

[6] Pfister war Freud jahrzehntelang freundschaftlich verbunden und trat in einer Reihe von Arbeiten auch auf dem Gebiet der Bibelinterpretation hervor, vgl. nur Entwicklung, 243ff; Angst, 124ff und passim.

[7] Scharfenberg, Exegese, 281ff.

[8] Vgl. nur den oben erwähnten Sammelband von Spiegel.

[9] Ein wichtiges Gesprächsforum bildete danach (wie im Folgenden) die von Scharfenberg herausgegebene Zeitschrift „Wege zum Menschen". Scharfenberg hat sich, obwohl selbst Praktischer Theologe, mit seiner Habilitationsschrift über Freud und dessen Religionskritik auch für die neu einsetzende tiefenpsychologische Bibelinterpretation große Verdienste erworben.

[10] Vgl. Voss-Harsch, Versuche, passim.

gende neue Zugänge zu den biblischen Texten, die in oft erstaunlicher Weise ein sonst verborgenes Sinnpotential erkennen lassen. So versuchte K. Niederwimmer zu Recht nicht mehr, psychologische Vermutungen zur Rekonstruktion einer vita Jesu anzustellen, sondern die Gesamtheit der ältesten erreichbaren Traditionsschicht auf dahinter stehende Konflikte zu befragen, um so das Werk Jesu als Ganzes adäquater zu erfassen: Jesus habe den in einer patriarchalischen Gesellschaft gesetzten Autoritätskonflikt überhaupt lösen wollen, um so in seiner Person eine Vorwegnahme der endgültigen Selbstverwirklichung des Menschen vorzunehmen.[11]

Eine Reihe weiterer Autoren (meist keine Fachexegeten) versuchten, von tiefenpsychologischen Kenntnissen her biblische Texte zu interpretieren, wobei freilich nicht immer in zureichendem Maße exegetische Einsichten berücksichtigt wurden. In Aufnahme von Erwägungen F. Künkels sehen H. Harsch und R. Riess in der Versuchung Jesu die verführerischen Archetypen der großen Mutter (bzw. des großen Bäckers), des großen Priesters und des Herrn der Welt dargestellt, die die Versuchung des Konsums und der Macht repräsentieren.[12] H. Wolff sieht in Jesus einen Mann, der seine Anima integrierte und so ein ganzheitliches Menschsein verwirklichte, so daß eine befreiende therapeutische Wirkung von ihm ausging. Jesus wird als der musterhafte Psychotherapeut dargestellt, der den Individuationsweg, den Weg zur Erreichung des Selbst, durchschritten hat.[13] In ähnlicher Weise versteht G. Wehr Christus als das Selbst, zu dem hin das Ich unterwegs ist, und die Zugehörigkeit zu Christus als Hereinnahme in den Prozess der Selbstwerdung.[14] Es geht in der von Jung beeinflussten Interpretation von biblischen Texten besonders darum, die hinter den vielfältigen Symbolen und Bildern stehenden archetypischen Wirklichkeiten zu erkennen (so problematisch deren Annahme auch ist), um über die tatsächliche oder vermeintliche bloße Zuwendung zu historisch abständigen Gegebenheiten in der herkömmlichen Exegese hinauszukommen und den Leser mit dem unmittelbaren Anspruch der Texte zu konfrontieren. Die häufig nicht fachexegetisch ausgerichteten Beiträge wollen die biblischen Texte auf heutige Lebensprobleme hin auslegen und verstehen sich als Lebenshilfe.[15]

In den achtziger Jahren erlangten die Arbeiten von G. Theißen und E. Drewermann große Bedeutung für die Entwicklung einer immer reflektierter erfolgenden (tiefen)psychologischen Interpretation des Neuen Testaments.[16] Beide nehmen z.R. verschiedene tiefenpsychologische Ansätze auf und suchen sie für die Exegese fruchtbar zu machen, wenn auch infolge des theologischen Ansatzes und der fachspezifischen Zuordnung in unterschiedlicher Weise. Zu nennen wäre insbesondere die Arbeit von Theißen[17] über Aspekte paulinischer Theologie sowie von Drewermann[18] über

---

[11] Niederwimmer, Jesus, bes. 80ff. Wie sehr der tiefenpsychologische Zugang in die exegetische Arbeit integriert ist, zeigt Niederwimmer z.B. in: Askese, passim. An den jeweils passenden Abschnitten werden Analysen von psychischen Gegebenheiten geboten, die hinter bestimmten Texten stehen.
[12] Künkel, Schöpfung, 38ff; Harsch, Interpretation, 49ff; Riess, Erwägungen, 275ff.
[13] Wolff, Mann, 23ff; Dies., Psychotherapeut, 9ff.
[14] Wehr, Wege, 63ff.
[15] Vgl. dazu Meves, Bibel, passim.
[16] Sofern andere Bereiche psychologischer Interpretation betroffen sind, vor allem Kognitivismus und Behaviorismus, bleiben sie in der vorliegenden Skizze unberücksichtigt.
[17] Theißen, Aspekte passim.
[18] Drewermann, Tiefenpsychologie; ders., Markusevangelium; ders., Matthäusevangelium u.a.

Evangelientexte. In Anlehnung daran und in Auseinandersetzung damit sind in der jüngsten Vergangenheit weitere Arbeiten entstanden. Der Theologe und Psychoanalytiker H. Raguse setzt sich mit Drewermanns Hermeneutik sowie dessen Interpretation der Johannesoffenbarung auseinander und liefert selbst Beiträge zu einzelnen Texten dieser Schrift. Die Theißen-Schülerin T. Vogt[19] behandelt die Themen der Angstbewältigung und Identitätsfindung im Markusevangelium, soweit es die Tiefenpsychologie betrifft, im Wesentlichen anhand der Interpretation von Mk 10,17ff. Ebenfalls bei Theißen wurde die Dissertation von M. Leiner[20] erarbeitet, der vor allem Grundfragen einer textpsychologischen Exegese diskutiert und wichtige Schritte in Richtung eines umfassenden textpsychologischen Programms geht.

Selbstverständlich wird tiefenpsychologische Schriftinterpretation nicht nur im deutschen Sprachraum betrieben. Nur einige englisch- und französischsprachige Autoren seien genannt: Aus der älteren Generation G.S. Hall und G. Berguer mit Versuchen, sich der Person Jesu auch von psychoanalytischen Gesichtspunkten her zu nähern.[21] In jüngerer Zeit behandelte D. Cox das Verhältnis von Individuation und Rechtfertigung aus Glauben, S. Tarachow meinte, die Gestalt des Judas Ischarioth von einer ambivalenten Gefühlshaltung zu Jesus her verstehen zu können, G. Créspy und A. Vergote lieferten beachtenswerte Beiträge zur Interpretation von Röm 7,7ff.[22], T. Callan[23] setzte sich mit den Ausführungen G. Theißens zu den psychologischen Aspekten paulinischer Theologie auseinander, ich selbst versuchte u.a., die plakative Rede von „den Juden" im Johannesevangelium tiefenpsychologisch zu erklären[24].

5.2. Ausgewählte Beispiele

Im Folgenden sollen nun an zwei Beispielen Arbeitsweise und Ergebnisse tiefenpsychologischer Schriftinterpretation kurz vorgestellt werden, und zwar anhand von Beiträgen der beiden Autoren, die in den letzten zwanzig Jahren die diesbezügliche deutschsprachige Diskussion am stärksten geprägt haben: G. Theißen und E. Drewermann.

Von letzterem sei ein Beispiel tiefenpsychologischer Interpretation eines alttestamentlichen Textes gewählt, die Untersuchung der Gestalt *Nimrods (Gen 10,8–12).*[25] In historischer Hinsicht sieht Drewermann in der Perikope die Entstehung der mesopotamischen Großreiche und ihre Ausbreitung durch Machtusurpation und Städtegründungen beschrieben (I, 267). Nimrod gilt als der erste Gewaltherrscher, als Städtegründer und als großer Jäger. Vermutlich handelt es sich bei ihm nicht um eine bestimmte historische Persönlichkeit. In seiner Gestalt dürften verschiedene Traditionen und Vorstellungen über die Urzeit der Städtegründungen zusammengeflossen

---

[19] Vogt, Angst.
[20] Leiner, Psychologie.
[21] Hall, Jesus, passim; Berguer, Traits, passim.
[22] Cox, Jung, 60ff; Tarachow, Judas, 243ff; Créspy, Exégèse, 169ff; Vergote, Beitrag, 73ff. Langsam beginnt auch die tiefenpsychologische Textinterpretation, sich einen festen Platz im exegetischen Methodeninstrumentar zu erobern, vgl. Schnelle, Einführung, 191; Rebell, Grundwissen, 222ff.
[23] Callan, Perspectives, passim.
[24] Pratscher, Erwägungen 141–151.
[25] Drewermann, Strukturen, I, 267f; II, 476ff.

sein, wobei durchaus auch sagenhaftes Material über einzelne Könige dieser Zeit bewahrt sein wird.
Die Erzählung ist wegen der symbolischen Verdichtung Nimrods weniger historisch als psychologisch von Interesse. Drewermann trägt dazu einige interessante Erwägungen vor, wobei er im Wesentlichen (anders als das sonst meist der Fall ist) auf die Individualpsychologie rekurriert (II, 476ff). A. Adler, der Begründer dieser tiefenpsychologischen Schule, sieht im Streben nach Geltung, Anerkennung und Macht die Haupttriebfeder menschlichen Handelns. Dieses Streben sei bei einzelnen Menschen durchaus verschieden intensiv, aber doch stets vorhanden. Dahinter stehe eine tiefe Angst, sich gesellschaftlich nicht ausreichend durchsetzen zu können, ein Zweifel an sich selbst, ein Gefühl der Minderwertigkeit. Proportional zur Stärke dieser Angst entstehe als deren Überkompensation der Wille zur Macht, das Streben, sich durchzusetzen, was letztlich auch Gewalt und Unterdrückung der anderen impliziere. Die innere und äußere Entwertung und Entmachtung der anderen diene dazu, die Fiktion der eigenen Überlegenheit aufrecht zu halten.
Drewermann betont z.R., dass sich diese Erkenntnisse der Individualpsychologie nicht auf die Gestalt Nimrods anwenden ließen, sofern damit die Psychologie einer historischen Persönlichkeit rekonstruiert werden sollte, denn Machtbesitz müsse nicht notwendigerweise auf einer neurotischen Überkompensation beruhen. Er weicht damit der Gefahr der Psychologismen alten Stils aus – und postuliert (wenn auch nicht immer in gleicher Weise) historische Überlegungen als Voraussetzung psychologischer. Nicht als historische Einzelpersönlichkeit könne Nimrod analysiert werden, es könne lediglich das theologische Motiv, das den Jahwisten zur Aufnahme Nimrods führte, in tiefenpsychologischen Kategorien vermittelt werden. Nach Drewermann lasse sich so die Gestalt Nimrods als „Typ", „als eine Symbolfigur des allgemein menschlichen, aber unter pathogenen Bedingungen quantitativ hochgradig verstärkten Strebens nach Macht interpretieren"; es entspringe „im Grunde geheimen Selbstwertzweifeln, Minderwertigkeitsgefühlen, Ängsten um den Besitz der eigenen Männlichkeit und einer zentralen Furcht vor Unterlegenheit" (jeweils II, 480).
Wie sehr Drewermann bestrebt ist, verschiedene tiefenpsychologische Schulen in die Interpretation einzubeziehen, zeigt er im (wenn auch nur ganz kurzen) Versuch einer Deutung von Freudschen Voraussetzungen her: Er versteht die Städtegründungen Nimrods als Beweise männlicher Zeugungskraft und die Überbetonung der männlichen (=phallischen) Stärke als Reaktion auf Kastrationsangst (II, 480f).
Die von Nimrod verkörperten Tendenzen seien allgemeinmenschlich, unterschieden sich aber in ihrem Stärkegrad bei den einzelnen Menschen und seien zudem entwicklungspsychologisch in der Zeit der Frühpubertät von großer Bedeutung. Der Drang nach Männlichkeit als Kompensation von Minderwertigkeitsgefühlen (Adler) oder als Reaktionsbildung aufgrund von Ängsten in Bezug auf die sexuelle Identität (Freud) sei für diese Phase besonders charakteristisch. „Damit können wir ontogenetisch in der Gestalt Nimrods eine Ausprägung von Konflikten und Tendenzen erkennen, die entwicklungspsychologisch von jedermann bearbeitet werden müssen, wenngleich sie nicht immer in der Art verarbeitet und beantwortet werden, wie es bei Nimrod geschieht" (II, 485).
Über diese psychologische Bedeutung der Gestalt Nimrods hinaus gelingt es Drewermann schließlich auch, die Einbindung der Perikope in die jahwistische Urgeschichte psychologisch verständlich zu machen: es bestehe ein enger Konnex mit

dem Lamechlied (4,23f) und der Erzählung von der Verbindung von Engeln mit Frauen (6,1–4). Die phallische Tendenz scheine jeweils die gleiche zu sein, nur trete Gen 10 die historisch-politische Dimension hinzu. Weiters bestehe ein Konnex mit der Erzählung von Ham und seinen Brüdern. Die dort vorausgesetzten homosexuellen, phallisch-exhibitionistischen und aggressiven (kastrativen) Tendenzen würden 10,8ff in der Gestalt Nimrods weiter expliziert.

Ein wichtiges neutestamentliches Beispiel tiefenpsychologischer Schriftinterpretation liefert G. Theißen in seiner Monographie „Psychologische Aspekte paulinischer Theologie" in Bezug auf Röm 7,7–25.[26] Paulus stelle hier die These auf, dass das Gesetz seine Intention, Leben zu ermöglichen, verfehle und nur tiefer in Sünde und Tod führe. Er begründe diese These zunächst V. 7–13 mit der sarkischen Verfasstheit des Menschen, infolge der die latent vorhandene Sünde durch das Gesetz erst richtig auflebe, und erläutere diese Argumentation V. 14–25 durch die anthropologischen Ausführungen über die Gespaltenheit des Ich zwischen Absicht und Tat bzw. zwischen innerem Menschen und seinen Gliedern. Das Dilemma, in dem der Mensch im status sub lege stehe, sei durch Christi Heilshandeln beseitigt, sodass im Anschluss an ihn neues Leben möglich sei. Im vorliegenden Kontext sind jedoch nicht die historisch-kritischen Text- und Traditionsanalysen Theißens von Interesse, auch nicht seine lerntheoretischen und kognitiven Erörterungen, sondern einzig die psychodynamischen: es geht um den „unbewußte(n) Konflikt mit dem Gesetz" (230).

Theißen führt den Nachweis für seine These, Röm 7 schildere „das Bewußtwerden eines ehemals unbewußten Gesetzeskonflikts" (231), in drei Schritten: zunächst versucht er zu begründen, dass der dem status sub lege zugehörige Konflikt unbewusst war; weiters versucht er, aus der Differenz zwischen Röm 7,7–25 und Phil 3,4–6 auf eine ehemalige Verdrängung zu schließen, und schließlich untersucht er die Bedeutung der Gestalt Christi für die Überwindung des Konflikts.

Zunächst betont Theißen in Aufnahme historisch-kritischer Ergebnisse, es sei erst dem Christen Paulus möglich gewesen zu erkennen, dass die Sünde durch das Gebot die Begierde wecke und so den Menschen betrüge und töte; folglich sei im status sub lege der Konflikt gerade nicht bewusst. Das Täuschungsmanöver setze voraus, dass das Ich kein angemessenes Bewusstsein der Verfallenheit unter der Sünde gehabt habe. V. 14–25 bestätige diese Interpretation von V. 7–13. Dass hier von einem Wissen die Rede sei, widerspreche nicht der Annahme eines ehemals unbewussten Konflikts. Denn zum einen berühre dieses Wissen nicht die Tiefendimension des Konflikts, zum anderen betone Paulus im Folgenden, er habe selbst nicht verstanden, was er getan habe. Hinter dem Konflikt zwischen Wollen und Tun stehe der Konflikt zwischen Nomos und Sarx. Was Paulus freilich zunächst gar nicht als Problem erkannt habe, sei von ihm nach seiner Bekehrung als fatales Prinzip durchschaut und beseitigt worden.

Das wird in einem zweiten Argumentationsschritt am Widerspruch zwischen Röm 7,7–25 und Phil 3,4–6 näher erläutert. Der Widerspruch bestehe darin, daß der status sub lege Röm 7 negativ, Phil 3 dagegen positiv gesehen werde; an ersterer Stelle bezeichne sich Paulus (rückblickend) als beklagenswerten Menschen, an letzterer spreche er von seiner Untadeligkeit in der Gesetzeserfüllung. Der logische Widerspruch löse sich psychologisch in der Weise auf, dass Phil 3 das Bewusstsein des vorchristli-

---

[26] Theißen, Aspekte, 230ff.

Ausgewählte Beispiele

chen Paulus wiedergebe, Röm 7 dagegen den damals unbewussten Konflikt. Dabei lehnt Theißen zu Recht die früher beliebte psychologisierende These einer unbewussten Affinität des vorchristlichen Paulus zum Christentum ab. Identifikation, genauer: Überidentifikation mit dem Gesetz und Verfolgung der Christen (die neben Phil 3 vor allem Gal 1,13f erkennbar sind) gehörten innerlich zusammen. Beide gingen auf einen unbewussten Widerstand gegen die Normen der Tora zurück, den Paulus auf zweifache Weise bewältigt habe: auf dem Weg der Reaktionsbildung sei er zur Überidentifikation mit dem Gesetz gekommen, auf dem Wege der Außenprojektion zur Verfolgung der sich vermeintlich über das Gesetz hinwegsetzenden Christen (Stichwort: Sündenbock). Hinter dem unbewussten Widerstand gegen das Gesetz erkennt Theißen eine unbewusste Unfähigkeit zur Erfüllung der Normen der Tora. Da dieser gesamte Sachverhalt Paulus aber unbewusst gewesen sei, habe er auch keine Möglichkeit gehabt, ihn positiv zu lösen.

Damit kommt Theißen zum dritten Abschnitt, in dem er die konfliktlösende Bedeutung von Person und Wirken Jesu thematisiert. Der scheinbar vom Gesetz verfluchte Gekreuzigte habe offen repräsentiert, was Paulus in einer archaischen Schicht seiner selbst unbewusst erlebt habe, nämlich die lebensfeindliche, angstauslösende Funktion des Gesetzes. Der Anschluss an Jesus nach der Christophanie habe deshalb durch Projektion der Sünde auf Christus zur „Aneignung einer verdrängten negativen Identität", zur „Integration des Schattens" und dadurch zur „Aneignung des Selbst" geführt (245).

Die früher unbewusste Feindschaft gegenüber dem Gesetz und damit gegenüber dem fordernden Gott kann nach Theißens Interpretation jetzt offen artikuliert werden. Dabei kommt Paulus zu Aussagen, deren Nähe zu psychoanalytischen Erkenntnissen in der Tat verblüffend ist. Im Verhältnis von Gesetz, Ich und Sarx sieht Theißen zu Recht in mancher Hinsicht eine Entsprechung zu dem von Über-Ich, Ich und Es; insbesondere die ambivalente Rolle des Über-Ichs bzw. des Gesetzes wird deutlich, und damit kann die Rolle des Gesetzes in einer sonst so nicht erreichbaren Prägnanz zum Ausdruck gebracht werden. Eine entscheidende Grenze tiefenpsychologischer Auslegung bleibt allerdings bestehen: Das rettende Eingreifen Christi ist weit mehr als eine Konfliktbewältigung durch Bewusstmachen und Ausagieren. Die eschatologische Existenz erschöpft sich nicht in der Lösung eines unbewussten Gesetzeskonfliktes; doch verweist diese Lösung sehr wohl zeichenhaft auf jene Existenz.

5.3. Bedeutung und Grenzen

Aufgrund der mannigfachen Parallelen in Entstehung und Arbeitsweise kann es sinnvollerweise nur um die *Integration der tiefenpsychologischen Schriftinterpretation in die historisch-kritische Exegese* gehen. Eine Alternative zu ihr scheint grundsätzlich nicht möglich zu sein, solange wir uns als geschichtlich bedingt verstehen. Alle Aussagen, die das außer acht lassen und mit einem methodologischen Exklusivitätsanspruch auftreten, decouvrieren sich selbst, kommen sie nun von der Tiefenpsychologie oder von anderen Humanwissenschaften her. Es ist bisher gerade die Stärke historisch-kritischer Arbeitsweise gewesen, dass sie sich in verschiedenen Einzelmethoden konkretisierte und als ausbaufähig erwies. In der Gegenwart ist dieser Diversifikationsprozess nur besonders auffällig, wobei es nicht allein um die Tiefenpsycholo-

gie geht. Wesentliche Aspekte ihrer Integration in die historisch-kritische Methode scheinen die folgenden zu sein:
1. Tiefenpsychologische Exegese kann sinnvoll nur betrieben werden, wenn sie jeweils die *Ergebnisse* der historisch-kritischen Arbeit voraussetzt. Ansonsten kann sie bestenfalls einzelne interessante Gesichtspunkte beitragen, wird aber im ganzen methodologisch keinen Fortschritt darstellen. Sie ist folglich, recht verstanden und geübt, kein Rückfall in eine psychologisierende Exegese alten Stils, wo in Unkenntnis des fragmentarischen und kerygmatischen Charakters der Texte ein psychologisch-biographischer Begründungsrahmen für die dargestellten Einzelereignisse zu liefern versucht wurde. Verbieten die Ergebnisse der Formgeschichte schon eine historische Rekonstruktion auf der Bewusstseinsebene, so ist erst recht nichts über unbewusste Hintergründe von Einzelhandlungen erkennbar. Insbesondere sind Analysen geschichtlicher Persönlichkeiten der Bibel ausgeschlossen. Gewisse Einzelheiten sind zwar erkennbar, aber keine übergreifenden Zusammenhänge. Jede psychologische Interpretation, die Ergebnisse der historischen Kritik außer acht lässt, ist letzten Endes wilde Exegese und tut ihrer eigenen Intention nur Abbruch.
2. Historisch-kritische und tiefenpsychologische Exegese sind schon durch ihre *Entstehungsgeschichte* eng miteinander verbunden, insofern beide auf einer Differenzierung des Bewusstseinsstandes beruhen. Bei der ersteren ist dies das Aufkommen des geschichtlichen Bewusstseins und damit die Realisierung des historischen Abstandes von den biblischen Texten. Bei der letzteren ist es die Entdeckung des Unbewussten. Es ist heute unbestritten, dass das Unbewusste unsere Handlungen wesentlich bestimmt. Wollen wir diese Handlungen adäquat, d.h. den heute zur Verfügung stehenden Möglichkeiten entsprechend, interpretieren, so ist eine Einbeziehung der Tiefenpsychologie nötig.
3. Für die Interpretation von Texten bedeutet das, dass die tiefenpsychologische Interpretation die *konsequente Fortsetzung* der traditionellen historisch-kritischen Exegese ist, insofern sie die *unbewussten Implikationen eines Textes* zu erheben sucht. Schon die historische Kritik interpretiert einen Text durch Supplementierung: das unmittelbar Dastehende wird ergänzt durch das gesamte zur Verfügung stehende, erläuternde zeitgeschichtliche Material, so dass der Interpret immer schon mehr weiß, als dem Autor unmittelbar bewusst war. Während dieser Vorgang aber auf der Ebene des Bewussten bleibt, wird in der tiefenpsychologischen Interpretation der Bereich des Unbewussten einbezogen. Nicht das ist von Interesse, was einem Verfasser zufällig gerade nicht bekannt ist, sondern, was ihm gar nicht (oder nicht ausreichend) bekannt sein kann, weil es dem Bereich des Unbewussten angehört.
Werden die unbewussten Implikationen eines Textes untersucht, so auch vorhandene *Widerstände* gegen seine Rezeption. Die Frage der Wirkungsgeschichte wird durch die nach der verhinderten Wirkung und den dafür vorhandenen Gründen ergänzt – wobei diese Widerstände bis in die Gegenwart und bis zum jeweiligen Exegeten reichen können. M.a.W., der Exeget als Rezipient des Textes muss sein eigenes Verhalten daraufhin befragen, inwieweit er durch seine Auslegung dem Text gerecht wird und inwieweit er ihn unbewusst umbiegt. Die Interpretation ist erst dann beendet, wenn der Exeget zusätzlich zur üblichen historisch-kritischen Untersuchung eine Analyse der unbewussten Implikationen des Textes und seiner Rezipienten, sich selbst eingeschlossen, vorgenommen hat. Dass das in der Praxis

häufig nur unzureichend oder vielleicht gar nicht gelingt, steht auf einem anderen Blatt.
4. Wie die historisch-kritische Arbeit ist auch der tiefenpsychologische Zugang zu den Texten begrenzt. In Bezug auf die *Textgattungen* heißt das: Nicht jeder Text ist in gleicher Weise für tiefenpsychologische Interpretation geeignet, besser; für eine bestimmte Art derselben. Nun gibt es aber, je nach Schule, verschiedene tiefenpsychologische Zugänge, ebenso wie es verschiedene historisch-kritische Methoden gibt. Beide Male können die Einzelmethoden nicht in stereotyper Weise auf die Texte angewendet werden. Wo eine Methode am Platz ist, muss es die andere noch nicht sein. So eignet sich die Freudsche Psychoanalyse gut für alle Texte, die in irgendeiner Weise Abwehrmechanismen voraussetzen, wie Verdrängungen, Verschiebungen, Projektionen oder dergleichen. Röm 7 z.B. kann sehr schön in diesem Rahmen interpretiert werden. Die Jungsche Analytische Psychologie wird dagegen besonders dort mit Gewinn verwendet werden, wo es um das Verständnis archetypischen Materials, Bilder und Symbole des Unbewussten, geht. Die Interpretation von Mythen, Legenden, Wundern u. dgl. wird von hier aus sinnvoll vorgenommen werden können. Die Adlersche Individualpsychologie wird wiederum dort angebracht sein, wo es um Probleme von Machtausübung geht. Die einzelnen tiefenpsychologischen Zugänge erweisen sich so in ihrem Zusammenspiel trotz ihrer jeweiligen Begrenztheit als wertvoll. Und dabei bleibt durchaus noch Raum für weitere tiefenpsychologische Entdeckungen.
5. Der psychologische Zugang ist wie der traditionell historisch-kritische ein *einzelwissenschaftlicher*. Ein Text kann jeweils nur in Bezug auf seine Entstehung, Intention und Wirkung untersucht werden, es kann aber nichts in Bezug auf den in ihm enthaltenen Anspruch, Gottes Wort zu sein, gesagt werden. Eine besonders in den Anfangszeiten der Psychoanalyse vorgenommene Reduktion der Offenbarung auf innerweltliche psychische Prozesse ist eine Grenzüberschreitung, die die Symbole des Unbedingten mit diesem selbst verwechselt. Den Glauben als Illusion zu bezeichnen, ist nicht Ergebnis psychologischer Analyse, sondern weltanschauliche Voraussetzung. Beides muss unterschieden werden, soll eine Einzelwissenschaft wie die Psychologie einen Beitrag zur Interpretation biblischer Texte leisten. Als Illusion kann immer nur die falsa religio erkannt werden, eine inadäquate Vergegenständlichung des Ungegenständlichen. Das Angelegtsein des Menschen auf das Unbedingte hin (eine Glaubensaussage) wird davon nicht berührt. Was die existentiale Mythenkritik versuchte, wird von der Tiefenpsychologie nur auf neue Weise weitergeführt. Jede angstbedingte Aversion gegen eine derartige Interpretation biblischer Texte ist also unbegründet.
6. Eine Schwierigkeit bleibt freilich, die größer ist als bei der historisch-kritischen Arbeit: die *Verifikation* der gewonnenen Ergebnisse. Während in der therapeutischen Analyse die Lösung eines Problems durch Beteiligung des Patienten (in der Übertragung und ihrer Auflösung) möglich ist, fehlt bei der Textinterpretation ein solches lebendiges Gegenüber. Der Interpret ist auf den im Text gleichsam festgefrorenen Kommunikationsprozess angewiesen. Er wird deshalb das Ganze dieses Prozesses in den Blick zu nehmen haben, und er wird bescheiden eingestehen müssen, dieses Ganze nur fragmentarisch zu erkennen, aber doch in Fragmenten, die im einzelnen größer und lebendiger sind als bei sonstigen Interpretationsversuchen. Nicht in mehr,

aber auch nicht in weniger liegt die Bedeutung tiefenpsychologischer Interpretation biblischer Texte – trotz aller Grenzen.[27]

Literatur

Berguer, Georges, Quelques traits de la vie de Jésus au point de vue psychologique et psychanalytique, Genève/Paris 1920.
Bucher, Anton A., Bibel-Psychologie. Psychologische Zugänge zu biblischen Texten, Stuttgart/Berlin/Köln 1992.
Callan, Terrance, Psychological Perspectives on the Life of Paul. An Application of the Methodology of Gerd Theißen, Lewinston NY / Queenstown Ontario 1990.
Cox, David, C.G.Jung und Paulus. Das Verhältnis von Individuation und Rechtfertigung aus Glauben (engl. 1959), jetzt in: Spiegel, Interpretationen, 60–74.
Créspy, Georges, Exégèse et psychanalyse. Considérations aventureuses sur Romains 7: 7–25, in: L'Évangile hier et aujourd'hui. F.S.J. Leenhardt, Genève 1968, 169–179.
Drewermann, Eugen, Strukturen des Bösen, I: Die jahwistische Urgeschichte in exegetischer Sicht, 1979² (PaThSt 4); II: Die jahwistische Urgeschichte in psychoanalytischer Sicht, 1977 (PaThSt 5).
Ders., Tiefenpsychologie und Exegese, I: Die Wahrheit der Formen. Traum, Mythos, Märchen, Sage und Legende, Olten/Freiburg 1985²; II: Die Wahrheit der Werke und der Worte. Wunder, Vision, Weissagung, Apokalypse, Geschichte, Gleichnis, Olten/Freiburg 1985.
Ders., Das Markusevangelium, I: Mk 1,1 bis 9,13, Olten/Freiburg 1987; II: Mk 9,14 bis 16,20, Olten/Freiburg 1988.
Ders., „An ihren Früchten sollt ihr sie erkennen." Antwort auf Gerhard Lohfinks und Rudolf Peschs „Tiefenpsychologie und keine Exegese", Olten/Freiburg 1990⁴.
Freud, Sigmund, Totem und Tabu (1912), Gesammelte Werke (abgekürzt: GW) IX, Frankfurt/M. 1968⁴.
Ders., Der Mann Moses und die monotheistische Religion (1939), Gesammelte Werke XVI, Frankfurt/M. 1968³, 101–246.
Görres, Albert / Kasper, Walter, Tiefenpsychologische Deutung des Glaubens? Anfragen an Eugen Drewermann, 1988 (QD 113).
Hall, Granville Stuart, Jesus the Christ in the Light of Psychology, I.II, New York 1917.
Harsch, Helmut, Tiefenpsychologisches zur Schriftauslegung, in: Voss-Harsch, Versuche, 32–41.
Jung, Carl Gustav, Antwort auf Hiob (1952), Gesammelte Werke XI, Zürich 1963, 385–504 (mit einem Nachwort 505f).
Kassel, Maria, Tiefenpsychologische Bibelauslegung, in: Langer, Wolfgang (Hg.), Handbuch der Bibelarbeit, München 1987, 156–162.
Kessler, Rainer / Vandermeersch, Patrick (Hg.), God, biblical stories and psychoanalytic understanding, Frankfurt/M. 2001.

---

[27] Zum Methodischen vgl. nur Niederwimmer, Tiefenpsychologie, 63ff; Harsch, Schriftauslegung, 32ff; Spiegel, Psychoanalyse, 9ff; Theissen, Aspekte, 20ff; Drewermann, Tiefenpsychologie, I, 374ff; Kassel, Bibelauslegung, 156ff; Rebell, Grundwissen, 222ff; Schneider-Harpprecht, Bibelauslegung, 323ff; Bucher, Bibel-Psychologie, passim; Leiner, Psychologie 235ff und passim.

Ausgewählte Beispiele

Künkel, Fritz, Die Schöpfung geht weiter. Eine psychologische Untersuchung des Matthäus-Evangeliums (engl. 1947), Konstanz 1957.

Leiner, Martin, Psychologie und Exegese. Grundfragen einer textpsychologischen Exegese des Neuen Testaments, Gütersloh 1995.

Lohfink, Gerhard / Pesch, Rudolf, Tiefenpsychologie und keine Exegese. Eine Auseinandersetzung mit Eugen Drewermann, 1987 (SBS 129).

Meves, Christa, Die Bibel antwortet uns in Bildern. Tiefenpsychologische Textdeutungen in Hinblick auf Lebensfragen heute, 1974[4] (HerTb 461).

Nase, Eckart / Scharfenberg, Joachim (Hg.), Psychoanalyse und Religion, 1977 (WdF 275).

Niederwimmer, Kurt, Jesus, Göttingen 1968.

Ders., Tiefenpsychologie und Exegese (1970), jetzt in: Riess, Richard (ed.), Perspektiven der Pastoralpsychologie, Göttingen 1974, 63–78.

Ders., Askese und Mysterium. Über Ehe, Ehescheidung und Eheverzicht in den Anfängen des christlichen Glaubens, 1975 (FRLANT 113).

Pfister, Oskar, Die Entwicklung des Apostels Paulus. Eine religionsgeschichtliche und psychologische Skizze: Imago 6 (1919/20) 243–290.

Ders., Das Christentum und die Angst (1944), Olten/Freiburg 1975.

Pratscher, Wilhelm, Tiefenpsychologische Erwägungen zur negativen Rede von „den Juden" im Johannesevangelium, SNTU 25 (2000) 141–151.

Raguse, Hartmut, Psychoanalyse und biblische Interpretation. Eine Auseinandersetzung mit Eugen Drewermanns Auslegung der Johannes-Apokalypse, Stuttgart/Berlin/Köln 1993.

Rebell, Walter, Psychologisches Grundwissen für Theologen. Ein Handbuch, München 1988.

Riess, Richard, Psychologische Erwägungen zur Perikope von der Versuchung Jesu, WzM 22 (1970) 275–281.

Scharfenberg, Joachim, Sigmund Freud und seine Religionskritik als Herausforderung für den christlichen Glauben, Göttingen 1968.

Ders., Wilde Exegese – Herausforderung für Theologie und Kirche?, in: Religion zwischen Wahn und Wirklichkeit. Gesammelte Beiträge zur Korrelation von Theologie und Psychoanalyse, 1972, 281–292.

Schneider-Harpprecht, Christoph, Psychoanalytische Bibelauslegung. Das Beispiel der Hagar-Ismael-Überlieferung, WzM 43 (1991) 323–335.

Schnelle, Udo, Einführung in die neutestamentliche Exegese, Göttingen 2000[5] (UTB 1253).

Spiegel, Yorick (Hg.), Psychoanalytische Interpretationen biblischer Texte, München 1972.

Ders., Psychoanalyse und analytische Psychologie. Instrumente der Exegese?, in: Ders. Interpretationen, 9–28.

Ders. (Hg.), Doppeldeutlich. Tiefendimensionen biblischer Texte, München 1978.

Tarachow, Sidney, Judas, der geliebte Henker (engl. 1960), jetzt in: Spiegel, Interpretationen, 243–256.

Theissen, Gerd, Psychologische Aspekte paulinischer Theologie, 1983 (FRLANT 131).

Vergote, Antoine, Der Beitrag der Psychoanalyse zur Exegese. Leben, Gesetz und Ich-Spaltung im 7. Kapitel des Römerbriefs (frz. 1971), jetzt in: Léon-Dufour, Xavier (Hg.), Exegese im Methodenkonflikt. Zwischen Geschichte und Struktur, München 1973, 73–116.

Vogt, Thea, Angst und Identität im Markusevangelium. Ein textpsychologischer und sozialgeschichtlicher Beitrag, NTOA 26, Freiburg (Schweiz) / Göttingen 1993.

Voss, Gerhard / Harsch, Helmut (Hg.), Versuche mehrdimensionaler Schriftauslegung. Bericht über ein Gespräch. Stuttgart/München 1972.

Wehr, Gerhard, Wege zu religiöser Erfahrung. Analytische Psychologie im Dienste der Bibelauslegung, Olten/Freiburg 1974.

Wolff, Hanna, Jesus der Mann. Die Gestalt Jesu in tiefenpsychologischer Sicht, Stuttgart 1975.

Dies., Jesus als Psychotherapeut. Jesu Menschenbehandlung als Modell moderner Psychotherapie, Stuttgart 1978.

Zeligs, Dorothy F., Psychoanalysis and the Bible. A Study in Depth of Seven Leaders, New York 1974.

III. Zur Anfertigung einer schriftlichen Arbeit

1. Vorüberlegungen und erste Schritte

1.1. Zur Vorbereitung und Planung

Das Thema einer schriftlichen Arbeit ergibt sich in der Regel aus dem Thema der Lehrveranstaltung. Die Aufgabe einer Proseminararbeit ist vor allem der Nachweis, mit den erlernten Methoden sachgemäß umgehen und sie auf einen bestimmten Text oder ein Thema adäquat anwenden zu können. Zum wissenschaftlichen Charakter gehört auch der sachgemäße Umgang mit der Literatur und die formal korrekte Gestaltung.
Bei der exegetischen Bearbeitung eines bestimmten Textes werden die einzelnen methodischen Schritte je nach der Eigenart des Textes verschieden ergiebig sein. Die exegetischen Schritte sind aber der Reihe nach durchzugehen und mit ihren jeweiligen Ergebnissen zu thematisieren. Bei einer kirchengeschichtlichen Thematik oder bei einer exegetischen Seminararbeit wird der Aufriss wesentlich vom gegebenen Thema bestimmt sein.
Für den Zugang zur Arbeit und auch zur Motivation ist es sinnvoll, zunächst eigene Beobachtungen und Fragen zu sammeln und zu reflektieren. Welche Gründe führten Sie zur Wahl des Textes oder Themas? Welche Eindrücke und Fragen ergeben sich aus einer ersten Betrachtung des Textes? Was spricht Sie positiv an? Wo liegen Probleme oder Anstöße des Textes oder des Themas? Welche Anregungen könnten sich ergeben? – Diese Beobachtungen und Fragen dürfen natürlich nicht die weitere Arbeit präjudizieren. Sie helfen Ihnen aber, Sinn und Relevanz der Arbeit zu sehen, und lassen den Erkenntnisfortschritt deutlich werden. Diese Fragen werden zu einer vertieften Wahrnehmung und Motivation für die auf jeden Fall mehrere Wochen dauernde Ausarbeitung beitragen. Darum ist es sinnvoll, diese ersten Eindrücke und Fragen (für sich selbst) schriftlich festzuhalten und mit den späteren Erkenntnissen und Ergebnissen zu vergleichen.
Bei Arbeiten zu vorgegebenen Themen ist es besonders wichtig, die Formulierung des Themas sorgfältig zu betrachten, um die Aufgabenstellung richtig zu erfassen. Oft ergibt sich aus der Formulierung auch ein Hinweis für eine geeignete Gliederung. Wenn das Thema verschiedene Möglichkeiten offen lässt, kann die gewählte Auffassung oder die Schwerpunktsetzung in der Einleitung (s.u.) begründet werden.

1.2. Sammlung und Erfassung des Materials

Für die Sammlung des Materials, insbesondere der in Frage kommenden Sekundärliteratur können Sie zunächst auf die bereits in der Lehrveranstaltung verwendete oder angegebene Literatur zurückgreifen. Von dort aus kann in den Literaturangaben der großen theologischen Lexika bzw. der großen Kommentarwerke weitergesucht werden. Darüber hinaus sind die bibliographischen Hilfsmittel heranzuziehen.[1] Schließlich können Sie die noch nicht erfaßten jüngsten Nummern der einschlägigen Fachzeitschriften im Zeitschriftenregal Ihrer Bibliothek auf relevante Beiträge durchsehen. In den Anmerkungen der einzelnen Beiträge wird wiederum Literatur genannt. Nach ersten Hürden werden Sie zu praktisch allen Themen reichlich Literatur finden.[2]

Wichtig ist es, sich die Fundstelle bestimmter Äußerungen bzw. von Zitaten immer gleich zu notieren. Spätestens nach einigen Tagen wird man sonst nicht mehr wissen, in welchem Buch oder in welchem Aufsatz und auf welcher Seite man etwas gelesen oder abgeschrieben hat. Diese Notiz kann natürlich in verkürzter Form mit Verfassername und / oder Stichwort und mit der Seitenzahl erfolgen. Aber auch die vollständigen bibliographischen Angaben für die Literaturkartei bzw. die Literaturliste sollen von Anfang an festgehalten werden. Das ist besonders wichtig, wenn etwa Bücher vor Fertigstellung der Arbeit zurückzugeben sind. Wichtig ist auch, auf Kopien die vollständigen bibliographischen Angaben zu vermerken.

Ein häufiges Problem bei der Abfassung einer Proseminararbeit ist die Frage, wie viel Hintergrundinformation in der Arbeit referiert werden soll. Bei einer Proseminararbeit werden Sie sehr viel Neues kennen lernen, was in den Bereich von Grundinformationen und Hintergrundwissen gehört. Das ist ein wichtiges „Nebenergebnis" einer Proseminararbeit. Es soll aber nicht Ihr ganzer Meinungsbildungsprozess oder alles, was Ihnen irgendwo in der Literatur begegnete, in die schriftliche Arbeit einfließen. Wenn z.B. eine Arbeit über einen Text der Königsbücher oder aus den Evangelien geschrieben wird, so sind natürlich die für das Verständnis der Exegese wichtigen Positionen klar zu benennen, es braucht aber nicht die ganze Forschungsgeschichte oder jede Variante der einleitungswissenschaftlichen Theorien referiert zu werden. Einschlägige Überblickswerke, z.B. Einleitung in das Alte bzw. Neue Testament oder Darstellungen der Kirchengeschichte bzw. einzelner Epochen, ggf. auch größere Lexikonartikel, bieten eine gute Orientierung und markieren den Standard, von dem ausgegangen werden kann.

2. Zur formalen Gestaltung

Die folgenden Ausführungen machen einen Vorschlag zur formalen Gestaltung einer schriftlichen Arbeit. Diese kann in verschiedener Weise abgewandelt werden. Wichtig ist jedoch die innere Konsistenz einer Arbeit.

2.1. Die Rahmenteile der Arbeit

Das *Titelblatt* nennt den Verfasser/ die Verfasserin, das Thema der Arbeit oder den behandelten Text und die Lehrveranstaltung (oder den sonstigen Anlaß), in deren Zusammenhang die Arbeit steht. Weiter ist es sinnvoll, Studien- und Heimatadresse anzugeben.

---

[1] Siehe dazu den Abschnitt „Hilfsmittel: Bibliographien" in der Literaturliste, s.o. S. 115.
[2] Für eine Proseminararbeit kann gesagt werden, dass es in der Regel weniger darauf ankommt, auch noch den entlegensten Beitrag per Fernleihe heranzuholen, sondern darauf, die erreichbare Literatur mit Verständnis und Gewinn auszuwerten. In Zweifelsfällen empfiehlt es sich, beim Leiter oder der Leiterin des Proseminars Rat einzuholen.

Zur formalen Gestaltung

Das *Inhaltsverzeichnis* nennt zumindest die Hauptkapitel der Arbeit mit Seitenzahlen. Wie weit die Untergliederung der Arbeit im Inhaltsverzeichnis detailliert wiedergegeben wird, hängt von der Art der Untergliederung in der Arbeit ab.

Das *Literaturverzeichnis* kann am Anfang oder am Ende der Arbeit stehen. Es dient dem Nachweis der im Verlauf der Arbeit herangezogenen und benutzten Literatur. Sinnvollerweise enthält es am Anfang einen Hinweis auf das verwendete Abkürzungsverzeichnis[3] (in der Regel das Abkürzungsverzeichnis der „Theologischen Realenzyklopädie" (TRE) oder der „Religion in Geschichte und Regenwart" (RGG) s.o. S. 113). Für weitere Abkürzungen aus Spezialbereichen können einschlägige Abkürzungsverzeichnisse genannt werden. Einzelne Abkürzungen können auch explizit vermerkt werden. Ein eigenes Abkürzungsverzeichnis wird in einer Proseminararbeit nur selten sinnvoll sein.

Das Literaturverzeichnis kann nach Kategorien unterteilt werden, z.B.: Quellen – Hilfsmittel – (Kommentare) – Sekundärliteratur. Eine weitergehende Unterteilung (z.B.: Monographien – Zeitschriftenartikel – Lexikonartikel) ist in der Regel nicht hilfreich, weil dann ein Werk oder Beitrag, dessen Kategorie nicht bekannt ist, an mehreren Stellen gesucht werden muss.

Die Angaben erfolgen immer in der Reihenfolge Autor, Titel, Angaben zum übergeordneten Werk (Zeitschrift, Sammelband; mit Jahrgangs- bzw. Bandzahl), Erscheinungsort und Erscheinungsjahr; bei einem Beitrag innerhalb einer Zeitschrift oder eines Sammelwerkes auch die Seitenangaben (mit „S. 11–25"; nicht nur „S. 11ff."). Bei Zeitschriften entfällt der Erscheinungsort; bei Lexika kann er entfallen. Anders als bei Büchern wird bei Zeitschriften die Jahreszahl nach der Nummer des Jahrgangs nicht nach Komma, sondern in Klammern angegeben. Die Auflagenzahl kann als hochgestellte Ziffer (vor oder) nach der Jahreszahl angegeben werden. Wenn in einem Sammelwerk oder Lexikon der Autor / die Autorin genannt ist, ist dieser / diese zu benennen. (Abkürzungen können mit Hilfe des Mitarbeiterverzeichnisses aufgeschlüsselt werden) und der Artikel oder Beitrag ist alphabetisch unter dem Verfassernamen einzuordnen[4]. Die Vornamen abzukürzen, ist zwar platzsparend, sie auszuschreiben ermöglicht aber eine konkretere Identifikation der Personen und lässt Frauen als Autorinnen erkennbar werden.

Beispiele: Monographien:

Hausmann, Jutta, Israels Rest. Studien zum Selbstverständnis der nachexilischen Gemeinde, BWANT 124, Stuttgart 1987.
Karrer, Martin, Der Gesalbte. Die Grundlagen des Christustitels, FRLANT 151, Göttingen 1991.

---

[3] Das gilt zunächst für die Abkürzungen bei den bibliographischen Angaben, aber auch für die Abkürzungen der biblischen Bücher und weiterer Quellen und schließlich für allgemeine Abkürzungen (s.u., 2.2.3).

[4] (Nur) wenn ein Artikel nicht namentlich gezeichnet ist, ist dieser mit Stichwort und den Angaben zum Sammelwerk (z.B. Lexikon) anzuführen oder das Sammelwerk und dabei die daraus verwendeten Artikel oder Beiträge; und zwar jeweils mit Seitenzahl.

Sammelwerke:
Beyerlin, Walter (Hg.), Religionsgeschichtliches Textbuch zum Alten Testament, GAT 1, Göttingen 1985².
Janssen, Claudia / Schottroff, Luise / Wacker, Marie-Theres / Wehn, Beate (Hg.), Kompendium feministische Bibelauslegung, Darmstadt 2003².

Artikel in Sammelwerken:
Köckert, Matthias, Das Land in der priesterlichen Komposition des Pentateuch, in: Vieweger, Dieter / Waschke, Ernst-Joachim (Hg.), Von Gott reden. Beiträge zur Theologie und Exegese des Alten Testaments, Festschrift für Siegfried Wagner, Neukirchen 1995, 147–162.[5]
Ruhbach, Gerhard, Euseb von Caesarea, in: Greschat, Martin (Hg.), Gestalten der Kirchengeschichte, Bd. 1: Alte Kirche I, Stuttgart 1984, 224–235.

Lexikonartikel:
Schwab, Eckart, קׇדְקֹד, qodqod, ThWAT VI, 1989, 1174–1176.
Mayer, Günther, Midrasch / Midraschim, TRE 22, 1992, 734–744.
Gnilka, Joachim, Jesus Christus, NBL II, 1995, 320–338.
Schulze, Manfred, Martin Luther, BBKL 5, 1993, 447–482.

Zeitschriftenartikel:
Krüger, Thomas, Psalm 90 und die ‚Vergänglichkeit des Menschen', Bib 75 (1994), 191–219.
Standhartinger, Angela: Frauen im Urchristentum, Kirche und Israel 15 (2000), 16–25.
Tubach, Jürgen, Der Apostel Thomas in China. Die Herkunft einer Tradition, ZKG 108 (1997), 58–74.

Für weitere Beispiele siehe die Literaturlisten in diesem Buch.

2.2. Die Hauptteile der Arbeit

2.2.1. Einleitung

Bei einer Proseminar- oder Seminararbeit ist ein Vorwort in der Regel nicht nötig, denn Anlaß und Zweck der Arbeit sind eo ipso klar. Dagegen kann in einer Einleitung die Auffassung und der spezifische Zugang zum Thema und von da her die Beschreibung der Aufgabenstellung dargelegt werden. Auch eine eventuelle Begründung oder Erklärung der Gliederung hat hier ihren Platz. Eine solche Einleitung hat ihren Sinn bei einer thematisch orientierten Arbeit. In einer exegetischen Proseminararbeit, wo in der Regel die Aufgabe darin besteht, die einzelnen methodischen Schritte der Reihe nach durchzuführen, erübrigt sie sich.

---

[5] Festschriften können auch abgekürzt benannt werden: ... in: FS Siegfried Wagner ...

2.2.2. Zitate und Anmerkungen

Wesentliches Kennzeichen einer wissenschaftlichen Arbeit ist die *Bezugnahme* auf und die *argumentative Auseinandersetzung* mit der *Fachliteratur*. Die entsprechenden Ausführungen können zusammenfassend referiert, sie sollen aber im Einzelnen auch mit wörtlichen Zitaten belegt werden. Wörtliche Zitate fördern sowohl das sachliche Verständnis als auch die Klarheit der argumentativen Auseinandersetzung.

Zitate sind so zu wählen, dass der Sinn des Zitierten klar ist. Stilistische Brüche zwischen der eigenen Darstellung und dem Zitat dürfen nicht so vermieden werden, daß das Zitat ‚zurechtgebogen' wird. Notwendige Ergänzungen werden in [eckige] Klammern gesetzt. Bei einem Zitat im Zitat treten sog. halbe Anführungszeichen ‚ ' an die Stelle der normalen „ ". Soll eine entbehrliche Passage in einem Zitat ausgelassen werden, so ist an die Stelle des Ausgelassenen ... bzw. besser [...][6] zu setzen. Das verbleibende Zitat muss für den Leser verständlich sein und die ursprüngliche Intention des Autors / der Autorin muss erkennbar bleiben. Satzzeichen, die zum Zitat gehören, stehen vor, die Fußnotenzahl nach dem schließenden Anführungszeichen. Wenn nur ein Satzteil zitiert wird, dann steht Ihre Interpunktion außerhalb der Anführungszeichen und auch nach dem Fußnotenzeichen.[7]
Zitate aus der Literatur sind, wo möglich, in der Originalsprache anzuführen. Wenn übersetzt wurde, ist dies anzugeben. Zitate aus zweiter Hand sind möglichst zu vermeiden. Wo ein solches nötig wird, muss vermerkt werden: „Zitiert nach ..."
Im Zitat sind alle Besonderheiten des Originals (Orthographie, Zeichensetzung, Sperrungen, Unterstreichungen etc.) zu übernehmen. Auf ungewöhnliche Schreibungen oder Fehler kann durch [sic] oder [!] hingewiesen werden.
Das Original sollte gedruckt sowie für jedermann zugänglich und nachprüfbar sein. Aus privaten Aufzeichnungen und nicht autorisierten Vorlesungsnachschriften ist nicht zu zitieren. Texte aus dem Internet sollten ausgedruckt und – mit Internetadresse und Datum versehen – in einem Anhang der Arbeit beigefügt werden.
Aneinanderreihungen von Zitaten sind zu vermeiden. Umfangreichere Äußerungen eines Autors / einer Autorin werden oft besser in eigenen Worten zusammengefaßt; am Ende ist dann eine Anmerkung mit dem Verweis auf die Quelle zu setzen. Beim Referieren umfangreicherer Zusammenhänge kann der Verweis auch an den Anfang gesetzt werden.[8]

Anmerkungen dienen dazu, das Gesagte aus der bearbeiteten Literatur zu belegen. Der Text der Anmerkungen beschränkt sich auf Belege (Literaturangaben, Bibelstellen) bzw. auf das, was zur Stützung oder Rechtfertigung der eigenen Auffassung gesagt werden muss. Ausführlichere Erörterungen oder Themen, die zwar für den Zusammenhang der Arbeit von Bedeutung, aber doch selbständig sind, sind in *Exkursen* unterzubringen.[9]

---

6 Die eckige Klammer macht eindeutig, dass die Auslassung nicht schon im Original besteht.
7 Für den Ort des Fußnotenzeichens gilt generell: Das Fußnotenzeichen (d.h. die Anmerkungsziffer) steht bei jener Einheit – Wort, Satzteil, Satz oder ganzes Zitat –, auf die sich die Fußnote bezieht. Vgl. „Duden. Die deutsche Rechtschreibung", Richtlinien für den Schriftsatz.
8 Etwa in der Form: „Das Folgende nach ..." oder „Für das Folgende siehe ...".
9 Exkurse sind bei thematischen Arbeiten sinnvoll. Bei exegetischen Proseminararbeiten haben entsprechende Erörterungen in der Regel bei den einzelnen methodischen Schritten ihren Ort.

Die Anmerkungen entlasten den fortlaufenden Text und sollen sicherstellen, daß dieser flüssig lesbar bleibt. Sie sollen unter dem Text jeder Seite stehen oder als Anhang angefügt werden.
Anmerkungen gelten als ganze Sätze, auch wenn sie nur eine Literaturangabe enthalten, d.h. sie beginnen mit einem Großbuchstaben und enden mit einem Punkt. Die Anmerkungen können als Fußnoten am Fuß der Seite oder als Endnoten am Ende des Textes untergebracht werden.

Wenn die Arbeit – wie oben vorausgesetzt – ein Literaturverzeichnis enthält, genügt es, in den Anmerkungen einen Kurztitel zu verwenden. Dieser besteht aus Verfassernamen und einer Kurzform des Titels bzw. einem geeigneten Stichwort aus diesem. Die Nennung des Erscheinungsjahres an Stelle eines Stichwortes ist besonders platzsparend, sie hat jedoch den Nachteil, dass der sachliche Zusammenhang einer Äußerung nicht mehr zu erkennen ist. Das Stichwort kann eventuell im Literaturverzeichnis vermerkt oder (z.B. durch Unterstreichung) hervorgehoben werden.

Wird fortlaufend aus einem Werk zitiert, so ist nur beim ersten Zitat der Titel (gegebenenfalls Kurztitel) anzugeben, danach kann mit „ebd." (= ebenda, d.h. dieselbe Seite) oder – bei eng zusammengehörenden Zitaten aus einander folgenden Seiten – mit „ebd. S. xx" fortgefahren werden.[10] Die Abkürzung a.a.O. (= am angegebenen Ort) kann als Rückverweis auf die unmittelbar vorangegangene Anmerkung verwendet werden.[11] Für weiter zurückliegende Anmerkungen soll sie vermieden werden, da sie leicht zu Verwechslungen oder zu mühsamer Suche führt. Gegebenenfalls ist die entsprechende Anmerkungsnummer mit anzugeben. Auf jeden Fall muss eindeutige Erkennbarkeit gewährleistet sein. Besser ist die Verwendung eines Kurztitels bzw. eines (sachlich passend aus dem Titel gewählten) Stichwortes.

So wichtig auch Zitate in einer wissenschaftlichen Arbeit sind, so ist doch das Zitieren und Referieren von Meinungen allein zu wenig. Vielmehr geht es auch um Abwägen, Argumentieren und Entscheiden. Oft wird eine Entscheidung klar und gut begründbar sein. Nicht selten gibt es aber auch gute Gründe für verschiedene oder gegensätzliche Meinungen. Sie sollten trotzdem versuchen, zu einer konkreten Entscheidung kommen, und diese klar erkennbar und mit Ihrer Begründung darstellen.

2.2.3. Abkürzungen, fremdsprachliche Zeichen

Biblische Bücher, jüdische und christliche außerkanonische Texte und Schriften antiker Autoren werden abgekürzt zitiert, aber die Namen von Personen, z..B. „Jeremia" oder „Johannes", sowie „Neues Testament" und „Altes Testament" werden ausgeschrieben. Die genannten Schriften sind nach dem Abkürzungsverzeichnis der TRE bzw. nach RGG[4] abzukürzen.[12]

---

[10] Zur Ersparnis von Anmerkungen kann in diesen Fällen „ebd." oder „S. xx" in Klammer unmittelbar hinter das Zitat gesetzt werden.
[11] Besonders zu beachten ist, dass bei nachträglicher Einfügung einer Anmerkung leicht der richtige Bezug eines „ebd." oder eines „a.a.O." verloren gehen kann.
[12] S.o. S. 113 (Literaturverzeichnis).

Zur formalen Gestaltung

Die Abkürzung „f." bei Bibelstellen- und Seitenangaben wird gebraucht, wenn ein folgender Vers (bzw. eine folgende Seite) gemeint ist. Die Abkürzung „ff." führt zu Ungenauigkeiten und soll daher sparsam verwendet werden (1 Kor 15,3f = 1. Korintherbrief 15, Verse 3–4; 1 Kor 15,3ff = 1 Korintherbrief 15, Verse 3–x). Einem ohne Kapitelangabe zitierten einzelnen Vers wird V. vorangestellt, bei mehreren Versen ebenfalls V. oder VV.

Innerhalb Ihres eigenen, fortlaufenden Textes können natürlich die fachspezifisch üblichen Abkürzungen wie z.B. „dtr." für „deuteronomistisch" verwendet werden, ebenso die üblichen Abkürzungen wie „etc.", „ca.", „usw.". Weitergehende Abkürzungen, z.B. „erkl." für „erklärt" oder „eingel." für „eingeleitet", führen jedoch zu Unklarheiten und sollen vermieden werden.

Im Griechischen sind Akzente und Spiritus zu setzen. Das Hebräische ist vokalisiert wiederzugeben.[13] Zeichensätze sind in den neueren Computerbetriebssystemen und Schreibprogrammen (Unicode) sowie in Bibelkonkordanzprogrammen enthalten bzw. stehen auch gratis zur Verfügung (z.B. www.sbl-site.org; « biblical fonts »).

2.2.4. Umfang und Gesamtgestaltung

Umfang und Gesamtgestaltung einer schriftlichen Arbeit ergeben sich aus der Sache bzw. richten sich nach den Angaben vor Ort oder den Prüfungsordnungen. Für Proseminararbeiten hat sich Folgendes bewährt: Der Umfang wird in der Regel etwa 20–25 Seiten betragen. Die Schrift des Haupttextes soll nicht kleiner als 12 pt (Punkt) sein, die Schrift der Anmerkungen nicht kleiner als 10 pt. Die Verwendung mehrerer verschiedener Schriftarten wirkt unruhig und irritierend und soll vermieden werden. Die Arbeit soll eineinhalbzeilig getippt sein. In Exkursen und Fußnoten kann der Zeilenabstand etwas kleiner sein. Der Seitenrand für (Korrektur-)Bemerkungen soll ca. 4–5 cm betragen.

Für Fragen der schreibmaschintechnischen Gestaltung (Setzung der Satzzeichen und Leerzeichen, Auslassungszeichen, Bindestrich, Gedankenstrich etc.) bieten die Abschnitte „Hinweise für das Maschinenschreiben" und „Richtlinien für den Schriftsatz" im „Duden" zweckmäßige und anerkannte Regelungen

Optische Tricks, um eine Arbeit länger oder kürzer erscheinen zu lassen, sollten vermieden werden. Teure und aufwendige Mappen oder Bindungen sind keine Kriterien für eine gute Arbeit. Dagegen sind eine – im Rahmen des dem Autor / der Autorin technisch Möglichen – sorgfältige äußere Gestaltung und sorgfältiges Korrekturlesen durchaus Zeichen für sorgfältigen und genauen Umgang mit der Sache selbst.

---

13 Texte ohne Akzente und Spiritus bzw. ohne Vokalisation sind natürlich so wie das Original wiederzugeben.

IV. Register

Personen
(soweit im Text besprochen, in Auswahl)

A
Abimelech 82
Abraham 82, 101, 160, 197
Abraham ben Meir →Ibn Esra
Adler, A. 201, 205
Adonija 159
Ahirom 183
Ahmose 140
Akiba (Rabbi) 30, 37
Albright W.F. 126f, 158
Alt, A. 163
Amazja 164f
Amenmesses 140
Amos 107, 162–165
Anderson, C. 126
Aquila 37, 42
Aristarch 40
Aristoteles 68
Asarhaddon 173
Assurnasirpal 180
Assmann, J. 181
Astruc, J. 58
Augustin 20
Augustinus de →Dacia

B
Bar Kochba 30
Baruch 98
Baumgärtel, F. 73
Baumgartner, W. 70
Begrich, J. 60, 70
Ben Ascher 33
Ben Naphtali 33
Ben Chajjim 27
Ben Uzziel, Jonathan 39
Bengel, J.A. 23, 46
Benjamin von → Tudela
Black, J. 179
Bleek, F. 58
Bliss, F.J. 126
Blum, E. 59, 99
Bomberg, D. 27
Bonnet, H. 179,
Brueggemann, W. 159f
Brunner-Traut, E. 177
Bultmann, R. 198
Burckhardt, J.L. 125

C
Callan, T. 200
Calvin, J. 22
Causse, A. 159f

Chajjim, Jakob →Ben
Champollion, J.-F. 173
Collon, D. 176
Comte, A. 148f
Conder, C.R. 126, 136
Cross, F.M. 97

D
Dacia, Augustinus de 21
David 57, 85f, 88, 145, 197
Demetrius von Phaleron 35
Deuterojesaja 93, 102, 110
Deuterosacharja 160
Drewermann, E. 199–201
Dietrich, W. 159f
Donner, H. 162
Douglas, M. 154
Duhm, B. 98
Durkheim, E. 150–152

E
Egeria →Etheria
Eichhorn, A. 80, 81
Eichhorn, J.G. 58, 68
Eichrodt, W. 111
Eißfeldt, O. 97, 99
Eleazar 35
Elihu 106
Epiphanius 37
Esau 101
Esther 188
Etheria 125
Eusebius 20, 37, 125
Ewald, G.H.A. 58, 80
Ezechiel 34, 93, 129

F
Felix von Pratensis 27
Field, F. 40
Fisher, C.S. 126
Flacius 22
Flavius, →Josephus
Fohrer, G. 81, 88
Frankfort, H. 174, 176, 178
Freud, S. 197, 198, 201

G
Gabler, J.Ph. 24
Gall, A. von 34, 45
Geddes, A. 58
Gideon 91
Glueck, N. 126

Goethe, J.W. von 68
Goldschmidt, D. 34
Goliath 85f
Gottwald, N.K. 152, 158
Graf, K.H. 59
Green, A. 174, 179
Greßmann [Gressmann], H. 70, 81, 85, 181
Grotefend, G.F. 173
Guérin, V. 126
Gunkel, H. 68, 69, 77, 85

H
Haggai 160
Ham 202
Hamann, J.G. 24
Henry, M.-L. 187, 194
Herder, J.G. 24, 68
Herrmann, S. 98
Heschel, S. 194
Hesychius 40
Hieronymus 40, 41
Hillel d.Ä. 20
Hiob 105, 197
Hornung, E. 176, 178
Hupfeld, H. 59, 69

I
Ibn Esra, Abrahamn ben Meir 21, 58
Ilgen, K.D. 58
Irenäus 37
Isaak 82

J
Jakob 101, 197
Jakob →Ben Chajjim
Jepsen, A. 97
Jeremia 98, 153, 161f, 167
Jerobeam I 159
Jerobeam II 144, 159, 163
Jesaja 161f
Jesus 22, 197–203
Jischmael, R. 20
Jojachin 102
Jona 104
Jonathan 104
Jonathan → Ben Uzziel
Josef 62
Josephus Flavius 35, 57
Josia 102, 146
Josua 57, 111

Register

Jotam 104
Judas 197, 200
Judith 188
Jung, C.G. 197, 205

K
Kahle, P. 36
Kaiser, O. 76
Kant, I. 23, 24
Keel, O. 181f
Kennicott, B. 27
Kenyon, K.M. 126
Kiepert, L. 133
Kitchener, H.H. 126, 136
Kittel, R. 27
Koch, K. 77
Kochba → Bar Kochba
Kohelet 105
Korsak, M.Ph. 192
Kuenen, A. 59
Kyros 102, 111

L
Lacoque, A. 188
Lagarde, P. de 36
Lamech 202
Landsberger, B. 178
Langton, S. von Canterbury 31, 59
Leeb, R. 180
Lessing, G.E. 68
Lukian 40
Luther, M. 22, 27

M
Maimonides 31, 33
Maria 197
Marx, K. 148, 164
Meir (Rabbi) 37
Melanchthon, Ph. 27
Mendenhall, G.E. 158f
Mercati, G. 40
Merenptah 140
Mescha 145, 164
Metzger, M. 182
Micha 102, 162, 164
Miriam [Mirjam] 160, 192
Moortgat, A. 174, 176, 180
Mose 57, 62, 111, 156, 160, 197
Mowinckel, S. 98
Musil, A. 126

N
Natan 104
Niebuhr, C. 125
Niederwimmer, K. 199
Nikodemus 197
Nikolaus von Lyra 21
Nimrod 200–202

Noth, M. 81, 97, 102

O
Ödipus 197
Omri 145
Origenes 37, 39
Otto, E. 166

P
Panofsky, E. 179f
Parrot, A. 174
Paulus 197, 202f
Petachja von Regensburg 125
Petrie, W.M.F. 126
Pharao 82
Pfister, O. 198
Philo von Alexandrien 35, 57
Pilger von Bordeaux 125
Pratenis → Felix
Pritchard, J.B. 181
Ptolemäus II. 35

R
Rad, G. von 54, 81, 109
Rahlfs, A. 45, 48
Ramses II 140
Rawlinson, H.C. 173
Rebekka 82
Rehabeam 159
Reisner, G.A. 126
Rendtorff, R. 59, 99
Reuchlin, J. 21
Richter, W. 49f, 54, 67, 75
Riehm, E. 59, 69
Robinson, E. 125, 134
Rossi, de G.B. 27
Rudolph, W. 98
Ruth 188

S
Sacharja 160, 182
Salomo 145, 159
Salmanassar V 102
Samuel 111
Sanherib 91, 180
Sara 82
Sargon II 102
Saul 61, 85, 104, 145
Schäfer, H. 177
Schafan 161
Scharfenberg, J. 197
Schmid, H.H. 59
Schmidt, H. 70
Schmidt, W.H. 111
Schmitt, H.-C. 59
Schoske, S. 179
Schulte, H. 97
Schumacher, G. 126
Schüssler Fiorenza, E. 188, 191

Schwantes, M. 163
Seetzen, U.J. 125
Seidl, U. 179
Sellin, E. 126
Semler, J.S. 23, 58
Simon, R. 24, 80
Smend, R. 107, 111
Spinoza, B. de 23, 58
Staehelin, E. 176
Stähelin, J.J. 58
Steck, O.H. 81
Symmachus 37

T
Tella, Paul von 40
Theissen [Theißen], G. 199f, 202f
Theodotion 37
Thiel, W. 98
Thutmosis III 140
Tobler, T. 125
Tönnies, F. 148f, 151
Trible, Ph. 187, 194
Tudela, Benjamin von 125

U
Usija 163

V
Vater, J.S. 58

W
Wacker, M.-Th, 187, 189–191
Walton, B. 27
Warren, C. 126, 134
Watzinger, C. 126
Weber, M. 149f, 155–159
Wegener, H. 193
Wehr, G. 199
Weill, G.E. 33
Wellhausen, J. 59, 111, 156
Wen Amun 160
Westermann, C. 77
Wette, W.M.L. de 58, 69, 102
Wheeler, M. 126
Wiggermann, F.A.M. 179
Wildung, D. 179
Wilson, C. 126
Witter, H.B. 58
Wolff, H. 199
Wolff, H.W. 165f
Wolf, W. 178f
Würthwein, E 85

X
Ximenes 27

Z
Zakur von Hamat 160
Zimmerli, W. 107, 111

Sachen
→ = siehe; (→ ...) = siehe auch

14C 138, 140 (→C-14-Datierung)

A
aaronitisch → Segen
aberratio oculi 44
Abgrenzung (einer Texteinheit) 56, 59f, 62, 77
Abischa-Rolle 34
Abrollung 175f
Abschreibfehler/-versehen 26, 43f
Abschrift(en) 26
Absicht 15f
Abstand, geschichtlicher / historischer 14, 34, 204
Abwehrmechanismen 205
Abweichung 35
Adorant 181
Adressat(en) 54, 78f, 91, 161f, 191
Adressatenwissen 178f, 184
Affinität, elektive 150, 157
Afra 41
Afrika 41, 130, 190
Ägypten 34
Ägypter 173, 178
Ähnlichkeit, phonetische 44
Buchstaben- 44
akephal 153
Akkadisch 173
Akrostichon / akrostichisch 52, 101, 105
Aktualisierung(en) 19f, 105
Akzentuation 33, 33
Aleppo 34
Aleppokodex 33, 34
Alexandrien
alexandrinisch 39
Allegorese 21f
allegoria 21
allegorisch 19, 21
Altdorf 24
Alter Orient / altorientalisch 56, 68, 76f, 82f, 86, 111, 124f, 154, 159, 165f, 173–186
Altertümer 124f, 135
althebräisch 38, 44
Altkairo 27
altlateinisch 41
Amarnabriefe/-korrespondenz 130, 144, 156
Amoriter/-land 130
Analogie(n) 19, 154, 183

Analyse
analytisch 100
anarchisch → akephal
androzentriert 188, 190, 193
Anfang → Textanfang
Annäherung/-prozeß 15f, 22
Anstöße / anstößig 24, 31
Anthropologie, kognitive 154
Antijudaismus 194
Antike 18–20, 35, 173
antiochenischer Text 40
antithetisch → Parallelismus
Antitypos 19, 109
Apparat, textkritischer 26, 33, 40, 45
applicatio 13, 19, 21
Approbation 35
Aquila 39
arabisch 41
aramäisch 30, 36, 41f
Arbeit, philologische 20
Arbeitsteilung 151
Arbeitswelt 167
Archäologie / archäologisch 124–146, 174, 175
Archetypen 197, 199
Architektur 175f
Archiv 27 (→ Geniza)
Areal 135
Argumentation 20, 60f, 63, 65f, 88
Argumentationsebene(n) 63
Argumentationsstruktur 70, 105
aristarchische → Zeichen
Aristeasbrief 20, 35f
arm/Armut 80, 104, 163f
armenisch 41
Asien / Vorderasien 130, 175, 177, 179f, 190
Aspektive 177, 180
Assur 62, 180f
Assyrer / assyrisch 103, 111, 173
Asteriskos 40
asyndetisch 51
AT → Altes Testament
äthiopisch 41
auctoritas
– *causativa* 22
– *normativa* 22
Aufklärung 23f
Ausdrucksform(en) 16f, 50f
(→ geprägt)
Ausgrabung(en) 125–146
(→ Archäologie)

– Methoden 135–138
Auslegung, Einzel- / Gesamt- 104–110 (→ Exegese)
Auslegung, → allegorische
Auslegungskunst 21
Auslegungsregel(n), jüdische 20
Auslegungstradition(en) 37
Aussage(n) 102
Aussage → intention
Ausschluß → Einschluß
Autor(en) 19f, 65, 98 (→ Verfasser)
Autorität 149f

B
Baal 28, 83, 175
Babylon / babylonisch 42f, 173, 176 (→-Exil, → Talmud)
Babylonier 173
Baruchbiographie/-schrift 98
Bauer(n) / bäuerlich 149f, 156–158, 167
Bauernkrieg 155–158
Bauerntum 163
Baum, heiliger 180
Bearbeitung(en) 96–100
Bearbeitungsschicht/-stufe 56, 97
Beduinen 156
Befreiung → Hermeneutik, der
Begriffsgeschichte 23
Behistun 173
Ben Ascher 33
Ben Naphtali 33
Berufung / -sbericht 73, 79, 160
Beschreibung
ikonographische 179f
soziologische 149, 151
sprachliche 20, 49–55, 105
(→ Analyse)
Bewertung 54, 87, 108, 128, 149, 151, 159, 166–168, 190
(→ Wertung)
Bezugsgruppe(n) 161
Bibel, Zürcher 27
Bibelauslegung → Exegese
Bibelhandschrift(en) 27, 30
Bible, Hebrew University – 34
Biblia Hebraica 27
– Quinta 27, 30f
– Stuttgartensia 27, 114
Bibliothek 35

Biblische Archäologie 124–146
– und Exegese 126–129
Biblische Theologie / biblisch-theologisch 109–112
Bild → Ikonographie
Bildelemente 179
Bildinterpretation 174, 179–181
Bildkonventionen 179
Bild → motiv
Bildquelle 173, 182
Bildthema 176
Blockmodell(e) 97
bohairisch 40
Bombergiana 27
boschät 28
Botenvögel 181
Brautgeld 165f
Brautpreis 165f
Brunnen 92
Buchdruck 21
Buchstabenvertauschung 44
Buchstabenverwechslung 26, 48
Bulle (Siegelabdruck) 175
Bund 155, 157–159
Bundesbuch 157

C
C-14-Datierung 138, 140
Caesarea 40
casus pendens 51
Chiasmus 52
Christentum 39, 41f
christlich 14, 21f, 43, 109
Chronologie 28, 128, 139f
 Palästinas 139, 143–146
 relative 63f, 100, 103
Chnum (Schöpfergott) 179
claritas scripturae 22
Codex, Aleppo- 33, 34
Codex Kairensis 33
Codex Leningradensis 27, 33
Codex Reuchlinianus 33, 42

D
D → Deuteronomium
Dämonen 179
Dankpsalm(en) 106
Datierung (von Texten) 101f
 (archäologisch) 135, 139, (→ Chronologie) (→ C-14)
Davidbund 159
Daviddynastiegeschichte 101
Debir 182, 183
Deborahlied 156
Dekalog 57
Dendrochronologie 138
Denkform/-weise 22, 89, 93, 95

Denkmal/Denkmäler 174–177
Determination 153
Determinismus 150
deuteronomisch 59
deuteronomistisch 65, 97–99, 167 (→ Redaktion)
deuteronomistisches Geschichtswerk →dtrG
Deuteronomium 157
Deutetext(e) 97
diachron 17, 54f
Diaspora 34, 41
Differenz/-ierung, soziale 151
Diskriminierung 194
Dittographie 44
Dogmatik 24
Dogma /dogmatisch 20, 22–24, 31, 37, 41, 58, 110, 195
Doppelüberlieferung(en) → Mehrfach-
Doppelung(en) 61–63, 96f, 179
Druck(e) 27
dtn →deuteronomisch
dtr →deuteronomistisch
dtrG 97, 99f, 102
dtrH 97
dtrN 97
dtrP 97

E
E → Elohist
Ebene
 – Laut- 52
 – Satz- 49–53, 70
 – syntaktische 50
 – Text- 49
 – Wort- 49–53, 72
Ebionit 37
Edition(en) 22
Eheschließung 165
Eidgenossenschaft 157
einfache → Einheit
Einfachheit 101
Einheit(en) 69, 61
 – einfache 64
 – erweiterte 64
 – kleine 63f
 – → geprägte 75
 – zusammengesetzte 64
Einheitlichkeit (einer Texteinheit) 56, 61–63
Einleitungswissenschaft (Lehrbücher) 14
Einordnung, zeitliche 102f
Einschluß (und Ausschluß) 20
Einzelexegese/-auslegung 52, 104–106
Ekstase 161
El 28

Elfenbeinschnitzereien 176
Elohim 58
Elohist / elohistisch 59f, 87, 96
Empfänger 15 (→ Leser)
Endgestalt 17, 42, 96, 100, 105
Endtext 17, 55, 68, 70, 100
Engel Jhwhs 111
Entstehung 64, 100
 – geschichte 17f, 103
 – zeit(raum) 103, 105
Entwicklung(en), soziale 159
Epoche, philologische 27
Erfahrung 14, 22, 45, 103, 107, 125, 152, 163–165, 188, 194
Erfüllung →Verheißung und –
Ergänzung(en) 101, 109, 203
Ergänzungsmodell(e) 99
Erläuterung 105
Eroberungsmodell 158
Errettung → Not und –
erstes → Gebot
Erstkomposition 99
Erstübersetzung 36
Erstverschriftung 18, 96, 100
erweiterte → Einheit
Erweiterung (einer Texteinheit) 64
Erzählanalyse 51–54
Erzählbogen 54, 104 (→ Spannungsbogen)
Erzähler 54
Erzählerin 194
Erzählfäden 96
Erzählstoff 192
Erzählstruktur 61
Erzählung 54
Erzählzusammenhang 105
Ethnosoziologie 153
Exegese 15f
 – und Biblische Archäologie 126–130
 – engagierte 147
 – feministische 147, 187–196
 – historisch-kritische 16, 23–25, 190f, 198, 202–205
 – sozialgeschichtliche 147–172
 – (tiefen)psychologische 197–208
 – synchrone , 17, 54, 195
 – wilde 198, 204
Exil, babylonisches 34, 110f (→ nachexilisch)
Exodus 19, 93, 101
Exodusbekenntnis 14
Exodustradition 90, 91f, 93f, 110

Expedition 173
explicatio 13, 19, 21

F
Fabel 52, 104
Faksimileausgabe 33
Familie 33, 111, 148, 156, 165–167
Fehlerquelle(n) 43f
Fels (Gott als –) 20, 92
Feminismus / feministisch 147, 187–196
Fest(e) 111 (→ Gottesdienst)
Flachbild 176f, 179
Flügelsonne 180
Form 18, 31, 50, 54, 60, 67–71, 75–77, 80, 97, 102, 137, 192, 194
formal – strukural 49
Formel / formelhaft 68, 71–74
– Einleitungs- 60
– Schluß- 60
Formengeschichte 72
Formgeschichte / formgeschichtlich 18, 60, 67–79, 87, 88, 92, 155, 204
Formkritik / formkritisch 18, 49, 52, 67–79, 88, 106
Formulierung/-struktur 89, 90, 91
Forschungsgeschichte 25, 96
Fortschreibung(en) 98, 107
Foto / Fotographie 174
Fragment(e) 27, 38–42, 64, 101f
Fragmente, Mailänder 40
Fragmentenhypothese 59f
Fragmententargum 42
Frau(en) 165f, 187–196
frauenfeindlich 191
frauengerecht 192f
Frauengestalt(en) 187
Frauentradition(en) 192
Freiheit 150, 152f
Fremdbericht(e) 98
Fremdvölkerzyklus 107
frühchristlich 20
frühislamisch 42
frühjüdisch 20
Frühzeit/-geschichte Israels 90, 153, 158
funktionale → Betrachtung, → Soziologie
Funktion des Textes 101

G
Garizim 34
Gattung(en) 67–70, 74–79, 81, 84, 86, 92, 100, 101, 104f, 167, 175f, 192, 205

– frauenspezifische 192
– bestimmung 74–79
– forschung 74
– geschichte 67f, 192
– typisch 84, 86
Gebet(e) 103
Gebot → Gesetz(e)
Gebot, erstes 111
Gedächtnisspeicher 173
Gegenwartsbedeutung 108f
Geistesgeschichte 35
Geisteswissenschaften 13, 15
Geld 166f
Geltung 34, 194
Gemeinschaft 148–159
gender 187
gender-Forschung 190
Geniza 27, 33, 42
geprägte Bilder 88, 92
– Einheit 75, 77, 79
– Themen 88, 92
– Wendung 67, 71–75, 80
– Schema 73, 74
Gesamtexegese / Gesamtinterpretation 106, 106–109
Geschichte / geschichtlich 203f
(→ Auslegungs-, → Wirkungs-)
Geschichte
– einer Gattung 67
– von Formeln 71
Geschichte Israels 14, 100
– Lehrbücher 14
Gesellschaft 69, 79, 125f, 137, 147–155, 157–160, 164, 166, 168f, 191, 197, 199
Gesetz(e) 151, 202f
-sammlung/-literatur 83, 157f
Gestalt, kanonische 28
Gestaltung, sprachliche 194
Gewalt 201
Glaube 14f, 21f, 87, 108f, 112, 152, 155, 169, 205
Glaubenswelt 108, 112
Gleichnis 102, 104
Gliederung (eines Textes) 53f
Gliederungssignal(e) 53
Glossen 44
gotische Übersetzung 41
Gott und Volk 110f
Gottesbild, alttestamentlichjüdisches 194
Gottesname(n)/-bezeichnungen 38, 58, 110f
Gottesdienst 69
Gottessymbol 182
Gotteswort 23
Göttinger Modell 97
Göttinger Septuaginta 36, 40, 45, 48, 113

Grabausmalung 176
Grabung → Ausgrabung
Grammatik / grammatisch 21, 50, 53, 69, 193
– Lehrbücher 51
Gravur 176
Große Göttin 189
Großkomposition 100
Großkunst 177
Grundbestand 98, 102
Grunderzählung 82f
Grundstruktur(en) 110, 112
Grundtext 97, 99
Gruppe, ethnische 159

H
haggadisch 21, 42
halachisch 20f, 42
Handel 167
Handeln 15
Handelsweg(e) 133f, 135
Handlungen, symbolische 161
Handlungsverlauf 194
Handschrift(en) 17, 27, 33
Handwerker 156
Haplographie 44
Hasmonäerzeit 35
Hebrew University Bible 34
Heerbann 156
Heiliges → Land
Heiligkeit / heilig 27, 155f
Heiligtum / Heiligtümer 175f
Heiratsordnung 166
Hekal 182, 183
Held / Heldenerzählung 85
Hellenismus / hellenistisch 20, 35, 137–139, 145
Hermeneutik / hermeneutisch 13, 17, 21, 23, 39, 50, 106–108, 110–112, 165, 169, 174, 187–191, 194, 200
– der Ablehnung 189f
– der Befreiung 191
– der Loyalität 189f
– der Revision 191
– der Veränderung 194f
– des „Ewig Weiblichen" 189
Herrschaft 149
Herrschaftsrepräsentation 183
hesychianisch → Text
heuristisch /heuristische Funktion 36, 148
hexaplarische → Rezension
Hexateuch 97
Hieroglyphen 173
Himmelskuh 178, 179
Hirt(en) 156
historia 20
historischer → Ort

Register

historisch-kritisch → Exegese
Historisierung 111
Hoffnung 21
homiletisch 18 (→Predigt)
Homoioarkton 44
Homoioteleuton 44
Hörer 16 (→Leser)
Hörnerkronen 179
Humanismus 21, 159
humanistisch 27
Hütte Davids 107
hygienisch 155
Hymnus / Hymnen / hymnisch 28, 69, 76f, 101, 103

I
Idealtyp 149f, 152
Identität 35, 155, 200f, 203
Identitätsfindung 200
ideologiekritisch 169
Ikonographie 173–191
ikonographische Analyse 179, 180, 182
ikonographische Attribute 179
in situ 138
inchoate marriage 166
Individualpsychologie 201, 205
Inhalt / inhaltlich 18, 43, 49f, 53, 69f, 74, 76f, 101f, 160, 163, 174, 177, 182, 188f, 191, 194
Inkarnation 24
inkohärent 55 (→ uneinheitlich)
Inspiration 14, 36
Inspirationslehre 22
integer / Integrität (eines Textes) 56, 61, 64f, 85 (→ Kohärenz)
Intention(en) 63, 87f, 100, 102, 104, 106, 150, 152, 167, 181, 194, 202, 204f, 213
Interpretation → Exegese, → Hermeneutik)
 – feministische 192–196
 – funktionalistische 164
 – historische 108
 – tiefenpsychologische 200–208
 – soziologische 147–172
Iran 176
Ischtartor 176
Israel →Land –
Israelitisierung 111
Itala 41
Itture sopherim 31

J
J → Jahwist
Jahwe → Jhwh, → Tetragramm

Jahweglaube 111, 158
Jahweisierung 111
Jahwist 58f, 59, 97f, 99
Jamnia 28, 30
JE → Jehowist
Jehova 58
Jehovist 58
Jehowist 59
Jeremiabuch 98
Jerusalem 28, 34, 35, 107, 156
Jhwh / Jahwe 14, 26, 38, 69, 92, 152, 157, 165, 182f, 197 (→ Tetragramm)
Jotamsfabel 104
Judentum 21, 30, 34f, 39, 155
 – hellenistisches 20
jüdisch 13, 21, 23, 30, 35f, 43, 109, 197

K
καιγε-[kaige-]Rezension 37–39
kaige-Theodotion-Revision 39
Kairo 34 (→ Geniza) (→ Prophetenkodex)
Kalchu/(→ Nimrud) 180
Kanaan / kanaanäisch 130, 156, 159f
Kanon / kanonisch 13, 17, 20, 23, 28, 36, 105, 110
kanonischer → Text
Kanonisierung 13, 19, 28, 103
Kapiteleinteilung 31, 59
Kapitelnummerierung 32
Karäer 33
Karten (von Palästina) 132–134
katholisch 23, 27
Keilschrift 173
Kehrvers 52
Keramik 135, 137, 175
 -formen 128, 137
 -gefäße 137
 -scherbe 138
Kerub, Kerubim 183
Kerygmatheologie 147
Ketef Hinnom 28f
Ketib 31, 33
K^{e}tib w^{e}lo q^{e}re 31, 44
Kirche 36
Kirchenväter 36
Kirchenväterzitat(e) 40
Klagepsalm(en)/-lied 101, 106
Klang 70
Klasse 149
Klassengesellschaft 162
Klassenzugehörigkeit 163
Kleinkunst 177
Kultbild 177
Kodex → Codex

Kohärenz / kohärent 61, 65f
Kollation 27
Kommunikationsprozeß 205
Kommunikation, visuelle 173
Komplexität 101
Kompositbaum 180
Kompositgebilde 177
Komposition 107
Konflikt 149
Konflikttradition 149
König 34f, 54, 61f, 85f, 103, 111, 160–165, 173, 176, 180f, 201
Königsgrab 178
Königsweg/-straße 133
Königszeit 78, 102
Königtum 154f, 162
Konjektur(en) 46
Konstellation 181
Kontext 20, 104
Konzil von Trient 41
koptisch 41
Korrektur(en) 31, 34, 105
Korrekturen, aus dogmatischen Gründen 31, 37
Kritik / kritisch 23f (→ historisch-kritisch)
Kultzentralisation 102
Kürzung(en) 46

L
Land 124–126, 156–158, 179
Land Israel 130f
Landeskunde Palästinas 129–134
Landnahme / -tradition 88 (→ Revolutionsmodell)
Landkarten (Palästninas) 132–134
langue („Sprache") 154
Lateinamerika 147, 163f
Lautebene → Ebene
Leben, jüdisches 30, 35
Lebenswelt 13, 78, 88, 155, 167, 173
Lebenswirklichkeit 188, 192
Lectio brevior – lectio potior 46, 48f
Lederrolle 39
Legend(en) 81, 205
Lehre, kirchliche 21
Lehrhaus 28, 30, 41
Leichenklagelied 104
Leitbegriffe (eines Textes) 89, 93
Lesart(en) 28, 31, 37
Leseanleitung 105
Lesehilfe 21

Lesehinweis(e) 19
Leser 14f, 51, 102
Lesezyklus
 – palästinischer 31
 – babylonischer 31
Levante, südliche 131, 175
Leviten 156f
Liebe 21
Lied(er) 173 (→ Loblied, → Psalmen)
Linguistik 49f, 54, 68, 191
Literarkritik / literarkritisch 49, 54f, 55–66, 70, 96f, 97, 104, 192
Literary criticism 194
literatursoziologisch 96, 102
Literaturwissenschaft / literaturwissenschaftlich 49, 50, 76
Loblied 167 (→ Hymnus)
Löwen (Universität) 41
lukianisch → Text

M
Macht 149, 199
Mägde 167
Magie → Wettermagie
Makkabäerzeit 42, 145
Mann / Männer 45, 84 ,165, 167–169, 178, 187–190, 192f, 199
Manuscripta ponderantur, non numerantur 45
Mari 160, 165, 176
Masora 30
 – parva 33
 – magna 33
 – finalis 33
Masoret(en) 34–38
masoretischer → Text
(→ proto- / vormasoretisch)
mater / matres lectionis 30
Matriarchat 189, 191
medizinisch 155
Mehrfachüberlieferung 82, 86
Megiddo 156
Melqart von Tyros 183
Mercati-Fragment(e) 40
Messiaserwartung 110
Metallarbeiten 176
Metapher 182
Methodik 70, 89–91, 166–168, 174f, 179–181, 191–194
Metobelos 40
Metrik / Metrum 52, 60, 63, 70
middot 20
Midraschim 19
Mischgattung 76f, 86
Mischna 42
Mischwesen 179, 181, 183

Mitte des Alten Testaments 110f
Mittelalter 20, 148
Mittel-Hebräisch 36
Mittlergestalten 111
Modell(e), soziologische 168f
Modi 51
Monotheismus / monotheistisch 35, 47, 193, 197
Moral 23
Motivation, ethische 164
Motiv(e) 63, 88, 92f, 174, 176, 179f, 199
Motivkritik 88, 92f
Motivzusammenhang 181
mündlich 85f, 101
Mündlichkeit 101
multiplicity of approaches 178
Musikant(en) 156
Musterkodizes 33
Mythenkritik, existentiale 205
Mythologie 20
Mythos / Mythen 81, 154, 159, 197, 205

N
nabi' / n^{e}bi'a 160f
Nablus 34
Nachbearbeitung 107
Name 111 (→ Gottesname)
Naos 182, 183
Naturwissenschaften 15
n^{e}bi'a 160
Neues Testament 37, 216
Neuzeit 27f, 147
New Archaeology 127
New literary criticism 194
Nimrud 176, 180
Nomadentum 153f
Nominalsatz 51
Norm(en) / normativ 14, 147, 153, 194
Not und Errettung 101
NT → Neues Testament
Nummerierung → Kapitel → Vers
Nun inversum 31

O
Obelisk 176
Obelos 40
Oberflächenforschung 127, 135f (→ Survey)
Oberschicht 150, 162
objektiv 15, 49f
occidental(es) 31
Ochla weOchla 33
Offenbarung 23, 189, 191, 205
Option für die Armen 147
orientales 31

Orientalistik 46, 68
Ort (→ Ortslage/-name)
 – historischer 79, 82, 96, 100, 101f
 – theologischer 108
Orthodoxie 22
Orthostat 176
Ortslage(n) / -name 20, 129, 137f
Ostrakon 138

P
P → Priesterschrift
paläographisch 39
Palast / Paläste 175, 176, 180
Palästina / palästinisch 31, 36, 39, 41f, 124f, 129–134
palästinische →Rezension
parablepsis 44
Parallelismus membrorum 52, 70
 – antithetischer 70
 – synonymer 70
 – synthetischer 70
Parallele(n) 83
Parallelüberlieferung/-erzählung 45, 83, 84
Paraschen 31, 59
PaRDeS (Auslegungsregel) 21
parole („Rede") 153
Passah(fest) 14
Patriarch(en)/-geschichte 82, 157
Patriarchat / patriarchal 188–192
peasants revolt 158
Pentateuch 27f, 31, 34–37, 42, 45, 57–59, 65, 81, 94, 96f, 99f, 110
 – samaritanischer 28, 34
 – kritik/-forschung 57–59, 99
 – quelle(n) 65, 97, 99f
Persepolis 173
Perser 173, 176
perspektivisch / nicht- / multi- 177, 179f
Pescharim 19
Peschitta 43f
Petucha 31
philologisch → Epoche
phonetisch 44
Phönizien 176, 183
Pietismus 23
Plastik 176
Plausibilität 60, 101, 167
Pleneschreibung 34
Poesie / poetisch 60, 62, 69,70
Polyglotte 27
Predigt / predigtartig 69, 98, 109

Priester / priesterlich 69
Priesterschrift 59, 96, 102, 110
Prophet(en) 69, 157, 160–165
Prophetenbücher 97
Prophetenkodex, Kairoer 34
Prophetenwort(e) 102
Prophetin 160
Prosa / prosaisch 62, 70
Proselyt 37
Proseminararbeit 109, 211–217
proto- / vormasoretisch 34, 39, 43
Prozeß, revolutionärer 152
Prozessionsstraße 176
Prüfung, sprachliche 45
Psalm(en) 101, 103f
Psalmen, akrostichische 52, 101, 105
Psychoanalyse / -analytisch 154
Psychologie / psychologisch 197–208
Ptolemäerzeit 35
puncta extraordinaria 30
Punktation 22
– babylonische 31
– tiberiensische 27, 31
Punktationssysteme 31

Q
Qal wachomär 20
Qere 31, 33
Q^{e}re w^{e}lo k^{e}tib 31, 44
Quadratschrift 44
Quelle(n) 14, 56f, 59, 61, 96–100, 110, 124f, 127, 139, 156, 166f, 173, 182
Quellenmodell 96, 98
Quellenproblem 98
Quellenscheidung 96
Quellenschichten 65
Quellenwert 167
Qumran 19, 28, 39, 41
Qumrantexte 31, 34

R
Rabbinen / rabbinisch 37, 58, 125
Rabbinerbibel 27
Rationalisierung 157
Re (Sonnengott) 178
Realia / Realien 22, 105, 126
Realinspiration 22
Redaktion(en) 65, 72, 82, 98
Redaktion, deuteronomistische 167
redaktionell 85, 97, 99, 105
Redaktionsgeschichte / -geschichtlich 62f, 96–103

Redaktionskritik 18, 96–103
Redaktionsschicht(en) → Schichten
Redaktionsstufe 75
Redaktor(en) 65
Redeform/-weise 69
Reformation / reformatorisch 20–22, 27
Reformbewegung 21, 162
Reichsteilung 97
rein 24, 154
Reinheitsgesetz(e) 154f
relecture 107
Relief / Wandreliefs, Felsreliefs 176, 183
Reliefzyklen 176
Religion 150, 152, 197
– jüdische 35
Religionsgeschichte / -geschichtlich 14, 63, 69, 80, 86f, 102, 126, 152, 192f
– Lehrbücher 14
Rentenkapitalismus 162
Rettungserfahrung(en) 111 (→ Not und Errettung)
Revisionen 37–40
Revolutionsmodell 158
Rezension
– hexaplarische 40
– kaige 38
– palästinische 39
Rezeption 15, 103, 189, 192
Rezipient(en) 102, 194
rhetorical criticism 50
Rhetorik / rhethor. Mittel 20, 106
– klassische 20
rhythmisch 70
ro'äh 160f
Rolle(n) 147, 152f, 160–165
Rollentheorie 152f, 161
Rollsiegel 175, 176, 181
ru^{a}h 193

S
Sabbat 197
Sacherklärung(en) 52
Sachkritik 147
Sage(n) 69, 81
Sagenkränze 87, 101
sahidisch 41
Sam'al 174
Samaria 103
Samaritaner 28, 34, 37, 42
samaritanisch → Pentateuch → Targum → Text
Samaritanus 30, 34
Satzart(en) 51
Satzebene → Ebene
Satzsyntax 50

Schamasch 179
Schicht(en)
– archäologische → Stratum
– redaktionelle 64, 97, 100
Schichtenmodell(e) 97
Schlange 181
Symmetrie 180
Schöpfung 86, 111, 193
Schöpfungsbericht(e) 85, 107
Schreibfehler 26, 43
Schrift, althebräische 38, 44
Schrift, Heilige 13, 19, 22f, 24, 28, 33, 35
Schriftauslegung 22
– christliche 57
– halachische 20
– jüdische 57
Schriftlehre 22
schriftliche →Überlieferung
Schriftlichkeit 101
Schriftprinzip 24
Schriftsinn (→*sensus*)
– allegorischer 19–21
– dreifacher 20
– mehrfacher 20f
– vierfacher 21
– wörtlicher 20–24
Schrifttafel(n) 44
Schriftverständnis 37 (→ -sinn, →Auslegung))
Schu (Luftgott) 178, 179
Schüler 102
scriptura sacra 22
Sebirin 31
Sedarim 31, 59
See Genezareth 131
Segen, aaronitischer 28
Seher 164f
Semantik / semantisch 49–52
Sender 15 (→ Autor, → Verfasser)
Sençirli 173, 179
sensus (→ Schriftsinn)
– *literalis* 20
– *moralis* 20
– *mysticus* 20
Septuaginta 27f, 34–41, 44 (→ Göttinger –)
Setuma 31
sex 191
sexistisch 189
Sichem 34, 156
Siedlungsgeschichte 135–138
Siedlungshügel → Tell
Siegel 175–177
Siegelamulett 175
Siegelkunst 182
Siglum / Sigla 30, 27–43
Silberplättchen/-röllchen 28
Sinn (→ Schriftsinn, → *sensus*)

Sintfluterzählung 107
Situation, geschichtliche 15–17, 49, 100, 148
– soziale 147, 150
Situationsanalogie 19
Sitz im Leben 18, 68f, 74–79, 81, 101
Sitz im Volksleben 69
Skarabäus 175, 176
sola scriptura 22f, 24
Solidarität, mechanische 150
– organische 150f
solus Christus 22
Sopherim 30
Sousse/Hadrametum 183
Sozialgeschichte 147–172
Sozialkritik 161f
Soziologie / soziologisch 68, 147–172, 191, 198
– funktionale 148, 152, 154, 158, 162, 164,
– kognitive 154
– symbolische 154
– verstehende 14, 159
Spannung(en) 61–63, 84–86, 96f
Spannung, soziale 157
Spannungsbogen 84, 101 (→ Erzählbogen)
Spekulation(en) 102
Sphingenthron 183
Sphinx, Sphingen 183
Sprache(n)
– frauengerechte 192f
– griechische 35
– weibliche 193
Spracherfahrung 193
Sprachgeschehen →Kommunikations-
Sprachgestalt 49
sprachliche → Beschreibung → Gestaltung
Sprachmuster 193
sprachphilosophisch 24
Sprechrichtung(en) 54
Sprichwörter 103
Staat 149, 162
Stadt / Städte 127, 151, 156–158, 164
Stadtmauer 127
Stadtstaaten 144, 156, 159
Stamm 156
Stämmegesellschaft 159
Standardtext 30, 40
Statusgruppe 149
Stele 173, 176
Stempelsiegel 175f
Stereometrie 178
Stier 181
Stigmatisierung 155

Stil / stilistisch 22, 61–63, 70, 74
Stimmung(en) 69
Stratigraphie 137f
Stratum / Strata 136–138
Strophen(bau) 52
strukturell 49
Strukturanalogie 19
Struktur(en) 50, 70
Subjektivität 188
Sünde 202f
Sündenfall 197
supralinear 31
Survey 124f, 133–136, 138 (→ Oberflächenforschung)
Symbol / symbolisch 154f, 161, 166, 179, 182f, 197, 199, 201, 205
Symmachus 39
Synagoge(n) 27, 41
Synagogengottesdienst 35, 41
synchron 17, 54
syndetisch 51
synonymer → Parallelismus
syntaktisch / Syntax 48–53, 62f, 70
Synthese / synthetisch 18, 96, 100
synthetischer → Parallelismus
syrisch 43
Syrohexaplaris 43, 48

T
Talmud, babylonischer 28, 31
Targum(e) 37, 41f
– Fragmenten- 42
– Jeruschalmi I 42
– Jeruschalmi II 42
– Onkelos 42f
– Pseudo Jonathan 42
Targumtradition 41f
Taube 181
Tausch / -beziehung 165f
Tell 136–138
Tempel 30, 69, 91
– Jerusalemer 182, 183
– Langraumtempel 182
– symbolik 182
Tempora 51–53
terminus a quo 103
terminus ad quem 103
Testament
– →Altes
– →Neues
Tetragramm 26, 38, 58 (→ Jhwh)
Tetrapla 40
Text
– anstößiger 31, 108
– antiochenischer 40

→ Endtext
– erzählender 104
– hesychianischer 40
– kanonischer 17
– lukianischer 40
– masoretischer 27f, 34, 40, 43f
– samaritanischer 28
– vormasoretisch 34
Textanfang 53
Textbearbeitung 100
Textebene → Ebene
Textende 53
Textentstehung 17, 67, 100
Textentwicklung 100
Textform(en) 36, 39, 43, 46
Textgattung 205 (→ Gattung)
Textgeschichte 23, 26, 28–42, 98, 192
Textgestalt 26, 33
Textgrammatik 49
textintern 51
Textkritik 18, 23, 26–48, 106, 191
– äußere 45f, 47
– innere 45, 47f
Textlinguistik 67, 193
Textsyntax 50
Texttyp(en) 28, 30, 34
Textüberlieferung 26, 33, 45
textus receptus 33
Textvariante(n) 31
Textveränderung(en) 43
Textverderbnis(se) 27, 46
Thema 104, 106f, 110
– → geprägtes
Themenkreis(e) 99
theodotianisch 37
Theodotion 39
Theologie
– des Alten Testaments 109
– biblische 24, 109–112
– dogmatische 24
Thora 30, 35f, 69, 76, 79, 81, 111, 160, 201
Thorarolle(n) 35
Thronnachfolgegeschichte 101
Tiberias 33
Tiefendimension 18
Tiefenpsychologie 197–208
Til Barsip 176
Tiqqune sopherim 31
Tochter 165f
Tochterübersetzung(en) 41
Topographie Palästinas 125, 131–134
Totes Meer 131
Tradent(en) 100 (→ Traditionsgeschichte)
traditio 88

Tradition(en) 30, 88–95, 98
- christliche 31
- (→ Väter-, → Exodus-,
  → Sinai-, → Landnahme-,
  → Davids-, → Zionstradition)
Traditionsgeschichte/-
  geschichtlich 18, 63, 81, 88–
  95, 192
Traditionskritik/-kritisch 18,
  49, 88–95, 108
Trägerfiguren 183
Trägerkreis/-gruppe 88, 94,
  193
Transhumanz 158
Tricola 52
tropologia 20
Trostbüchlein für Ephraim 98
Typologie / typologisch 19
- archäologische 137f
Typos 19, 109
Typos und Antitypos 19, 109
Typus / Typen
  (archäologisch) 138
  (soziologisch) 147–150
  Text- 30, 34

U
Überlieferung 30, 101
- mündliche 17, 80–87
- schriftliche 96
- → Mehrfach-
- → Parallel-
Überlieferungsgeschichte/-
  geschichtlich 18, 80–87
Überlieferungskritik/-kritisch
  18, 80–87, 101
Überlieferungsstufe 82f
Übersetzer 35f
Übersetzung(en) 34–43, 106,
  192
Ugarit / ugaritisch 83, 164
Ulam 182
Uneinheitlichkeit 61–63
unerfüllte →Weissagung
unrein / Unreinheit 20, 154f
Unterschicht 150
Unverfügbarkeit Jhwhs 111
Urartu 176
Urbanisation 157
Urgeschichte 201f
Urkundenhypothese
- ältere 58
- neuere 59
Urtext 36, 39

V
Vätertradition 87
Variante(n) 26, 45
vaticinium ex eventu 103
Veränderung 110, 112, 188
  (→ Hermeneutik der –)
Verbalinspiration 22
Verbalsatz 51
Verbesserung(en) 31
Vereinfachung (eines Textes)
  46
Verfasser/-schaft 57f, 63, 71,
  79, 90, 101 (→ Autor)
Verfassergruppe 63
Vergemeinschaftung 149
Vergesellschaftung 149
Verhaltensmuster → Rolle
Verheißung und Erfüllung 101,
  109
Verifikation 205
Verkehrsweg(e) 133f
Vermittlung 106 (→ Intention,
  → Hermeneutik)
Vernunft 23
Verschriftung 16, 85f, 100
Verseinteilung/-zählung 31, 59
Versöhnungstag 197
Verstehen 107, 147f, 192
Vertauschung → Buchstaben-
Verträge 156
Verwechslung → Buchstaben-
Vetus Latina 41
via maris 133
Vielfalt des AT 110
Vision(en) 161, 165
Visionsberichte 182
Vokalbuchstabe(n) 31
Vokalisation/-sierung 31, 33
vokalisiert 30
voraussetzungslos 24
vorchristlich 42
Vorgeschichte, mündliche 84–
  87, 101
vorkanonisch 28
vor-/protomasoretisch 30, 34,
  39
Vorstellungskomplex(e) 88
Vorverständnis 16, 22, 188
Vulgärtext(e) 30, 34, 45
Vulgata 31, 41f

W
Wadi Murabbaʿat 30
Wahlverwandtschaft 150
Weglassung(en) 31
weiblich → Frauen → Sprache
Weideplätze 156

Weisheit 110
- gedicht(e)/-literatur 83, 101
Weissagung(en) 103
- unerfüllte 102
Weitergabe 96, 100f, 103
Weltbild, altägyptisches 178
Wendung(en) → geprägte
Wertung(en) 62, 110, 160
  (→ Bewertung)
Wettermagie 150
Widersprüche 61–63, 84–86,
  96, 99
Widerstand 203 (→ Abwehr-
  mechanismen)
Wiederholung(en) 61–63, 99
Wirklichkeit/-bezug 169, 193
Wirkungsgeschichte 189f, 204
Wortarten 51–53
Wortebene → Ebene
Wörterbuch 14, 18, 37, 66
Wortfeld 89f, 93
Wortkunde 14
Wortsinn 20–24 (→ sensus,
  → Sinn)
Worttrennung 44
Wortverbindung 44
Wortwahl 61–63, 70, 74
Wunder 36, 61, 91, 198, 205
Wüste 19
- judäische 28

Z
Zahlenangabe(n) 28
Zaun (um die Tradition) 30
Zeichen, aristarchische 40
Zeichenhandlung 161
Zeit 78, 80
- nachexilische 167
zeitliche Einordnung (eines
  Textes) 102
Zentralinstanz 154
Zerstörungen 158
Ziel 108
Zion 111
Zionstheologie/-tradition 90,
  94
Zitate / zitieren 215–217
Zugänge (zum AT / zur Bibel)
  13–15
Zürcher Bibel 27
Zusammendenken 110
zusammengesetzte →Einheit
Zusammensehen 110
Zusätze 44, 99, 105
Zwillingspsalm(en) 107
Zwölfprophetenrolle 38

Texte

Altes Testament

Gen
Gen – 2 Kön 19, 100
1,1–2,4a 57, 84–86
1,1ff 85
1,1 37
1,4 54
1,5 54
1,7 85
1,8 54
1,12 54
1,13 54
1,16–18a 85
1,18 54
1,21 54
1,31 54
2,1–4a 59
2,4a 54
2,4b–3,24 57
2,4b 59
3,24 183
4,23f 202
6–9 106
6,1–4 202
6,5–9,17 62
6,5f 62
6,11–13 62
6,19f 62
7,2f 62
7,4 62
7,24 62
8,22 71
10 202
10,8ff 202
10,8–12 200
12 82
12,1–3 99
12,6 58
12,10–20 82, 86f
15 99
15,16 130
17 99
18,3 26, 47
18,2–8 47
18,10–15 47
18,22 31
20 82
20,1–18 82, 87
20,3ff 87
22,13 26, 43, 47
22,14 58
22,15–18 106
22,16–18 99
24 54
24,11ff 92
25 54
26 82
26,1–11 82, 87
27–38 54
29,2ff 92
34,16 166
37,3–11 62
43,1 131
48,22 131

Ex
Ex – Dtn 58
2,15ff 92
2,16 62
2,18 62
3f 73
3 99, 106
3,1 62
4 99
4,10 72
4,13 72
6,2 110
12,11 93
13,17–14,31 61
13,17 61
14,2 44
14,5 61
20,1–17 57
20,2–17 78
20,2f 111
20,2 90
20,17 34
21,7–11 76
21,12 76
21,18 45
21,28f 84
22,19 44
24,1ff 53
32 99
33 99

Lev
11 20
20,10 44

Num 39
6 28
6,24–26 29
10,35–36 31
11,15 31
12,12 31
13,2 130

Dtn 34, 58, 97, 103, 131, 157
1–3 18, 97
1,1 58
3,11 58
4,2 35
5,6–21 57
5,6f 111
6,5 73
6,12 90
6,20–25 14
9,7 90
10,12 73
11,1 73
11,13 73
11,22 73
12 34, 102
13,1 35
13,4 73
14 20
19,9 73
26,5–10 14
30,6 73
30,16 73
30,20 73
31,9 58
32 34
34,5ff 54
34,5–12 57
34,10–12 54

Jos 96f
Jos – Kön 96f
1 97
2,15 44
5,1 44, 130
6–9 86
6 127
6,26 44, 97
7,1 130
7,7 73
7,8 72
8–9 28
8,30–35 59f
8,30 59
9 45
9,2 59
10,5ff 130
11,19 45
13,2–5 130
22–24 97
22,5 73
23,11 73

Ri 28, 39, 96
2,6–3,6 97
2,12ff 54
3,7ff 54
3,12ff 54
4,1ff 54
5 156
6,1ff 54
6,11b–17 73
6,13 91
9,8–15 104
16,13f 44
17,6 53
20,13 44
21,25 54

Sam 28, 36, 39, 96f, 99
1 Sam
3,13 31
4,4 183
7 97
9,1–10,16 73
9,1–11,15 61
9,9 160f
9,11 92
12 97
13/16 – 1Kön2 101
13,7b–15 61
15 61
16,14ff 85
17 28, 85
17,55ff 85

2 Sam
1,19–27 104
2,8 28
5,16 28
6,2 183
7 97
7,6 90
8,3 31
12,1–4 104
16,12 31
16,23 31
21,19 85
22 28, 57
22,11 183

Kön 28; 36, 61f, 96, 99
1 Kön
3 28
3,3 73
3,16–28 85
3,16ff 85
6–7 182
6,23–28 183
6,27 183
6,29.32.35 183
7,45 44
8 97
8,16 90
12 97
12,28 90

Register

14,19f 61
14,20 54
14,21f 61
14,29–31 61
14,30 54
14,31 54
15,1–3 61
15,7f 61
15,8 54
15,9–11 61
16,34 97
19,19f 44
19,19 167

2 Kön 100
3,4 164
5,18 31
7,13 44
9,11 161
11,17 44
17 97
18–20 30
19,15 183
22 102
22,14 160
24,18–25,21 30
25,27–30 102

Jes 30, 34
1–39 62
2,1–5 106
4,5f 44
5,1–7 162
5,25ff 62
5,25 52
6 62
7 162
7,1ff 62
7,14 39
7,18 111
8,3 160
8,18 90
9,2 77
9,5f 94
9,7–10,4 52
10,5ff 62
11,1ff 94
14,32 90
17,6 46
23,10 43
28,20 43
29,1ff 90
31,4–9 90
31,6 44
33,8 46
36–39 30
37,16 183
40–55 62, 93
43,8 46
43,14–21 19

43,14ff 62
43,16–21 93
45,15 111
47 62
48,20f 93
51,3 62
52,9 62
52,11f 93
52,12 19
52,13ff 60
53 60

Jer 19, 28, 34,36, 98, 167
1–45 98
1–25 98
1,1–10 73
2,6 90
2,11 31
2,20 43
7 98
7,3ff 90
7,3f 90
7,3 30
7,4 91
7,5ff 91
7,7 91
3,17 90
7,29 43
15,14 43
18,1–12 98
18,18 160
26–45 98
26 98, 153
26,24 161
28 161
29 161
29,26 161
30f 98
31,38 31, 44
32 98
32,11 31
34f 98
34,17ff 161f
36 54
37 162
38 161
38,11–13 24
44 98, 192
46–51 98
51,3 31
52 30, 98

Ez / Hes 34, 36, 93
1–3 73
8,17 31
9,3 183
10,4 183
16,6 44
20,5–14 91

20,36 91
28,14.16 183
34,13 91
40–48 182
48,16 31

Hos 90, 93
1 18
1,7 18, 106
2 19
2,16f 90
4,7 31
9,3 90
9,7 161
11,1 90
11,5 90
12,10 90
13,1–11 90

Am 76, 107, 163
1f 52
1,1 43, 163f
1,3–2,5 61
2,6–16 61, 107
3,1f 64
4,4f 60, 76, 78
4,6–12 60
5,1–3 76, 78
6,1 107
6,5 57
6,12 44
7,10–17 163
7,10–14 161f
7,12 164
7,14f 165
7,14 43, 163–165
9 105f
9,1–6 107
9,8–10 107
9,11–15 107

Jon
2,3–10 63, 104

Mi
1,6 103
4,1–4 106

Sach
1–8 160
8,19–9,4 38
9,1–2 38

Ps 19, 36, 39, 43, 105, 182
1,2 48
2,6ff 94
2,6 90
5 57
8 47

13,3 26, 48
14 28, 57
15 78
18 28, 57
18,2 20
18,11 183
18,32 20
18,47 20
19B 101
22,3 48
24 78
26 57
28,1 92
31,3f 92
32,4 48
37 52, 101
40,14–18 28, 57
41,1 193
42f 52f
42,4 48
42,6 54
42,9 48
42,12 54
43,5 54
46,5ff 90
48,2ff 90
51,12 103
53 28, 57
57,8–12 57
60,7–14 57
63 57
65,14 77
69 57
70 28, 57
72,8ff 94
76,2ff 90
78,68f 90
78,70f 94
80,2 183
84 90
87 90
92,10 83
99,1 183
103,15f 92f
106,20 31
107,21–26 31
107,40 31
108 57
118 78
119 52, 101
132,11f 94
136 47
137 102

Hi 41, 43, 182, 197
14,1f 92f
32,1ff 106

Prov
8,30f 182
9,1 43
13,20 43
22,17 84
22,22 84
22,24 84
22,29 84
23,10 84
31,10–31 101, 167

Ru
3,12 31

Pred
12,9–14 54
12,12–14 105

Klgl
1–4 52, 101

Dan 31f
4 32
5 32
7 32
8 32
9–12 32
9 19
9,2 28

Esra
2,2 44

Neh
4,4 77
7,7 44
8,8 41
13,31 54

Chronik 19, 36, 101
1 Chr
8,34 28
13,6 183
14,7 28

2 Chr
3,10–13 183

3,13 183
23,16 44

Sir
Prolog 28, 36
44ff 28

Neues Testament

Mt
8,4 57

Mk
10,17ff 200

Lk
16,29 57
24,27 28
24,44 28

Joh 200
4,6ff 92

Röm
7,7ff 200, 202f, 205
7,7–25 202
7,7–13 202
7,14–25 202

1 Kor
10,4b 20
13,13 21

Gal
1,13f 203
4,24–26 20

Phil
3,4–6 202f

1 Thess
1,3 21
5,23 20

Hebr
1,1 110

Offb 200

Außerbiblische Texte

Alter Orient

Ägypten

Amarnakorrespondenz
130, 144, 156

Amenenope, Sprüche des
I 3,9f 84
II 4,4f 84

Wen–Amun (Reisebericht) 160

Mesopotamien

Kodex Hammurapi §§ 250f 84

Mari–Briefe 130

Annalen Sargon II 103

Syrien

Ugarit
KTU 1.2 IV, 8–9 83

Zakur'von Hamat 160

Judentum
1QpHab 19
1QJes[a] 30, 43f, 46
4QMidrEsch 19
4QMMT 28
4QLXX Num 39
4QtgLev 41
4QtgJob 41
11QtgJob 41f

Aristeasbrief
30f 35, 36
142ff 20

Baba Bathra
14b 28, 57

4 Esra 14,18–48 28

Josephus

Antiquitates
IV 8,48 57
Contra Apionem.
I,8 28

Pirqe Abot
3,14 30

Ochla weOchla 33

Philo

De agricultura
131 20
De spec. leg.
IV,104ff 20
De vita Mosis
III 39 57

Christentum

Barnabasbrief 37

[1.] Clemensbrief 37

Euseb, Onomastikon 20, 124

Itinerare und Pilgerberichte aus Palästina 124f